Manfred Clemenz · Christel Beier · Sylvia Buchen
Heinrich Deserno · Adrian Gaertner · Susanne Graf-Deserno

Psychoanalyse in der Weiterbildung

Manfred Clemenz · Christel Beier · Sylvia Buchen
Heinrich Deserno · Adrian Gaertner
Susanne Graf-Deserno

Psychoanalyse in der Weiterbildung

Zur Professionalisierung sozialer Arbeit

Westdeutscher Verlag

Die Deutsche Bibliothek - CIP-Einheitsaufnahme
Psychoanalyse in der Weiterbildung: zur Professionalisierung sozialer Arbeit / Manfred Clemenz ... - Opladen: Westdt. Verl., 1992
ISBN 3-531-12279-7
NE: Clemenz, Manfred

Der Westdeutsche Verlag ist ein Unternehmen der Verlagsgruppe Bertelsmann International.

Umschlaggestaltung: Horst Dieter Bürkle, Darmstadt
Druck und buchbinderische Verarbeitung: Weihert-Druck, Darmstadt
Gedruckt auf säurefreiem Papier
Printed in Germany

ISBN 3-531-12279-7

Inhalt

Einleitung: Zur Professionalisierung sozialer Arbeit: Psychoanalyse in der Weiterbildung von Betreuern marginalisierter Jugendlicher

Manfred Clemenz

Die Voranstellung des Untertitels unserer gemeinsamen Arbeit als Titel dieser Einleitung soll die Bedeutung auch der nicht explizit psychoanalytischen Teile des hier vorgestellten Weiterbildungskonzepts (d. h. Teile der Theorieseminare und Teile der Fallrekonstruktion) unterstreichen. Wie wir im Evaluationskapitel dieses Buches (Christel Beier) zeigen, waren auch diese Teile des Curriculums notwendige Bausteine eines integrierten und interdisziplinären Weiterbildungskonzepts und damit des Erwerbs einer sozialwissenschaftlichen Kompetenz in einem umfassenden Sinne. Damit möchte ich zugleich deutlich machen, daß wir Psychoanalyse als Sozialwissenschaft und nicht, wie bereits von Freud kritisiert, als ein „Spezialfach der Medizin" (GW XIV, S. 285) verstehen. Mit dem Titel „Psychoanalyse in der Weiterbildung" wollen wir andererseits betonen, daß wir in dem hier vorgelegten zweiten Teil unserer gemeinsamen Forschungsarbeit[1] in erster Linie die Effizienz – aber auch die Grenzen – von Psychoanalyse als Theorie, praktischer Methode und Methodologie zur Erweiterung von Verstehens- und Handlungskompetenzen darstellen und untersuchen wollen.[2]

Die professionelle und biographische Problematik der TeilnehmerInnen unseres Weiterbildungsangebots (d. h. von Betreuern marginalisierter Jugendlicher) ist im wesentlichen durch vier Faktoren bestimmt:

1. Unzureichende Professionalisierung in einem Handlungsfeld, das neben den herkömmlichen sozialarbeiterischen Kompetenzen besondere Verstehens-

---

1 Vgl. hierzu den parallel veröffentlichten ersten Teil unserer Forschungsarbeit, der sich mit Lebenswelt und Konfliktstrukturen der Klientel beschäftigt: *Helsper, W.*, u. a., Jugendliche Außenseiter – Zur Rekonstruktion gescheiterter Bildungs- und Ausbildungsverläufe, Opladen 1991.

2 Zur metatheoretischen Rekonstruktion der Psychoanalyse als Sozialwissenschaft vgl. *Clemenz, M.*, Soziale Codierung des Körpers – Zum Verhältnis von Psychoanalyse und Systemtheorie, Opladen 1986.

und Handlungskompetenzen (u. a. im Hinblick auf Übertragungs- und Gegenübertragungsprozesse), nicht zuletzt aber auch die Fähigkeit zur sozialwissenschaftlich-rekonstruktiven Analyse erfordert. Institutioneller Hintergrund dieser unzureichenden Professionalisierung ist, wie seit langem in der theoretischen Rekonstruktion der Sozialarbeit betont wird, das sog. „doppelte Mandat" der Sozialarbeit, d. h. die Verbindung von Kontroll- und Beratungstätigkeit, was in der Regel auch mangelnde Freiwilligkeit beim Eingehen eines „Beratungsbündnisses" seitens der Klienten impliziert. Es ist evident, daß vor diesem Hintergrund eine konsequente Professionalisierung der Sozialarbeit nicht möglich ist.

2. Die ökonomischen, sozialen und psychischen Problemlagen der Klientel und ihre Einbettung in komplexe institutionelle Bezüge. Wir haben den sozialen Status der Marginalisierung der Jugendlichen und ihre vielfältigen psychosozialen Probleme im ersten Teil der Forschungsarbeit ausführlich dargestellt.

3. Die unsichere berufliche Situation der Betreuer (ihre Stellen waren vorwiegend Projekt- bzw. ABM-Stellen), die eine Reihe struktureller Ähnlichkeiten mit der betreuten Klientel aufweist.

4. Die besondere biographische Konfliktsituation der Betreuer, die zur Verwicklung und Kollusion mit der Klientel prädisponiert (d. h. zu einem psychosozialen Arrangement, das ich, bezogen auf die Betreuer als „doppelte Identifizierung" bezeichnet habe, vgl. hierzu: Kapitel I „Psychoanalytische [gruppenanalytische] Gruppenselbsterfahrung in berufshomogenen Gruppen").

Supervision und Gruppenselbsterfahrung haben auf unterschiedliche Weise auf diese Problemkomplexe reagiert. Wie alle Leiter der psychoanalytisch orientierten Weiterbildung konstatieren auch die Supervisoren von Gruppe I (Graf-Deserno/Deserno) einen Gegensatz von „Expertenstatus und Unklarheit des Qualifikationsprofils" bei den Betreuern der Jugendlichen. Dieser Gegensatz werde durch die resignative, deprimierte, fordernde und anspruchsvolle Haltung der Jugendlichen verschärft und wird damit zum subjektiven Leidensdruck der Betreuer. Auf diese Weise werden auch Gefühle der „Wertlosigkeit" bei den Betreuern wachgerufen und der Wunsch, sich dieser Welt des „sozialen Abseits" zu entziehen, der Wunsch, „bessere" Klienten zu finden. Andererseits verhindern die daraus resultierenden Schuldgefühle bzw. eine starke Identifizierung mit den Jugendlichen wiederum die Möglichkeit, sich offen mit diesem Dilemma auseinanderzusetzen. Das „Bewußtmachen" dieser Widersprüchlichkeit wird als vorrangiges Ziel der Supervision gesehen. Das Pendeln zwischen einer „regressiven" und einer „progressiven" Position, das im übrigen auch die Prozesse der Gruppenselbsterfahrung prägte (es wurde in diesem Zusammenhang unter anderem als Schwanken zwischen „Sich-Einlassen „ und „Verschließen" bezeichnet) ist, nach den Erfahrungen dieser Supervision ein Ergebnis dieses Widerspruchs.

Einen etwas anderen Akzent setzt Gaertner in seiner Darstellung des Supervisionsprozesses in Gruppe II. Neben einer ausführlichen theoretischen und methodischen „Ortsbestimmung“ von Supervision als „intermediärem Bereich“ (sie sei weder „technische Beratung“ noch Selbsterfahrung oder „verkappte Therapie“) versucht Gaertner eine prozeßbezogene Funktionsbestimmung bzw. Fokussierung von Supervision zu finden. Ausgehend von der Falldarstellung einer Betreuerin und untermauert durch weitere Supervisionsbeispiele definiert er die von ihm gewählte Fokussierung der Supervision als „Fallstrukturierungskompetenz“ und „Fähigkeit zur Entwicklung von stabilen Beratungssettings“, wobei beide Aspekte von ihm als basale Voraussetzungen für „Beratungskompetenz“ im Umgang mit einer „schwer gestörten Klientel“ angesehen werden. Bei dem eingebrachten Fall handelte es sich um eine Klientin in einem fortgeschrittenen Zustand von Drogenabhängigkeit, wobei die Hilflosigkeit der Betreuerin diese mit Gefühlen von Angst, Ohnmacht und Aggression zu überschwemmen drohte. Die Einsicht, daß sie der Klientin nicht unmittelbar therapeutisch helfen könne, sowie die Notwendigkeit der Herstellung eines kontinuierlichen Beratungskontexts für die Klientin führten zur psychischen und professionellen Stabilisierung der Betreuerin.[3]

Es ist kaum verwunderlich, daß auch die Gruppenselbsterfahrung auf diese Probleme stieß und versuchte, sie durch Reflexion und Vermittlung von zwei Ebenen zu bearbeiten. Bei der ersten Ebene handelt es sich um das konkrete Handlungsfeld und die damit verbundenen professionellen Probleme der Betreuer. Da alle Teilnehmer der Weiterbildung dieses Handlungsfeld kannten und ein Interesse an der Klärung der damit verbundenen Probleme hatten, konnte in der Interaktion und in den Erklärungsversuchen der Teilnehmer ein Stück weit dieses Handlungsfeld „abgebildet“ werden. Dabei kam es, wie anhand des Gruppenverlaufs gezeigt werden soll, auch zu bewußten und unbewußten „Re-Inszenierungen“ der professionellen Situation (z. B. der fordernden und diffusapathischen Einstellung der Jugendlichen und der resignativen Tendenzen der Betreuer). Andererseits konnten aufgrund der gemeinsamen Bearbeitung derartiger Re-Inszenierungen und anderer unbewußter Gruppenphänomene (Projektion, Übertragung, Spaltung, „Personalisierung“ im Sinne der analytischen Gruppentherapie) und ihres Verständnisses im Kontext lebensgeschichtlicher Entwicklung Einschränkungen der Verstehens- und Handlungskompetenz deutlich gemacht und teilweise aufgehoben werden. Die zweite Ebene war somit die Ebene der lebensgeschichtlichen Erfahrungen der Teilnehmer, d. h. es ging um die Vermittlung von „innen“ und „außen“.

Eindrucksvoll war dabei, daß angesichts des Raumes, den derartige bewußte und unbewußte professionelle Probleme und Konflikte einnahmen, bei einer Reihe von Teilnehmern gleichzeitig auch ein Rückgang psychischer und psy-

---

3 Der Supervisionsbericht von Gruppe III konnte aus zeitlichen Gründen nicht mehr fertiggestellt werden, da der Supervisor dieser Gruppe, E. Nölke, zugleich maßgeblich an der Erstellung des ersten Teils dieses Forschungsberichts beteiligt war.

chosomatischer Konflikte und Symptome zu beobachten war, die Gruppen somit zugleich auch ein echte therapeutische Funktion besaßen.

Die Interpretation und Vermittlung dieser beiden Ebenen ermöglichte es, die in der professionellen Arbeit auftretenden Gefühle der Schuld, Ohnmacht, Wertlosigkeit, Resignation auf einer tieferen, lebensgeschichtlichen und teilweise unbewußten Ebene besser zu verstehen. Derartige Gefühle wurden nicht nur durch die immensen Ansprüche und Probleme der jugendlichen Klienten induziert, sondern verweisen regelmäßig zugleich auch auf lebensgeschichtliche Konflikte und Traumatisierungen der Teilnehmer. Die Teilnehmer konnten sich deshalb so gut mit ihren Klienten identifizieren, weil sie selbst in mehr oder weniger starkem Maße „abgelehnte Kinder" waren bzw. Gefühle derartiger Ablehnung entwickelten. Immer wieder stießen wir in den lebensgeschichtlichen Rekonstruktionen auf Erpressung und Funktionalisierung seitens der Eltern, ungewünschte Schwangerschaften, Loyalitätskonflikte angesichts zerstrittener Eltern, Heim- und Internatsaufenthalte, sexuellen Mißbrauch o. ä. Die damit verbundenen Gefühle (Wut, Enttäuschung, Trauer) wurden tendenziell depressiv verarbeitet, d. h. durch Gefühle der Wertlosigkeit, Schuld, Ohnmacht, durch gegen das eigene Selbst gerichtete Aggressivität.

Die Wahl des Berufs „Sozialarbeiter/in, Sozialpädagoge/in" bot in gewissem Sinn die Möglichkeit einer kreativen Lösung dieses Konflikts. Durch Identifizierung mit „guten", „gerechten" oder „besseren" Eltern (sei es als Eltern, wie die Betreuer sie sich gewünscht hatten, durch Idealisierung bestimmter Aspekte der eigenen Eltern oder aufgrund der Spaltung in „gute" oder „böse" Elternanteile) konnten sie für Jugendliche tätig sein, die selbst Aspekte ihres eigenen Selbst repräsentierten und sich so mit ihnen identifizieren. Zugleich konnten sie eigene Gefühle von Schwäche, Wünsche nach Hilfe und Versorgung etc. auf die Jugendlichen projizieren. Die so entstandene „doppelte Identifizierung" mußte zwangsläufig zu kollusiven Verstrickungen mit der Klientel führen, zu einem psychosozialen Arrangement, das eine Reihe struktureller Ähnlichkeiten mit dem von Schmidbauer beschriebenen „Helfersyndrom" aufweist (Schmidbauer 1977). Dieses Arrangement macht die Teilnehmer besonders empfindlich für Desinteresse und Abwertung seitens der Jugendlichen und verhindert andererseits eine notfalls konfrontative Auseinandersetzung mit ihnen. Zwar flackern immer wieder Enttäuschung und Ärger gegenüber den Jugendlichen auf, die in dem Wunsch nach einer „besseren Klientel" Ausdruck finden. Letztlich überwiegen aber doch immer wieder die gleichermaßen durch die eigene Lebensgeschichte wie durch das berufliche Handlungsfeld bedingten Selbstzweifel und Schuldgefühle.

Diese „doppelte Identifizierung" ist evidenterweise keine innerpsychische Abbildung des „doppelten Mandats" der SozialarbeiterInnen. Dennoch wird an diesem Punkt deutlich, daß die beruflichen Konsequenzen dieses „doppelten Mandats" die psychischen Probleme der Sozialarbeiter verschärfen und damit wiederum die beruflichen. Die u. U. notwendige Wahrnehmung von kontrollierenden Funktionen löst Schuldgefühle aus und kann auf diese Weise zu Verleugnungstendenzen gegenüber diesen Kontrollaufgaben führen. Diffuse Vorstellungen einer „partnerschaftlichen Beziehung“ zur Klientel oder die Vermischung von privaten und beruflichen Beziehungen können gleichermaßen Versuche sein, diesem Dilemma auszuweichen. Damit sind Konflikte mit anderen Institutionen wie auch mit der Klientel vorprogrammiert (der Klient wird unerwartet innerhalb eines Beratungssettings durch Kontrolle seitens des Beraters „überrascht“, was zu kaum mehr behebbaren Störungen des Arbeitsbündnisses führt). Eine andere, kaum weniger verhängnisvolle Konsequenz ist, daß der Betreuer, unter dem Druck des „doppelten Mandats“ innerpsychisch gewissermaßen die Seiten wechselt und jetzt die Seite der „strengen“, „strafenden“ Eltern hervorhebt.

Was die extern erstellte Evaluation des Weiterbildungsprojekts betrifft (vgl. Kap. VII), so ist es selbstverständlich nicht unsere Aufgabe, die Ergebnisse zu kommentieren oder zu bewerten: Dies würde dem Sinn dieser Studie widersprechen. Allerdings habe ich implizit zu einigen Punkten der Evaluation in der Vorbemerkung zu Gruppe I Stellung genommen (vgl. „Besonderheiten des Settings“). Vor allem aber will ich nicht verschweigen, daß wir die, trotz einiger berechtigter Kritikpunkte, positive Einschätzung unseres Vorhabens mit Freude und Genugtuung zur Kenntnis genommen haben.

Die Konsequenz aus dem abgeschlossenen Forschungs- und Weiterbildungsprojekt für die Professionalisierung der BetreuerInnen läßt sich knapp zusammenfassen. Aufgrund der vielfältigen individuellen und kollektiven Probleme der Institutionen psychosozialer Hilfe (von denen wir hier nur einige aufzeigen konnten), drohen diese Institutionen in so massive Kollusion und Abwehrbündnisse mit der Klientel zu geraten, daß sie in vielen Fällen die Probleme eher festschreiben oder verschärfen, mit anderen Worten: zu einem Teil des Problems werden, das sie lösen wollen. Angesichts dieser paradoxen Situation bietet sozialwissenschaftlich-psychoanalytische Weiterbildung mit dem Ziel des Erwerbs einer Beratungskompetenz eine Möglichkeit, diesem Dilemma zu entrinnen und gleichermaßen Aufklärung zu betreiben wie konstruktive Handlungsalternativen zu entwickeln. Darüber hinaus sollte das „doppelte Mandat“ der Sozialarbeit entzerrt werden, d. h. es sollte eine klare Trennung zwischen kontrollierenden und beratenden Tätigkeiten eingeführt werden.

Dank sagen möchte ich zum Schluß allen, die zum Gelingen der Weiterbildung und zur Entstehung dieses Berichts beigetragen haben, an erster Stelle den TeilnehmerInnen der Weiterbildung selbst, insbesondere für ihr Einverständnis zur Veröffentlichung der Supervisions- und Gruppenprozesse. Ihr Mut und ihre Offenheit haben es ermöglicht, in differenzierter Weise Grundlagen- und Praxisforschung in einem wichtigen Handlungsfeld Arbeit zu leisten und dessen Paradoxien ein Stück weit aufzudecken. Danken möchte ich allen Mitarbeiter-

Innen unseres Weiterbildungs- und Forschungsteams, den „externen“ MitarbeiterInnen (Dr. Christel Beier, Dr. Heinrich Deserno, Dr. Susanne Graf-Deserno, Prof. Adrian Gaertner) sowie meinem Kollegen Prof. Arno Combe, mit dem ich gemeinsam das Gesamtprojekt geleitet habe. Mein Dank gilt auch Dr. Hans-Joachim Rothe, dem Supervisor der Gruppenselbsterfahrung, der uns in allen kritischen Phasen des Gruppenprozesses ermutigt hat und eine unschätzbare Hilfe für das Verständnis dieser Prozesse war.

Mein Dank gilt nicht zuletzt dem Sozialfonds der Europäischen Gemeinschaft, dessen großzügige Finanzierung das Projekt ermöglicht hat und der finanziellen Unterstützung durch die Stiftung „Hilfe zur Selbsthilfe“ der Deutschen Bank.

I. Psychoanalytische (gruppenanalytische) Gruppenselbsterfahrung in berufshomogenen Gruppen[4]

Manfred Clemenz

Gruppen, seien es „künstliche“ oder „natürliche“ Gruppen, sind häufig als „Mikrokosmos“ (Slater 1970), als „Abbild“ gesellschaftlicher Strukturen verstanden worden. Betrachtet man die Selbsterfahrungsgruppen, mit denen wir annähernd zwei Jahre gearbeitet haben, aus dieser Perspektive, ist es mit unserer Gesellschaft offensichtlich nicht zum Besten bestellt. Die Mitglieder dieser Gruppen, die nicht als Patienten zu uns kamen, sondern als Teilnehmer/innen einer Weiterbildung, litten unter den unterschiedlichsten Symptomen: Psychische und psychosomatische Probleme aufgrund vielfältiger Traumatisierungen und Mißbrauchserfahrungen in Kindheit und Jugend, schwere Konflikte und Selbstzweifel in der beruflichen Tätigkeit und, in dramatischer Weise, alle diese Probleme überschattend, massive Probleme im Umgang mit Nähe in engen persönlichen Beziehungen. Auch wer sich „nur“ aus wissenschaftlicher Sicht mit diesen Gruppen beschäftigt, wird in ihnen einen facettenreichen Spiegel aktueller gesellschaftlicher Krisenphänomene finden. Das eigentlich Erstaunliche an dieser soziologischen und psychologischen Bestandsaufnahme ist aber nicht die „Pathologie“, die dabei zutage tritt, sondern daß alle Teilnehmer/innen offenbar über Bewältigungsstrategien verfügen, die es ihnen ermöglichen, ihr Privatleben und ihren Beruf einigermaßen erfolgreich zu meistern. Dieses Spannungsverhältnis von Krise und kreativem Potential sollte deshalb bei der Lektüre der folgenden Gruppenberichte stets im Auge behalten werden.

Der Anspruch des praktischen Teils unseres Projekts bestand darin, psychoanalytische Konzepte und Methoden (Supervision und Selbsterfahrung) in der Weiterbildung von Sozialarbeitern, Sozialpädagogen, Lehrern, Erziehern etc. zu

---

4 Ich werde im folgenden den Terminus ,,psychoanalytische“ und ,,gruppenanalytische“ Gruppenselbsterfahrung alternierend verwenden. Diese terminologische Gleichsetzung beruht darauf, daß wir uns konzeptionell und methodisch auf S. H. Foulkes beziehen, der das von ihm entwickelte psychoanalytische Verfahren als ,,Gruppenanalyse“ bezeichnet hat. Unter ,,berufshomogen“ verstehen wir un diesem Zusammenhang, daß die Teilnehmer (Sozialarbeiter, Sozialpädagogen, Lehrer, Erzieher etc.) eine auf die selbe Klientel (marginalisierte Jugendliche) gerichtete vergleichbare Tätigkeit ausüben.

erproben.[5] Der folgenden detaillierten Darstellung der Gruppenselbsterfahrungsprozesse muß somit die Frage vorangestellt werden, ob es Gemeinsamkeiten der Gruppenstrukturen sowie des Gruppenprozesses im Hinblick auf diese berufshomogene Zusammensetzung der Gruppen gab.[6] Daß psychoanalytisch fundierte Gruppenselbsterfahrung resp. Gruppentherapie als solche „effektiv" sind, muß an dieser Stelle nicht gesondert nachgewiesen werden (der Evaluationsteil zeigt einmal mehr die Möglichkeiten und Grenzen des hier angestrebten Reflexions- und Veränderungsprozesses durch psychoanalytisch orientierte Gruppenarbeit). Vielmehr ist die Frage der Adäquatheit und Wirksamkeit, aber auch der noch zu lösenden Probleme spezifisch und konkret an den Besonderheiten der hier dargestellten professionsspezifischen Gruppen zu überprüfen.

Um den vielleicht wichtigsten Aspekt unseres Fazits vorwegzunehmen: Aufgrund unserer Erfahrungen und unserer Analyse der Gruppenprozesse sind wir zu der Ansicht gelangt, daß bei den von uns geleiteten Gruppen nicht gewissermaßen „zufällige" Gruppen- und Individualprobleme zutage traten, sondern daß es sich um professionsspezifische Probleme handelte. Wesentlich ist dabei, daß diese professionsspezifische Problematik sich nicht nur auf die manifesten beruflichen Probleme bezieht, sondern in einem Wechselverhältnis mit latenten bzw. unbewußten Konflikten in fast allen Lebensbereichen steht. Dies schließt selbstverständlich nicht aus, daß es individuelle Ausprägungen privater und beruflicher Konflikte gab. Entscheidend ist vielmehr, daß bei der überwiegenden Mehrheit der Teilnehmer ein bestimmtes konflikthaftes Grundmuster beobachtbar war.

Dieses Grundmuster kann in groben Umrissen folgendermaßen beschrieben werden: Bei fast allen Teilnehmern fanden wir, mehr oder weniger ausgeprägt, die eigentümliche Form einer latenten (bzw. teilweise unbewußten) doppelten Identifizierung. Einerseits waren die Teilnehmer mit einer idealen Elterninstanz identifiziert (die häufig der idealisierte Aspekt der eigenen Eltern war), andererseits mit ihrer Klientel, die als schwach und hilfsbedürftig erlebt wurde. Diese Identifizierung mit idealen Eltern (die insbesondere in Gruppe I häufig in der Formulierung auftrat, daß die Teilnehmer „bessere Eltern" für die Jugendlichen sein wollten) kann als Spaltungsprozeß beschrieben werden. Die Ambivalenz, daß die Eltern „gute" und „böse" Anteile in sich vereinigen, ist offenbar schwer zu ertragen bzw. schwer zu einem Gesamtbild zu vereinigen. Es erfolgt

---

5 Darüber hinaus enthielt der Weiterbildungsteil die curricularen Bestandteile „Theorie" und „Fallinterpretation" (vgl. Kap. VII). Komplementär dazu haben wir Lebenswelt und Konfliktstrukturen der Klientel untersucht (vgl. *Helsper* u.a., Jugendliche Außenseiter. Zur Rekonstruktion scheiternder Bildungs- und Ausbildungsverläufe, Opladen 1991.)

6 Diese Frage wird aus anderer Perspektive noch einmal im Evaluationsteil dieses Praxisberichts untersucht.

deshalb unter bestimmten Bedingungen eine Aufspaltung in „gute, gerechte" Eltern (mit denen sich die Teilnehmer tendenziell identifizieren) und „böse und ungerechte" Eltern, gegen die sich (wiederum häufig unbewußt) Wut und Aggressivität richten. Dies bedeutet auch, daß in der Figur der „guten" Eltern sowohl der „böse, aggressive" Anteil der Eltern als auch die eigene Aggressivität abgewehrt werden können.

Umgekehrt werden die Bedürfnisse nach Versorgung, Verwöhnung, Zuwendung etc. auf die Klienten projiziert, womit auch diese Bedürfnisse wiederum weitgehend unbewußt werden. Nicht man selbst, sondern die Klienten haben dann die entsprechenden Bedürfnisse nach Versorgung und narzißtischer Zufuhr. Läßt man einige Differenzierungen des klinischen Begriffs der „projektiven Identifizierung" beiseite, so kann dieser Vorgang in der Tat als projektive Identifizierung bezeichnet werden.[7] Daraus resultiert auch, wie wir häufig beobachten konnten, daß sich die Teilnehmer nicht nur mit den Jugendlichen als „Opfern" identifizierten, sondern häufig auch den „Täter"-Aspekt der Jugendlichen abwehren und auf diese Weise große Schwierigkeiten mit den aggressiven Anteilen der Jugendlichen hatten bzw. sie häufig nicht als solche wahrnehmen konnten.

Interessant ist in diesem Zusammenhang ein Phänomen, das wir in allen drei Gruppen immer wieder beobachten konnten: Die Teilnehmer inszenierten in der Weiterbildung Verhaltensweisen, die denen der Jugendlichen in verblüffender Weise glichen. Als Beispiel sei eine Anfangssequenz aus Gruppe I (1./2. Sitzung) erwähnt, bei der die Teilnehmer fragten (bzw. sich beschwerten), ob es denn in der Weiterbildung auch etwas zu essen und zu trinken gebe, bzw. „revoltierten", als auf die Abstinenzregel der Gruppenanalyse verwiesen wurde. Gleichzeitig blieb das von der Gruppe benutzte Geschirr ungespült liegen (dies änderte sich erst nach einigen Sitzungen). Gegen Mitte der Weiterbildung konnte ein Teilnehmer dies der Gruppe bewußt machen, als er sich fragte, ob er hier eigentlich in einer Gruppe von Professionellen oder von Jugendlichen sei. Auch bei den Jugendlichen sei die erste Frage: „Wo gibt's hier Cola?" Dieses Verhalten wird vor dem Hintergrund des beschriebenen doppelten Identifizierungsprozesses deutlich. Die projizierten Bedürfnisse können jetzt in der Gruppe „agiert" werden, die Professionellen verhalten sich „wie die Jugendlichen". An die Gruppenleiterin bzw. den Gruppenleiter werden jetzt die Anforderungen gestellt, sich wie die „ideale Mutter" bzw. der „ideale Vater" zu verhalten. Da es sich bei diesem Vorgang um die Inszenierung einer komplexen Verhaltensweise in der Gruppe handelt, erscheint mir in diesem Zu-

7 Zum Begriff der projektiven Identifizierung im strengen Sinne, wie ihn Ogden (1982) definiert hat, gehört u. a. noch, daß auch die Klienten diese Projektion übernehmen und die Projizierenden wiederum das Ergebnis dieser Projektion „internalisieren".

sammenhang der Ausdruck „Re-Inszenierung“ (re-enactment) sinnvoller als „Agieren“.[8]

Aus diesem Grundmuster resultiert somit folgendes (teilweise) unbewußte psychosoziale Arrangement zwischen den Professionellen und Klienten bzw. den Professionellen in anderen institutionellen Kontexten („interpersonale bzw. institutionalisierte Abwehr“, nach Mentzos 1976):[9] 1) Die Helfer sind die guten, idealen, besseren Eltern, wobei der schwache, bedürftige Aspekt ihres Selbst auf die Jugendlichen projiziert wird. Auf diese Weise entsteht bei den Helfern die Vorstellung, ein Defizit der eigenen Kindheit an den Jugendlichen „gutmachen“ zu können (um eine Formulierung zu verwenden, die mehrfach spontan in Gruppe I verwendet wurde).

2) An die Jugendlichen richtet sich jetzt die (weitgehend unbewußte) Aufforderung, als „gute Kinder“ den Helfern Zuneigung und Dankbarkeit entgegenzubringen, um auf diese Weise ihre projizierten Bedürfnisse zu befriedigen und sie gewissermaßen für das getroffene Arrangement zu entschädigen. Damit erhält die Helfer-Klient-Beziehung zwangsläufig den Charakter der Parentifizierung bzw. Infantilisierung.

3) Dieses Eltern-Kind-Arrangement, das häufig hinter Vorstellungen, berufliche und private Rolle miteinander zu verschmelzen bzw. hinter vagen „partnerschaftlichen“ Vorstellungen verborgen ist, funktioniert absehbar nur in den seltensten Fällen. Dies resultiert nicht nur daraus, daß die Jugendlichen selbst extrem bedürftig sind, bereits mit ihren eigenen Eltern Schwierigkeiten haben und zudem autoritäre Erziehungsstile gewohnt sind. Die Jugendlichen „entwerten“ das angebotene Arrangement (so die Meinung fast aller Teilnehmer) mit der entsprechenden Folge von Enttäuschung und Rückzug bei den Helfern.

4) Die Position der „besseren Eltern“ erschwert weiterhin eine klärende und ggf. konfrontative Auseinandersetzung mit den Jugendlichen. Aggressionen würden Schuldgefühle erzeugen und die unbewußt eingenommene Elternposition in Frage stellen. Wie in der Gruppe, so äußert sich auch gegenüber den Jugendlichen Aggressivität tendenziell als „verdeckte Aggressivität“. Gelegentlich muß auch noch die Entwertung seitens der Jugendlichen abgewehrt werden, so daß zwar eine diffuse Unzufriedenheit über die berufliche Situation vorhanden ist, die Klärung jedoch in eine unauflösbare zirkuläre Argumentation führt (so bei einem Teilnehmer in Gruppe I, der „unzufrieden“ ist, weil er nicht alle

---

8 Vgl. hierzu die Kritik an der Kategorie des Agierens in: *Clemenz* u. a. Soziale Krise, Institution und Familiendynamik, Opladen 1990.

9 In Anlehnung an die Terminologie von Schmidbauer, der ein ähnliches Arrangement herausgearbeitet hat, möchte ich die Professionellen im folgenden mit „Helfer“ bezeichnen (*Schmidbauer* 1977).

Arbeitsanforderungen „schafft", letzteres wiederum, weil er „unzufrieden" ist).

5) Befinden sich die Helfer in einem institutionellen Kontext, in dem sie selbst abhängig sind (wie etwa im Rahmen der Weiterbildung), können sie eher ihre projizierten Bedürfnisse nach Versorgung zum Ausdruck bringen, allerdings, wie bereits bemerkt, in der Form der „Reinszenierung". In allen drei Gruppen wurden z. B. starke Wünsche nach physischer Versorgung (Essen, Trinken) zum Ausdruck gebracht, die m. E. das übliche Maß überstiegen (diese Wünsche eskalierten in Gruppe II gewissermaßen zu einem „kollektiven Alkoholismus"). Weiterhin wurde in allen drei Gruppen die Entwertung der Gruppenarbeit durch starke Diskontinuität der Teilnahme agiert. Durch Deutungen, die eine „Spiegelung" der Situation vornahmen (Abwertung der Teilnehmer durch die Jugendlichen, Abwertung des Gruppenprozesses durch die Teilnehmer), konnte Einsicht in diesen Mechanismus und ein entsprechender Veränderungsprozeß in Gang gesetzt werden.

Daß dieses psychosoziale Arrangement in vielen Aspekten mit dem von Schmidbauer beschriebenen „Helfersyndrom" übereinstimmt, erscheint uns als willkommene Bestätigung unserer Erfahrungen. Zum Vergleich sei eine Zusammenfassung dieses Syndroms zitiert: „Die in früher Persönlichkeit erlittene, meist unbewußte und indirekte (1) Ablehnung seitens der Eltern, welche das Kind nur durch besonders starre (2) Identifizierung mit dem anspruchsvollen elterlichen Über-Ich emotional durchzustehen sich bemüht; die (3) verborgene narzißtische Bedürftigkeit, ja Unersättlichkeit; die (4) Vermeidung von Beziehungen zu Nicht-Hilfsbedürftigen auf der Grundlage von Gegenseitigkeit des Gebens und Nehmens und die (5) indirekte Äußerung von Aggression gegen Nicht-Hilfsbedürftige." (Schmidbauer 1977, S. 92)

Die weitgehende Parallelität der Befunde ist nicht zu übersehen. Allerdings dürfte das Grundmuster der „Doppelidentifikation" deutlicher noch als Schmidbauers Kategorien den abgewehrten („abgespaltenen") Aspekt der Aggression und Enttäuschung gegenüber den Eltern zum Ausdruck bringen. Weiterhin erscheint uns der Aspekt der Helfermentalität „Identifikation mit dem elterlichen Über-Ich" zu eng gefaßt, da gerade die Identifikation mit den guten bzw. idealen Eltern ein Stück weit die Motivation zum Helfen deutlich machen.

Damit bleibt ein letzter Punkt zu klären. Läßt sich, wie Schmidbauer es versucht, die Psychodynamik des Helfers auf der Realebene durch die Problematik des „abgelehnten" Kindes erklären? Ich bin mir der Gefahr bewußt, daß eine derartige Argumentation die Gefahr birgt (die Arbeiten von A. Miller zeigen es drastisch), daß psychodynamische Verarbeitungsprozesse, Phantasien etc. zugunsten einer schlichten „Abbildlogik" verkürzt werden. Dennoch zeigt unser Material in allen drei Gruppen ohne Zweifel, daß die Mehrzahl der Teilnehmer massiven Traumatisierungen und Mißbrauchserfahrungen in ihrer Kindheit und Jugend ausgesetzt waren (der Bericht über Gruppe III verwendet sogar explizit den Begriff „emotionale Verwahrlosung"). In teilweise dramatischen Erzählungen wurde auf ungewünschte Schwangerschaften, Erpressung durch Selbstmorddrohung von Eltern, Funktionalisierung in Partnerkonflikten, Loyalitätskonflikte angesichts zerstrittener Eltern, Heim- und Internatsaufenthalte und auf sexuellen Mißbrauch verwiesen. Angst vor Nähe, die die Gefahr einer Regression in die als bedrohlich erlebte Abhängigkeit mit sich bringt, und Schuldgefühle (verdiene ich es wirklich, von den Eltern geliebt zu werden?) sind Konsequenzen dieser Erfahrungen, die in allen Gruppen geradezu stereotyp in Erscheinung traten. Für den Gruppenprozeß bedeutete dies, daß wir uns nicht nur mit der für alle Gruppenprozesse typischen „Angst vor dem nächsten Schritt" auseinandersetzen mußten, sondern einer spezifischen „Pendelbewegung" zwischen Wünschen nach Nähe und Zuwendung einerseits, Angst vor Nähe andererseits. Nimmt man die weiteren Besonderheiten des Setting hinzu (vgl. hierzu: Gruppe I. Besonderheiten des Setting) wie etwa, daß sich viele der Teilnehmer auch außerhalb der Gruppe privat und beruflich kannten, daß die Weiterbildung im Rahmen eines Forschungsprozesses stattfand, das von außen gesetzte Ende der Selbsterfahrung etc., so kann man vielleicht ermessen, welche Anforderungen der Gruppenprozeß an Teilnehmer und Leiter stellte. Externe Supervision (Dr. Rothe, Frankfurt) für die Leiter der Selbsterfahrungsgruppen war deshalb ein zentraler Aspekt des Weiterbildungskonzepts.

Der deutliche individuelle Symptomrückgang bei einigen Teilnehmern (z. B. bei zwei Teilnehmern in Gruppe I, die an asthmatischen und allergischen Beschwerden litten) beleuchtet einen weiteren berufsspezifischen Aspekt der Gruppenprozesse. Auch Schmidbauer verweist darauf, daß die „Helfer" ihre therapeutischen Bedürfnisse in der Regel als „Selbsterfahrungsinteresse" artikulieren (a.a.O., S. 193). Dies kam in Gruppe I deutlich durch einen Teilnehmer zum Ausdruck, der lange Zeit hartnäckig die Frage stellte, „Sind wir eine Selbsterfahrungs- oder Therapiegruppe?" bzw. in den sich im Laufe des Gruppenprozesses artikulierenden Wünschen nach (Einzel-)Therapie. Es wird damit auch verständlich, daß diejenigen Teilnehmer, die unter den stärksten psychischen und psychosomatischen Symptomen litten, am ehesten die Gruppe als „therapeutische" Gruppe nutzen konnten. Das für den Gruppenprozeß insgesamt charakteristische Schwanken zwischen Einlassen und Verschließen, Zeigen und Verstecken, Bewegung und Stagnation war freilich auch bei diesen Teilnehmern unübersehbar.

Die bisher vorgetragenen Aspekte des unbewußten psychosozialen Helfer-Klienten-Arrangements sollten andererseits nicht als Pathologisierung der Individuen (etwa im Sinne einer psychotherapeutischen Behandlungsbedürftigkeit) aufgefaßt werden. Obwohl gravierende Konflikte und Symptome (nicht zuletzt auch psychosomatische Symptome) in der Selbsterfahrung zur Sprache kamen und teilweise ein Rückgang der Symptomatik zu beobachten war, muß ebenso berücksichtigt werden, daß den Teilnehmern insgesamt eine „produktive" Lösung dieser Konflikte, insbesondere im Rahmen ihres professionellen Kontextes gelungen ist. Von keinem der Teilnehmer konnte gesagt werden, daß sie in diesem Kontext gescheitert sind, und auch bei den wenigen Teilnehmern, die aufgrund ihrer Konflikte und Abwehrmechanismen gravierende Verständnis- und Empathielücken zeigten, ist es gelungen, den Teilnehmern diese Grenzen deutlich zu machen. Krise und Kreativität sind eng miteinander verbunden.

Andererseits ist unübersehbar, daß die Institutionen psychosozialer Hilfe, die mit dem Anspruch (und vielleicht der Utopie) angetreten sind, die vielfältigen Leiden ihrer Klienten zu mildern, selbst so massive individuelle und kollektive Konflikte aufweisen, daß die Gefahr einer zirkulären Verstrickung mit den Klienten und der wechselseitigen Verfestigung der Konflikte und Symptome deutlich wird. Wir haben keine fertige Lösung für dieses Paradox, jedoch die Hoffnung, daß Versuche, wie wir und andere sie unternommen haben, einen Schritt zur Aufklärung dieser Verstrickungen darstellt.

II. Der Selbsterfahrungsprozeß in Gruppe I: Zwischen Ohnmacht und Aggression

Manfred Clemenz

1. Besonderheiten des Settings

1.1. Außenkontakte

Das Problem vorhandener Außenkontakte der Teilnehmer ist im wesentlichen die Kehrseite eines spezifischen Merkmals der Gruppe: daß es sich nämlich um eine berufshomogene Gruppe handelt. Die Weiterbildung wurde Sozialarbeitern, Sozialpädagogen, Erziehern, Ausbildern etc. im Großraum Frankfurt angeboten. Damit war unvermeidbar, daß eine Reihe der Teilnehmer sich über berufliche Kontakte kannten. In einigen Fällen waren die Teilnehmer bei überregional tätigen Institutionen beschäftigt, so daß auf diese Weise die beruflichen Kontakte noch enger waren. Wir haben diese Besonderheit des Setting teilweise antizipiert, indem wir darauf Wert legten, daß Teilnehmer einer Gruppe nicht aus derselben Institution kamen. Dabei wurde erst im Verlauf des Gruppenprozesses deutlich, daß Teilnehmer nur scheinbar aus unterschiedlichen Institutionen kamen, weil diese zwar unterschiedliche Namen trugen, aber derselben Großorganisation angehörten. In Gruppe I sah dies konkret so aus, daß drei bzw. zwei Teilnehmer demselben Organisationsverband angehörten und sich auf diese Weise beruflich kannten, jeweils zwei weitere Teilnehmer kamen aus unterschiedlichen Institutionen, kannten sich aber dennoch beruflich und (in einem Fall) privat. Die in einem Fall vorgetragene Bitte, ein Ehepaar in eine Gruppe aufzunehmen, wurde von uns abgelehnt.

Die hier geschilderte Besonderheit steht zunächst dem gruppenanalytischen Desiderat entgegen, daß Teilnehmer „untereinander fremd sind und keine Beziehung unterhalten“ (Foulkes 1978, S. 93). Foulkes bemerkt hierzu: „Mitglieder können sich unmöglich ungezwungen fühlen, sich in der Gruppe zu unterhalten, wenn das zu Konsequenzen im alltäglichen Leben führen würde“ (ebd.).

Die Problematik wird in der fünften Sitzung von einem Teilnehmer gewissermaßen auf den Begriff gebracht: Es gebe in der Gruppe „gewachsene Beziehungen“, die sich wie „Zement“ auswirken würden. Interessant ist bei diesem Beitrag, daß der Teilnehmer selbst Mitglied der erwähnten Dreiergruppe ist und er die Bedeutung dieser Koalition in ihren positiven wie negativen Konsequenzen deutlich erkennt. Er freue sich, daß er mit zwei Kolleginnen in ein und derselben Gruppe sei, andererseits habe er Angst, er könne „Krach" mit ihnen bekommen und dadurch ihre „Unterstützung" verlieren.

Bereits in der dritten Sitzung ist die Gruppe von der Beziehung zwischen den beiden Teilnehmern, die sich beruflich und privat kennen (ich möchte sie im folgenden Alexandra und Klaus nennen)[10], beunruhigt. Nachdem schon mehrfach Klaus interveniert hat, wenn Alexandra (die anfänglich mit dem Verlauf der Gruppe unzufrieden ist) von Mitgliedern der Gruppe angegriffen wird, teile ich meinen Eindruck der Gruppe mit. Es käme mir fast wie eine Art „Sperrfeuer" vor, das Klaus eröffne, wenn Alexandra attackiert wird. Mein Eindruck wird von anderen Teilnehmern geteilt. Ich weise darauf hin, daß enge Beziehungen zwischen Gruppenmitgliedern außerhalb der Gruppe schwierig für die Dynamik der Gruppe seien. Unter Umständen würde sich sogar die Frage stellen, ob sehr enge Beziehungen mit der gemeinsamen Teilnahme an der Gruppe vereinbar seien. Klaus beschreibt seine Beziehung zu Alexandra: „Wir kennen uns gut", Alexandra: „Wir haben auch neben dem Beruf eine enge Beziehung". In einer späteren Sitzung hakt ein Teilnehmer noch einmal nach: Beide betonen, sie seien „kein Liebespaar". Ein Teilnehmer ist besonders über die Beziehung zwischen den beiden beunruhigt: Es sei für ihn eine Sache „mit doppeltem Boden".

Ich behandle die Beziehungen zwischen den Teilnehmern außerhalb der Gruppe als „Grenzphänomen", d. h. ich versuche es so weit wie möglich in den Gruppenprozeß einzubeziehen. Dies geschieht auf eine von mir nicht intendierte und geradezu dramatische Weise in der 21. Sitzung. Klaus verkündet in dieser Sitzung seinen Austritt aus der Gruppe: Er habe eine Liebesbeziehung mit einer anderen Teilnehmerin (ich möchte sie Anna nennen) begonnen. Da die Teilnahme von beiden nicht möglich sei (und er dies im übrigen auch nicht wolle), scheide er aus der Gruppe aus. Anna habe ihm darüber hinaus klargemacht, daß sie in der Gruppe bleiben wolle. Da Anna in dieser Sitzung fehlt, kann dieser Punkt (wer bleibt in der Gruppe?) in der Gruppe nicht richtig diskutiert werden.

Daraufhin äußert Alexandra ihre Ängste, Teilnehmer der Gruppe könnten „ganz nebenbei" ein Wort „fallenlassen", das ihr schaden könne. Sie bittet mich in diesem Zusammenhang um ein Einzelgespräch. Es gelingt jedoch, die Problematik in der Gruppe zu besprechen. Die Ängste von Alexandra lösen sich m.

---

10 Ich möchte an dieser Stelle (und noch einmal später, bei der Darstellung des Gruppenprozesses) vom Darstellungsprinzip dieses Berichts, bei dem der Gruppenprozeß im Mittelpunkt steht, ein Stück weit abweichen. Angesichts des verwickelten Gruppenprozesses erleichtert es m. E. die Lesbarkeit, wenn die handelnden Personen hier mit fiktiven Namen versehen werden.

E. auf und tauchen auch später nicht mehr auf. Zwar äußert Alexandra immer wieder Mißtrauen gegenüber der Gruppe, dieses bezieht sich jedoch auf andere Themen, insbesondere auf ein Problem das sie stark beschäftigt: Ist es möglich in der Gruppe über Probleme von sexuellem Mißbrauch zu sprechen.

Ich spreche das Problem von Kontakten außerhalb der Gruppe im Verlauf des Gruppenprozesses mehrfach an. Es wird dabei auf Fahrgemeinschaften verwiesen, die sich zwischenzeitlich gebildet hätten. Man würde dabei über die Gruppe aber nur in allgemeiner Form sprechen, Themen der Gruppendiskussion aber nicht fortsetzen (was ein Teilnehmer „eigentlich merkwürdig" findet).

Auch der Punkt: „Gibt es Hemmungen, in der Gruppe zu sprechen, weil sich einige auch außerhalb der Gruppe kennen", wird von mir im weiteren Verlauf der Gruppe mehrfach angesprochen. Die Antworten der Teilnehmer beziehen sich dabei vorwiegend auf den Aspekt, ob sich dadurch u. U. berufliche Nachteile ergeben, was verneint wird. Typische Antworten sind dabei: Wir haben doch gar keinen Einfluß auf Stellenvergaben, ich würde nichts Schlechtes über einen Teilnehmer sagen etc.

Diese Episoden zeigen, daß das Problem „Kontakte außerhalb der Gruppe" in Gruppe I sicherlich eine gewichtige und nicht zu unterschätzende Variable des Gruppenprozesses war. Bei einem vergleichbaren Projekt bzw. einer vergleichbaren Gruppe müßten sehr klar die institutionellen Zugehörigkeiten bzw. die institutionellen Verflechtungen und die damit verbundenen Kontakte der Teilnehmer berücksichtigt werden. Andererseits bin ich der Ansicht, daß diese Variable den Gruppenprozeß vorrangig nur im ersten Drittel beeinflußt hat und daß entsprechende Ängste, Mißtrauen etc. im weiteren Verlauf weitgehend abgebaut werden konnten. Dies wird insbesondere durch zwei Ergebnisse des Gruppenprozesses nahegelegt:

1. Ängste und Mißtrauen nahmen im Verlauf des Gruppenprozesses zunehmend ein individuelles Profil an, d. h. es wurden die spezifischen individuellen Konflikte und Widerstände deutlich, die es den einzelnen Teilnehmern erschwerten, zu sprechen.

2. Alle Teilnehmer (vielleicht mit einer Ausnahme) können über so tiefgreifende und intime Konflikte sprechen, daß dies mit der Annahme einer Ängstlichkeit im Hinblick auf soziale Konsequenzen außerhalb der Gruppe kaum vereinbar ist. Bei der erwähnten Ausnahme handelt es sich um einen Teilnehmer, der mit der Zumutung, über eigene Ängste und Schwächen zu sprechen überfordert war. Seine „Angst vor der Angst" ließ sich auch nur wenig verringern, so daß das psychodynamische Profil und die Notwendigkeit seiner Abwehrstrukturen im Verlauf des Prozesses immer deutlicher wurden. Der Teilnehmer hat allerdings zumindest kognitiv so viel von der Gruppe profitiert, daß er erkannte, daß ihm der emotionale Zugang zu bestimmten Konflikten bzw. Übertragungs-Gegenübertragungsprozessen weitgehend versperrt ist.

1.2. Forschung

Die Weiterbildung ist Bestandteil eines sogenannten „innovatorischen" Projekts, das vom Sozialfonds der Europäischen Gemeinschaft im Rahmen des Programms zur Prävention und Bekämpfung von Langzeitarbeitslosigkeit angeboten wird. „Innovatorisch" bedeutet in diesem Zusammenhang, daß neben den direkten Maßnahmen zur Weiterqualifikation komplementäre und ergänzende Forschung durchgeführt wird. Diese Forschung hatte in unserem Falle zwei Aspekte: 1. Da die Weiterbildung für die Betreuer von benachteiligten und marginalisierten Jugendlichen angeboten wurde, haben wir selbst die biographische und institutionelle Situation dieser Jugendlichen im Kontext eines qualitativ-hermeneutischen Forschungskonzepts untersucht. 2. Da uns (bzw. den Auftraggeber) die „Wirksamkeit" der Weiterbildungsmaßnahme interessiert, haben wir ein Evaluationskonzept entwickelt, dessen Ergebnisse im Forschungsbericht enthalten sind.

Neben den anderen curricularen Bestandteilen der Weiterbildung (Theorie, Fallrekonstruktion/Kasuistik und Supervision) war damit auch der Prozeß der analytischen Selbsterfahrung Gegenstand der evaluativen Forschung. Dieser Forschungsaspekt wurde den Teilnehmern in einem Vorstellungsgespräch mitgeteilt, in dem alle Mitglieder des Weiterbildungsteams kurz ihre Arbeit und ihr Konzept vorstellten. Darüber hinaus wurde in Gruppe I die 50. Sitzung der Gruppenselbsterfahrung (mit Zustimmung der Teilnehmer) auf Tonband aufgenommen. Gegen Ende der Weiterbildung wurden alle Teilnehmer noch einmal auf den Forschungsaspekt hingewiesen sowie darauf, daß die Ergebnisse in einem Forschungsbericht veröffentlicht würden. Im Hinblick auf die Gruppenselbsterfahrung wurde mit den Teilnehmern aller drei Gruppen vereinbart, daß sie nach Fertigstellung der entsprechenden Berichte die Möglichkeit hätten, diese einzusehen. Sollten irgendwelche Details die Anonymität der Teilnehmer gefährden, hätten die Teilnehmer das Recht eine entsprechende Änderung des Textes zu verlangen. Dieses Arrangement wurde von Gruppe I als „fairer Vorschlag" bezeichnet.

Entgegen meiner Vorannahme war der Forschungsaspekt des Projekts (ähnlich wie der Aspekt „Außenkontakte") nur zu Beginn der Gruppenselbsterfahrung ein gewisser Irritationsfaktor. Es wurden Fragen gestellt nach der Anonymität der Protokolle u.ä. Vom Supervisor der Gruppe I wurde berichtet, daß ein Teilnehmer die Vorstellung äußerte, durch die Forschung würden die Teilnehmer „ausgebeutet". Dieser Teilnehmer erklärte allerdings rasch seinen Austritt aus der Gruppe. Gegen Ende der Selbsterfahrung wurden Äußerungen gemacht wie: „Wir waren fast zwei Jahre zusammen. Da ist es auch wichtig, daß die Ergebnisse der Arbeit schriftlich festgehalten werden. Dann können wir sagen: wir waren dabei" oder: „Ich möchte gern meinem Chef den Forschungsbericht vorlegen, da kann er sehen, was ich zwei Jahre lang gemacht habe". Die Teilnehmer verhielten sich somit in der Tat so „vorurteilsfrei“, wie es Foulkes im Kontext des Berichts über eine Gruppe, die aus „Professionals“ zusammengesetzt war, wünscht. In dieser Gruppe wurden Einwände gegen die wissenschaftliche Auswertung der Gruppenarbeit geäußert. Foulkes schreibt hierzu: „Auf diese Weise äußerte er (ein Gruppenmitglied) ein Vorurteil, das häufig in diesen Kreisen anzutreffen ist: Die gegenseitige Ausschließlichkeit oder wenigstens ein Gegensatz zwischen emotionaler und intellektueller Geisteshaltung“ (Foulkes 1978, S. 139).

Allerdings ist damit nur die Oberfläche, der bewußte Teil der Einstellung zur Forschungsarbeit, behandelt worden. Es soll zusätzlich darauf eingegangen werden, welche möglichen unbewußten Anteile durch den Forschungsaspekt aktiviert wurden. Hier muß zunächst darauf verwiesen werden, daß die Gruppe insbesondere zu Beginn des Gruppenprozesses eine große Anspruchshaltung zeigte, eine geradezu oral-gierige Haltung. Wie weit dies ein Ergebnis der spezifischen Gruppenzusammensetzung ist oder aber durch Besonderheiten bei der Zusammenstellung der Gruppe zustande kam, ist schwer einzuschätzen. Zu diesen Besonderheiten gehörte, daß es bei Gruppe I (im Gegensatz zu Gruppe II und III) zunächst Schwierigkeiten gab, genügend Teilnehmer zu finden. Aus diesem Grunde sprachen wir Institutionen gezielt auf unser Weiterbildungsangebot an, so daß auf diese Weise der Eindruck entstehen konnte, wir seien auf die Gruppe angewiesen (was ja in gewisser Hinsicht tatsächlich auch der Fall war). Aufgrund von Zeitungsanzeigen hatten wir später dieses Problem nicht mehr, im Gegenteil, es meldeten sich mehr Interessenten als wir aufnehmen konnten.

Faktisch äußerte sich diese Anspruchshaltung u. a. so, daß einige Teilnehmer zu Beginn der Gruppenarbeit fragten, ob ihnen seitens des Instituts keine Getränke oder Verpflegung angeboten würden, andere Teilnehmer während der beiden ersten Sitzungen mit dem Gruppenleiter um die „Setting-Regel“ kämpften, daß während der Sitzung nicht geraucht bzw. Kaffee getrunken werden sollte. Eine Teilnehmerin betonte mehrfach, es ginge ihr zu langsam, eine andere: sie wolle viel haben, insbes. in der Theorie. Interessant ist nun in diesem Zusammenhang die Äußerung eines Teilnehmers, der vermutete, es ginge vielleicht deshalb so langsam, weil der Gruppenprozeß wissenschaftlich untersucht würde und wir (d. h. das Team) uns alles „ganz genau“, vielleicht „zu genau“ anschauen würden. Trotzdem sei er persönlich zu „hundert Prozent“ überzeugt, daß er viel bekommen würde. Ein anderer Teilnehmer bemerkte, daß wir, „das Team“, ja auch von den Teilnehmern viel bekommen würden (was ich so verstanden habe, daß wir mit Hilfe der Teilnehmer ein Forschungsprojekt durchführen).

Auffällig war die Stimmung in der Sitzung, die ich auf Tonband aufnahm: aufgekratzt, etwas theatralisch, fast exhibitionistisch. Ich gehe aufgrund dieser Beobachtungen davon aus, daß es der Gruppe während des ganzen Gruppenverlaufs bewußt war, daß sie auch Gegenstand von Forschung sein würde und sich, bewußt und unbewußt damit beschäftigte, ob sie eine „gute“ oder „schlechte“, eine „ergiebige“ oder eine „langweilige“ Gruppe sei. Verschärft hat sich dabei sicher auch die Frage: bekommen wir, die Teilnehmer, auch genügend für uns.

Letztlich möchte ich bei der Beurteilung der Frage, welche bewußte und unbewußte Bedeutung der Forschungsaspekt für die Gruppe hatte, die beiden Punkte heranziehen, die auch bei dem Aspekt „Außenkontakte“ entscheidend waren: Das individuelle Konfliktprofil aller Teilnehmer wurde im Verlauf des Gruppenprozesses immer deutlicher und alle Teilnehmer (mit einer Ausnahme) konnten offen über tiefgreifende Konflikte sprechen. Der Forschungsaspekt konnte somit ohne Störungen in den Gruppenprozeß integriert werden.

1.3. Abbrüche, Regelmäßigkeit der Teilnahme

Für Gruppe I angemeldet waren zunächst 13 Teilnehmer, von denen bis zur 21. Sitzung vier ausschieden. Die Sitzungen (80) fanden regelmäßig wöchentlich statt. Um innerhalb der zur Verfügung stehenden Zeit (knapp 2 Jahre) alle 80 Sitzungen durchzuführen, mußte eine Reihe von Zusatzterminen vereinbart werden, die in der Regel Doppelsitzungen waren (2x90 Minuten). Ab der dritten Sitzung fehlt ein Teilnehmer und erklärte dann in der 9. Sitzung seinen Austritt aus der Gruppe. Ein weiterer Teilnehmer war in der ersten 1., 2., 4. und 5. Sitzung anwesend und ließ dann durch den oben erwähnten Teilnehmer ebenfalls seinen Austritt aus der Gruppe erklären. Beide Teilnehmer kamen aus derjenigen Institution, um die wir uns vor Beginn der Weiterbildung am intensivsten bemühten und von der wir den Leiter und einige Mitarbeiter zu einem Vorgespräch einluden (s. o. 1.1)

Der erste der erwähnten Teilnehmer war der Anführer der „Kaffeerevolte“ (d. h. des Versuchs, das Kaffeetrinken in das Setting der Gruppe zu integrieren). Er war nicht davon überzeugt, daß der Verzicht darauf ein sinnvoller Bestandteil der Abstinenzregel sei. In ihm verkörpert sich die orale Komponente der Gruppe am deutlichsten: Er wundert sich darüber, daß die Teilnehmer von seiten des Instituts keine Verpflegung angeboten bekommen. Als einmal ein Arbeitspapier vergriffen war, empfindet er dies als „unzumutbar“.

In der 9. Sitzung wertet er die Gruppe bzw. die ganze Ausbildung hinsichtlich ihrer Praxisrelevanz ab und versucht die anderen Gruppenmitglieder „anzustacheln“, ihrerseits Kritik an der Weiterbildung zu üben. Die Gruppe gibt ihm zu verstehen, daß er seit längerem fehle, vieles nicht mitbekommen habe und man seiner Kritik nicht folgen könne. Der Teilnehmer beklagt sich über die „Praxisferne“ der Weiterbildung. Insbesondere in der Theorie werde viel über Sexualität gesprochen. Damit könne er nichts anfangen. Darüber hinaus beklagt er sich über unklare Absprachen. Er hätte den Eindruck gewonnen, die Weiterbildung solle in seiner Institution stattfinden, d. h. ca. 25 km von Frankfurt entfernt (m. E. gab es keine Anhaltspunkte für eine derartige Sicht). Dann hätten sie (d. h. die Mitarbeiter der Institution) ,,beschlossen", die Ausbildung solle in Frankfurt stattfinden.

Der andere ausscheidende Teilnehmer, der ähnlich stark an Versorgung orientiert ist, erscheint zunächst weniger ablehnend, eher ambivalent. In der 5. Sitzung weist er darauf hin, daß er jetzt, nach einigem Schwanken, in der Gruppe bleiben will. Er kommt im folgenden allerdings nicht mehr in die Gruppe und läßt, wie gesagt, seinen Austritt durch den oben geschilderten Teilnehmer bekanntgeben.

Im Hinblick auf diese beiden Teilnehmer drängt sich der Eindruck auf, daß die Tatsache, daß wir uns um diese Institution besonders stark bemühten, dazu führte, daß bewußte und unbewußte Erwartungen über umfassende Versorgung entstanden sind. Dies hängt u. a. mit dem Forschungsaspekt zusammen. Hier formulierte einer der beiden Teilnehmer, daß wir, d. h. das Institut, auch viel von den Teilnehmern bekämen. Es ist somit nicht zufällig, daß gerade diese beiden Teilnehmer die Weiterbildung in einer frühen Phase abbrachen.

Darüber hinaus hatten wir, wie bereits erwähnt, etwas voreilig unterstellt, daß beide Teilnehmer, die in unterschiedlichen Arbeitsbereichen dieser Institution tätig waren (einer war technischer Ausbilder, der andere Sozialpädagoge) nur wenig miteinander bekannt seien. Dies änderte sich u. a. dadurch, daß beide eine ,,Fahrgemeinschaft" bildeten. Die damit zwangsläufig entstehenden Kontakte außerhalb der Gruppe sind m. E. ein weiterer Faktor, der das frühzeitige Ausscheiden beider Teilnehmer erklärt.

Eine Teilnehmerin und ein Teilnehmer schieden in der 21. Sitzung, unmittelbar nach den ersten Sommerferien aus. Unklar sind vor allem die tieferen Gründe für das Ausscheiden der Teilnehmerin. Diese beklagte sich seit Beginn der Gruppe über ihre Doppelbelastung als Hausfrau/Mutter und als Sozialarbeiterin in leitender Stellung (sie war Leiterin eines neugegründeten Wohnprojekts) und gab dies auch als Grund für ihr Ausscheiden an. Hinzu kam ein – leichter – Autounfall, über den sie der Gruppe lediglich telephonisch eine Mitteilung machte. Der oben (1.1.) erwähnte Teilnehmer begann eine Liebesbeziehung mit einer anderen Teilnehmerin der Gruppe. Beide waren der Ansicht, daß ihr gemeinsames Verbleiben in der Gruppe unmöglich sei, ihrem Verständnis nach deshalb, weil sie Nachfragen der Gruppe über ihre Beziehung nicht beantworten wollten. Sie kamen überein, daß die Teilnehmerin in der Gruppe bleiben sollte. Über die weiteren Aspekte dieses Austritts soll vor dem Hintergrund des Gruppenprozesses genauer berichtet werden. Es sei hier nur soviel erwähnt, daß beide Mitglieder relativ große Schwierigkeiten mit dem Gruppenprozeß hatten und ihre Liebesbeziehung mit einer Phase der Intensivierung der Gruppenarbeit zusammenfiel.

Eine weitere Besonderheit betrifft die Voraussetzungen, die für die Vergabe des Weiterbildungszertifikats erfüllt sein mußten. Da in den Vorstellungsgesprächen, aber auch in den Erstinterviews häufig von seiten der potentiellen Teilnehmer auf die hohe Belastung durch auswärtige Freizeitaufenthalte mit den Jugendlichen, obligatorische Weiterbildungen in anderen Bereichen, Notdienste etc. verwiesen wurde, entschlossen wir uns, eine Klausel über mögliche Fehlzeiten einzuführen. Demnach sollte nur derjenige ein Zertifikat erhalten, der in keinem Weiterbildungsteil mehr als 20% fehlte.

Dieses Zugeständnis wurde von einigen Teilnehmern als Freibrief angesehen und vollständig bzw. fast vollständig ausgenutzt. Zwei weitere Teilnehmer zeichneten sich ebenfalls durch häufiges Fehlen aus. Dieses Fehlen wurde immer wieder von der Gruppe kritisiert, als Unverbindlichkeit, Abwertung etc. interpretiert, auch von meiner Seite aus verschiedenen Perspektiven angesprochen, ohne daß sich eine wesentliche Änderung ergab. Erst der Hinweis (gegen Ende der Gruppe) auf die 20%-Regelung und die hohe Fehlzahl einzelner Teilnehmer ergab eine Reduzierung des Fehlens. Darüber hinaus gibt es weitere, persönlichkeits- und gruppenbedingte Gründe für eine gewisse Unregelmäßigkeit der Teilnahme, auf die im Bericht über die Gruppe näher eingegangen werden soll (dies sah in Gruppe II und III im übrigen ähnlich aus). Insgesamt habe ich den Eindruck, daß der von uns eingeräumte Spielraum einige Teilnehmer zum „Agieren“ oder besser zur „Re-Inszenierung“ derjenigen Situation verleitet hat, die sie selbst mit den Jugendlichen erleben.

2. Der Gruppenverlauf

2.1. Der Kampf um das Setting: „Gibt es hier etwas zu essen?“

Ich möchte im folgenden zunächst den Verlauf der ersten Sitzung ausführlicher darstellen. Als ich zum ersten Mal den Gruppenraum betrete, herrscht eine aufgekratzte Stimmung wie in einer Schulklasse, die auf den neuen Lehrer wartet. Die Tische sind mit Kaffeekannen und Tassen, Papieren und Tüchern bedeckt. Es dauert einige Zeit bis alles abgeräumt ist, die Tische an die Wand gerückt und die Stühle im Kreis aufgestellt sind. Einige Teilnehmer sind noch in der Küche und kommen nach und nach in den Gruppenraum. Als letzter erscheint ein Teilnehmer mit einer Kaffeekanne und mehreren Tassen. Er fragt: „Gibt es hier eigentlich etwas zu essen?“

Der Teilnehmer gleicht auf den ersten Blick einem Jugendlichen: Ohrringe, bunter Schal, Lederhose. Der Teilnehmer ist freilich kein Jugendlicher, sondern ein „gestandener“ Sozialpädagoge, mit komplexen technischen Kenntnissen und Fähigkeiten. Im Erstinterview habe ich von ihm erfahren, daß er die Jugendlichen von der Seite des „Machens“ her erreichen will. Sein berufliches Problem ist die Motivation der Jugendlichen: ihr „Durchhängen“ würde ihn mehr und mehr „ankotzen“. Auch der Umgangston der Jugendlichen, vor allem der Jungen mit den Mädchen, das machohafte Gehabe der Jungen störe ihn. Er sieht sich in folgendem Dilemma: Geht er kollegial und fair mit den Jugendlichen um, wird er nicht ernst genommen und „verarscht", geht er autoritär und teilweise „unfair" mit ihnen um, so kommt er „besser an", muß aber gegen seine eigene Überzeugung handeln. Seine Kindheit und Jugend schildert er als wenig erfreulich. Seine Eltern waren zwar „freundlich", aber letztlich wenig verständnisvoll und zuweilen hart und autoritär. Mit seinem Bruder, der emotional für ihn sehr wichtig war, hat er sich nicht gut vertragen und wurde oft von ihm verprügelt, bis er, worauf er stolz ist, eines Tages zurückschlug. „Dann war Ruhe". Seit diesen Erfahrungen verabscheut er körperliche Gewalt. Der Bruder, einige Jahre jünger, sei das „Nesthäkchen" gewesen und von den Eltern vorgezogen worden. Später wurde der Bruder drogenabhängig. Der Bruder, so seine Deutung, habe die besondere Zuneigung der Eltern nicht verkraftet. Wenn er von seinen Eltern und seinem Bruder erzählt, wirkt er deprimiert, alles Dynamische, Macherhafte ist von ihm abgefallen. In Beziehungen zu Mädchen war er oft unglücklich und unternahm einmal einen Selbstmordversuch, den er nicht als solchen versteht, sondern als „Herausforderung des Schicksals". Am Schluß des Erstgesprächs erzählt er mir noch eine Anekdote: Er habe einmal an einer Selbsterfahrung teilgenommen. Dabei sollte jeder ein Tier spielen, wobei er sich für den Wolf entschieden habe. Wölfe, so erklärt er, seien im Prinzip friedliche Tiere, außer wenn sie angegriffen werden oder hungrig seien. Das Bild des hungrigen Wolfs bleibt in meinem Gedächtnis, freilich eines Wolfs, der noch von der Versorgung durch die Wolfseltern abhängig ist.

Der Teilnehmer steht mit seinem Wunsch nach Versorgung nicht allein da. Ein anderer fragt, ob die Sekretärin nicht für die Teilnehmer Kaffee kochen könne. Die Pausen zwischen den einzelnen Veranstaltungen der Weiterbildung seien zu kurz. Ich teile der Gruppe mit, daß wir zunächst über Rahmen und Ziele unserer Arbeit sprechen wollen. Ich erläutere die einzelnen Punkte des psychoanalytischen Settings, auch den Punkt, daß sie nicht als Patienten in der Gruppe seien. Nach jedem Punkt mache ich eine kurze Pause, um Zeit für Fragen zu lassen.

Es beginnt nun eine Art „Aushandeln" der Settingregeln, das teilweise zu einem Kampf um diese Regeln eskaliert, eine Auseinandersetzung, die – teils offen, teils verdeckt – die Gruppe in den ersten Wochen ihrer Arbeit beschäftigt.

Die ersten Fragen kommen zur Schweigepflicht. Man könne seiner Frau oder doch Freundin nicht ganz verschweigen, was in der Gruppe passiert. Meine Antwort lautet, daß dies richtig sei, man aber durchaus Namen und Details der anderen Teilnehmer dabei schützen könne. Dies wird, nach einigem hin und her, als sinnvolle Regel akzeptiert.

Schwieriger einzusehen ist für die Gruppe die Regel, daß man die Diskussion und die Dynamik der Gruppe nicht mit den anderen Teilnehmern außerhalb der Gruppe fortsetzen solle, außer man bringe dies wieder zurück in die Gruppe (was freilich von mir als die „zweitbeste“ Lösung gewertet wird). Ein Teilnehmer bemerkt ironisch: ob man denn selbst außerhalb der Gruppe über die Gruppe nachdenken dürfe.

Als nächstes taucht die Frage auf, wie es denn die Veranstalter selbst mit der Schweigepflicht hielten und wie – unter Hinweis auf die geplante Forschung – denn die Anonymität der Teilnehmer gewahrt bleibe. Ich betone, daß selbstverständlich alle Mitglieder unseres Teams gleichermaßen der Schweigepflicht unterliegen und daß alle Aufzeichnung über die Gruppe streng anonym bleiben (d. h. alle Namen kodiert werden). Die Angst, was die Forscher mit der Gruppe anstellen, die Angst, als „Versuchskaninchen“ zu dienen, taucht hier erstmals auf.

Während die Diskussion um diese Punkte moderat, fast abgeklärt geführt wird, entwickelt sich bei der Diskussion um die Abstinenz in der Gruppe eine geradezu rasante Gruppendynamik. Zunächst vergewissern sich zwei Teilnehmer (die selbst schon therapeutische Erfahrung haben), ob es tatsächlich so sei, daß in der Gruppe „nur“ gesprochen werde. Als ich schließlich zu dem Punkt komme, daß zur Abstinenz nicht nur der Verzicht auf das Rauchen, sondern auch auf das Kaffeetrinken gehöre, bricht der Protest gegen diese „unverständliche“ Regelung aus.

Wortführer dieses Protests – ich will sie die „Kaffeerevolte“ nennen, die uns zwei Sitzungen beschäftigen wird – ist der oben beschriebene Teilnehmer. Er schwankt in seiner Argumentation zwischen zwei Punkten: Einerseits lasse er sich „nichts befehlen“, andererseits brauche er abends, wenn er den ganzen Tag gearbeitet habe, „seinen Kaffee“. Er wird unterstützt von einer Teilnehmerin, die zunächst als Wortführerin bei den Frauen der Gruppe auftritt.

Die Teilnehmerin ist eine gutaussehende Diplompädagogin, Anfang dreißig und unverheiratet. Sie wirkt betont gepflegt und ist „up to date“ gekleidet. Aus dem Erstinterview erfahre ich, daß sie in ihrer beruflichen Tätigkeit anerkannt ist und gern „weiterkommen“ möchte. Eine mögliche Karriere macht sie zugleich unsicher: Sie befürchtet, zuviel von sich selbst preisgeben zu müssen, in ihrer Persönlichkeit „deformiert“ zu werden. Sie berichtet sehr offen über ihre Beziehungsschwierigkeiten. Es sei geradezu eine „Grenzmarke“, daß ihre Beziehungen nie länger als fünf Jahre dauerten, suche sich aber wohl auch immer die entsprechenden Männer aus. Sie habe stets bisher für alle Entwicklungsschritte kämpfen müssen und schon als Jugendliche ihr eigenes Geld verdient. Sie ist der Ansicht, daß dieser Kampf schon sehr früh anfing. Sie sei ein Siebenmonatskind gewesen und „zu schwach zum Saugen“. Damit hingen wohl viele ihrer Probleme zusammen. Mittlerweile habe sie jedoch gelernt sich selbst zu versorgen, dabei hätten ihr z. B. Bioenergetik oder Gedichte schreiben sehr geholfen. Sie hätte gern mehr „Anlehnung“ an einen Mann, aber zumeist hätten die Männer, die sie kenne, zuviel Angst vor Nähe. Auf die Trauer angesprochen, die darin anklingt, sagt sie, wahrscheinlich würde sie jetzt am liebsten weinen, aber sie hätte gelernt sich zu kontrollieren.

Die Teilnehmerin betont, in anderen Therapien und Selbsterfahrungen (auch psychoanalytischen) würde alles „weniger streng" gehandhabt. Sie habe einmal selbst eine Gesprächstherapie gemacht und mit der Therapeutin „Unmengen" Kaffee getrunken. Hinterher hätten sie sogar zusammen gegessen. Geradezu spitzfindig entwickelt sie weitere Argument gegen die Einschränkung des Kaffeetrinkens: Wenn sie nicht Kaffee trinke, würde sie etwas anderes tun, z. B. mit den Haaren spielen. Außerdem kenne sie Arbeitssituationen, bei denen, wenn es „intensiv" sei, der Kaffee „kalt" werde. Ich antworte ihr, daß sie im Grund genommen Argumente vorbringe, die gegen das Kaffeetrinken sprächen. Spielte sie ständig an den Haaren, würde uns das irgendwann auffallen und wir würden sie danach befragen. Beim Kaffeetrinken wäre dies eher unwahrscheinlich. Ihr Beispiel mit der „intensiven" Arbeitssituation lege darüber hinaus nahe, daß man dazu den Kaffee gerade nicht brauche.

Der größte Teil der Gruppe stellt sich jetzt hinter die „Kaffeerebellen". Nichtrauchen verstehe man (wegen der Nichtraucher), Nichtessen auch (man stelle sich vor, alle würden Kartoffelchips knabbern), aber Kaffeetrinken müsse erlaubt sein. Ein Teilnehmer malt geradezu dramatisch aus, wie es einem gehe, wenn man keinen Kaffee trinken dürfe. Man säße in einem heißen Raum, der Mund sei ausgetrocknet, die Konzentration schwände etc.

Sehr viel gelassener wird diese Auseinandersetzung von zwei anderen Teilnehmern gesehen. Was denn die ganze Aufregung solle? Man könne ja schließlich vorher Kaffee trinken. Anderthalb Stunden könne man es schließlich aushalten. Einer der beiden fügt hinzu, ohne Kaffee wäre für ihn die Arbeitsatmosphäre deutlicher. Eine Teilnehmerin fügt hinzu, ihr sei die ganze Sache egal, „sie trinke ohnehin keinen Kaffee".

Eine dritte Position vertritt schließlich ein anderer Teilnehmer. Er habe schon häufig in Kliniken als Beobachter an Gruppentherapien teilgenommen. Dabei sei klar, daß nicht geraucht und getrunken werde. Und wenn schließlich ich, als Gruppenleiter, diese Regel als zur „Therapie" gehörig ansehe (es ist auffällig, daß er an dieser Stelle „Therapie" sagt, und dies auch mehrfach wiederholt), so müsse man sich eben daran halten. Eine andere Teilnehmerin schließt sich nach einigem Zögern dieser Position an.

Die Kaffeetrinker stürmen jetzt wieder auf mich ein und verlangen eine „stichhaltige" Begründung. Ich antworte, mir falle auf, daß sie stets nur mit mir argumentieren würden, es gäbe aber noch andere, geradezu eine „Fraktion", die ebenfalls gegen das Kaffeetrinken sei.

Ich habe jetzt zum ersten Mal den Eindruck, daß ich die Gruppe erreicht habe. Die Aufgeregtheit, das Durcheinanderreden läßt nach, die Gruppe wird nachdenklich. Nun schaltet sich wieder der Teilnehmer ein, der zuvor so dramatisch die Folgen des Verzichts auf das Kaffeetrinken geschildert hatte.

Der Teilnehmer ist Sozialarbeiter, Mitte 30, unverheiratet und mit seiner beruflichen Tätigkeit zufrieden. Er sieht seine Beziehungen zu den Jugendlichen als problemlos an, er gilt als jemand, der auf Ausgleich und Harmonie bedacht ist und deshalb ein begehrter Ansprechpartner ist. Er hat freilich Zweifel, ob er wirklich so friedlich und ausgeglichen ist. Er kommt im Erstgespräch häufig auf seinen Vater zu sprechen, der ihn geschlagen habe und auf den er noch immer wütend ist. Er ärgert sich heute noch darüber, daß er nie zurückgeschlagen hat. Sein Verhalten zu Autoritätsfiguren bezeichnet er selbst als „ambivalent". Auf meine Frage, ob dies denn möglicherweise in der Selbsterfahrung eine Rolle spielen könne, indem er z. B. mich als „autoritären Vater" sehe und attackieren würde, antwortet er lakonisch: „Ja, wenn ich dazu den Mut habe".

Dieser Teilnehmer weist nun darauf hin, daß es bei der ganzen Auseinandersetzung doch letztlich um meine Rolle als Gruppenleiter gehe, bzw. darum, ob mir die Gruppe erlauben würde, die Regeln festzulegen. Er jedenfalls wolle, daß ich „auf meinem Stuhl" bleibe, d. h. Gruppenleiter sei und bleibe. Er fügt dann hinzu: „Wenn wir uns aber nicht einigen können, könnten wir (die Gruppe) ja rausgehen und abstimmen". Ich sage zu ihm, daß mir dies doch recht widersprüchlich erscheine: Einerseits solle ich auf meinem Stuhl bleiben, andererseits wolle er mich gewissermaßen aus der Gruppe rausschmeißen und die Gruppe entscheiden lassen. Der Teilnehmer quittiert meine Bemerkung mit einem geheimnisvollen Lächeln.

Die Auseinandersetzung um das Kaffeetrinken bzw. um meine Rolle als Gruppenleiter geht noch eine Weile weiter, plätschert aber jetzt eher dahin. Die Gruppe hat sich etwas beruhigt. Einige Teilnehmer versuchen den Gruppenprozeß „aufzuarbeiten", zu analysieren. Man ist sich darin einig, daß es nicht nur ums Kaffeetrinken, sondern um meine Rolle in der Selbsterfahrung gehe.

Da das Ende der Sitzung bevorsteht, versuche ich meinen Eindruck über die Sitzung an die Gruppe weiterzugeben. Einerseits gehe es tatsächlich darum, wie fest ich auf meinem Stuhl als Gruppenleiter sitze. Andererseits hätte ich auch den Eindruck, die Gruppe wolle etwas „Besonderes" von mir, was andere Gruppen vielleicht nicht bekämen: Essen, Kaffee oder irgend ein anderes Entgegenkommen, z. B., wie eine Teilnehmerin angedeutet habe, eine „weniger strenge" Handhabung der Regeln.

Meine Intervention kommt, so scheint mir, nur zur Hälfte an. Der erste Teil wird von den meisten akzeptiert, der zweite Teil erscheint einigen „an den Haaren" herbeigezogen.

Kommentar

Mir gehen nach der Sitzung, auch später, beim Schreiben dieses Berichts einige Gedanken und Bilder durch den Kopf. Vieles von der Thematik und Dynamik der Gruppe taucht komprimiert oder andeutungsweise bereits in dieser ersten Sitzung auf.

1. Die Gruppe erscheint ansprüchlich und auf eine aggressive Weise „oral". Diese Seite der Gruppe wird am deutlichsten von drei Teilnehmern zum Ausdruck gebracht, deren orale Bedürfnisse geradezu fetischisiert erscheinen („ich brauche meinen Kaffee", „ich sitze mit ausgetrocknetem Mund da und kann mich nicht konzentrieren", „mit meiner früheren Therapeutin habe ich Unmengen Kaffee getrunken und gegessen"). Das Bild des hungrigen Wolfs, wie es von einem der Teilnehmer in seinem Erstinterview beschrieben wurde, taucht als Metapher dieser Sitzung vor mir auf, ein Bild, zu dem in meiner Gegenübertragung allerdings auch gehört, daß er gefüttert werden möchte. Allerdings überwiegt für mich die oral-aggressive Seite. Der Kampf um die Regeln ist gewissermaßen der Versuch, mich als Gruppenleiter „umzubringen" und mich stellvertretend (Essen und Trinken) aufzufressen. Der Gruppenbeginn ist insoweit kannibalistisch.

2. Die Gruppe stellt große Ansprüche (wir sollen sie mit Verpflegung versorgen), hat aber Schwierigkeiten, Regeln und Verpflichtungen zu akzeptieren. Neben dem Kampf um die Abstinenzregel wurde diese Seite für mich auch dadurch gleichsam szenisch deutlich, als ich nach Ende der Sitzung sah, daß Tassen und Aschenbecher schmutzig zurückgelassen wurden. Die Gruppe ging also wie selbstverständlich davon aus, daß andere den „Dreck" für sie erledigen (es dauerte einige Sitzungen, bis die Gruppe, auf meine Intervention hin, ihr Verhalten in diesem Punkt änderte). Dies erinnert mich wiederum daran, daß einige Teilnehmer sich in den Erstinterviews darüber beklagen, daß man den Jugendlichen viel geben müsse, daß man aber große Mühe hätte, daß sie ihrerseits Regeln und Pflichten beachten. Die Sprachlosigkeit, die „Verstocktheit", das „Durchhängen" etc. der Jugendlichen wird von den Teilnehmern in den Erstinterviews immer wieder beklagt. Viele Episoden im späteren Gruppenverlauf waren durch eine ähnliche Sprachlosigkeit und ein Durchhängen charakterisiert. Es entsteht für mich das Bild, daß die Teilnehmer Strukturen ihrer beruflichen Erfahrung in der Gruppe (re-)inszenieren, allerdings mit umgekehrten Vorzeichen: in der Gruppe verhalten sie sich ähnlich wie die Jugendlichen. In dieser Rolle stellen sie dann große Ansprüche an die Gruppe, den Gruppenleiter und an die Weiterbildung. Andererseits aber möchten viele der Teilnehmer für die Jugendlichen bessere und verständnisvollere Autoritäten sein als ihre Eltern (oder die Vertreter anderer Institutionen). Daß dies nicht nur eine bloße Spekulation (oder Gegenübertragungsphantasie) ist, zeigt sich im Verlauf der weiteren Gruppengespräche. Viele Teilnehmer erkennen, daß sie ähnliche Pro-

bleme haben wie die Jugendlichen und sich ähnlich verhalten. Ein Teilnehmer bringt dies später einmal auf die Formel: „Manchmal weiß ich nicht, ob ich hier unter Kollegen oder Klienten bin".

3. Entsprechend dem Bild des jungen, hungrigen Wolfes gehört für mich zum Bild der Gruppe neben der aggressiven auch die oral-passive Seite: der Wunsch, versorgt, ja geliebt zu werden, andererseits aber auch die Vorstellung (oder das Trauma) dies nicht ausreichend erhalten zu haben. Das Ausmalen einer (wahrscheinlich trügerischen) Geborgenheit und Versorgung mit Nahrung bei ihrer Therapeutin durch eine der Teilnehmerinnen sowie der von anderen Teilnehmern gezeigte Ärger, in der Gruppe nicht ausreichend mit Nahrung versorgt zu sein, gehören in diesen Zusammenhang. Es wird sich im Verlauf der Gruppengespräche zeigen, daß die Basis der Beziehung zu den Jugendlichen in der Regel der (unbewußte) Wunsch ist, von diesen geliebt zu werden. Dies läuft auf eine unbewußte Beziehungskonstellation, ein psychosoziales Arrangement hinaus, in dem die Teilnehmer die guten, verständnisvollen Eltern sind, die von ihren dankbaren Kindern geliebt werden wollen (und der entsprechenden Enttäuschung, wenn dies nicht geschieht). Ärger und Konfrontation im Umgang mit den Jugendlichen würden dabei Schuldgefühle verursachen; an ihre Stelle tritt tendenziell Enttäuschung und Resignation.

4. Trotz dieser Schwierigkeiten habe ich den Eindruck, daß erste Schritte zu einem effektiven Arbeitsbündnis in dieser Sitzung zustandegekommen sind. Verbunden damit ist allerdings auch die unbehagliche Frage, ob mich die Gruppe „fressen" oder „ausspucken" wird (oder beides). Zu dieser Gegenübertragungsphantasie finde ich bei Fenichel zum Stichwort „Neurotische Depression" die Bemerkung, daß Depressive häufig zwischen Heißhunger und Nahrungsverweigerung schwanken und daß orale Einverleibung von ihnen in einem sehr konkreten Sinne als „Auffressen" verstanden wird (Fenichel II, S. 275/76).

2. Sitzung

Als ich den Gruppenraum betrete, bin ich verblüfft über die Veränderung seit dem letzten Mal. Die Tische sind an die Wand gerückt, die Stühle bilden einen perfekten Kreis, Papiere und Kaffeetassen sind verschwunden. Die Teilnehmer betreten den Gruppenraum, ohne Kaffeetassen.

Diese äußere Ordnung und Akzeptanz der Abstinenzregel erweist sich jedoch bald als trügerisch. Verbal geht der Kampf um die Regel, die „Kaffeerevolte" weiter (anders gesagt: Äußere Ordnung und verbale Ablehnung bilden die beiden Seiten einer ambivalenten Einstellung). Zwar erscheinen die Teilnehmer diesmal ohne Kaffee, melden aber erneut Protest an: Ich solle doch noch einmal erklären, was der Sinn der ganzen Sache sei. Ein Teilnehmer hat sich eine besonders pfiffige Lösung ausgedacht (es handelt sich um den Teilnehmer, der im Erstinterview seine ambivalente Einstellung zum Ausdruck brachte, um den „Friedfertigen"): Er könne den Sinn der Regelung schon einsehen, wenn er jedoch Durst hätte, würde er trinken. Gleichzeitig verweist er lächelnd auf eine kleine Mineralwasserflasche, die er mehr oder weniger hinter seinem Stuhl verborgen hat. Eine Teilnehmerin meint, sie würde als Betreuerin der Jugendlichen stets versuchen, die Einsichtigkeit von Regeln klar zu machen, sie auch zur Kritik anhalten. Hier würde ihr jedoch eine ganz und gar unverständliche Regel vorgesetzt. Dem stimmen einige Teilnehmer nachdrücklich zu. Ein Teilnehmer ist der Ansicht, es ginge um seinen „Körper" und für den sei er allein zuständig. Ein Teilnehmer trägt ein Beispiel einer „einsichtigen" Regel vor: Zu bestimmten Zeiten stünde er den Jugendlichen zur Verfügung, zu anderen nicht, dann habe er sein Büro abgeschlossen.

Allmählich werden auch andere Stimmen hörbar. Ein Teilnehmer z. B. fragt: Es käme doch sicher vor, daß Jugendliche sich nicht an die beschriebene Zeitregelung halten würden und eine „Extrawurst" haben möchten (an diesem Punkt fällt mir meine Schlußinterpretation in der letzten Sitzung ein). Eine Teilnehmerin bringt die „Gegenkritik" auf den Punkt: Es sei doch illusorisch, daß wir die Jugendlichen stets zur Kritik anhalten würden. Auch sie, die Betreuer, würden häufig Regeln setzen, deren Sinn den Jugendlichen nicht einsichtig sei.

Ich fasse die Diskussion aus meiner Sicht zusammen. Das letzte Mal sei es um meine Position als Gruppenleiter schlechthin gegangen, diesmal gehe es darum, ob ich in der Lage sei, in dieser Funktion vernünftige Regeln zu setzen, also um meine Kompetenz als Gruppenleiter. Die Reaktion der Gruppe ist zustimmend, aber eher „fügsam", so daß Protest und Aggressivität noch immer erkennbar sind. Man müsse sich eben darauf verlassen, daß ich die nötige Kompetenz habe. Ein Teilnehmer akzentuiert noch einmal die Seite des Zweifels. Ihn störe es, daß ich die Regel lediglich „als Wunsch geäußert habe". Ich solle die Regel noch einmal als Regel begründen, und damit Schluß.

Ich spreche gegen Ende der Sitzung noch einmal den Aspekt der Versorgung an. Die Gruppe frage sich m. E. noch immer, ob sie von mir auch richtig versorgt werde (oder ob sie sich selbst versorgen müsse). Dies findet Zustimmung, ein Teilnehmer weist aber darauf hin, daß es auch um Vertrauen ginge. Dieses Vertrauen könne nur mit der Zeit hergestellt werden. Eine Teilnehmerin spitzt diesen Punkt noch zu: dieses Vertrauen müsse von mir auch erworben werden.

Unmittelbar vor Ende der Sitzung meldet sich die Teilnehmerin, die in der letzten Sitzung die angenehme Versorgungsatmosphäre bei ihrer Therapeutin ausgemalt hatte. Es sei ihr in der heutigen Sitzung deutlich geworden, in welchem Zwiespalt die Teilnehmer (als Betreuer der Jugendlichen) stecken: Wir wollen und brauchen Regeln, und trotzdem lehnen wir uns dagegen auf. Ich antworte ihr: Diesen Zwiespalt, diese Ambivalenz hat die Gruppe in dieser Sitzung sehr deutlich gemacht.

Kommentar

In den einzelnen Beiträgen, pro und contra, wird der Weg der Gruppe von der Revolte zur Reflexion deutlich. Gleichwohl ist noch viel Mißtrauen, Aggression und Zweifel an der richtigen Versorgung vorhanden, die kannibalistischen Tendenzen der Gruppe sind nur oberflächlich gebändigt. Insgesamt empfinde ich die Gruppe als ambivalent, das Einverständnis mit der Regel ist noch eher äußerlich, die Gruppe ist mehr fügsam als wirklich einverstanden. Hier entsteht für mich noch einmal der Eindruck, daß die Teilnehmer stark mit den Jugendlichen identifiziert sind.

Die „Vertrauensfrage“ am Schluß verweist von einer anderen Seite noch einmal auf das Versorgungsproblem. Es wird von mir erwartet, daß ich das Vertrauen erwerbe, d. h. ich muß der Gruppe etwas geben, ehe sie etwas gibt. Heißt dies, daß die Gruppe zunächst auch einmal verweigern wird, etwas von mir anzunehmen, trotz ihres gleichzeitigen großen Anspruchs? Anders gesagt: ist die Kehrseite der „Vertrauensfrage“ das Mißtrauen der Gruppe (mir gegenüber, aber auch gegenüber der Gruppe)? Ansprüchlichkeit und mögliche Verweigerung der Versorgung verschmelzen für mich im Bild der Gruppe miteinander.

2.2. „Gewachsene Beziehungen“ in der Gruppe: eine „Sache mit doppeltem Boden“

In der 3. (wie auch in den darauf folgenden) Sitzung geht es weiterhin um das Problem der Versorgung. Auffällig ist in dieser dritten Sitzung, daß der Anführer der „Kaffeerevolte“ diesmal nicht anwesend ist. Das Versorgungsthema wird von einem Teilnehmer zunächst indirekt eingebracht: Er sei parallel zur Selbsterfahrungsgruppe Teilnehmer an einer Therapiegruppe. Auch dort habe er sich mit dem Regelproblem herumgeschlagen, es sei jedoch klar geworden, daß er einerseits möchte, daß Regeln eingehalten werden, aber gleichzeitig alles tue, um sie zu unterlaufen. Und außerdem: ob es denn möglich sei, gleichzeitig in zwei Gruppen zu sein (der Teilnehmer hatte im Erstgespräch darauf hingewiesen, daß er Therapieerfahrung habe, aber nicht gesagt, daß er bereits in einer anderen Gruppe ist). Ich frage ihn, wie er selbst das sehe. Er antwortet, momentan hätte die andere Gruppe Priorität, im Sommer aber, wenn die Gruppe zu Ende sei, wäre es anders.

Es entsteht eine Stichelei zwischen diesem Teilnehmer und einer Teilnehmerin. Ihm ginge diese Teilnehmerin mit ihrer ewigen Quengelei auf die Nerven: Mal ginge es ihr zu langsam, mal würde zuviel geschwiegen, ein anderes Mal würden die falschen Fragen gestellt etc. (es wird deutlich, daß der Teilnehmer sich auf andere Teile der Weiterbildung bezieht). Es zeigt sich nun (und dies hatte sich auch schon früher angedeutet), daß fast immer, wenn diese Teilnehmerin unter „Beschuß“ gerät, ein bestimmter anderer Teilnehmer als „Retter“ eingreift. Diese Konstellation wird jetzt von einem Teilnehmer direkt angesprochen. Was denn mit ihnen los sei? Die beiden Angesprochenen antworten darauf, daß sie auch neben dem Beruf eine „enge Beziehung“ hätten. Die Gruppe wirkt beunruhigt, es wird auf die Regeln des Setting verwiesen. Insbesondere ein Teilnehmer kritisiert scharf diese Beziehungskonstellation: eine derart enge Beziehung sei für ihn eine Sache mit „doppeltem Boden“ und, an den Teilnehmer gewandt der von seiner Therapiegruppe berichtet hatte: so könne man sich das Leben einfach machen. Was man in der einen Gruppe nicht bekomme, hole man sich in der anderen. Und wenn man hier „eins drauf bekomme“, könne man sich in der anderen Gruppe wieder aufrichten.

Ein Teilnehmer (der „Friedfertige“) hält dem entgegen: das sei doch „Quatsch“. Er habe einmal in einem Rhetorikseminar eine Frau kennengelernt, die alles „rausgekotzt“ habe. Er habe dann hinterher von ihr erfahren (was er vermutet habe), daß sie eine Therapie mache. Ich antworte, daß demzufolge der Einwand des Teilnehmers kein Quatsch sei. Ihm sei es ja gerade darum gegangen, daß man sich woanders Stabilität und Mut hole. Der Teilnehmer wirkt betroffen: Ja, das sei eigentlich wahr. Eine andere Teilnehmerin spricht ihn an. Sie hätte sich zu ihm bereits Gedanken gemacht, es falle ihr aber nicht leicht, etwas dazu zu sagen. Nach einigem hin und her: „Also ich sag es doch. Ich hab den Eindruck, daß du eigentlich eine Therapie machen möchtest.“ Der Teilnehmer wirkt betroffen: „Ja“.

Ich spreche die jetzt sichtbar gewordene neue Variante des Versorgungsthemas an. Es sei m. E. jetzt die Frage deutlich geworden, wie gut man in der Gruppe versorgt werde, oder ob man sich vielleicht draußen Unterstützung holen solle (ich erwähne dabei die Therapiegruppe, die „enge“ Beziehung zwischen einem Teilnehmer und einer Teilnehmerin, und den Therapiewunsch). Es gehe also auch um das Verhältnis von „innen“ und „außen“.

Die wegen ihres Quengelns kritisierte Teilnehmerin bemerkt dazu, das sei richtig, aber eigentlich nichts neues, das hätten wir schon in der letzten Stunde angesprochen. Sie wirkt jetzt so ungeduldig wie es ihr zuvor unterstellt wurde. Andere Teilnehmer lassen sich von dieser Ungeduld nicht beeinflussen. Eine Teilnehmerin betont, sie wolle tatsächlich „sehr viel“. Sie habe einen enormen Nachholbedarf, vor allem in der Theorie. Ein Teilnehmer spricht in diesem Zusammenhang den Forschungsaspekt an. Er sei sich nicht sicher, ob es hier zu langsam ginge, vielleicht sei es so. Dies könne jedoch damit zusammenhängen, daß hier auch ein Forschungsprojekt stattfinde, daß sie gewissermaßen die „Versuchskaninchen“ seien. Vielleicht müßten wir (d. h. das Ausbildungsteam) deshalb „ganz genau hinsehen“ und vielleicht ginge es deshalb langsam. Er persönlich sei jedoch „100%“ davon überzeugt, hier viel zu bekommen.

Kommentar

Es ist mittlerweile für mich deutlich geworden, daß das Versorgungsthema in Verbindung mit einer ambivalenten Einstellung mir gegenüber (soll man mich auffressen oder soll man sich von mir füttern lassen) die Gruppe in den ersten Sitzungen aus den verschiedensten Perspektiven beschäftigt. Diesmal wurde der Aspekt beleuchtet, daß man das, was man nicht in der Gruppe bekommt, möglicherweise woanders holen muß. Die ungeduldige Bemerkung einer Teilnehmerin: (es gehe ihr zu langsam) gehört ebenfalls in den Zusammenhang. Die Gruppe beschäftigt sich damit zugleich mit dem Problem gruppeninterner und gruppenexterner Beziehungen, d. h. mit dem Problem um die Grenze der Gruppe. Der Gedanke, man bekäme vielleicht deshalb nicht genug, weil das Team zu sehr mit Forschung beschäftigt sei, bezieht die Rahmenbedingungen der Arbeit in diesen Komplex mit ein. Ich frage mich, wie sich die Erwartungen, die Ängstlichkeit und das Mißtrauen der Gruppe in den nächsten Sitzungen auswirken.

4. Sitzung

Auch in dieser (4.) Sitzung fehlt der Anführer der „Kaffeerevolte". Die Gruppe macht sich Gedanken über ihn, hat die Phantasie, er habe die Weiterbildung abgebrochen. Ein Arbeitskollege von ihm weist darauf hin, daß sein Kollege zur Zeit Urlaub habe. Wenn er die Gruppe verlassen wolle, würde er uns auf jeden Fall persönlich Bescheid sagen. Es folgt langes Schweigen, das von einem Teilnehmer kommentiert wird: „Wer hält es am längsten aus. Vielleicht ist es so ja auch ganz bequem."

Die folgenden Beiträge beziehen sich scheinbar nicht recht aufeinander. Ein Teilnehmer beklagt sich, das Institut habe sich nicht richtig darum gekümmert, ob die Weiterbildung vom Arbeitsamt unterstützt werde. Eine Teilnehmerin (die „Ungeduldige") beklagt sich über den Supervisor: Der würde soviel schweigen, überhaupt würde sie sein Vorgehen nicht verstehen. Eine Teilnehmerin macht die geheimnisvolle Mitteilung, die letzte Sitzung sei fast ganz aus ihrem Gedächtnis verschwunden. Sie könne sich allerdings soweit daran erinnern, daß ihr meine Schlußfolgerungen nicht gefallen hätten. Sie wiederholt ihre Bemerkung später noch einmal: eine Art „blackout" und das vage Gefühl, auf mich ärgerlich zu sein. Noch an anderer Stelle schaltet sich diese Teilnehmerin ins Gespräch ein, als eine andere Teilnehmerin von sich sagt, sie hätte an sich eine Tendenz festgestellt die Gruppe zu kontrollieren, also z. B. zu sagen: „was meinst du, du oder du dazu". Die Teilnehmerin mit dem „blackout" platzt an dieser Stelle heraus: „Das würde mich sehr ärgerlich machen". Die Reaktion dieser Teilnehmerin (die sich im übrigen aus der „Kaffeerevolte" mehr oder weniger heraushielt) beschäftigt mich in dieser Sitzung, ohne daß sich ein klares

Bild über die Teilnehmerin ergibt. Eingeprägt hat sich mir allerdings ihre Bemerkung aus dem Erstinterview, sie sei „ein braves und angepaßtes Kind" gewesen.

Die Teilnehmerin ist Sozialpädagogin, Anfang 30 und unverheiratet. Sie hat Probleme mit den Jugendlichen, vor allem wenn diese „verstockt sind", nichts von sich sagen. Sie selbst möchte aber auch ohne viel Worte verstanden werden. Wenn sie rede, rede sie eher um den heißen Brei herum und könne von sich aus nichts fordern. Sie könne sich im übrigen gut vorstellen, daß sie ähnliche Probleme habe wie die Jugendlichen. Die Teilnehmerin hat eine ältere Schwester, die das Lieblingskind ihres Vaters war. Sie sei das Lieblingskind der Mutter gewesen, was sich jedoch als problematisch erweist. Die Mutter hätte sich wegen ihrer späten Schwangerschaft geschämt, und sie hätte das Gefühl gehabt, eigentlich ein unerwünschtes Kind zu sein („das muß sich eigentlich schon im Mutterleib ausgewirkt haben"). Sie sei stets ein braves und angepaßtes Kind gewesen und habe das Gefühl gehabt, nichts für sich fordern zu dürfen, wenn sie von ihrer Mutter akzeptiert werden wolle. Es falle ihr schwer, Vertrauen zu anderen zu fassen, überhaupt spontan zu sein. Sie habe schon früher einmal eine Therapie gemacht und überlege sich, eine weitere zu machen. Seit dem Tod ihres Vaters im letzten Jahr gehe es ihr sehr schlecht. Seit dieser Zeit habe sie auch zeitweilige Lähmungserscheinungen in den Beinen.

Die Gruppe beschäftigt sich noch einmal mit der bereits erwähnten Beziehung zwischen einer Teilnehmerin und einem Teilnehmer. Die Teilnehmerin schwächt ihre Bemerkung aus der letzten Sitzung ab: Sie seien „gute Bekannte" (es fällt mir dabei auf, daß immer nur die Teilnehmerin über diese Beziehung spricht). Ein Teilnehmer fragt: ob sie sich denn auch einmal streiten würden. Die Teilnehmerin (geheimnisvoll): Wenn sie jetzt darüber reden würden, fingen sie bestimmt an zu streiten. Ansonsten ist die Teilnehmerin nicht bereit, mehr über die Beziehung zu sagen. Die Gruppe beginnt nun eine allgemeine, fast theoretische Diskussion über Paarbildungen etc. Meine Bemerkung, daß durch eine Paarbildung viel für die Gruppe verlorenginge, wird in Frage gestellt: Man könne ja auch einen Einzelnen nicht zwingen, alles über sich zu sagen.

Die Gruppe beschäftigt sich zum Schluß noch einmal mit der „ungeduldigen" Teilnehmerin. Sie solle doch einmal sagen, warum es ihr zu langsam ginge. Die Teilnehmerin weicht aus: Sie wolle, daß jedermann etwas sage (deutet auf die einzelnen Teilnehmer). Es wird kritisiert, daß dies keine Antwort auf das „warum" sei. Die angesprochene Teilnehmerin, indem sie eine Art Rückzieher macht: „Sagt ihr doch mal etwas dazu". Ich bemerke hierzu, daß mir diese Reaktion bei ihr schon einmal aufgefallen sei: Wenn man sie ganz direkt anspreche, tendiere sie dazu, sich zurückzuziehen. Sie wolle also schnell voran und bremse gleichzeitig. Die Teilnehmerin wirkt von meiner Bemerkung überrascht: Das sei ihr bisher noch nicht klar gewesen, das sei „Futter" für sie, über das sie nachdenken wolle. Einige Teilnehmer in der Gruppe sind unzufrieden, ja verärgert über diese Bemerkung. Ein Teilnehmer empfindet es als ein „Abschieben" der Frage. Ein anderer kommentiert den Vorgang mit der ironischen Bemerkung: „Hoffentlich haben wir das Ganze bis zur nächsten Sitzung nicht wieder vergessen".

Kommentar

Zunächst scheint der Verlauf des Gruppenprozesses keinen rechten Sinn zu ergeben, die Fäden laufen durcheinander, die Gruppe schweigt viel, vieles wird nur angedeutet. Latent, so scheint mir, ist dennoch ein Thema zu erkennen. Einerseits verweist die Gruppe noch einmal auf den Versorgungsaspekt bzw. auf die damit verbundene Kompetenzproblematik (die Klage über den Supervisor, daß es zu langsam gehe, daß sich das Institut nicht ausreichend um die Belange der Gruppe gekümmert habe etc.). Andererseits bringt die Gruppe (oder doch einige Teilnehmer) noch ein anderes Gefühl zum Ausdruck: Der Gruppenleiter hat das letzte Mal ein heißes Eisen angefaßt, wir möchten erst einmal abwarten, Vertrauen fassen, den Gruppenleiter testen. Dies drückt sich m. E. in der Reaktion der („ungeduldigen") Teilnehmerin aus, die nichts über ihre Paarbeziehung sagen will, in dem „blackout" der „braven" Teilnehmerin, ihrer Verärgerung über die letzte Sitzung und in ihrer schroffen Zurückweisung der anderen Teilnehmerin aus. Durch meine Intervention sieht die „ungeduldige" Teilnehmerin sich dann aber wieder mit „Futter versorgt". In der Teilnehmerin mit dem „blackout" personalisiert sich Vorsicht, Mißtrauen, fast Berührungsangst der Gruppe augenblicklich am deutlichsten.

Dem stehen wiederum Teilnehmerinnen und Teilnehmer gegenüber, welche die Verschleierungs- bzw. Abwehrtendenzen der Gruppe ärgerlich oder ironisch kommentieren. Das Bild der Gruppe für mich nach dieser Sitzung: „Wir könnten viel sagen, aber wir wollen noch nicht!"

5./6. Sitzung

In der 5. Sitzung wird das Thema „Beziehungen in der Gruppe" erneut eingebracht und erarbeitet. Ein Teilnehmer bemerkt, es gebe „gewachsene Beziehungen" in der Gruppe (womit er nicht nur die erwähnte Paarbeziehung meint). Diese gewachsenen Beziehungen würden bei ihm die Vorstellung „Zement" hervorrufen. Andererseits würde er selbst von einer derartigen Beziehung profitieren: Er sei nämlich beruflich mit zwei Teilnehmerinnen bekannt. Er finde diese sehr sympathisch und hätte Angst: wenn er Krach mit ihnen bekäme, würde er hier wie beruflich ihre Unterstützung verlieren. Anders wäre es, wenn ein „Feind" von ihm in der Gruppe wäre, da könnte er sich mit „viel Spaß" mit ihm streiten.

Die Gruppe beschäftigt sich noch einmal mit der „Paarbeziehung". Die beiden könnten sich zwar miteinander streiten, aber es sei nicht zu erfahren, wie dies aussieht (ebenso wie auch über ihrer Beziehung noch ein Schleier bleibe). Ich weise darauf hin, daß es „alte" und „neue" Beziehungen (solche, die in der Gruppe entstehen) gebe. Die neuen könnten wir beobachten und verstehen, die alten könnten in der Tat wie Zement wirken. Vielleicht habe die Paarbeziehung eine derartige Wirkung. Das angesprochene Paar lehnt diese Deutung ab (und übergeht gleichzeitig die Besorgnis der Gruppe über dieses Problem): es sei wohl eher mein Problem, nicht das der Gruppe. Außerdem sei eine gewisse Stagnation, die in der letzten Sitzung eingetreten sei, nunmehr doch überwunden. Ähnlich äußert sich auch ein anderer Teilnehmer: Er habe sich schon gefragt, ob ihm die Weiterbildung etwas bringe. Jetzt sei er davon überzeugt.

Zu Beginn der 6. Sitzung wird die Gruppe darüber informiert, daß einer der Teilnehmer mittlerweile Vater geworden sei. Eine Teilnehmerin, die in den beiden vergangenen Sitzungen gefehlt hat, greift noch einmal die mittlerweile zwei Sitzungen zurückliegende Regeldiskussion auf. Es sei für sie ein regelrechtes „Aha-Erlebnis" gewesen. Vielleicht sei es deshalb auch gar nicht so schlimm, daß sie zweimal nicht da war, Auf diese Weise habe sie das Ergebnis für sich besser festhalten können.

Ein Teilnehmer betont, daß sich die Gruppe für ihn günstig ausgewirkt habe, er habe nach der ersten Sitzung zu Hause nichts von der Gruppe erzählt, jetzt habe er es getan, so daß er schon Angst bekommen habe, die „Schweigepflicht" zu verletzen. Seine Familie hätte diese Veränderung als sehr angenehm empfunden, er auch. Und, indem er sich noch einmal auf seine frühere Kritik an meiner zu laxen „Regelverkündung" bezieht, fügt er etwas zweideutig hinzu, er habe mich mittlerweile als Gruppenleiter „installiert" (er wiederholt das später noch einmal in der Variante, die Gruppe habe mich „installiert"). Meine Gegenübertragungsphantasie dazu ist: Ich bin eine Art Wasserhahn, aus der die Gruppe abwechselnd warmes und kaltes Wasser zapft.

Der Teilnehmer ist Anfang 40, verheiratet und hat zwei Kinder. Er ist Übersiedler aus der DDR und arbeitet zur Zeit als Sozialarbeiter. Er war zunächst arbeitslos und litt an der erzwungenen Untätigkeit. Wie ich weiter im Erstinterview erfahre, hat er Probleme im Umgang mit den Jugendlichen, die seine Angebote häufig nicht annehmen würden. Er habe theoretisch und methodisch in der Sozialarbeit große Defizite und fühle sich dadurch häufig hilflos. Er verspricht sich durch die Weiterbildung das Erlernen übersichtlicher und gut handhabbarer Techniken, die er im Umgang mit den Jugendlichen einsetzen könne. Er habe sich nach der Übersiedlung gut eingelebt, seine private Situation sei zufriedenstellend, seine Kindheit normal gewesen. Konflikte oder Probleme in diesem Bereich scheinen nicht vorhanden zu sein.

Die „ungeduldige" Teilnehmerin, die sich am Ende der letzten Sitzung optimistisch über den Verlauf der Gruppe äußerte (die „Stagnation" sei überwunden), beklagt sich in dieser Sitzung darüber, daß ihre Unzufriedenheit über den Supervisor bei der Gruppe keine Resonanz gefunden habe. Die Gruppe fragt nach: was sie denn mit dieser Unzufriedenheit meine. Die Teilnehmerin macht nun wieder einen Rückzieher: In der vorletzten Sitzung sei ihre Unzufriedenheit spontan und emotional gewesen, jetzt müsse sie sich alles erst „rational" zurechtlegen, was sie nicht könne. Sie überlege sich mittlerweile, ob sie überhaupt in der Gruppe bleiben solle. Einige Teilnehmer sind sehr verärgert über dieses Verhalten. Eine Teilnehmerin sagt, es würde ihr mittlerweile sehr auf die Nerven gehen, sich ständig mit ihr zu beschäftigen, selbst wenn sie nichts sage. Ich sage zu der Teilnehmerin, daß sie einmal mehr zum Ausdruck gebracht habe, daß sie wolle, daß viel in der Gruppe passiere, aber selbst verhindere, daß dies geschieht.

Die Gruppe beginnt nun eine Diskussion über den Supervisor, wobei die Meinungen geteilt sind. In gewissem Sinn handelt es sich um eine Wiederholung der Diskussion über die Kompetenz des Teams bzw. über die Qualität der Weiterbildung. Nachdem meine Kompetenz „installiert" wurde, geht es nun um den Supervisor. Ich teile diesen Eindruck der Gruppe mit.

Den Vogel schießt bei dieser Diskussion wieder einmal der „friedfertige" bzw. „ambivalente" Teilnehmer ab (der u. a. in der ersten Sitzung die Abstimmung über die Einhaltung der Abstinenzregel vorgeschlagen hatte), indem er dem Supervisor ein „Kompliment" macht: Er hätte eine Deutung des Supervisors ausgezeichnet gefunden. Ob dies allerdings ein „Zufallstreffer" gewesen sei, könne er nicht beurteilen.

Die Differenzierung des Meinungsbildes über den Supervisor macht der Teilnehmerin, die sich über ihn beklagt hat, zu schaffen. Sie wendet sich hilfesuchend an eine andere Teilnehmerin: diese habe sich ja auch über den Supervisor beschwert. Die Teilnehmerin läßt sie abblitzen: „Soll ich jetzt petzen?" Die Teilnehmerin wirkt jetzt geradezu panisch. Ich weise sie darauf hin und frage, warum sie so reagiere? Ihre Antwort: „Ich werde panisch, weil ich das Gefühl habe, nicht verstanden zu werden." Sie habe Zweifel, ob die Gruppe der richtige Ort für ihre Probleme sei und wolle deshalb bis nach den Osterferien darüber nachdenken.

2.3. *Das Asthma (in) der Gruppe*

In der 7. Sitzung sprechen zum ersten Mal ein Teilnehmer und eine Teilnehmerin ausführlicher über ihre Probleme. Die Zeit des wechselseitigen Abtastens scheint vorbei zu sein, das Eis ein Stück weit gebrochen. Die Teilnehmerin, die in der letzten Sitzung mit „Panik" reagiert hat, will in der Gruppe bleiben und erzählt nun über ihre Schwierigkeiten mit Gruppen. Ihre Eltern seien sehr viel umgezogen, so daß eine wirkliche Integration in eine Gruppe kaum möglich gewesen sei. Sie erinnert sich daran, daß sie sich auf den Besuch eines Kindergartens sehr gefreut habe, dies sei aber von ihren Eltern immer wieder hinausgezögert worden, bis es schließlich unmöglich war. Heute sei sie in der paradoxen Situation, daß sie privat ungern in Gruppen sei (z. B. auf Festen), beruflich aber Gruppen leiten müsse. Nach diesem Beitrag entsteht längeres Schweigen. Die Teilnehmerin wird allmählich unruhig. Nach einiger Zeit fragt sie, warum es keine Reaktion in der Gruppe gebe. Wieder kommt es zu einer ärgerlichen Reaktion einer Teilnehmerin: Diese stumme Anspruchshaltung der Teilnehmerin ärgere sie. Warum könne sie denn nicht sagen, daß das Schweigen sie störe, ärgerlich mache etc. Die angesprochene Teilnehmerin wirkt sehr betroffen: An diesem Beispiel sei Ihr eben etwas über ihre Aggressivität deutlich geworden. Sie hätte es sich gewissermaßen „antrainiert", ihre Aggressionen zu unterdrükken. Dies sei z. B. deutlich geworden, als ihr Zahnarzt ihr gesagt habe, daß ihre Zähne locker würden. Sie würde nachts die Zähne zusammenbeißen und mit ihnen knirschen, da käme wohl ihre Aggressivität zum Vorschein. Mir wird in dieser Sitzung etwas über diese Teilnehmerin deutlich: Sie ist in hohem Maße auf das Wohlwollen der Gruppe angewiesen, Kritik oder Schweigen verunsichern sie. Zugleich ist sie unsicher und mißtrauisch gegenüber der Gruppe und tendiert dazu, sich bei Störungen aus der Gruppe zurückzuziehen.

Ein Teilnehmer wird gegen Ende der Sitzung unruhig und schaut auf die Uhr. Ich habe den Eindruck, daß er noch etwas sagen möchte. Da er bisher ziemlich schweigsam war, frage ich ihn direkt, ob er etwas sagen möchte. Der Teilnehmer: „Ich habe auf meine Uhr gesehen, um festzustellen, ob es sich lohnt, noch etwas zu sagen." Ich antworte, daß er das entscheiden müsse. Der Teilnehmer sagt, er habe sich während der ganzen Sitzung überlegt, ob er die Gruppe fragen solle, ob sein Gesundheitszustand etwas mit seiner beruflichen Situation zu tun habe. Er berichtet, daß er seit seiner Kindheit asthmatische Beschwerden habe, die sich in der letzten Zeit wieder verstärkt gezeigt hätten. Er stehe zur Zeit unter starker beruflicher Belastung, andererseits habe ihm sein Arzt gesagt, sein Zustand hätte körperliche Ursachen, sein Bronchialsystem sei das eines „kleinen Kindes".

Der Teilnehmer ist Sozialarbeiter, 30 Jahre alt, unverheiratet und hatte bereits im Erstinterview betont, daß der entscheidende Grund für die Teilnahme an der Weiterbildung für ihn die belastende Situation am Arbeitsplatz sei. Hier hat er insbesondere Probleme mit dem Leiter seiner Einrichtung. Von seinen gesundheitlichen Schwierigkeiten erzählt er nichts, wohl aber von seiner Ablösungsproblematik vom Elternhaus. Er habe zunächst denselben Beruf ergriffen wie sein Vater, der Beruf des Sozialarbeiters sei eine gewisse Distanzierung gegenüber seinen Eltern gewesen. Er wohnt in der Nähe seiner Eltern, zu denen er immer noch eine starke Beziehung hat. Er wirkt im Gespräch offen, obwohl er viele belastende Momente (seinen Gesundheitszustand: neben Asthma leidet er unter Allergien, die schwierige Beziehung zu seiner Freundin) nicht ins Gespräch einbringt.

Ich sage zu dem Teilnehmer, daß mir auffalle, daß er ein so wichtiges Anliegen am Ende der Sitzung einbringe, womit er sich selbst „die Luft nehme", ausführlich darüber zu sprechen. Der Teilnehmer scheint über diese Deutung betroffen zu sein. In den wenigen Minuten, die noch bis zum Ende der Sitzung bleiben, beschäftigt sich die Gruppe mit dem Zusammenhang von Asthma und beruflicher Belastung bei dem Teilnehmer. Eine Teilnehmerin sagt am Schluß: Es sei sehr einleuchtend, daß der berufliche Druck besonders belastend sein müsse, wenn man sich so klein mache wie der Teilnehmer, wenn man ein „Mäuschen" sei und kein „Elefant".

Das Gespräch in den beiden nächsten (8./9.) Sitzungen dreht sich vorwiegend um zwei Teilnehmer, die seit mehreren Sitzungen fehlen, und die Konsequenzen dieses Fehlens für die Gruppe. Eine Teilnehmerin beklagt ein „Abbröckeln" der Gruppe, ein Teilnehmer fühlt sich von den beiden fehlenden Teilnehmern, die die Weiterbildung offenbar nicht so ernst nehmen wie er, „verarscht". Er stellt die Frage, wie oft man denn fehlen könne. Als ich auf die „20%-Regelung" hinweise, antwortet er ironisch: „Da können die beiden ja noch oft fehlen." Ich werde gefragt, ob ich mich um die beiden kümmern könne (sie anrufen, anschreiben könne etc.). Als ich dies bejahe, reagiert insbesondere ein Teilnehmer irritiert. Ob dies denn mit den Regeln vereinbar sei. Deutlich wird in dieser Sitzung für mich, daß neben dem Fehlen der beiden Teilnehmer auch die Settingregeln von der Gruppe noch einmal bearbeitet werden. Muß man sich nicht „verarscht" fühlen, wenn einige Teilnehmer häufig fehlen, man selbst aber regelmäßig anwesend ist?

In der 9. Sitzung erscheint einer der beiden fehlenden Teilnehmer (der Anführer der „Kaffeerevolte") wieder in der Gruppe, um zugleich seinen Austritt zu erklären (dasselbe gelte auch für den anderen fehlenden Teilnehmer, mit dem er in derselben Einrichtung tätig ist). Er findet die Weiterbildung für seine Arbeit unzureichend (es ginge z. B. in der Theorie viel um Sexualität, das hätte mit seiner Praxis nichts zu tun) und fordert die Gruppe auf, ebenfalls ihre Zweifel zu äußern. Die Gruppe folgt ihm an diesem Punkt nicht, was ihn wiederum ärgerlich macht („mein Puls ist jetzt auf 140"). Ich greife das Bild vom Wolf auf und sage ihm, er käme mir vor wie der „Leitwolf", der das Wolfsrudel zur Jagd antreiben wolle. Da die Gruppe ihm aber nicht folge, müsse er sich fragen, ob er nicht einen Fehler mache, wenn er versuche, der Gruppe seine Vorstellung und seine Dynamik aufzuzwingen. Hier wird der Teilnehmer nachdenklich und sagt, er müsse über seine Entscheidung noch einmal nachdenken.

10.–14. Sitzung

In der 10. Sitzung fehlen fünf Teilnehmer (nachträglich wird deutlich, daß es zu einem Mißverständnis bei der Terminabsprache gekommen ist: einige Teilnehmer waren der Ansicht, daß in der Pfingstwoche keine Gruppensitzung stattfinden würde).

Ich drücke zu Beginn der Sitzung gegenüber einem Teilnehmer, dessen Vater gestorben ist, mein Beileid aus. Später erfahre ich, daß der Vater einen Herzinfarkt erlitt (der Teilnehmer: ein „idealer Tod"). Der Teilnehmer (der in einer früheren Sitzung mitgeteilt hatte, daß er unter Asthma leide) geht noch einmal auf die 7. Sitzung ein: Er hätte darüber nachgedacht, ob es Situationen gebe, in denen er sich selbst „die Luft wegnehme", sich unter Druck setze. Dies träfe auf bestimmte Situationen zu, auf andere wiederum nicht. Die Gruppe fragt nach diesen Situationen, woraus sich eine Art Frage- und Antwort-Spiel ergibt, das mehr und mehr den Unmut der Gruppe erregt, da die Antworten des Teilnehmers recht einsilbig sind. Ich sage schließlich, es falle dem Teilnehmer offenbar schwer, in der Gruppe etwas von seinem Druck abzulassen. Der Teilnehmer blockiert zunächst meine Intervention. Er hätte sich selbst schon viel mit Psychosomatik beschäftigt, er wisse „alles" darüber, geholfen habe es ihm jedoch nicht. Er ist schließlich jedoch bereit, von einer Drucksituation zu erzählen. Es handelt sich um eine Auseinandersetzung mit seinem Chef, der ihn zwingen wollte, eine negative Bewertung über einen Jugendlichen zu schreiben. Er habe jedoch nicht klein beigegeben und sei bei seiner positiven Bewertung geblieben.

An diesem Punkt schaltet sich nun ein anderer Teilnehmer in das Gespräch ein. Dieser Teilnehmer war zwar bisher am Gruppengeschehen beteiligt, hatte sich aber in der Regel auf kurze Beiträge beschränkt (und sich insbesondere in kleine Sticheleien mit einer anderen Teilnehmerin verwickelt). Dieser Teilnehmer teilt der Gruppe mit, daß er ebenfalls an Asthma leide und die Probleme des anderen Teilnehmers verstehe.

Bei dem Teilnehmer handelt es sich um einen gutaussehenden, sportlich wirkenden Mann. Wie sich später herausstellt, hat er ein Faible für gefährliche Sportarten: Bergsteigen, Wildwasserfahren etc., wobei er sich einmal eine gefährliche Armverletzung zugezogen hat. Er ist Sozialarbeiter, 40 Jahre alt, verheiratet, ein Kind. Der Teilnehmer hat Probleme im Umgang mit Jugendlichen und sucht ein „orientierendes Konzept". Die Jugendlichen seien einerseits ohne wirkliche Chance, „niemand wolle sie haben". Andererseits bräuchten sie jemand, den sie entwerten könnten, z. B. die Sozialarbeiter. Es wird deutlich, daß der Teilnehmer, der sich als sozialer Aufsteiger versteht, stark mit den Jugendlichen identifiziert ist. Er rechnet sich im Grunde derselben sozialen Schicht zu wie die Jugendlichen, da er es, im Gegensatz zu seinen beiden Brüdern, eher durch glückliche Umstände „geschafft" habe. Er leidet deshalb besonders unter der Entwertung. Sein Vater sei nie ein wirkliches Vorbild für ihn gewesen, er habe sein „eigenes Vorbild" sein müssen. Autoritäten (z. B. seine Lehrer) habe er nie ernst genommen und sei den Auseinandersetzungen mit ihnen aus dem Weg gegangen. Mittlerweile bedauere er das, da er auf diese Weise auch viel verloren habe.

Der Teilnehmer betont, daß er große Probleme habe, sich gegenüber der Gruppe, aber auch gegenüber anderen zu „öffnen" (obwohl er das Wort „öffnen" nicht leiden könne). Auf meine Frage, warum dies so sei, antwortet er, man mache sich damit angreifbar, verletzbar. Die Gruppe weist darauf hin, daß er sich doch sehr gut artikulieren könne. Der Teilnehmer: Dies sei das Ergebnis eines langen Kampfes, er müsse manchmal noch immer die „Zähne zusammenbeißen", wenn er sich in der Gruppe äußern wolle.

Ich habe den Eindruck, daß dieses „Spiegelphänomen" (die beiden Teilnehmer, die sich aufeinander bezogen, haben ähnliche Symptome und ähnliche psychische Schwierigkeiten) beiden Teilnehmern geholfen hat, sich in der Gruppe offener zu äußern. Der erste der beiden Teilnehmer sagt nun, er wolle noch etwas sagen, aber es sei vielleicht zu „banal" für die Gruppe. Er gibt sich dann gleichsam einen Ruck und sagt, er wolle in seiner Institution einen Vorschlag machen, wie die Anwesenheitsliste besser geführt werden könne (nämlich nicht per Computer, sondern per Hand). Mir fällt hierzu ein, daß in den Theorie- und Fallseminaren der heutigen Sitzung erstmals eine Anwesenheitsliste geführt wurde. Ich frage ihn, ob hier möglicherweise ein Zusammenhang besteht, was der Teilnehmer verneint. Unwillkürlich fällt mir hier die Frage ein, wie oft man in der Gruppe fehlen dürfe: Ich habe den Eindruck, daß der Teilnehmer sich hier auch mit der Frage beschäftigt, wie verbindlich die Teilnahme hier, in der Gruppe ist.

In der nächsten (11.) Sitzung drückt ein Teilnehmer seine Zufriedenheit über die letzte Gruppensitzung aus. Man „bekomme mehr" in einer kleineren Gruppe, auch vom Gruppenleiter, die Atmosphäre sei „intimer". Gleichsam als Fortsetzung dieser „Versorgungsthematik" werde ich von einem Teilnehmer noch einmal wegen des angekündigten Telephonanrufs (mit dem Teilnehmer, der schließlich aus der Gruppe ausgeschieden ist) kritisiert, eine Kritik, die auch von einem anderen Teilnehmer mehrfach aufgegriffen wird. Ich nehme diese Kritik auf und weise darauf hin, daß ein persönliches Gespräch mit diesem Teilnehmer als Bevorzugung erlebt werden könne. Das Gespräch dreht sich dann um den Punkt, ob für die ausgeschiedenen Teilnehmer neue Mitglieder aufgenommen werden sollen und wenn ja: wie viele. Die Gruppe ist von der Vorstellung neuer Teilnehmer nicht begeistert. Einerseits wolle man sich „Neuem" gegenüber nicht verschließen, andererseits könne dies aber auch eine Störung des Gruppenprozesses darstellen. Insbesondere zwei Teilnehmer/innen äußern ihre Bedenken. Ein Teilnehmer fragt, wie die neuen den bisherigen Stoff der Weiterbildung „nachholen" könnten. Würde dies nicht gefordert, wäre dies ja eine Benachteiligung der anderen Teilnehmer, die „brav" ihr Pensum absolviert hätten. Eine Teilnehmerin befürchtet die Störung der „Harmonie", die sich in der Gruppe herausgebildet habe. Man käme mittlerweile gut zurecht. Man einigt sich schließlich darauf: Neue Teilnehmer ja, aber nur in begrenzter Zahl, d. h. als Ersatz für die bisher ausgeschiedenen Teilnehmer.

Der Teilnehmer, der sich insbesondere mit dem Problem beschäftigt, ob wir eine Selbsterfahrungs- oder eine Therapiegruppe seien, greift sein „Lieblingsthema“ noch einmal auf. Dieses Problem sei noch immer ungeklärt. Einige Teilnehmer reagieren ärgerlich auf diesen „Dauerbrenner“. Die Gruppe arbeitet selbständig heraus, daß der wichtigste Unterschied sei, daß die Teilnehmer nicht als Patienten in die Gruppe gekommen seien.

Am Schluß der Sitzung wird mir noch einmal deutlich, wie eng die „Versorgungsthematik“ und die „Regelthematik“ miteinander zusammenhängen. Indem ich die Regeln einhalte (Regeln wie ich sie formuliere, aber auch wie sie die Gruppe interpretiert) werden der Gruppe zwar Einschränkungen auferlegt, diese Einschränkungen treffen aber alle gleichermaßen, niemand wird bevorzugt.

Gleichsam komplementär zur Regeldiskussion in der letzten Sitzung wird in der 12. Sitzung die Frage diskutiert, ob man in der Gruppe eigentlich über berufliche Probleme oder über „Privates“ spreche. Ich drücke mein Erstaunen darüber aus und verweise auf die Setting-Diskussion in der ersten Sitzung. Zwei Teilnehmer/innen (darunter die „brave“ Teilnehmerin) sind dennoch der Ansicht, sie hätten die Weiterbildungskonzeption so verstanden, daß es hier um Berufliches ginge. Einerseits möchte also die Gruppe „gut“ bzw. „gerecht“ versorgt werden, andererseits will man sich in der Gruppe schützen, nichts Privates von sich preisgeben.

Es kommt zu Beginn der Sitzung zu einer interessanten szenischen Demonstration. Ein Teilnehmer spricht mich an und klatscht bei dem Wort „Sie“ laut in die Hände. Er hätte versucht, eine Fliege zu fangen. Eine Teilnehmerin murmelt leise, aber deutlich vernehmbar: „Ein Mordversuch!“

Das Gruppengespräch ist in dieser (und in der nächsten) Sitzung auf einen der beiden Teilnehmer mit Asthmaproblemen zentriert. Der Teilnehmer berichtet noch einmal über den Tod seines Vaters, aber wiederum in der Art, daß ihm die Gruppe gleichsam die „Würmer aus der Nase“ ziehen muß. Er philosophiert mehr über Leben und Tod, als daß er über seine Gefühle spricht. Er macht die geheimnisvolle Bemerkung, wenn er etwas für sich behalte, sei es „wertvoll“, wenn er es in der Gruppe erzähle, werde es „banal“. Wie schon in einer früheren Sitzung wird die Gruppe allmählich ärgerlich. Dennoch kann der Teilnehmer der Gruppe etwas von der Wut auf seinen Vater berichten (die, so scheint es, aber mehr von der Gruppe als von ihm selbst erlebt wird). Auffällig ist, daß er bei allen brisanten Punkten ein gleichsam „eingeforenes“, mokant wirkendes Lächeln zeigt. Ich spreche ihn darauf an: Er kenne das, aber es bedeute nicht, daß er wirklich lächle. Lächeln, so wird mir allmählich deutlich, ist für ihn ein mimisches Äquivalent für alle heftigeren Gemütsbewegungen, ohne daß er dieses Lächeln aber als Lächeln erlebt.

Die Gruppe beschäftigt sich nun mit dem Thema Aggressivität und Wut. Die Teilnehmer nehmen dabei polare Positionen ein. Eine Teilnehmerin betont, ihre

Aggressivität wirke sich „phasenverzögert", Tage oder Wochen später aus. Der andere Teilnehmer, der die Fliege „ermorden" wollte, betont, er haue gleich „auf den Tisch", notfalls würde auch ein anderer seine Wut abkriegen (ich frage mich, wem die Aggression in der Szene mit der Fliege galt).

In der nächsten (13.) Sitzung beschäftigt sich die Gruppe damit, ob man in der letzten Sitzung den Teilnehmer mit der Asthmaproblematik zu sehr bedrängt habe, oder ob es notwendig sei, in der Gruppe einmal etwas zu „klären", „Butter bei die Fische" zu tun, wie es ein Teilnehmer formuliert. Das Gespräch kreist weiter um den Teilnehmer mit der Asthmaproblematik, ob seine Bemerkung über die „Banalität" als aggressiv oder eher als ängstlich zu werten sei. Gleichsam als Antwort auf diese Frage sagt der Teilnehmer (als er gefragt wird, ob ihm das Gespräch in der Gruppe denn etwas bringe): „wenig". Es bestätige allenfalls das, was er ohnehin schon wisse.

Am Ende der Sitzung ist bei einem Teilnehmer ein deutliches Magenknurren zu vernehmen. Andere Teilnehmer schließen sich an. Mein Bild am Ende der Sitzung: Es gibt offenbar keine „Butter bei die Fische", die Gruppe bleibt hungrig, knurrt mit dem Magen und ärgert sich darüber.

2.4. *Stagnation und ihre Überwindung: das Thema (sexueller) Mißbrauch konturiert sich in der Gruppe*

Ähnlich wie in den vorhergegangenen Sitzungen geht es in der folgenden (14.) Sitzung erneut um das Problem, wie „offen" kann oder muß man in der Gruppe sein, wobei die Diskussion immer wieder durch die bekannte Frage eines Teilnehmers angestoßen wird, ob wir nun eine Selbsterfahrungs- oder eine Therapiegruppe seien. Neben den berechtigten Fragen um die „Grenzen" der Gruppe geht es hier (ähnlich wie bei der Frage: Berufliches *vs.* Privates) darum, wie viel die Gruppe selbst bereit ist, für eine „gute Versorgung" einzubringen. Implizit formuliert eine Teilnehmerin diesen Zusammenhang, indem sie darauf hinweist, ich würde wie ein strenger, ja autoritärer Vater wirken. Ich müsse die Gruppe mehr „locken", mit anderen Worten, die Aufgabe einer guten Versorgung wird an mich delegiert.

Die Gruppe scheint allmählich zu stagnieren (16. Sitzung). Andererseits wird die Gruppe über diese sich ausbreitende Stagnation, insbesondere über die hartnäckig wiederholte Frage: Selbsterfahrung oder Therapie? allmählich ungeduldig, wobei diese Ungeduld sich auch auf mich überträgt. Die von mir angeregten Versuche, die Ursachen der Stagnation zu untersuchen, verlaufen mehr oder weniger ergebnislos. Ich gebe meinen Eindruck (die Ungeduld der Gruppe, meine eigene Ungeduld) an die Gruppe weiter. Sie wirkt betroffen (nur die Teilnehmerin, die schon früher betont hatte, daß sie sich über meine Interpretation ärgere, sträubt sich gegen diese Deutung). Gegen Ende der 16. Sitzung platzt einer Teilnehmerin gewissermaßen der Kragen: Sie sei mittlerweile „wahnsinnig wütend“ auf die Gruppe. Seit mehreren Sitzungen würden wir uns im Kreise drehen, und sie frage sich mittlerweile, ob ihr die Gruppe überhaupt noch etwas bringe. Es entwickelt sich nun eine lebhafte Diskussion, ob diese Art von „Gefühlsausbruch“ die Gruppe weiterbringe, wobei die Meinungen geteilt sind. Fast gleichzeitig kommt es zwischen einem Teilnehmer und einer Teilnehmerin zu einer heftigen Auseinandersetzung, wobei beide mit zunehmender Lautstärke mehr und mehr aneinander vorbeireden. Manifest geht es dabei um die Frage, ob der Teilnehmer wirklich Gefühle in die Gruppe einbringt oder ausschließlich vom Kopf her argumentiert. Der Teilnehmer ist über diese Unterstellung wütend und verletzt. Am Schluß der Sitzung habe ich den Eindruck, daß die Stagnation in der Gruppe ein Stück weit überwunden ist.

Die beiden nächsten (17./18. ; 19./20.) Sitzungen sind Doppelsitzungen. Die Teilnehmerin, die bereits in der vorangegangenen Sitzung ihre Unzufriedenheit über den Gruppenprozeß geäußert hat, wiederholt ihre Kritik und fragt sich, ob sie in der „richtigen Veranstaltung“ sei. Sie wird von zwei Teilnehmerinnen unterstützt, die es mutig finden, daß sie ihre Gefühle in so deutlicher Form zum Ausdruck bringt.

Der Teilnehmer, der sich schon mehrfach mit dem Problem Selbsterfahrung *vs.* Therapie beschäftigt hat, kommt auf seinen Umgang mit Aggressivität zu sprechen, er habe damit große Probleme. Er entschuldigt sich zunächst bei der Teilnehmerin, die die Stagnation kritisiert hatte, dafür, daß er sie im Zusammenhang ihrer Kritik an der Gruppe angegriffen habe. Er berichte dann, daß er seinen Sohn mit scheinbar „ganz rationalen Argumenten“ mehr oder weniger gezwungen habe, sich für einen bestimmten Studiengang zu entscheiden. Im Umgang mit den Jugendlichen könne er zwar auch aggressiv sein, im Umgang mit den anderen Ausbildern halte er sich jedoch sehr zurück, da er hier mit Aggressivität nicht weiterkomme. Seine Aggressivität könne er eigentlich nur beim Schachspiel „ausleben“.

Ein anderer Teilnehmer meint, er könne sich gar nicht vorstellen, daß dieser Teilnehmer aggressiv sein könne. Ich erwidere, daß ich mir das gut vorstellen könne. Auch sei für mich nicht seine Aggressivität als solche problematisch, sondern die indirekte Form, sie zu äußern. So habe er immer wieder Kritik am Setting und an der Handhabung der Regeln geäußert, ohne daß mir (und offenbar auch der Gruppe) klar wurde, was er damit meine. Auf diese Weise habe er auch häufig Unmut auf sich gezogen. Ich würde dies als seine, indirekte Form der Aggressivität erleben, die er mit „scheinbar rationalen“ Gründen (wie gegenüber seinem Sohn) begründen würde. Der auf diese Weise angesprochene Teilnehmer antwortet, er habe noch einmal über die Gruppe nachgedacht und sei zu dem Schluß gekommen, daß er mit dem Gruppenprozeß, der eigentlich ein therapeutischer sei, nunmehr einverstanden sei. Mehr ist allerdings nicht von ihm zu erfahren: die Sache sei jetzt für ihn erledigt. In der Tat scheint die Frage:

Selbsterfahrung oder Therapie im folgenden kein wichtiges Thema mehr für ihn zu sein. So, als sei mit diesem Statement (und nach dem „Gefühlsausbruch" der einen Teilnehmerin) noch eine zweite Zäsur gesetzt, erzählt die „ungeduldige" Teilnehmerin jetzt von ihrer Angst, die sie häufig in schwierigen beruflichen Situationen überkomme. Sie müsse diese „verdammte" Angst loswerden, und um Angst ginge es offenbar doch auch hier in der Gruppe (sie deutet dramatisch auf die Mitte des Gruppenkreises). Nach der Pause erzählt die Teilnehmerin – gleichsam als Erklärung für ihre Angst – von traumatischen Kindheitsszenen. Im Alter von drei Jahren sei es zu sexuellen Annäherungsversuchen seitens ihres Großvaters gekommen, wobei sie zunächst „Wollust", später „Angst und Ekel" empfunden habe. Ein anderes Mal habe ihre Großmutter ihr – versehentlich – kochendes Wasser über die Beine geschüttet. Da ihre Großeltern damals ihre wichtigsten Bezugspersonen gewesen seien, hätte sie diese Erlebnisse nicht vergessen. Ihre heutige Angst sowie ihr Mißtrauen und ihre Ambivalenz in Beziehungen hingen wohl damit zusammen.

Ich sage zu der Teilnehmerin, daß sie diese Situationen wohl so erlebt habe, daß weder ihre Eltern noch ihre Großeltern sie beschützen könnten. Darüber hinaus stelle sie vielleicht auch die Frage, ob die Gruppe sie beschützen könne. Die Teilnehmerin ist bewegt und den Tränen nahe. Sie sagt mit gepreßter Stimme, es sei tatsächlich so und deshalb glaube sie auch, daß nur sie selbst sich beschützen könne, obwohl sie ein großes Bedürfnis nach Versorgung und Anlehnung habe. Auf diese Kindheitserfahrungen können sich zwei andere Teilnehmerinnen beziehen. Einer Teilnehmerin kommt das, was sie erzählt hat „sehr vertraut" vor. Sie selbst habe als Kind nie das Gefühl gehabt, geliebt zu werden. Nur wenn sie „brav und angepaßt" gewesen sei, hätte sie Zuwendung bekommen. Die Teilnehmerin, die sich über die Stagnation des Gruppenprozesses beschwert hat, erzählt von den ständigen Streitereien ihrer Eltern, so daß sie immer unter dem Druck stand, sich entweder für ihren Vater oder ihre Mutter zu entscheiden.

Nach diesem Erfahrungsaustausch zwischen den drei Teilnehmerinnen entsteht ein längeres Schweigen in der Gruppe. Es wird geradezu atmosphärisch spürbar, daß einige Teilnehmer mit dieser emotionalen Nähe und Intimität Schwierigkeiten haben. Auf die Phase der „Emotionalisierung" folgt, gleichsam wie bei einer Pendelbewegung, eine Phase der „Ent-Emotionalisierung" oder „Neutralisierung". Ein Teilnehmer weist darauf hin, daß es im Leben doch immer wieder schwierige Situationen gebe; daraus irgendwelche Auswirkungen auf die Persönlichkeit abzuleiten, sei problematisch. Ein anderer Teilnehmer wirkt schon seit längerer Zeit etwas gelangweilt: er gähnt, schaut an die Decke etc. Eine der Teilnehmerinnen fragt ihn befremdet, ob diese Art von Gespräch ihn nicht interessiere. Der Teilnehmer: Er habe Vergleichbares nicht erlebt und könne deshalb wenig damit anfangen. Die Teilnehmerin: Man könne eben nur verstehen, was man selbst erlebt habe.

Die Teilnehmerin, die über ihre belastenden Erfahrungen mit ihren Großeltern berichtet hatte, bemerkt, das Schweigen in der Gruppe sei für sie sehr schwierig. Sie wirkt jetzt wieder unzufrieden und ungeduldig. Ich sage zu ihr, sie habe doch auch sehr viel positive Resonanz in der Gruppe erfahren. Die Teilnehmerin stimmt damit überein, fügt aber hinzu, sie könne eben nichts daran ändern, daß sie dennoch mit der Gruppe unzufrieden sei. Ich: Es kommt mir so vor, als wollte sie der Gruppe sagen, sie sei noch nicht reif genug für das, was sie ihr erzählt habe. Die Teilnehmerin bestätigt dies: „Ja, genauso sehe ich es."

Trotz dieser „Pendelbewegung" und der Unzufriedenheit der Teilnehmerin habe ich den Eindruck, daß die Stagnation in der Gruppe jetzt überwunden ist. Daß auch Ärger und Aggression (auch der Gruppe gegenüber) an- und ausgesprochen werden konnten, spielt dabei eine wichtige Rolle. Ich teile diesen Eindruck der Gruppe mit, aber auch, daß die neuen Gefühle und Impulse auch Angst bei allen Beteiligten auslösen könnten.

In der folgenden (19./20.) Sitzung ist die Gruppe erleichtert darüber, daß das Auf-der-Stelle-treten überwunden ist. Ein Teilnehmer bringt dies zum Ausdruck: Es sei jetzt eine Nähe in der Gruppe erreicht worden, hinter die man nicht mehr zurück könne. Eine Teilnehmerin berichtet über eine schwierige Situation mit einem Jugendlichen, den sie betreut. Der Jugendliche hätte ein Mädchen sexuell belästigt, das Mädchen erstattete Anzeige, worauf sich die Polizei mit ihr (der Teilnehmerin) in Verbindung setzte. Der Jugendliche bat die Teilnehmerin, seinen Eltern nichts davon zu erzählen (seine Eltern würden ihn sonst „totschlagen"). Die Teilnehmerin ging auf diesen Vorschlag des Jugendlichen ein. Kurze Zeit darauf kam es zu einem ähnlichen, noch drastischeren Vorfall. Der Jugendliche versuchte ein 12-jähriges Mädchen zu vergewaltigen, das sich nur durch Schreien und heftige Gegenwehr der Übergriffe des Jugendlichen erwehren konnte. Der Jugendliche soll nun in der Dienststelle der Teilnehmerin vernommen werden, wobei sie befürchtet, daß dieser nicht komme. Darüber hinaus steht ihr Urlaub an; so oder so befürchtet sie, daß die Polizei sich bald direkt mit den Eltern des Jugendlichen in Verbindung setzen wird.

Die Gruppe erkennt im Verlauf des Gesprächs, daß die Teilnehmerin – mit Unterstützung anderer Institutionen – sich an die Stelle der Eltern des Jugendlichen gesetzt hat, versucht hat, eine omnipotente und gute Elternfigur zu spielen. Dem Jugendlichen ist es mit diesem „Spiel" gelungen, sich der Teilnehmerin gegenüber als Opfer, nicht als Täter zu präsentieren.

In der nächsten (20.) Sitzung wirkt die Teilnehmerin aufgewühlt und erschöpft. Sie sagt, daß sie jetzt erkenne, welche „Größenvorstellung" sie in dieser Angelegenheit entwickelt habe. Sie müsse das ganze erst einmal „verdauen". Die Gruppe stellt sich die Frage, ob die Teilnehmerin sich jetzt „schuldig" fühlen müsse. Scheinbar ohne direkten Zusammenhang mit dieser Szene betont ein Teilnehmer, er hätte selbst so etwas wie „Schuld" empfunden, als von den sexuellen Übergriffen des Großvaters erzählt wurde. Eine genauere Verbindung kann der Teilnehmer selbst nicht herstellen, „es sei ihm eben so eingefallen".

Ich sage, daß es bei Erfahrungen dieser Teilnehmerin m. E. auch um „Schuld" gegangen sei, daß sie auf die Szene mit ihrem Großvater wahrscheinlich nicht nur mit „Wollust" bzw. später mit „Ekel", sondern auch mit Schuldgefühlen reagiert habe. Die Teilnehmerin bestätigt dies: Genau das habe sie eigentlich gemeint, als sie ihre Geschichte erzählte. Die Teilnehmerin, die zuvor von ihrer Erfahrung mit dem Jugendlichen berichtet hatte, fügt hinzu, daß sie in ihrer Kindheit ebenfalls sehr unter Schuldgefühlen gelitten habe. Ich weise darauf hin, daß man den Bericht der Betreuerin auch als Frage verstehen könne: Sind die Jugendlichen eigentlich Opfer oder Täter? Die Gruppe greift diesen Gedanken nicht direkt auf, beschäftigt sich aber mit der naheliegenden Frage des Zusammenhangs von Schuldgefühlen und Berufswahl. Man wolle vielleicht an den Jugendlichen etwas gutmachen – es bleibt freilich offen, was dies ist und warum es so ist. Enttäuschung und Ärger auf die Eltern werden hier noch nicht angesprochen – und damit auch noch nicht die Schuldgefühle, die auf einer tendenziell unbewußten Ebene mit diesen negativen Gefühlen verbunden sind. Andeutungsweise wird dieser psychodynamische Hintergrund deutlich, als der Gedanke auftaucht: vielleicht wolle man auch selbst als „bessere Eltern" in Erscheinung treten.

Im Anschluß an die Bemerkung einer Teilnehmerin (die von den sexuellen Belästigungen durch ihren Großvater berichtet hat): „Alle Menschen haben Angst" entwickelt sich gegen Schluß der Sitzung eine heftige Diskussion. Eine Teilnehmerin reagiert nervös und deprimiert auf diesen Satz: Solche Äußerungen würden sie gefühlsmäßig „runterziehen". Ein Teilnehmer betont geradezu schroff: er hätte keine Angst. Einige Teilnehmer äußern ihre Zweifel an dieser Aussage, worauf der Teilnehmer mit großem rhetorischen Aufwand beweisen will, daß er tatsächlich keine Angst hat. Er wirkt dabei aggressiv, zugleich aber ein Stück weit panisch. Ich sage zu dem Teilnehmer, daß ich den Eindruck hätte, er habe Angst davor, Angst zu haben. Der Teilnehmer betont, er könne dies nicht verstehen. Es gehe im jetzt so ähnlich wie im Erstinterview. Er hätte zwar den Eindruck gehabt, daß ich „sehr kompetent" sei, aber vieles hätte er nicht verstanden. Es gibt zum Schluß noch eine heftige Auseinandersetzung in der Gruppe um die Existenz bzw. Nichtexistenz der Angst bzw. „Nicht-Angst" des Teilnehmers.

Ich verabschiede mich von der Gruppe und wünsche allen Teilnehmern angenehme Sommerferien. Es bleibt für mich für diese Sitzung auffällig, daß der Doppelsinn des Ausdrucks „etwas gutmachen" gleichsam im Raum stehengeblieben ist: Soll die Schuld der Eltern gegenüber den Jugendlichen oder umgekehrt die Schuld der Jugendlichen gegenüber den Eltern „gutgemacht" werden oder beides? Auffällig ist weiterhin, daß das Thema „Abschied" in dieser letzten Sitzung vor den Ferien ausgeklammert blieb (zumindest auf manifester Ebene).

2.5. *Eine neue Krise der Gruppe: „Inzest" in der Gruppe und seine Folgen*

Mit eindrucksvoller Konsequenz beginnt der Gruppenprozeß nach den Sommerferien erneut mit dem Problem der „Schuld". Am Nachmittag vor der ersten (21.) Sitzung nach den Sommerferien ruft mich ein Teilnehmer an: Er wolle aus der Gruppe ausscheiden und mir die Gründe dafür mitteilen. Ich bitte ihn, dies während der Gruppensitzung zu tun.

Da im folgenden relativ verwickelte Gruppenbeziehungen dargestellt werden müssen, möchte ich an dieser Stelle noch einmal das bisherige Darstellungsprinzip (im Mittelpunkt steht der Gruppenprozeß) vorübergehend verlassen und die „dramatis personae" mit fiktiven Namen versehen. Ich greife dabei auf die Namen zurück, die ich bereits in den einleitenden Bemerkungen „Besonderheiten des Setting" verwendet habe: Klaus, Anna und Alexandra.

Zu Beginn der Sitzung teilt der Teilnehmer, Klaus, seinen Entschluß der Gruppe mit. Er weigert sich zunächst, die Gründe dafür mitzuteilen. Es habe nichts mit der Weiterbildung zu tun, von der er im übrigen profitiert habe. Nach einigem Widerstreben berichtet er, daß er vor den Sommerferien eine Liebesbeziehung mit einer Teilnehmerin der Gruppe, Anna (sie hatte in der letzten Sitzung über den sexuell aggressiven Jugendlichen berichtet), begonnen habe und daß er aus diesem Grund die Gruppe verlassen wolle. Anna, die in dieser Sitzung nicht anwesend ist, wolle in der Gruppe bleiben, für sie sei das „klar". Die Gruppe stürmt nun mit Fragen auf ihn ein: Ob er sich denn vorstellen könne, trotzdem in der Gruppe zu bleiben, ob er sich von Anna habe unter Druck setzen lassen etc. Klaus antwortet, „ganz hypothetisch" könne er sich vorstellen, in der Gruppe zu bleiben, er wolle jedoch seine Entscheidung nicht mehr ändern, es sei im übrigen seine Entscheidung, die Gruppe zu verlassen.

Die Gruppe wendet sich jetzt dem Verhältnis von Klaus und Alexandra zu, jener „engen Beziehung", welche die Gruppe von Anfang an beschäftigt hat. Was Alexandra denn von dieser Entscheidung halte? Alexandra betont zunächst, daß sie die Entscheidung sehr bedauere, erzählt aber dann, zunächst ohne erkennbare Verbindung, von ihrer beruflichen Situation. Sie könne die Entscheidung von Klaus gut verstehen, sie habe sich selbst schon gefragt, ob sie in der Gruppe nicht zu viel von sich erzählt habe. Es sei ja nicht ausgeschlossen, daß von den Gesprächen in der Gruppe etwas nach außen dringe und dies sei wohl ein entscheidender Faktor für den Entschluß von Klaus.

Nachdem Alexandra noch einmal ihre Bedenken gegenüber der „Offenheit" in der Gruppe geäußert hat, frage ich sie, ob dies denn nicht ein „Mißtrauensvotum" gegenüber der Gruppe sei. Sie antwortet, sie würde zu „95%" der Gruppe vertrauen. Sie wolle niemand beschuldigen, es sei aber nicht auszuschließen, daß jemand gewissermaßen „nebenbei" ein Wort fallenlassen würde. Sie würde mich im übrigen in dieser Sache gern noch einmal persönlich sprechen. Ich zögere und weise darauf hin, daß dies gegenüber der Gruppe eine schwierige Situation schaffen würde (ich verweise auf die Kritik der Gruppe an mir wegen des angekündigten Telephongesprächs mit einem Teilnehmer), im Prinzip wäre es jedoch möglich.

Nach einigem Schweigen bemerkt eine Teilnehmerin: „Es gibt jetzt offenbar wieder eine Menge Ängste und Geheimnisse in der Gruppe". Sie macht mir deutlich, wie empfindlich die Gruppe auf derartige „Sonderregelungen" reagiert. Ich sage zu Alexandra, daß es ja um die Frage ginge, wie offen sie in der Gruppe sein könne bzw. müsse (Alexandra nickt). Dies sei aber zunächst ein Problem, das, wie sich gezeigt hätte, alle in der Gruppe angehe. Ich bitte sie, ihre Bedenken zunächst einmal in der Gruppe vorzutragen. Dann könne man sehen, ob etwas übrigbleibe, was man dann in einem persönlichen Gespräch klären könne.

Ein Teilnehmer weist darauf hin, daß immer noch viel Unverständliches und Geheimnisvolles übrigbleibe. Seines Erachtens handle es sich um eine Beziehung zwischen drei Personen: Anna, Alexandra und Klaus. Erst wenn Anna selbst in der Gruppe sei, hätten wir eine Chance, aufzuklären, worum es wirklich geht.

Mir wird in dieser Sitzung noch einmal die Schwierigkeit der Außenkontakte deutlich; zugleich spüre ich Ärger gegenüber Anna, die sich einem gemeinsamen Gespräch über ihre Liebesbeziehung entzieht.

In der nächsten (22.) Sitzung fehlt Klaus. Er hat seine Ankündigung offenbar in die Tat umgesetzt. Eine weitere Teilnehmerin, die in den vergangenen Sitzungen mehrfach gefehlt hat und in dieser Sitzung ihren Austritt aus der Gruppe erklären wollte, ist ebenfalls nicht erschienen. Die Gruppe ist somit mit dem Problem konfrontiert, daß gleichzeitig zwei Teilnehmer aus der Gruppe ausgeschieden sind.

Ein Teilnehmer eröffnet die Sitzung mit der Bemerkung: „Zehn kleine Negerlein ...". So, als wolle sie die entstandene Lücke füllen, sagt eine Teilnehmerin, sie sei nunmehr im siebten Monat schwanger. Die Gruppe erkundigt sich, ob weiterhin mit ihrer Teilnahme zu rechnen sei (was die Teilnehmerin bejaht). Eine Teilnehmerin bemerkt: „Es wird ein Sylvesterkind." Ich füge hinzu: „Und vielleicht ein Gruppenkind!"

Ein Teilnehmer ist verärgert über die Gruppe. Er beklagt die „Arbeitsmoral". Ein Teilnehmer fehle unentschuldigt, die Teilnehmerin, die ihr Ausscheiden aus der Gruppe angekündigt habe, sei nicht wie vereinbart in die Gruppe gekommen, ein weiterer Teilnehmer würde sich in den anderen Veranstaltungen der Weiterbildung „mokieren". Eine Teilnehmerin befürchtet, die Gruppe könne ganz auseinanderfallen. Es kristallisiert sich das Thema „Abwertung der Gruppe" heraus. Ein Teilnehmer ist der Ansicht, auch meine anfängliche Bereitschaft, mich auf ein „Einzelgespräch" einzulassen, sei im Grunde eine Abwertung der Gruppe, es sei gegen die Regeln.

Der Teilnehmer, der sich über die mangelnde Arbeitsmoral der Gruppe beschwert hat, erzählt jetzt über körperliche Beschwerden, die er mit beruflichem Streß im Zusammenhang bringt (es handelt sich um einen der beiden Teilnehmer, die unter asthmatischen Beschwerden leiden). Der Arzt habe eine Entzündung des Zwölffingerdarms bei ihm festgestellt. Ich sage zu dem Teilnehmer, möglicherweise gebe es einen Zusammenhang zwischen dem heutigen Thema in der Gruppe („Abwertung") und seinen Problemen. Vielleicht gehe es auch bei ihm um Abwertung. Offenbar habe ich damit einen wichtigen Punkt angesprochen: Der Teilnehmer erzählt, wie schwierig zur Zeit die Verständigung mit seiner Frau sei. Er habe das Gefühl, bei ihr „auf eine Wand" zu prallen. Er würde dies in der Tat als Abwertung erleben. In solchen Situationen habe er häufig das Gefühl, alles kaputtmachen zu müssen, sogar sich selbst.

Im weiteren Verlauf der Sitzung kommt es zu einer Auseinandersetzung zwischen Alexandra und Anna. Alexandra fragt Anna nach ihren Gefühlen im Hinblick auf das Ausscheiden von Klaus. Anna drückt ihr Bedauern darüber aus, ist aber nicht bereit, mehr darüber zu sagen. In schroffem Ton sagt sie zu Alexandra: Ob sie Klaus denn hätte beeinflussen sollen, in der Gruppe zu bleiben. Und kurz darauf: Ob sie, Alexandra, sich über sie ärgere. Alexandra (zögernd): sie sei sich da noch nicht sicher. Gegen Schluß der Sitzung beklagt sich Alexandra darüber (wobei sie sich auf die Diskussion über die „Abwertung" der Gruppe bezieht), daß die Gruppe die Auseinandersetzung mit Anna „unterbrochen" habe. Hier würden „zwei Fäden" durcheinandergehen. Ich sage zum Schluß, daß es für mich im Grunde „ein Faden" sei: auch die Liebesbeziehung zwischen Anna und Klaus und das Fehlen von Anna in der letzten Sitzung könne man als Abwertung der Gruppe verstehen.

Es wird mir am Schluß der Sitzung deutlich, daß die Gruppe durch das Ausscheiden von Klaus und einer weiteren Teilnehmerin, durch die Liebesbeziehung zwischen Anna und Klaus sowie durch das Abblocken der Diskussion durch Anna die Gruppe erneut in eine Krise geraten ist.

Anna eröffnet die nächste (23.) Sitzung: Sie wolle über etwas sprechen, was ihr im Rahmen einer Fallbesprechung in einer anderen Veranstaltung der Weiterbildung deutlich geworden sei. Bei diesem Fall ging es um einen Vater, der seine Tochter aus der Wohnung ausschloß, als seine Frau im Krankenhaus war, was als Abwehr einer möglichen Verführungssituation interpretiert wurde. Sie, Anna, könne den Vater gut verstehen. Sie sei selbst einmal (im Alter von 12) 14 Tage allein mit ihrem Vater zu Hause gewesen, als ihre Mutter im Krankenhaus war. Es sei um die Weihnachtszeit gewesen und sie könne sich daran erinnern, ein Puppenhaus geschenkt bekommen zu haben. Sie sei an einem Abend zusammen mit dem Vater auf der Wohnzimmercouch eingeschlafen und sei darüber beunruhigt, daß es möglicherweise zu „Intimitäten" mit dem Vater gekommen sei. Sie könne sich an nichts erinnern, nur noch an das beleuchtete Puppenhaus im Dunkeln.

Die Gruppe versteht zunächst nicht, worauf Anna hinaus will. Anna verweist auf die Erzählung Alexandras. Bei der Szene mit dem Großvater sei es ja um „Schuldgefühle" gegangen, Alexandra habe sich „schuldig" gefühlt. Sie jedenfalls wolle nicht schuldig sein, jedenfalls nicht in dem konkreten Sinn, daß sie an einer – möglichen – Verführungssituation mitschuldig gewesen sei. Ich sage, daß es bei diesen Gefühlen in erster Linie auch nicht um Faktizität gehe (also darum, ob Alexandra an der Szene mit dem Großvater „schuldig" gewesen sei), sondern darum, daß sie Schuldgefühle habe und darunter leide. Auch bei ihr hätte ich den Eindruck, daß es um Gefühle möglicher Schuld gehe. Anna lehnte diese Interpretation ab. Sie wolle dies eigentlich nicht weiter klären. Entscheidend sei, daß sie keine reale Schuld trage. Ich frage nach, warum sie die Geschichte mit ihrem Vater gerade jetzt erzähle (der Zusammenhang mit der „inzestuösen" Beziehung zu Klaus drängt sich geradezu auf). Anna reagiert darauf pikiert: man könne es mir doch nie recht machen. Sie habe es doch erzählt. Außerdem hätte sie sagen wollen, daß sie Verständnis für Männer habe, die sich wie der Vater in der Fallgeschichte verhalten würden.

Eine Teilnehmerin greift das implizite Thema von Distanzierung und Mißtrauen infolge von Traumatisierung auf und berichtet von ihrem eigenen Vater. Er sei sehr autoritär, aber letztlich doch schwach gewesen. Sie würde auf diese Erfahrung heute so reagieren, daß sie sehr vorsichtig Männern gegenüber sei. Ein Teilnehmer ist über das Abblocken von Anna irritiert. Er habe noch immer nicht recht verstanden, worum es gehe. Anna habe sich ähnlich wie ihr Puppenhaus in der Gruppe in eine „hübsche Beleuchtung" gesetzt.

Anna ist jedoch nicht bereit, mehr über sich zu sagen. Ich sage zu Anna, daß es ein Pendant zu dem Verständnis gegenüber Männern, die sich vor ihren „verführerischen" Töchtern schützen, gebe. Diese „Sicherheitszone" schütze ja nicht nur den Vater, sondern auch die Tochter. Aufgrund ihrer Reaktion in der Gruppe, in der sie gezeigt habe, daß man ihr nicht zu nahe treten dürfe, daß sie in diesem Fall schnell „zumache", würde ich bei ihr eben dieses Schutzbedürfnis sehen. Anna wirkt betroffen über diese Deutung und sagt, so habe sie es noch nicht gesehen. Sie müsse darüber nachdenken.

Alexandra spricht, wie bereits in der letzten Sitzung, Anna noch einmal auf Klaus an. Auch hier blockt Anna. Sie konzediert allerdings, daß ihr Fehlen in der vorletzten Sitzung kein Zufall gewesen sei. Sie sei am Tag der Sitzung immer heiserer geworden, ihr habe regelrecht die Stimme versagt. Die Erkrankung sei ihr aber letztlich „recht" gewesen.

Ich gehe zum Schluß der Sitzung auf den Zusammenhang zwischen der Vaterszene und Annas Beziehung zu Klaus ein. Ich hätte den Eindruck, daß Anna mit der Vaterszene der Gruppe gewissermaßen metaphorisch mitteilen wolle, daß sie auch in der Beziehung zu Klaus und dem damit verbundenen Verstoß gegen die Gruppenregeln keine Schuld trage.

Mir ist in dieser Sitzung Anna und ihre Problematik ein Stück weit deutlicher geworden. Offensichtlich ist sie anfällig für starke Schuldgefühle, die sie abwehren muß, dergestalt, daß die Frage gewissermaßen „reifiziert" wird. Wenn es keine reale Schuld gibt (oder andere die Schuld tragen), muß sie auch keine Schuldgefühle haben. M. E. geht dies letztlich auf das Gefühl zurück, ein unerwünschtes Kind zu sein, kein Existenzrecht zu haben und bereits durch die eigene Existenz „schuldig" zu sein. Aus dieser Situation heraus mußte sie, wie sie an einer anderen Stelle erklärte, stets brav und angepaßt sein, nur so konnte sie schließlich Zuwendung von seiten der Mutter erlangen.

Anna greift zu Beginn der folgenden (24.) Sitzung noch einmal das Thema der vergangenen Sitzung auf. Sie hätte sich in der letzten Sitzung vielleicht unklar ausgedrückt. Sie hätte nicht über Schuld reden wollen, sondern darüber, daß die Szene mit dem Vater sie bedrückt habe und daß sie Verständnis für Männer habe, die sich so verhalten wie der Vater in der Fallgeschichte. Ein Teilnehmer reagiert verärgert: In der „rührenden Szene" mit dem Puppenhaus hätte sie ja unentwegt von Schuld gesprochen, zumindest darüber, ob sie Schuld trage, indem sie daran beteiligt war. Anna reagiert darauf mit – wie mir scheint – gespielter Naivität: Da habe sie wohl wieder einmal einen „blackout" gehabt. Sie habe es jedenfalls anders verstanden.

Im weiteren Verlauf der Sitzung erweitert sich der Fokus der „Schulddiskussion": wer ist eigentlich schuld am Ausscheiden von Klaus? Anna, Anna und Klaus, die Geheimnisse vor der Gruppe hatten (und sie weiter haben wollen), die Gruppenregeln, die Gruppe, die Klaus nicht „halten" konnte oder vielleicht ich, als Gruppenleiter.

Ich knüpfe gegen Ende der Sitzung noch einmal an meine Deutung in der vergangenen Sitzung an und weise darauf hin, daß Anna selbst durch die Vaterszene auf die „inzestuöse" Dimension der Beziehung zu Klaus hingewiesen habe. Hierzu Alexandra: Ich verstehe jetzt, was Sie sagen wollen. Hier in der Gruppe ist es wie in der Gesellschaft. Inzestuöse Beziehungen werden nicht geduldet. Ich spreche zum Schluß noch einmal Anna an: sie habe gewissermaßen Ausfallserscheinungen beschrieben (ihre Heiserkeit, ihr blackout). Vielleicht sei es bei den Lähmungserscheinungen im Zusammenhang mit dem Tod ihres Vaters um etwas ähnliches gegangen.

Auffällig an den folgenden (25.–27.) drei Sitzungen ist, daß jeweils ein Gruppenteilnehmer im Mittelpunkt der Diskussion steht und jeder von ihnen von einer traumatischen Situation berichtet. Ich habe den Eindruck, daß diese Erzählungen sich auf die Krise der Gruppe beziehen und gewissermaßen das Loch füllen sollen, das durch den Weggang der beiden Teilnehmer sowie durch das Schweigen von Anna entstanden ist. Ein Teilnehmer berichtet von seinen Auseinandersetzungen mit seinem „autoritären Chef", der nicht genehme Mitarbeiter „rausschmeißen" werde. Das Klima in der Einrichtung, in der er arbeite, habe sich sehr verschlechtert und er fürchte mittlerweile ebenfalls um seinen Arbeitsplatz. Ich füge hinzu, daß dies vielleicht erneut auf die Schuldfrage hinweise. Möglicherweise sei ja auch ich ein „autoritärer Chef", der die Leute rausschmeiße (durch die von mir formulierten Regeln des gruppenanalytischen Setting). Der Teilnehmer lächelt ironisch.

In der (26.) Sitzung berichtet eine Teilnehmerin über einen Unfall, den sie vor einiger Zeit hatte (und über den sie in der Gruppe nicht gesprochen hatte). Sie sei auf der Autobahn durch Gegenlicht geblendet worden und habe auf diese Weise ein Fahrzeug übersehen, das ihre Fahrbahn schnitt. Der Fahrer, ein älterer Mann, sei zwar nur geringfügig verletzt worden, habe aber einen Schock erlitten. Vor kurzem habe ihr Ehemann ebenfalls einen Unfall verursacht (er sei bei Rot über eine Kreuzung gefahren). Nun sei schon zum zweiten Mal ein Auto „zu Schrott" gefahren worden, was sie sehr ärgerlich auf ihren Mann mache.

In der nächsten (27.) Sitzung berichtet ein Teilnehmer (der in einer früheren Sitzung von seinen Zwölffingerdarm-Beschwerden berichtet hatte) von einer bevorstehenden Armoperation. Der Arm sei schon seit längerem lädiert (er hatte ihn früher einmal im Rahmen einer Wildwasser-Kanufahrt verletzt und seither wenig auf den Arm geachtet), die Ärzte sähen jetzt in einer Operation die einzige Chance einer Wiederherstellung. Allerdings sei das Risiko dabei sehr hoch. Der Teilnehmer fühlt sich durch seinen Arm selbst „beschädigt", nicht mehr „intakt". Ich beziehe dies auch auf die Gruppe: Auch die Gruppe sei nicht mehr intakt, habe Teilnehmer verloren, Beschädigungen erlitten.

2.6. *Eine weitere Folge des „Gruppeninzests": „Eklige Nähe"*

In der nächsten (28./29.) Sitzung, einer Doppelsitzung, dominiert ein Thema: Die Schwierigkeiten mit, ja geradezu der Ekel vor unangemessener Nähe. Ein Teilnehmer bringt dies auf die Formel: Jeder habe seine „Kiste" ein Stück weit aufgemacht und jeder habe jetzt Schwierigkeiten, sie weiter aufzumachen. Protagonist dieser Tendenz ist der Teilnehmer, der bereits schon einmal wegen seiner „Angst vor der Angst" im Mittelpunkt des Gruppengesprächs stand. Er berichtet von Erfahrungen während des Studiums, wo man, wenn man sich nur ein Wochenende nicht gesehen hatte, begrüßt wurde als ob man „ein halbes Jahr" weggewesen sei. Man wurde umarmt, abgeküßt, ein ständiges „eiteitei". Es habe etwas „Schleimiges" im Umgang der Studenten miteinander gegeben. Einige hätten merkwürdige Therapien, „Matschtherapien", gemacht. Eine Teilnehmerin berichtet anschließend von ihrer „ekligen Tante", die sie ständig abgeknutscht habe. Die Darstellung des Teilnehmers stößt allerdings bei anderen auf Kritik. Er wird gefragt, was ihn denn daran so gestört habe, daß er noch heute so aufgebracht sei. Er ist allerdings nicht bereit, mehr darüber zu erzählen, mit seiner Kindheit und seiner Familie habe das nichts zu tun. Eine Teilnehmerin fragt ihn (in etwas sarkastischem Ton),: Ob er denn früher einmal mit Ton gespielt habe. Der Teilnehmer (trotzig): „Nein, mit Ytong." Er attackiert dann seinerseits die Teilnehmerin: Was sie denn für eine Reaktion von ihm erwartet habe. Darauf die Teilnehmerin: „In etwa die, die du gezeigt hast." Der Teilnehmer steht weiterhin im Mittelpunkt der Kritik. Ein anderer Teilnehmer sagt, er komme ihm vor wie ein Kind, das auf einem „Thron sitzt und etwas nicht hergeben will". Ein anderer Teilnehmer hat die Vorstellung eines „trotzigen Kindes". Der kritisierte Teilnehmer reagiert weiterhin trotzig und aggressiv: Es sei ihm gleichgültig, was die anderen Gruppenmitglieder von ihm hielten, überhaupt halte er die Kritik an ihm für „Quatsch".

Aber auch zwei andere Teilnehmerinnen formulieren jetzt ihre Schwierigkeiten mit Nähe. Eine Teilnehmerin betont, es falle ihr insbesondere in Gruppen schwer, zu kommunizieren. Die andere Teilnehmerin (Anna): Es würde ihr zunächst leichtfallen mit anderen zu reden (außer diese würden ihr zu naherükken). Später aber, z. B. am Tag nach einem Fest, hätte sie dann das unangenehme Gefühl von Leere.

Ich sage zum Schluß der Sitzung, daß der Teilnehmer, der gewissermaßen eine Mauer aus Ytong-Steinen um sich aufbaute, den Widerstand gegen zu „große Nähe" in der Gruppe personalisiert habe, daß es aber m. E. ein Phänomen der ganzen Gruppe sei. Annas Bemerkung über die „Leere" beleuchtet für mich einen wichtigen Aspekt des Gruppenprozesses. Er entspricht meinem Eindruck von der Gruppe, d. h. daß durch das Ausscheiden von zwei Teilnehmern bzw. durch das hartnäckige Schweigen von Anna eine Leerstelle, gewissermaßen ein Loch in der Gruppe entstanden ist.

In der nächsten (30.) Sitzung beginnt Anna: Sie fühle sich heute wie unter einer „Glasglocke". Sie wolle darüber jedoch nichts sagen und bitte die Gruppe, dies zu respektieren. Klaus habe sich von ihr getrennt. Nach einigem Schweigen geht ein Teilnehmer noch einmal auf das Bild der „Kiste" ein, das zu Beginn der letzten Sitzung verwendet wurde und das er als abfällig empfindet. Ich gehe selbst auf die „Kiste" ein: Mein Eindruck sei, wenn wir die Kiste weiter aufmachen wollten, bräuchten wir vermutlich noch viel Zeit und Geduld. Die Beispiele für „eklige Nähe" in der letzten Sitzung seien ein Hinweis darauf, daß die mittlerweile in der Gruppe hergestellte Nähe noch problematisch sei. Ein Teilnehmer wendet sich noch einmal an den Ytong-Stein-Experten: was er denn das letzte Mal eigentlich habe sagen wollen? Der Teilnehmer wehrt diese Nachfrage ab. Er habe doch das letzte Mal sehr viel von sich gesagt. Er habe mittlerweile den Eindruck, die Gruppe erwarte von ihm stets einen „besonderen Knaller".

Scheinbar ohne Zusammenhang mit diesem Gespräch sagt ein Teilnehmer, er fühle sich in der Gruppe häufig wie ein „Mäuschen", fügt dann aber hinzu, er müsse sich in der Gruppe manchmal auch wie ein „Mäuschen" präsentieren. Die Gruppe spricht darüber, ob es in der Gruppe so etwas wie einen Zwang gebe, sich als „Mäuschen" zu zeigen. Auf meine Nachfrage wird nun deutlich, daß die „Mäuschengefühle" des Teilnehmers etwas mit seiner privaten Situation zu tun haben. Obwohl er jetzt zufriedener sei als früher, müsse er konstatieren, daß viele seiner Lebenspläne gescheitert seien. Auch in seiner Ehe (insbesondere in der Sexualität) sei vieles „zur Routine" geworden. Ich beziehe seine Darstellung auch auf das, was er bereits früher (in der 27. Sitzung) sagte, daß er sich nicht nur äußerlich, d. h. durch seinen verletzten Arm, sondern auch innerlich beschädigt fühle.

Am Schluß greift ein Teilnehmer noch einmal das Thema des Ekels aus der vorhergehenden Sitzung auf. Er fragt, was dieser „Ekel" zu bedeuten hätte. Die Gruppe kommt zu keinem rechten Verständnis dieses Problems. Ich sage abschließend (soweit ich es bisher beurteilen könne), daß in der Gruppe „Nähe" entstanden sei, die auch Ängste auslösen könne. Der Ekel könne ein Schutz, eine Abwehr gegen diese Nähe sein (auch im Hinblick auf inzestuöse Beziehungen innerhalb der Gruppe).

In den nächsten (31.–33.) Sitzungen stehen wieder Berichte einzelner Teilnehmer im Mittelpunkt. Ein Teilnehmer berichtet (31. Sitzung), wie schon zuvor, von der Beziehung zu seinem ehemaligen Chef, von dem er sich „beschissen" fühlte. Sein Chef hätte keine Versicherungsbeiträge für ihn bezahlt, obwohl er dazu verpflichtet gewesen sei. Er habe jetzt aber erfahren, daß sein Chef persönlich für die Kosten aufkommen müsse, so daß er sich entschieden habe, „Großmut" zu zeigen und darauf zu verzichten. Das wolle er seinem Chef brieflich mitteilen und ihm auf diese Weise noch einmal seine Meinung sagen. Ich sage zu dem Teilnehmer, daß es ihm offenbar leichter falle, aus der Distanz jemand seine Meinung zu sagen, so wie er Kritik an mir auch nur indirekt äußere („Bin ich ein autoritärer Chef, der seine Leute rausschmeißt?", 25. Sitzung). Der Teilnehmer weist darauf hin, daß dies früher bei ihm so gewesen sei. Er habe sich jedoch verändert, er halte es jetzt mit dem Spruch: „Schimpfen ist der Stuhlgang der Seele". Er fügt hinzu, daß er früher sehr viel krank gewesen sei, heute jedoch ginge es ihm besser. Die Gruppe weist den Teilnehmer darauf hin, daß er augenblicklich nur über die negativen Seiten seines Chefs spreche. Früher habe er ihn aber geradezu verehrt. Die Auseinandersetzung mit seinem Chef sei wahrscheinlich noch nicht beendet. Ich: „Sie haben heute gewissermaßen auf ihren Chef ‚geschissen'. Vielleicht können sie ihn später auch anders sehen."

Erneut wird ein Gespräch über Klaus von Anna abrupt abgebrochen. Als Alexandra zu ihr sagt, sie würde sich gern einmal mit ihr über ihre Beziehung zu Klaus unterhalten, antwortet Anna schnippisch: „Ich nicht. Ich weiß auch nicht, was du für ein Interesse daran hast". Später fügt sie hinzu, daß sie befürchte, daß das, was sie hier über Klaus erzähle, von Alexandra an Klaus weitergegeben werde. Ich sage zu Anna, daß sie also befürchte, daß Alexandra es mit der Schweigepflicht nicht so genau nähme. Anna bejaht dies. Ich weise bei dieser Gelegenheit noch einmal auf die strikte Einhaltung der Schweigepflicht hin.

Alexandra spricht im folgenden noch einmal über ihr Interesse an der Beziehung zwischen Anna und Klaus. Es wird deutlich, daß beide, Alexandra und Klaus, sich aufgrund ihrer schwierigen Partnerbeziehungen ein Stück einsam gefühlt haben und sie sich darüber austauschen konnten. Außerdem hätten sie beruflich sehr viel gemeinsam gehabt. Durch die Beziehung zu Anna hätte sich die Beziehung zu Klaus sehr abgeschwächt und neuerdings, nach der Trennung von Anna, hätte Klaus sich wieder stärker seiner Frau zugewandt. Dennoch hätte sie die Beziehung zwischen Anna und Klaus „gut" gefunden.

Ich sage am Schluß der Sitzung zu Alexandra, daß ich aus ihrer Darstellung Enttäuschung und Kränkung, aber auch etwas Eifersucht heraushören könne. Alexandra schweigt eine Weile und sagt dann: Das sei insofern richtig als sie Schwierigkeiten hätte, wenn jemand ihrer „Kontrolle" entgleiten würde.

In der nächsten (32.) Sitzung wird das Bild vom „Beschissensein" auf die Gruppe bezogen. Ein Teilnehmer hat den Eindruck, daß insbesondere ein anderer Teilnehmer sich beschissen fühlen müsse (es handelt sich um den Teilnehmer, der insbesondere in den ersten Sitzungen seine Ambivalenzkonflikte besonders drastisch in der Gruppe inszenierte). Er kann zunächst nicht erklären, woher dieser Eindruck kommt, fügt dann aber hinzu, der Teilnehmer halte sich in allen Veranstaltungen der Weiterbildung sehr zurück und sage dann, wenn überhaupt, am Schluß etwas „Ausgewogenes", „Didaktisches".

Der angesprochene Teilnehmer äußert sich zunächst etwas theoretisch und dozierend. Er spricht über sein Verhältnis zur Psychoanalyse, wobei er zwischen „subjektiven" und „objektiven" Sachverhalten unterscheidet. Für die subjektive Welt, die Welt der Gefühle, halte er die Psychoanalyse für zutreffend. Hier habe er in der Weiterbildung viel gelernt, die Psychoanalyse erscheine ihm hier als die „genaueste Methode", die er kenne. Aber, so fügt er hinzu, auf Gefühle sei „kein Verlaß". Was die objektive Welt anbelange, sei die Psychoanalyse „borniert". Man könne doch Hitler oder Stalin nicht aus dem Oedipuskomplex erklären.

Ein Teilnehmer reagiert gereizt auf dieses „einerseits" „andererseits". Ich sage zu dem Teilnehmer, vielleicht drücke sich seine „Ambivalenz" ja auch im Verhältnis zur Psychoanalyse aus. Der Teilnehmer findet meine Deutung zwar „eindrucksvoll", sie könne ihn jedoch, was seine Einstellung zur Psychoanalyse anbelange, nicht überzeugen. Das mit der Ambivalenz sei freilich richtig. Er hätte mittlerweile auch große Schwierigkeiten damit. Wenn man ihm nachsage, er sei friedlich oder ausgleichend, so könne er nur lachen. Er denke häufig darüber nach, ob seine ambivalente Einstellung aus seiner Beziehung zu seinem Vater resultiere. Dieser habe ihn nie beachtet, ja wohl auch nicht gewünscht und häufig geschlagen. Seine Mutter sei nach dem Krieg mit zwei kleinen Kindern, zwei Mädchen, geflohen, wobei beide Kinder verhungert seien. Als sein Vater aus dem Krieg zurückgekehrt sei, hätte er sich weitere Mädchen gewünscht. Als er jedoch erfuhr, daß das neugeborene Kind ein Junge sei (d. h. der Teilnehmer), habe sich der Vater wortlos umgedreht und sei weggegangen.

Die Beziehung zu seinem Vater sei eine „Haßbeziehung" gewesen. Einmal, als sein Vater seine Mutter bedrohte, sei ein richtiger Mordimpuls in ihm entstanden und er hätte seinerseits seinen Vater mit einem Messer bedroht. Er hätte versucht, die Nichtbeachtung durch gute Schulleistungen zu kompensieren. Das „Höchste", wozu sein Vater sich „herabgelassen" habe, sei gewesen, ihm für jede Eins in der Schule eine Mark zu geben. Als es später einmal, bei einem Schulwechsel, zu einem Schulversagen bei ihm gekommen sei, seien ein Nervenzusammenbruch und eine schwere psychische Krise die Folgen gewesen.

Ich sage zu dem Teilnehmer, daß ich den Eindruck hätte, daß er noch immer um die Anerkennung seines Vaters ringe, den er zugleich hasse. Der Teilnehmer antwortet, daß die Beziehung zu seinem Vater tatsächlich sehr kompliziert sei. Als sein Vater gestorben sei, hätte er auch zärtliche Gefühle zu ihm gehabt und innerlich zu ihm gesagt: „Machs gut, alter Junge".

In der folgenden (33.) Sitzung erzählt eine Teilnehmerin von ihren Problemen mit Jugendlichen. Einerseits ärgert sie sich über das provokante, „machohafte" Verhalten der Jugendlichen (insbesondere arabischer Jugendlicher), andererseits hat sie regelmäßig Schuldgefühle, wenn sie die Jugendlichen zur Rede stellt oder sie in Situationen bringt, die die Jugendlichen als demütigend empfinden (z. B. eine Aufgabe an der Tafel zu lösen). Die Gruppe fragt sie, was sie denn glaube falsch zu machen. Die Teilnehmerin: Ihr Vorgehen sei vielleicht nicht pädagogisch genug, zu „direkt".

Mir fällt an der Teilnehmerin heute besonders auf, daß sie, wenn sie von der Gruppe direkt befragt wird, eine eigentümliche Mimik zeigt. Sie verzieht den Mund, schließt und öffnet die Augen, so als würde sie sich mimisch dafür entschuldigen, was sie sagt. Mir ist dieses eigentümliche Verhalten schon früher aufgefallen. Ich sage zu der Teilnehmerin, daß ich den Eindruck hätte, es würde ihr schwerfallen, zu bestimmten heiklen Punkten ihre Meinungen und Gefühle „direkt" auszusprechen, sie würde sich quasi immer ein wenig dafür entschuldigen. An dieser Stelle fällt mir ein anderer Teilnehmer geradezu ins Wort: Er hätte dies der Teilnehmerin schon lange einmal sagen wollen. Ihr Gesichtsausdruck befremde ihn geradezu.

Die Teilnehmerin erzählt dann (ähnlich wie im Erstgespräch) von ihrer schwierigen Jugend. Prägend sei für sie vor allem gewesen, daß sie viele Jahre in einem Internat im Ausland habe verbringen müssen. Hier habe sie eine Art Doppelleben geführt. Ihre wahren Gefühle hätte sie verborgen und sich nach außen angepaßt verhalten. Für diese Anpassung hätte sie einen hohen Preis zahlen müssen, weil es ihr noch heute schwerfalle, ihre Gefühle auszudrücken.

Die Gruppe analysiert jetzt den Bericht der Teilnehmerin. Sie findet, daß die Teilnehmerin nichts falsch gemacht habe, wenn sie sich in direkter Form an die Jugendlichen wende. Sie habe möglicherweise eine überzogene Idee von „Partnerschaft" im Rahmen pädagogischen Handelns. Sie habe sich stark mit den

Jugendlichen identifiziert, vielleicht gebe es dabei auch einen „erotischen" Aspekt.

Ich sage abschließend, daß die Teilnehmerin m. E. eine Art Doppelidentifikation vorgenommen habe. Einerseits habe sie sich mit den Jugendlichen identifiziert, andererseits mit einer „guten Institution", „guten Elternfiguren", gewissermaßen „Wunscheltern". Dies sei dann ein Problem, wenn die Gründe, die zu diesen Identifikationen geführt haben (z. B. der Wunsch nach Geliebtwerden durch die Jugendlichen) unbewußt blieben.

Anna eröffnet die nächste (34.) Sitzung, die erste nach den Weihnachtsferien, mit der Bemerkung: Sie könne von ihrer Urlaubsreise erzählen, wenn die Gruppe sich dafür interessiere. Sie erzählt dann, daß sie mit ihrer Mutter eine Urlaubsreise in ein arabisches Land gemacht habe, wobei sie auch eine Flußreise unternommen hätten. Dabei seien auch Fischer zu beobachten gewesen, wie sie mit Stöcken auf den Fluß eingeschlagen hätten. Dies sollte die Fische anlocken. Ihre Frage dazu: „Ist das denn bewiesen?" Die Männer dort seien ganz anders gewesen als die arabischen Jugendlichen, die sie von der Arbeit her kenne, nämlich angenehm zurückhaltend. Sie hätten zwar Komplimente gemacht, aber indirekt, indem sie diese der Mutter mitteilten (Zwischenbemerkung eines Teilnehmers: „als Briefkasten").

Die Gruppe bemerkt, sie hätte sich geradezu verliebt in das Land. Ein Teilnehmer hat die Idee, daß sie jetzt ja einen neuen „mächtigen Geliebten" (das Land, der Fluß) gefunden habe. Nach einiger Zeit versuche ich, die Erzählung Annas auf die Gruppe zu beziehen. Ich bemerke, es erscheine „weit hergeholt", aber bei der Szene mit den Fischern sei mir die Gruppe eingefallen. Bildlich gesprochen würden ja auch wir auf die Wasseroberfläche klopfen, in der Hoffnung, daß uns damit Fische ins Netz gehen. Vielleicht stelle Anna sich auch die Frage, ob unsere Methode „bewiesen" sei (auch in der letzten Sitzung hatte sich die Diskussion unter anderem ja auf die Frage der „Wissenschaftlichkeit der Psychoanalyse" bezogen).

Anna: „Da könnten Sie sogar recht haben. Auch ich mußte an die Gruppe denken, als ich die Sachen mit den Fischen erzählte." Sie schweift anschließend etwas ins Philosophische ab: Vielleicht würden wir uns ja mit unseren kurzlebigen Problemen nur „verrückt" machen. Das Land und die Kultur, die sie besucht habe, würden schon seit Urzeiten bestehen. Da bekäme man ein Gefühl für Zeit.

Nachdem noch einige Zeit über Land und Leute diskutiert wird, sagt die Teilnehmerin abrupt: „Ich weiß jetzt, warum ich die Geschichte erzählt habe. Wahrscheinlich wollte ich nicht in die Gruppe kommen, sondern lieber zu Hause bleiben und lesen" (sie fügt hinzu, daß sie sich eine Menge Bücher über das Land besorgt habe, die sie gerne lesen würde). Sie wird von einem anderen Teilnehmer unterstützt. Es sei ihm ähnlich gegangen, er hätte auch keine große Lust gehabt, heute in die Gruppe zu kommen. Ich bemerke hierzu, daß ich bei

Anna einen Stimmungsumschwung bemerkt hätte. Erst hätte sie sehr lebendig und farbig über die Reise erzählt, dann sei es zu einer Art Distanzierung von der Gruppe gekommen, die ich ein Stück weit als aggressiv erlebt hätte.

Die Teilnehmerin wehrt sich gegen diese Interpretation. Sie könne daran nichts Aggressives sehen. Vielmehr sehe sie bei mir einen „enormen Anspruch", den ich an die Teilnehmer stelle. Auch hier wird sie wieder von demselben Teilnehmer unterstützt. Es sei doch ganz „normal", daß jemand nicht in die Gruppe kommen wolle. Schließlich sagt Anna, ihre Erzählung könne auch eine Art „Wiedergutmachung" gegenüber der Gruppe sei. Ein Teilnehmer fragt: weil du uns so wenig über Klaus erzählt hast. Anna: „Ja, in diese Richtung."

Anna wirkt am Ende der Sitzung sehr gespannt. Meine Interpretation (Aggressivität gegenüber der Gruppe) hat sie getroffen. Ich habe den Eindruck, daß sie dies in erster Linie als Angriff auf sich selbst empfindet.

Kommentar

Mit dieser „Rückkehr" Annas in die Gruppe scheint die Krise der Gruppe ein Stück weit überwunden zu sein. Allerdings ist diese Rückkehr eine partielle und ambivalente. Das Thema ihrer Beziehung zu Klaus ist und bleibt tabu, nur indirekt, wie mit der „Vaterszene" (quasi in Form eines „Briefkastens") kann sie zeigen, daß sie Schuldgefühle über diese Beziehung hat und eine „Wiedergutmachung" versuchen. Die Schuldgefühle werden also letztlich weiterhin abgewehrt. Die Matrix der Gruppe bleibt in dieser Hinsicht nach wie vor ein Stück weit verdunkelt. Die unbewußten Verbindungen zwischen den einzelnen Teilnehmern können zwar, wie im Fall Annas, ein Stück weit erschlossen, „konstruiert" werden, jedoch können sie für die Gruppe bisher noch nicht bewußt gemacht werden. Immerhin wird Annas Psychodynamik durch das Bild vom „Briefkasten" deutlicher: Die Reise durch war deshalb für sie befriedigend, weil hier die Mutter tatsächlich ein Stück weit eine Schutz- oder Pufferfunktion übernahm, was sie gegenüber dem Vater offenbar versäumte. Die Männer können somit nicht zudringlich werden, sondern müssen ihre Werbungen über den Umweg der Mutter an sie herantragen.

2.7. Die Überwindung der Krise: ein neues (reiferes?) Niveau der Schuld- und Näheproblematik

Das Thema der „gruppeninzestuösen" Beziehungen beschäftigt die Gruppe weiterhin. In der folgenden (36.) Sitzung fehlt Anna, was einen Teilnehmer zu der Phantasie anregt, daß Anna vielleicht deshalb fehlt, damit wir über sie reden. Er stellt die Frage: Ist Anna wirklich schuldig? Eine Teilnehmerin geht nicht direkt auf diese Frage ein, betont jedoch ihren anhaltenden Ärger über Anna. Sie habe den Eindruck, sie nicht erreichen zu können. Ob es überhaupt noch sinnvoll sei, mit ihr zu reden? Es folgt zunächst eine Wiederauflage der Diskussion, wer eigentlich für das Ausscheiden von Klaus verantwortlich sei. Als in diesem Zusammenhang die Rede auf die „inzestuöse" Dimension der Beziehung kommt, sagt ein Teilnehmer (zum Erstaunen der Gruppe), er könne sich gar nicht daran erinnern, daß darüber gesprochen wurde. Der psychodynamische Hintergrund dieser Amnesie wird allerdings bald deutlich. Ich frage den Teilnehmer, warum ihm die Schuldproblematik so wichtig sei. Nach längerem Schweigen antwortet der Teilnehmer, er glaube, diese Frage sei für ihn deshalb so wichtig, weil er selbst einmal eine „inzestuöse Phase" mit seiner Schwester erlebt habe. Er habe mit seiner Schwester eine Zeit lang im selben Bett geschlafen, und dabei sei es auch zu zärtlichen Berührungen gekommen. Seine Mutter hätte ihn deswegen ausgeschimpft und ihm gedroht. Die Gruppe beschäftigt sich jetzt mit der Problematik des Teilnehmers, dreht sich dabei aber letztlich im Kreis. Nach einiger Zeit sage ich: „Vielleicht beschäftigen Sie sich deshalb so intensiv mit der Schuld von Anna, weil sie sich dann nicht schuldig fühlen müssen, wenn auch Anna nicht schuldig ist." Der Teilnehmer bestätigt meine Deutung und fügt ihr noch etwas hinzu: Er sei sehr eifersüchtig auf seine Schwester gewesen, die das „Lieblingskind" seines Vaters war. Aber das könne ja mit der Gruppe nichts zu tun haben, schließlich könne er ja in Klaus nicht seinen Vater sehen. Ich sage zu dem Teilnehmer, daß wir diesen Gedanken ja auf die ganze Gruppe beziehen können. Anna sei zwar nicht das „Lieblingskind" der Gruppe gewesen, habe aber sehr viel Aufmerksamkeit von ihr erhalten.

Einen weitergehenden Gedanken greife ich hier nicht auf, weil mir das Material noch zu wenig aussagekräftig erscheint und die Gruppe selbst an dieser Stelle auch keinen Ansatzpunkt für eine Deutung bietet. Die Frage wäre, ob der Teilnehmer Phantasien hat, daß Anna in Wirklichkeit „mein Lieblingskind" in der Gruppe ist, bzw. umgekehrt, ob die „inzestuösen" Wünsche von Anna mir gelten?

Auch in dieser (37.) Sitzung geht es erneut um das Problem der Schuld. Eine Teilnehmerin, die in der letzten Sitzung fehlte, erkundigt sich, worüber wir in der letzten Sitzung gesprochen haben. Sie gibt dann auch selbst eine Antwort: „Ich vermute, noch einmal über Anna und Klaus." Die Gruppe bestätigt dies. Obwohl Anna betont, es interessiere sie nicht besonders, fragt sie, ob es denn mit dem Setting vereinbar sei, daß in Abwesenheit eines Teilnehmers über diesen gesprochen werde. Anna betont erneut, sie sei sich keiner Schuld bewußt. Der Teilnehmer, der sich in der letzten Sitzung intensiv mit Annas „Schuld" beschäftigt hat, reagiert darauf ziemlich verärgert: Wenn dies alles sei, was sie zu sagen habe, täte sie ihm leid. Alexandra betont, die Geschichte sei eigentlich „kein Problem" mehr für sie. Ich weise darauf hin, daß es nach meinem Eindruck allerdings noch immer ein Problem für die Gruppe sei. Der Weggang von Klaus und das Schweigen von Anna hätten ein „Loch" hinterlassen, das noch immer nicht ausgefüllt sei.

Ich verweise noch einmal auf meine Bemerkung zu Beginn der Gruppe und sage, daß Paarbildungen der Tod der Gruppe sein können. Diese Bemerkung scheint Alexandra zu erschrecken: ob dies mein Ernst sei? Als ich dies bejahe, sagt sie, es müsse einer „guten Gruppe" doch möglich sein, dies „aufzuarbeiten". Ich antworte, daß dies auch meine Hoffnung sei.

In den folgenden beiden (38./39.) Sitzungen beschäftigt sich die Gruppe erneut mit dem Problem der Nähe. Zunächst wird berichtet, daß die schwangere Teilnehmerin mittlerweile entbunden habe, es sei jedoch eine Kaiserschnitt-Geburt gewesen. Anschließend erzählt ein Teilnehmer von seiner Armoperation: Die Operation sei sehr langwierig und kompliziert gewesen. Er hätte geradezu Angst gehabt, aus der Narkose nicht mehr aufzuwachen. Die Gruppe thematisiert, daß Tod und Geburt zur Diskussion stünden, daß aber auch die Geburt etwas gefährliches sei. Der Teilnehmer, der sich der Armoperation unterziehen mußte, berichtet von einer Art „Abschiedsbrief" an seine Frau, den er im Krankenhaus geschrieben habe. Er berichtet weiter, daß die Beziehung zu seiner Frau sehr spannungsvoll sei. Insbesondere seit sie ein Kind hätten, kämen sie sich wie „aneinandergeschmiedet" vor. Er hätte Probleme mit dieser „großen Nähe", andererseits würden ihm seine Distanzierungswünsche Schuldgefühle verursachen.

In der folgenden (39.) Sitzung entwickelt sich ein Dialog zwischen den beiden Teilnehmern, die an Asthma leiden. Der eine der beiden Teilnehmer betont, er habe sich in vielem von dem wiedererkannt, was der andere Teilnehmer von den Näheproblemen im Hinblick auf seine Frau berichtet habe. Seine Freundin würde mehr und mehr den Wunsch äußern, daß sie beide zusammenziehen, damit hätte er jedoch große Schwierigkeiten. Mittlerweile hätten sie jedoch eine Art Kompromiß gefunden. Die Freundin würde jetzt im selben Ort, aber „nicht zu nahe" an seiner Wohnung leben. „Ausgestanden" sei das ganze jedoch noch nicht. Der Teilnehmer, der schon mehrfach von der Gruppe wegen seines „Blockierens" angegriffen wurde, hat Schwierigkeiten mit dieser Form der Thematisierung von Nähe. Er könne sich diese Näheproblematik nur vorstellen, wenn der Teilnehmer etwas zu „verstecken" habe. Es wird hier (wie auch später) besonders deutlich, daß der Teilnehmer zu einer Art „konkretistischen" Denkens neigt: Daß es psychische Konflikte, Ambivalenzen etc. gibt, möchte er lieber nicht wahrhaben. In diesem Sinne ist es auch konsequent, daß er sich nicht vorstellen kann, selbst Angst zu haben.

In dieser Sitzung formulieren eine Reihe von Teilnehmern ihre Haltung zur Nähe, wobei sich scheinbar eine Spaltung in „Näheflüchtige" und „Nähesucher" gibt (die an Balints Trennung in „Philobaten" und „Oknophile" erinnert). Bei genauerem Hinsehen verflüchtigt sich jedoch diese Aufteilung. Der oben erwähnte Teilnehmer vertritt eine recht rigide „Entweder-oder"-Haltung. Entweder will man eine Beziehung mit all ihren Problemen, mit Nähe etc., oder es stimmt etwas an der Beziehung nicht. Die Gegenposition vertritt eine Teilnehmerin. Sie könne sich nicht vorstellen, mit jemanden zusammenzuleben, ständig jemand um sich zu haben. Sie malt anschließend eine Art Schreckensvision aus, die aus einem Stück von Beckett stammen könnte: Sie müsse Tag für Tag mit einem Partner zusammen fernsehen, weil sie sich nichts mehr zu sagen hätten. Es wird deutlich, daß sich die Teilnehmerin Nähe eigentlich nur als Leere oder als Überwältigung vorstellen kann und kein Bild einer positiven Nähe hat.

Eine weitere Teilnehmerin nimmt zunächst eine schwankende Position ein, betont jedoch, daß sie in der letzten Zeit mehr Nähe beim Zusammenleben mit ihrem Partner wünscht. Am Schluß problematisiert sie selbst ihre eigene Position. Wenn man so lange wie sie mit einem Partner zusammen sei, der sich der Nähe entziehe, habe das wohl auch etwas mit einem selbst zu tun. Es sei vielleicht Ausdruck der eigenen Ambivalenz. Eine dritte Teilnehmerin spricht anschließend von ihrer Ehe, die sie als „Beziehung" bezeichnet. Mit dem Wort Ehe habe sie Schwierigkeiten. Es zeigt sich jedoch, daß dies mehr sind als verbale Schwierigkeiten. Die Ehe hätte sich „gewissermaßen ergeben", sei eher durch äußere Faktoren zustandegekommen (eine Bemerkung, auf die die Gruppe mit Lachen reagiert).

Die erwähnte rigide Entweder-oder-Position eines Teilnehmers wird von der Gruppe kritisiert. Es wird deutlich, daß dieser Teilnehmer Fragen, Zweifel, Ambivalenz etc. als Zweifel an seiner Person erlebt und sich ungern darauf einläßt. Mit meiner Deutung, daß dieses Verhalten ja in gewissem Sinn auch eine Vermeidung von Nähe sei, kann der Teilnehmer nur wenig anfangen. – Es zeigt sich in dieser Sitzung, daß fast alle Teilnehmer große Schwierigkeiten mit Nähe in Partnerbeziehungen haben. Die Gründe dafür werden in den folgenden Sitzungen deutlicher.

Der Teilnehmer, der in der letzten Sitzung über seine Armoperation berichtet hatte, bemerkt zu Beginn der folgenden (40.) Sitzung, ihm sei nachträglich eingefallen, daß seine Näheproblematik wohl mit Angst vor Enttäuschung und Zurückweisung zu tun habe. Er erzählt ein Beispiel: Er und seine Frau würden in getrennten Betten schlafen. Auf diese Weise habe er die Gefahr vermieden, daß seine Frau aus irgendeinem Grund nicht mehr mit ihm im gemeinsamen Bett schlafen will. Er berichtet anschließend von seiner Kindheit. Seine Eltern hätten sich viel gestritten, sein Vater hätte unter anderem getrunken. Auf diese Weise sei er für seine Mutter eine Art Partnerersatz geworden, wobei die Mutter allerdings selten für ihn Partei ergriffen habe, wenn er Streit mit seinem Vater gehabt habe. Seine Mutter hätte viel mit Selbstmord gedroht und sei häufig weggelaufen. Einmal hätte sie Schlaftabletten genommen und sei eingeschlafen, wobei seine Großmutter aus Angst, Aufsehen zu erregen, vermieden habe, daß ein Arzt gerufen wurde. Seine Mutter sei am nächsten Tag dann allerdings ohne fremde Hilfe wieder aufgewacht. Auf meine Frage, wie er sich denn in dieser Situation gefühlt habe, sagt der Teilnehmer: „Ich hatte schreckliche Angst."

Auf eine weitere Frage von mir erzählt der Teilnehmer dann, daß seine

Asthmaanfälle seit dem 15. Lebensjahr aufgetreten seien. Zuvor hätte er Bronchitis und viele Infekte gehabt. Ich sage zu ihm, daß die schwierige Familiensituation, insbesondere die Bedrängung durch seine Mutter (die ja eine Art „Ausbeutung“ oder „Mißbrauch“ gewesen sei), andererseits seine Angst vor dem Verlust der Mutter (durch Weglaufen, Selbstmord etc.) ihm, bildlich gesprochen, die Luft genommen, dem Ersticken nahegebracht hätte.

Die Teilnehmerin, die in der letzten Sitzung Nähe als Beckett'sche Horrorvision geschildert hatte, bezieht sich jetzt spontan auf den Teilnehmer. Es sei, als ob der Teilnehmer für sie gesprochen hätte. Ihre Beziehung zu ihrer Mutter erinnere sie in vielem an das, was der Teilnehmer gesagt hätte. Sie sei sich nie sicher gewesen, ob sie von ihrer Mutter geliebt oder abgelehnt worden sei.

An die Gruppe gewandt, sage ich, daß durch diese Beiträge deutlich geworden sei, daß die Angst vor Nähe offenbar kein „Letztes“, keine unhinterfragbare psychische Konstante sei. Aus den Beiträgen sei vielmehr deutlich geworden, daß Angst vor Enttäuschung bzw. Liebesverlust einerseits, Vereinnahmung und Bedrängung durch die Eltern andererseits derartige Ängste verständlich machen. Damit verbunden sei zwangsläufig die Frage, wie die Teilnehmerin am Schluß bemerkt hatte, ob man von den Eltern geliebt wird.

In der folgenden (41.) Sitzung bezieht sich der zweite an Asthma leidende Teilnehmer auf die Erzählung des Teilnehmers in der vergangenen Sitzung. Durch diesen Bericht, insbesondere durch das Verhältnis des Teilnehmers zu seiner Mutter, seien ihm Ereignisse aus seiner Kindheit eingefallen, an die er sich zwar selbst nur vage erinnern könne (er war damals ca. drei Jahre alt), die ihm aber von seinen Eltern erzählt worden seien. Damals sei seine Großmutter schwer erkrankt, so daß seine Mutter seine Großmutter längere Zeit pflegen mußte, deshalb sehr viel abwesend war und sich wenig um ihn kümmern konnte. Er habe in dieser Zeit das Laufen verweigert und habe wieder eingenässt. Er frage sich allerdings, ob derartige Ereignisse „alles“ erklären könnten. Anschließend erzählt er ein „typisches“ Beispiel für seine Angst vor Nähe aus Angst vor Enttäuschung (wobei er sich wiederum auf die Erzählung des anderen Teilnehmers bezieht). Er habe in einer Disco eine Frau kennengelernt, die ihm sehr gut gefallen habe und bei der er den Eindruck hatte, daß dies auch umgekehrt der Fall war. Er sei dann auf die Toilette gegangen und habe sich plötzlich entschieden, nicht mehr zurückzukehren sondern nach Hause zu fahren.

Der Teilnehmer findet, daß seine Freundin sehr seiner Mutter gleiche. Sie mache ihm ständig Vorwürfe, er sei zu schlampig, kümmere sich nicht um den Abwasch etc. (einige Teilnehmerinnen wenden ein, vielleicht sei das ja so). Seine Mutter sei „putzsüchtig“ gewesen, sei ständig mit dem Putzlappen herumgelaufen und habe „Fingerabdrücke“ abgewischt. Unter dem Gelächter der Gruppe fragt eine Teilnehmerin: „Sag mal, war dein Vater Verbrecher?“ Ich sage zur Gruppe, daß mich diese Bemerkung auf den Gedanken bringe, daß wir in der letzten und möglicherweise auch in der heutigen Sitzung über die Schuld der Eltern gesprochen hätten. Auch hier ginge es ja um die Entdeckung von Spuren bzw. „Fingerabdrücken".

Der Teilnehmer, der das letzte Mal ausführlich über die Probleme mit seiner Mutter gesprochen hatte, geht nun noch einmal auf seine Eheprobleme ein. Durch das gemeinsame Kind und durch die Frage, wer das Kind versorge, sei alles noch schwieriger geworden. Manchmal sei er so verzweifelt, daß er „Todesvorstellungen" habe. Manchmal sei er dabei auch wütend auf sein Kind und habe Angst, seine Aggression „nicht bremsen" zu können. Andererseits wird aber auch deutlich, daß der Teilnehmer nicht in der Lage ist, sich auf eine aggressive Auseinandersetzung mit seinem Kind (es ist mittlerweile drei Jahre alt) einzulassen. So sagt er z. B., daß er es nicht fertigbringt, sein Kind einmal schreien zu lassen. Dies habe nichts mit „Erziehungsmaximen" zu tun, er bringe es einfach „gefühlsmäßig" nicht fertig. Die Gruppe macht deutlich, daß der Teilnehmer aus Schuldgefühlen nicht aggressiv gegenüber seinem Kind sein kann, daß sich seine Aggressionen aber gegen ihn selbst richten („Todesvorstellungen").

Kommentar

An diesem Teilnehmer wird das Problem abgewehrter Aggressivität (die sich jedoch in Form von „Todesvorstellungen" auf die eigene Person richten) deutlich, die aus der Identifizierung mit „guten Eltern" entsteht und ihr andererseits letztlich auch zugrunde liegt: Aggressionen gegenüber den Eltern dürfen nicht offen ausgesprochen werden. Aggressive Auseinandersetzungen mit den Jugendlichen (bzw. den eigenen Kindern) sind damit kaum möglich. Dies führt insbesondere im Verhältnis zu den Jugendlichen dazu, daß nicht nur eine Identifikation mit den „Opfern" stattfindet, sondern häufig auch der „Täteraspekt" abgewehrt wird. Darüber hinaus zeigt die Lebensgeschichte einer Reihe von Teilnehmern, wie psychische Traumatisierungen (zu denen psychischer und sexueller Mißbrauch gehören) nicht nur die Frage aufwerfen, ob man von den Eltern geliebt wird, sondern auch, ob man diese Liebe überhaupt verdient hat. Komprimiert wird das in der Äußerung der Teilnehmerin deutlich, die sich fragt, ob sie von ihren Eltern je geliebt wurde, und die das Gefühl hat, nichts für sich fordern zu dürfen. Eigene Forderungen sind auf diese Weise stets mit der Frage verbunden, ob man dies auch dürfe. Damit wird die Entstehung starker Schuldgefühle gefördert, deren Kehrseite freilich abgewehrte und nach innen gerichtete Aggressivität ist. Konsequent wird von der Teilnehmerin „Nähe" dann auch als Schreckensszenario ausgemalt.

2.8. *Der Kampf um die Geschlechtsidentität (1): Können Männer Kinder bekommen?*

Mit dieser Klärung der Schuldproblematik taucht ein neues Thema (ab der 42. Sitzung) in der Gruppe auf, das sich wie ein roter Faden durch die folgenden Sitzungen zieht: das Problem der Geschlechtsidentität. – Ein Teil der Gruppe hatte sich vor der Sitzung angeregt und lachend unterhalten und wird während der Sitzung gefragt, worüber man denn gesprochen habe. Ein Teilnehmer berichtet, man habe sich über eine eigentümliche Geschichte, eine Art Wette unterhalten. Ein reicher Engländer hätte eine Belohnung von einer Million Pfund für den ersten Mann ausgesetzt, der ein Kind zur Welt bringen würde. Medizinisch, so der Teilnehmer, gebe es bereits Möglichkeiten dafür, die Frage sei, ob sich jemand dafür bereit erklären würde.

Es entspinnt sich nun eine teilweise sehr heftig geführte Diskussion über dieses Thema. Ein Teilnehmer betont, er könne sich das für sich selbst nicht vorstellen. Er hätte gerade die Erfahrung einer schwierigen Schwangerschaft seiner Frau gemacht. Er hätte Angst, er würde dabei „draufgehen". Ein anderer Teilnehmer erregt sich geradezu über dieses Thema: Er hätte keine Lust, sich mit derartigem „Quatsch" zu beschäftigen, er fände das „absolut sinnlos". Er habe auch keine Phantasien dazu. Ein weiterer Teilnehmer: Er halte derartige Überlegungen für „widernatürlich und unmoralisch". Es gehe hier um medizinische Macht, um unvernünftiges Fortschrittsdenken. Wir hätten ja gesehen, wohin dies führt.

Gegen diese Abwehr des Themas wehren sich einige Teilnehmerinnen. Eine Teilnehmerin bemerkt spitz: „Die Herren schweigen sich wohl aus." Darüber ist wiederum der Teilnehmer, der sich auf die schwierige Schwangerschaft seiner Frau bezogen hat, verärgert. Was eine derartige „Anmache" denn solle. Man könne ja darüber diskutieren, ob die Männer einen „Gebärneid" hätten (darüber hätte er kürzlich etwas gelesen), aber so könne man nicht mit ihm umgehen. Die Teilnehmerin wiederum findet es „erschütternd", daß die Männer zu einem so wichtigen Thema so wenig zu sagen hätten.

Ich frage den Teilnehmer, der betont hatte, daß er keine Phantasien zu diesem Thema entwickeln könne, ob es an dem speziellen Thema liege. Der Teilnehmer betont (es handelt sich um den Teilnehmer, der bisher schon mehrfach Fragen zu seiner Person abgeblockt hat), daß dies generell so sei. Über bestimmte „unrealistische" Dinge würde er sich keine Gedanken machen. Er würde sich z. B. auch nie Science-Fiction Filme ansehen.

In der folgenden (43.) Sitzung wirkt ein Teilnehmer ziemlich bedrückt. Ich spreche ihn nach einiger Zeit darauf an. Er antwortet, daß ihn zwei Dinge beschäftigen würden. Zum einen: Er würde in der Gruppe schon seit längerem eine Art Fraktionsbildung feststellen, die ihn irritiere. Diese Fraktion würde die Themen der Diskussion bestimmen, dagegen käme er nicht an. Die Diskussion dreht sich eine Zeit lang um dieses Thema, wobei die Gruppe diese „Fraktionstheorie“ nicht nachvollziehen kann.

Später führt der Teilnehmer einen zweiten Punkt für seine gedrückte Stimmung an. Er hätte zu der früheren Diskussion über die Näheproblematik mehr oder weniger geschwiegen, weil sein Problem ein anderes sei, eine Art „Wiederholungszwang“. In seinen Partnerbeziehungen würde nach einigen Jahren regelmäßig das Problem des Kinderwunsches seiner Partnerin auftauchen. Er wolle jedoch kein Kind, und daran scheiterten die Beziehungen (es handelt sich hier um denjenigen Teilnehmer, der zu Beginn die Frage aufbrachte: Können auch Männer Kinder bekommen?).

Die Gruppe weist ihn darauf hin, daß dies ja ebenfalls eine „Näheproblematik“ sei. Der Teilnehmer entgegnet, daß die so sein könne, für ihn lägen die Gründe jedoch woanders. Er könne die Vorstellung nicht ertragen, daß ein Kind noch einmal seine eigene Entwicklung wiederholen könne. Sein Vater habe sich für die Familie totgeschuftet, es habe ständig Streit gegeben und ständig sei er von seinem Vater geschlagen worden. Die Gruppe beschäftigt sich nun mit dem Problem, ob der Teilnehmer mit seinem Vater identifiziert sei. Der Teilnehmer betont, er wolle zwar nicht so sein wie sein Vater, fürchte aber, es könne so sein. Es wird weiterhin die Frage gestellt, ob der Teilnehmer vielleicht mit seiner Mutter identifiziert sei.

Ich bemerke abschließend, es sei deutlich geworden, daß das Thema dennoch sehr viel mit der Näheproblematik zu tun habe. Wäre der Teilnehmer alleine fähig, ein Kind zu bekommen, könne er sich der Beziehungsschwierigkeiten, die er für seine Familie und seine Partnerbeziehungen geschildert habe, entledigen. Er könne dann in seiner Person auch männliche und weibliche Anteile vereinigen. Man könne sich weiterhin fragen, ob die Kinderproblematik mit der Gruppe insgesamt zusammenhänge: Ist die Gruppe produktiv, kann sie ein Kind bekommen.

Zu Beginn der folgenden (44./45.) Sitzung (einer Doppelsitzung) geht es erneut um das Thema „Können Männer Kinder kriegen?“ Ein Teilnehmer attakkiert die beiden Teilnehmerinnen, die sich in der letzten Sitzung besonders über die defensive Position der Männer beklagt haben. Er fühlt sich von beiden ungerecht behandelt. Die beiden Teilnehmerinnen zeigen sich kompromißbereit, eine Teilnehmerin betont, man hätte schließlich in der Gruppe Fortschritte gemacht. Darauf der Teilnehmer ironisch: „Da hast du aber in der letzten Sitzung deinen Fortschritt ganz schön aufs Spiel gesetzt.“ Auch die Teilnehmerin, die in der letzten Sitzung darauf hingewiesen hatte, daß sich die „Herren ausschweigen“ würden, wird wegen ihrer „Moderatorenrolle“ angegriffen. Sie verhalte sich vorwiegend kommentierend, würde wenig von sich erzählen. Ein anderer Teilnehmer wird wegen seines „Dichtmachens“ angegriffen. Die Stimmung in der Gruppe ist mittlerweile ziemlich gereizt. Als eine Teilnehmerin scheinbar das Thema wechselt und sich nunmehr mit ihrer beruflichen Situation beschäftigt, mit dem Ärger, den sie mit diesem „Schlampladen" habe, greife ich ein. Die Frage, die zu Beginn (und ansatzweise auch in der letzten Sitzung) angeschnitten wurde, sei doch gewesen, ob man in der Gruppe Fortschritte mache, anders gesagt, ob auch hier in der Gruppe „ein Schlampladen" herrsche oder ob ordentlich gearbeitet werde. Die Gruppe beschäftigt sich daraufhin ausführlich mit verschiedenen Aspekten der Weiterbildung: Wie weit man in der Weiterbildung (und in der Selbsterfahrung) „bewertet" werde, was das Forschungsziel des Projekts sei (eine Teilnehmerin: „ich denke wir werden ‚beforscht') etc. Es werden einzelne Teile der Weiterbildung besprochen: Die Falldiskussionen seien langatmig, teilweise langweilig. Die Supervision wird als hilfreich erlebt, für einige Teilnehmer ist die Selbsterfahrung der wichtigste Teil. Ein Teilnehmer läßt Zweifel anklingen, ob das ganze Projekt auch „Zukunftschancen" habe (implizit greift er damit die Frage des „Schlampladens" wieder auf). In diesem Zusammenhang wird auch die Kompetenz einzelner Leiter der Weiterbildungskurse diskutiert.

Ein Teilnehmer und eine Teilnehmerin beziehen sich direkt auf die Selbsterfahrung. Sie hätten manchmal Schwierigkeiten, den Gruppenprozeß zu verstehen, manchmal auch meine Deutungen. Die Teilnehmerin, die eine Liebesbeziehung in der Gruppe begonnen hatte, fragt sich, ob ihre Schwierigkeiten sich in der Gruppe nicht verstärkt hätten. Der andere Teilnehmer (der immer wieder wegen seines „Dichtmachens" kritisiert wird) betont, häufig falle ihm wirklich nichts ein, er könne es aber auch akzeptieren, daß dies sein Problem, nicht das der Gruppe sei. Am Schluß der Sitzung steht die Frage, was man mit der Weiterbildung anfangen könne. Hier ist die Gruppe gespalten in Teilnehmer, welche die Weiterbildung als in erster Linie nützlich für ihre berufliche Karriere ansehen und solche, die darin vorwiegend eine persönliche Bereicherung sehen.

In der folgenden (47.) Sitzung gewinnt das Thema „Männer/Frauen" weiterhin an Kontur. Eine Teilnehmerin beklagt sich, daß sie in ihrer beruflichen Situation so häufig auf Männer stoße, die ihre Gefühle „abspalten" würden. Der Gruppe und dem angesprochenen Teilnehmer ist klar, wer gemeint ist. Der Teilnehmer geht darauf ein, indem er betont, diese Beurteilung nach Männern und Frauen sei ihm ganz fremd, worauf eine Teilnehmerin scharf antwortet: „Du wirst doch wohl nicht bestreiten, daß es Unterschiede gibt – und auch Diskriminierung." Der angesprochene Teilnehmer geht nun zu einer Art Frontalangriff über. Zwar räumt er ein, daß es Diskriminierung gebe, aber man müsse sich gegen Pauschalurteile wehren. Die Frauen müßten sich einmal fragen lassen, ob sie nicht berechtigte Kritik an ihrer Leistung mit dem Argument „Diskriminierung" abbügeln würden. Die Teilnehmerin, die sich zuvor besonders darüber beklagt habe, müsse sich fragen lassen, ob vielleicht ihr Unterricht problematisch sei.

Die Gruppe wartet gespannt, wie die angesprochenen Teilnehmerinnen sich gegen diese Attacke verteidigen. Zu meinem Erstaunen gehen die Teilnehmerinnen nicht darauf ein, eine Teilnehmerin wechselt vielmehr das Thema. Sie wolle jetzt nicht darauf eingehen, sondern noch einmal über das Problem ihrer Offenheit in der Gruppe sprechen. Ich frage die Teilnehmerin, warum sie nicht darauf eingehen wolle. Die Teilnehmerin: „Weil es mich nervt!" Sie wiederholt diese Bemerkung noch einmal mit Nachdruck. Es herrscht einige Zeit Schweigen in der Gruppe. Der Teilnehmer, der die Frauen in der Gruppe angegriffen hat, scheint mit dem Verlauf der Auseinandersetzung zufrieden zu sein. Er unterbricht das Schweigen und fragt: „Gibt es noch etwas dazu zu fragen?"

Ich habe den Eindruck, daß dieses „Abbügeln" noch viel Konfliktstoff enthält und so nicht stehen bleiben sollte. Ich sage, daß das Thema „Männer/Frauen", wie es in der vorangegangenen Auseinandersetzung anklang, möglicherweise ein heißes Eisen für die Gruppe sei. Ich würde mich beispielsweise fragen, wie sich die Teilnehmerin bei der provokanten Äußerung des anderen Teilnehmers gefühlt habe. Die Teilnehmerin, die sich „genervt" gefühlt hatte: „Ich merke, wenn ich an meine Äußerung zurückdenke, wie eine große Wut in mir aufsteigt. Wenn wir hier im Kindergarten wären, würde ich mich jetzt mit ihm (sie deutet auf den Teilnehmer) prügeln."

Als ich die Teilnehmerin zum Schluß der Sitzung noch einmal frage, wie sie in anderen Situationen mit Ärger und Wut umgehe, sagt sie: „Ich schlucke sie runter."

Bemerkenswert an der folgenden (48.) Sitzung erscheint mir, daß hier von außen ein Thema eingebracht wird, das zunächst nichts mit der aktuellen Dynamik der Gruppe zu tun hat. Der Verlauf der Diskussion zeigt jedoch, daß die zur Zeit virulenten bewußten und unbewußten Themen der Gruppe für die Behandlung des eingebrachten Problems entscheidend sind. Das neue Thema nimmt seine Gestalt vor dem Hintergrund der Gruppenmatrix an.

Die Teilnehmerin, die ein Kind bekommen hat, ist zum ersten Mal nach ihrer Entbindung wieder in der Gruppe. Die Geburt sei überschattet gewesen durch einen schweren Unfall ihres Partners. Er sei kurz vor der Geburt bei Reparaturarbeiten vom Balkon gefallen und habe sich dabei sehr schwer verletzt. Es handelt sich um eine partielle Querschnittslähmung. Es gehe ihm mittlerweile besser, so daß er die Arme und ein Bein wieder bewegen könne. Die Gefahr einer dauerhaften Einschränkung der Bewegungsfähigkeit sei jedoch groß.

Der Unfall habe die Geburt und ihre jetzige Verfassung bestimmt. Die Geburt habe sich verzögert, so daß sie schließlich selbst einen Kaiserschnitt wünschte. Ihre Vorstellungen, mit ihrem Partner gemeinsam ihr Kind zu versorgen, ließen sich jetzt nicht mehr erfüllen. Gedanken an die Zukunft schiebe sie weg, spreche auch kaum mit ihrem Freund darüber. Manchmal steige eine diffuse Wut in ihr hoch, die sich gelegentlich auch gegen ihr Kind richte, mit dem sie zumeist allein sei und von dessen Ansprüchen sie sich überfordert fühle.

Die Diskussion in der Gruppe kreist um zwei Themen: 1. Um Ärger und Wut, und wie man damit umgehen könne; 2. Um die Beziehung zwischen der

Teilnehmerin und ihrem Freund. Die Teilnehmerin wird darauf hingewiesen, daß sie vermutlich eine große Wut auf ihren Freund habe, was jedoch schwierig zuzugeben sei, da dieser ja offenbar nicht „schuldig“ sei. Die Teilnehmerin bestätigt dies: wenn sie diese Wut zulasse, ginge es ihr besser. Ein Teilnehmer verweist auf seine eigene Wut. Wenn er sich damit beschäftige, versuche die Gründe für diese Wut herauszufinden, gehe es ihm besser. Sonst werde die Wut immer „finsterer“, seine Lage erscheine ihm dann immer aussichtsloser. Der Teilnehmerin, die am Ende der letzten Sitzung eine aggressive Auseinandersetzung mit einem anderen Teilnehmer geführt hat, geht es ähnlich. Sie beschreibt den angeführten Gefühlszustand („finstere Wut“) als „depressiv“ und sagt, manchmal gelinge es ihr, aus ihrer depressiven Stimmung herauszukommen, indem sie sich einfache Sätze, die ihr Hoffnung machen, einpräge oder sie an ihren Spiegel hefte. Vielleicht könnte es der Teilnehmerin gelingen, ihre Wut auf ihren Freund loszuwerden, indem sie sage: „Diesem Dappes geht es jetzt schon besser, während ich in der Scheiße sitze.“ Die Gruppe lacht.

Die Gruppe beschäftigt sich abschließend damit, daß die Beziehungsdimension zwischen der Teilnehmerin und ihrem Freund in auffälliger Weise ausgeklammert sei. Sie spreche mit ihm nicht über die Zukunft, behandele ihn, als wäre er total bewegungsunfähig und sehe ihn nur noch als „Behinderten“. Die Gruppe bezieht sich dabei unter anderem auf eine Bemerkung der Teilnehmerin, die es als „Hoffnung“ bezeichnet hatte, daß sie ja gelernt habe, mit „Behinderten“ umzugehen.

Kommentar

Die Gruppe hat weitgehend selbständig den Zusammenhang zwischen gebremsten oder abgewehrten Aggressionen und „depressiven Stimmungen“ (wie sie von einer Teilnehmerin bezeichnet wurden) herausgearbeitet. Dies knüpft nicht nur an die depressiven Stimmungen der Teilnehmerin an, die das Thema des Unfalls eingebracht hat, sondern auch an die „Todesvorstellungen“ eines anderen Teilnehmers, generell an einen Gefühlskomplex, den man die „Schuldgefühlskultur“ (Erikson) der Gruppe nennen könnte. Da Schuldgefühle die Äußerung von Aggressivität erschweren oder verhindern bzw. diese nach innen gegen das eigene Selbst wenden, ist die Gruppe in der Bearbeitung ihrer depressiv gefärbten Symptomatik ein Stück weitergekommen.

2.9. Der Kampf um die Geschlechtsidentität (2): „Kampf der Geschlechter“ und das „Turnier“

Nachdem in der 48. Sitzung das Verhältnis Wut-depressive Stimmungen bearbeitet wurde, steht in der folgenden (49.) Sitzung das Thema Männer/Frauen wieder im Vordergrund. Genaugenommen handelt es sich um zwei aufeinander bezogene Parallelthemen (wie es sich in der aggressiven Auseinandersetzung zwischen einer Teilnehmerin und einem Teilnehmer in der vorletzten Sitzung deutlich zeigte). Implizit schließt eine Teilnehmerin noch einmal an die letzte Sitzung an, indem sie darauf hinweist, es gebe in der Gruppe „wenig zum Lachen", manchmal sei es „wie in einer Gruft". Ein anderer Teilnehmer greift das Thema „Diskriminierung der Frauen" noch einmal auf und bietet den Frauen seine Unterstützung an, was von diesen jedoch abgelehnt wird. Sie könnten sich selbst verteidigen.

Eine Zeit lang schweift die Diskussion dann auf eine eher theoretische Ebene ab: Es wird gefragt, ob es Diskriminierung von Frauen in unserer Gesellschaft gebe und wie sie aussehe. Ein Teilnehmer versucht das Problem auf die Ebene eines generellen gesellschaftlichen Konflikts zu bringen, der Männer wie Frauen träfe. Ich weise darauf hin, daß wir es hier in der Gruppe nicht mit einem allgemeinen Problem zu tun hätten, sondern, wie sich mehrfach in Auseinandersetzungen gezeigt hätte, um einen konkreten und in der Gruppe präsenten Konflikt. Vielleicht könnten wir ja anhand dieser konkreten Beispiele auch etwas über das generelle Verhältnis von Männern und Frauen erfahren. Eine Teilnehmerin (es handelt sich um die Teilnehmerin, die vor zwei Sitzungen in eine scharfe Auseinandersetzung mit einem anderen Teilnehmer verwickelt war) betont, es wäre einfacher, dazu Stellung zu nehmen, wenn sie eine „stabile Identität" als Frau hätte. Dies wäre jedoch nicht der Fall.

Die Stimmung in der folgenden (50.) Sitzung (die ich auf Band aufnehme) ist hektisch und „aufgekratzt". Teilnehmer und Teilnehmerinnen konfrontieren sich mit ihren Bildern von Männern und Frauen. Ein Teilnehmer berichtet, wie ihm seine Frau, als er einmal für die Versorgung seiner Tochter zuständig war, „Stück für Stück" die Betreuung aus der Hand genommen hätte. Gleichzeitig hätte sie über Überarbeitung geklagt („ich bin ja so fertig"). Der Teilnehmer beschreibt dies als ein „uraltes", ihm wohlbekanntes Verhalten, das er auch von seiner Mutter kenne. Einerseits sei es so belastend, seine Mutter zu sein, andererseits werde alles getan, um ihm die Dinge aus der Hand zunehmen, ihn „total zu bemuttern". Motto: Die Frauen klagen über etwas, was man ihnen nur mit Gewalt entreißen kann. Die Diskussion kreist jetzt darum, ob dies nicht wechselseitig so wäre. Es gebe Männerdomänen, die von Männern „bewacht" würden und umgekehrt. Eine Teilnehmerin: Wenn etwas am Auto zu reparieren sei, würde ihr Freund ihr den Schraubenschlüssel aus der Hand reißen. Der Teilnehmer (der sich über seine Frau beklagt hatte) betont, der Unterschied sei nur, daß die Männer sich nicht beklagen würden. Gerade das geschilderte Beispiel Männerdomäne-Frauendomäne und die damit verbundenen Behinderungen der Emanzipation zeigten doch, wie recht er habe. Über diese Thematik breite sich aus seiner Sicht der „Geschlechterkampf" aus.

Nun gehen die Frauen in der Gruppe gewissermaßen zum Gegenangriff über. Das erwähnte Beispiel mit der Versorgung der Tochter zeige doch nur, daß die

Versorgungssituation „nicht gleichwertig" sei, daß seine Versorgung etwas „Besonderes" sei. Der Teilnehmer: Eine Gleichverteilung der Versorgung des Kindes wäre ihm noch lieber als das ständige „Gezackere", aber finanziell wäre das nicht möglich und würde von seiner Frau auch nicht gewünscht, da es erhebliche finanzielle Einbußen bedeute (er habe in seinem Beruf schon Fuß gefaßt, seine Frau noch nicht). Eine Teilnehmerin bezweifelt, daß der Konflikt wirklich aus der Versorgungssituation resultiere, das Ganze müsse tiefere Ursachen haben.

Der angesprochene Teilnehmer vertritt die Ansicht, daß es sich für ihn um einen letztlich undurchsichtigen Kampf zwischen Männern und Frauen, um ein „Mysterium" handle. Hier würde teils mit „Falschinformationen" gearbeitet (ist die Kinderversorgung wirklich so anstrengend?), teils würde das, was der andere mache, schlechtgemacht bzw. Schuldgefühle erzeugt. Auf die Frage, wie der Teilnehmer und seine Frau es in diesem Punkt halten würden, antwortet der Teilnehmer: „Wir tragen den Geschlechterkampf mit Schuldgefühlen aus."

Ein Teilnehmer zitiert jetzt einen Schlagertext: „Jahrelang hast du mit mir Müsli gegessen und jetzt gehst du mit dem Typ vom Bodybuilding-Studio weg". Er fügt hinzu, daß Frauen sehr „perfide" sein könnten. Ein Teilnehmer ergänzt: „Bist du ein Softie wollen die Frauen einen Macho und umgekehrt." Eine Teilnehmerin hakt nach und möchte wissen, was „perfide" heißt. Der angesprochene Teilnehmer (ohne zu zögern): „Perfide, das heißt für mich heimtückisch." Letztlich würden die Frauen doch nur den bewundern, der „zupackt", „der's macht". Die Teilnehmerin: Die einzige Gemeinheit der Frauen ist, daß sie die Männer glauben gemacht haben, es gäbe den „Softie". Den gebe es aber nicht, letztlich sei jeder Mann ein Macho.

Der Teilnehmer, der das Thema: „Können Männer Kinder bekommen?" eingebracht hat und der sich bisher wenig an der Diskussion beteiligt hat, kritisiert jetzt die Gruppe. Die Diskussion sei ihm zu subjektivistisch. Das Problem würde als eine Art Kommunikationsproblem zwischen Männern und Frauen abgehandelt. Das Ganze sei aber ein gesellschaftliches Problem.

Als hätte er nur auf diese Äußerung des Teilnehmers gewartet, stürzt sich ein anderer Teilnehmer geradezu auf ihn. Er wirft ihm vor, daß er ein Feigling sei. Während er (der Teilnehmer, und auch die anderen Männer) sich „zitternd" dem „Turnier um die Frauen" stellten, säße der Teilnehmer, weder Fisch noch Fleisch, auf der Tribüne und sehe zu. Schlimmer noch, während sich die Männer die „Köppe einkloppen", versuche er sich an die Frauen heranzumachen. Der angesprochene Teilnehmer kontert (in scheinbar freundlichem, aber ironischen Ton): Angeblich gebe es ja keine Softies. Wenn er aber versuche, die Partei der Frauen zu vertreten, gebe es von den anderen Teilnehmern eins mit der „Bratpfanne". Er könne sich mit der Rolle des Softie identifizieren. Genauer: Er befände sich in einem „Zwischenraum", wo er weder der einen noch der anderen Partei recht geben könne (es handelt sich hier um den Teilnehmer, der sich in früheren Sitzungen als „ambivalent" bzw. „friedfertig" präsentiert hatte).

In der folgenden (51.) Sitzung bekämpfen sich in erster Linie die Männer; sie konkurrieren vor allem darum, wer die richtige Sicht des Männer/Frauen-Verhältnisses hat bzw. wer sich den Frauen gegenüber richtig verhält. Ein Teilnehmer attackiert den „Softie" der vergangenen Sitzung: Er habe wohl Angst wie er bei Frauen ankomme, suche sich deshalb Themen, die von den Frauen geschätzt würden. Der Teilnehmer antwortet (indem er die Gruppenkritik an diesem Teilnehmer geschickt aufgreift), daß der Teilnehmer eigentlich von sich nur sehr wenig gesagt habe, über das Verhältnis zu seinem Bruder, das er im Gespräch einmal angedeutet habe, erfahre man ebenso wenig wie über seine Beziehung zu seiner Mutter. Der Teilnehmer blockt auch diesen Angriff bzw. Nachfrage in gewohnter Manier ab. Dennoch läßt er sich nach diesem ersten Abblocken ein Stück weit darauf ein, etwas von sich zu sagen. Falls es ihn interessiere, könne er ihm sagen, daß seine Beziehung zu seinen Eltern normal und das Verhältnis seiner Eltern zueinander harmonisch gewesen sei. Er fügt hinzu: „Nur einmal hat mein Vater meiner Mutter eine Ohrfeige gegeben, und das habe ich verstanden." An diesem Punkt wird er von einem anderen Teilnehmer angegriffen. Diese Sicht, daß es gewissermaßen normal sei, wenn ein Mann eine Frau ohrfeigt, könne er keinesfalls akzeptieren. Der angesprochene Teilnehmer plädiert noch einmal für den „Geschlechterkampf". Zu einer Partnerbeziehung gehöre der Kampf, sonst werde es steril. Damit provoziert er wiederum den Widerspruch des „Softie". Er stelle sich Partnerschaft als Solidarität vor. Der Gruppe fällt zu dieser Phantasie der Film „Bonnie und Clyde" ein. Es sei zu fragen, ob er seine Partnerin mehr als „Kumpel" oder mehr als Frau sehe.

Es werden im folgenden (52. Sitzung) noch einmal die Positionen in der Beziehung der Geschlechter markiert. Eine Teilnehmerin möchte Beziehungen mit „spielerischem" Charakter, wobei sie dann bei der Frage in Bedrängnis gerät, wie sie denn reagiere, wenn die Spielregeln nicht eingehalten würden. Dann würde es für sie ernst, notfalls ziehe sie sich zurück. Ein Teilnehmer, der sich einerseits von der von ihm formulierten rigiden Position des Geschlechterkampfs absetzt, betont jedoch andererseits, es handle sich um kein Spiel, sondern um einen „Kampf ums Überleben". Auch eine andere Teilnehmerin kann mit diesem Wunsch nach Spielerischem nichts anfangen. Bei einem Spiel wisse man, worum man spiele, bei einer Partnerbeziehung wisse man das nicht. Ein Teilnehmer greift noch einmal seine „Turniermetapher" aus der vorletzten Sitzung auf. Er habe sich über die „Indifferenz" des einen Teilnehmers (des Softie) geärgert. An diesem Punkt greife ich ein: Ich hätte die Diskussion in den letzten und auch in der heutigen Sitzung nicht so erlebt. M. E. hätte der Teilnehmer, auf seine Weise, mit den anderen Männern um die richtige Sicht des Männer/Frauen-Verhältnisses, möglicherweise um die „Gunst" der Frauen konkurriert.

Gegen Ende der Sitzung wirken einige Teilnehmer/innen ermüdet, fast gelangweilt. Es entsteht eine längere Pause. Allmählich, so mein Eindruck, hat sich das Thema für die Gruppe erschöpft. Ein Teilnehmer kommentiert dies zutreffend gegen Ende der Sitzung: „Die Spieler warten auf den Abpfiff."

2.10. Eine neue Stagnation der Gruppenarbeit: Spaltungs- und Entwertungstendenzen in der Gruppe

Wie schon zweimal zuvor (16./17. und 28.–30. Sitzung) kommt es in der 52. und folgenden (53.) Sitzung zu einer gewissen Stagnation der Gruppenarbeit.

Eine Teilnehmerin reagiert auf das Auf-der-Stelle-treten am Schluß der letzten Sitzung und auf die etwas gereizte Stimmung zu Beginn dieser Sitzung mit dem Wunsch nach mehr „Harmonie und Toleranz". Ein Teilnehmer fühlt sich ängstlich in der Gruppe. Er würde sich „bis aufs Hemd" ausziehen und wisse nicht, wie das in der Gruppe ankomme. Ein weiterer Teilnehmer (es handelt sich um den Teilnehmer, der sich zu Beginn der Gruppe immer wieder mit der Frage der Einhaltung von Regeln beschäftigt hat) und in den vergangenen Sitzungen auffällig viel geschwiegen hat, wird nach den Gründen seines Schweigens gefragt. Der Teilnehmer antwortet, nach einigem Zögern, er hätte sich an dieser Diskussion nicht beteiligen wollen, da er eine ganz andere Sicht auf Frauen hätte. Er würde Frauen „Respekt", ja „Verehrung" entgegenbringen. Das sei auch gegenüber seiner Mutter so gewesen, die er respektiert und bewundert habe. Die Gruppe hat den Eindruck, daß es sich hier nur um die halbe Wahrheit handelt und hakt entsprechend nach. Es ist im folgenden eindrucksvoll zu sehen, wie das mehrfach diskutierte Thema des „abgelehnten Kindes" (Schmidbauer), wie es u. a. von der „braven" Teilnehmerin eingebracht wurde, jetzt wieder auftaucht und die genetische Dimension früher Schuldgefühle deutlicher wird. Der Teilnehmer erzählt von einem Erlebnis mit seiner Mutter. Anläßlich eines längeren Fußmarsches mit seiner Mutter habe er die Vermutung geäußert, daß er als Kind von ihr nicht gewünscht gewesen sei. Die Mutter sei daraufhin sehr gekränkt gewesen und es habe lange Zeit gedauert, bis sie wieder „versöhnt" gewesen sei. Es wird im Gespräch deutlich, daß der Teilnehmer noch heute Schuldgefühle wegen dieser Szene hat. Seine eigene Kränkung, die sich ja zum Teil auch aggressiv in dieser Frage äußert, vermag er nicht zu sehen, er sieht lediglich die Kränkung seiner Mutter.

Zu Beginn der nächsten (54.) Sitzung herrscht längeres Schweigen. Wie schon einmal in der 16. Sitzung drückt eine Teilnehmerin ihren Ärger und ihre Enttäuschung darüber aus. Der „Beton" käme wieder hoch, es sei wie in früheren Sitzungen, ob man sich denn nichts mehr zu sagen habe? Zwischenbemerkung eines Teilnehmers: „Wie in einer alten Ehe." Ich thematisiere das Schweigen und seine möglichen Gründe, was eine Teilnehmerin irritiert. Sie fragt, warum ich auf dem Schweigen „herumhacken" müsse. Eine Teilnehmerin gibt ebenfalls einen Beitrag zum Schweigen, indem sie zum Ausdruck bringt, daß sie mit der Arbeit in der Gruppe Schwierigkeiten hat. So wie man mit dem Teilnehmer in der letzten Sitzung (der über seine Beziehung zu seiner Mutter gesprochen hat), „umgesprungen" sei, brauche man sich nicht wundern, wenn in der Gruppe geschwiegen werde. Man habe ständig nach seiner verborgenen Aggressivität gesucht. Auch sie würde in einem derartigen Fall nichts mehr sagen. Es kommt ansatzweise zu einer Auseinandersetzung zwischen ihr und einer anderen Teilnehmerin, die solche Kritik an der Gruppe zurückweist. Bezeichnend für diese gebremst aggressive Auseinandersetzung zwischen diesen beiden Teilnehmerinnen ist, daß die zweite Teilnehmerin sagt, es sei wichtig, sich mit der anderen Teilnehmerin auseinanderzusetzen. Beide haben jedoch „vergessen", worum es eigentlich ging. Beide Teilnehmerinnen fragen nun mich, worum es bei ihrem Konflikt ging. Als der Versuch, sich zu erinnern, erneut scheitert, sage ich, m. E. ginge es um das Problem, ob man in der Gruppe aggressiv sein dürfe. Die beiden Teilnehmerinnen greifen das Thema jedoch nicht auf. Am Schluß der Sitzung zeigt die Teilnehmerin, welche die Kritik an der Gruppe zurückgewiesen hat, daß sie durchaus aggressiv sein kann: allerdings gegen einen Mann. Sie bezeichnet den Teilnehmer, der immer wieder die Thematisierung seiner Person verweigert, als „Schwätzer".

Ein Teilnehmer sieht die Gruppe in zwei Untergruppen zerfallen: Die eine wolle „in Harmonie machen", alles sei „paletti", die andere wolle jedoch in der Gruppenarbeit weiterkommen. Ich greife zum Schluß diese Bemerkung des Teilnehmers auf und sage, wenn man nur noch „in Harmonie" machen wolle, sich die Frage stelle, ob man dann noch von der Gruppe profitieren könne.

Es geht in dieser (55.) Sitzung noch einmal um den „toten Punkt" der Gruppenarbeit, der sich auch darin ausdrückt, daß diesmal vier Teilnehmer fehlen. Für die Teilnehmerin, die bereits in der letzten Sitzung ihre Kritik an der Gruppe geäußert hat (es handelt sich um die Teilnehmerin, die eine Liebesbeziehung mit einem anderen Teilnehmer hatte), entspricht dieser „tote Punkt" ihrem Eindruck von der Gruppenarbeit. Es sei doch die Frage, ob man sich überhaupt in der Gruppe schon einmal etwas zu sagen gehabt hätte. Ich habe an dieser Stelle den Eindruck, daß die Teilnehmerin ihr hartnäckiges Schweigen über ihre Liebesbeziehung fortsetzt. Gewissermaßen projiziert sie dabei ihr Schweigen wie auch ihre „Schuld" auf die Gruppe. Nicht sie hat der Gruppe nichts zu sagen, sondern die Gruppe hat sich nichts zu sagen. Während ein Teilnehmer und eine Teilnehmerin ihr Interesse am Fortschritt der Gruppenarbeit zum Ausdruck bringen, beklagt sich ein anderer Teilnehmer darüber, daß die Gruppe wenig verständnisvoll mit dem Tod seines Vaters umgegangen sei. Die beiden Teilnehmer/innen weisen ihn darauf hin, daß er an diesem Punkt selbst sehr unklar geblieben sei. Als ich zu dem Teilnehmer sage, daß ich den Eindruck hätte, er habe manchmal Schwierigkeiten, seine Gefühle auszudrücken, ja vielleicht sie sogar wahrzunehmen, sagt er, damit hätte ich für ihn etwas „Wichtiges" gesagt.

In der nächsten (56.) Sitzung bezieht sich der Teilnehmer, den ich am Schluß der letzten Sitzung angesprochen habe, noch einmal auf die vorhergehende Sitzung. Er betrachte sich selbst als emotionalen „Spätzünder“, d. h. Gefühle würden von ihm immer nur mit Verzögerung wahrgenommen. Er habe darüber nachgedacht, ob und wie dies mit seinem Asthma zusammenhinge. Er frage sich allerdings auch, ob es sich lohne, darüber nachzudenken. Eine Teilnehmerin: Wenn er diesen Zusammenhang selbst sehe, dann würde sich die Frage doch von selbst beantworten.

Nach einigem Schweigen bemerkt der Teilnehmer, er wolle noch etwas „aus seiner Vergangenheit“ erzählen. Im Gegensatz zu seinen früheren Erzählungen in der Gruppe wirkt der Teilnehmer heute wie umgewandelt. Die Ereignisse und Gefühle sprudeln geradezu aus ihm heraus (ich habe den Eindruck, er muß jetzt nicht mehr die Luft anhalten). Hierzu paßt auch, daß er sagt, er wolle der Gruppe mitteilen, daß er schon seit einiger Zeit keine Asthmaanfälle mehr gehabt habe. Sein Vater sei sehr jähzornig gewesen und er habe sich sehr vor seinen Wutanfällen gefürchtet. Andererseits habe der Vater auch häufig mit Selbstmord gedroht, z. B. gesagt, er gehe jetzt auf den Speicher und hänge sich auf. Einmal habe er seinem Vater wahrheitsgemäß berichtet, daß er den Kindergarten geschwänzt habe und sei dafür „fürchterlich“ verprügelt worden. In der Schule sei er zunächst ein sehr lebendiges Kind gewesen und habe viel erzählt, zur Strafe habe er sich dann häufig in die Ecke setzen müssen, den Finger auf dem Mund (er führt diese Geste anschaulich vor). Am schrecklichsten sei für ihn gewesen, daß seine Eltern häufig einen schwarzen Staubsauger, vor dem er sich sehr gefürchtet habe („ein schwarzes Monstrum“) in sein Zimmer gestellt hätten, damit er im Bett bliebe.

Aus der Erzählung des Teilnehmers entsteht für mich das Bild eines ursprünglich lebendigen Kindes, das durch Wutausbrüche, Drohungen und Einschüchterungen allmählich stumm wurde, dem buchstäblich die Luft abgeschnitten wurde. Der Finger auf dem Mund, das „schwarze Monstrum“, die Mutter, die alle Fingerabdrücke abwischt (er hatte früher darüber berichtet), sind für mich Symbole dieser Situation. Ich sage zu dem Teilnehmer, daß er wahrscheinlich aufgrund seiner Erfahrungen, über die er berichtet habe, zu der Einstellung gelangt sei, daß die spontane Äußerung von Gefühlen gefährlich sei und man gewissermaßen nur „durch Luftanhalten“ überleben könne.

Auf diese Erfahrung bezieht sich nunmehr der zweite Teilnehmer mit asthmatischen Beschwerden und sagt, es sei ihm vielleicht gelungen, seine „existentiellen Ängste“, die denen des anderen Teilnehmers gleichen würden, in „soziale Ängste“ zu verwandeln. Als ich ihn frage, was er damit meine, sagt er, er hätte z. B. Angst zu fragen: „Liebst du mich?“ Es sei die Angst, daß die Antwort ihn „vernichten“ könne. Ich sage zu ihm, daß er damit ja seine existentielle Angst zum Ausdruck gebracht habe. Eine andere Teilnehmerin schließt an diesen Beitrag an. Sie sei froh, daß die Diskussion damals über ihren Mann nicht weitergegangen sei. Die Diskussion hätte sie so sehr mitgenommen, daß sie Angst hatte, „zusammenzubrechen".

Ich sage abschließend, daß heute in der Diskussion eine tiefere Ebene der Angst deutlich geworden sei. Es sei die Angst, daß bestimmte Gefühle so gefährlich seien, daß sie einen vernichten könnten. Das „Auf-der Stelle-treten", das Schweigen und die Stagnation in der Gruppe hingen wahrscheinlich damit zusammen.

Kommentar

Es wird in dieser Sitzung wie schon zwei mal zuvor deutlich, daß die „Resonanz" und „Spiegelung" zwischen beiden Teilnehmern mit Asthmaproblemen sich sehr produktiv für den Fortschritt der Gruppenarbeit auswirkt. Dabei spielt m. E. eine Rolle, daß einer der beiden Teilnehmer bereits zu Beginn der Gruppenarbeit ein relativ hohes Niveau an Introspektion mitbrachte (wobei wahrscheinlich seine laufende Gruppentherapie eine Rolle spielte) und der andere Teilnehmer sich dadurch ermutigt fühlte. Zu vermuten ist weiterhin, daß diese beiden Teilnehmer, die einen starken manifesten Leidensdruck in der Gruppe aufweisen, gerade deshalb viel von der Gruppe profitieren. Bei beiden werden tiefe Zweifel an der Berechtigung und Akzeptanz autonomer und spontaner Gefühlsregungen und damit auch Zweifel, von den Eltern bzw. von ihren Partnern geliebt zu werden, deutlich. Die Angst vor Nähe, wie beide sie formulieren, ist somit die Angst, in eine infantile Abhängigkeit zu geraten, die in ihrer unbewußten, aber auch teilweise schon bewußten Wahrnehmung vernichtende Folgen haben würde.

Der Teilnehmer, der in der letzten Sitzung ausführlich über seine Kindheitserfahrungen erzählt hatte, berichtet in dieser (57.) Sitzung, er hätte sich um eine neue Stelle beworben. Im Gegensatz zu seinem früheren Verhalten hätte er sehr klar über seine Vorstellungen bezüglich Arbeitsbedingungen gesprochen. Später sei seine Bewerbung dann abgelehnt worden (obwohl insbesondere seine Weiterbildung als ausgesprochen positiv bewertet worden sei). Die Gruppe versteht zunächst nicht recht, worauf der Teilnehmer hinaus will. Es entsteht die Vorstellung, er werfe ihr „einen abgenagten Knochen" vor. Der Teilnehmer fügt dann hinzu, wichtig für ihn sei bei diesem Gespräch gewesen, daß er sich „sehr gut gefühlt" habe. Ich bemerke, daß es bei ihm in der letzten Sitzung darum gegangen sei, wie schwierig es für ihn sei, eigene Gefühle, Wünsche und Ansprüche auszudrücken. Symbol für diese Schwierigkeiten und Ängste sei für mich der Staubsauger, „das schwarze Monstrum", das, bildlich gesprochen, auch immer noch in der Gruppe stünde. Heute weise er darauf hin, daß sich diese Verhaltensweisen bei ihm ein Stück weit verändert hätten.

Der Teilnehmer, der vor kurzem über seine „respektvolle" Beziehung zu seiner Mutter berichtet hatte, scheint sich durch diesen Verlauf der Diskussion ermutigt zu fühlen. Er erzählt jetzt zwei Träume (die ich abgekürzt wiedergeben will). Er habe geträumt, daß seine Frau sterben wolle. Dazu mußte sie ein bestimmtes Gebet sprechen, das sie jedoch vergessen hätte. Das merkwürdige an diesem Traum sei gewesen, daß er sich nicht erinnern könne, ob er den Traum gehabt hätte oder seine Frau (und ihm im Traum davon erzählt habe). Im zweiten Traum hätte er sich in einem Pissoir auf den Kopf uriniert.

Wir versuchen in der folgenden (58.) Sitzung die Bedeutung dieser Träume zu analysieren. Der Teilnehmer sagt zunächst, er hätte diese Träume gewissermaßen „unter dem Druck der Gruppe" erzählt und sei etwas „nervös" dabei gewesen. Er fände es dennoch gut, es getan zu haben. Zu den Träumen bräuchte man keine große „Analytik": Er würde sich häufig „minderwertig" vorkommen, würde sich selbst gegenüber „demütigend" verhalten. Ich sage, das würde zunächst nur Aufschluß über den zweiten Traum geben. Der Teilnehmer weist anschließend darauf hin, wahrscheinlich hätte er den ersten Traum tatsächlich selbst geträumt, wolle aber nicht, daß er ihn geträumt habe. Ich weise ihn in diesem Zusammenhang auf eine interessante Fehlleistung aus der letzten Sitzung hin. Der Teilnehmer hatte davon gesprochen, daß er seine Zukunft „durchgestrichen" habe, korrigiert sich dann aber und sagt: seine „Vergangenheit". Ich sage zu dem Teilnehmer, in dem „Gebet" scheine es zunächst um eine Formel für „Sterben" zu gehen, aber vielleicht sei damit auch gemeint: eine Formel „fürs Leben". Der Teilnehmer stimmt zu: Er hätte doch in der letzten Zeit einiges für sich erreicht. Viele der „Fakten" seien zwar geblieben, aber er würde sie heute anders sehen.

Der Teilnehmer, der in der letzten Sitzung über seine Vorstellungsgespräche berichtet hatte, sagt in dieser (59.) Sitzung, die Träume des Teilnehmers hätten ihn ermutigt, auch von seinen Träumen zu erzählen. Er hätte kürzlich geträumt, er sei „mit einer Gruppe von Leuten" in einem Raum gewesen. An die Leute könne er sich nur sehr undeutlich erinnern. In dem Raum hätten sich plötzlich die Tische und Bilder bewegt und er hätte im Traum gedacht: „Hier hat der Teufel die Hand im Spiel." Der Teilnehmer erzählt weiter, daß er seit seiner Kindheit Träume gehabt hätte, in denen der Teufel vorkommt. Vor einiger Zeit hätte er sogar geträumt, der Teufel sei in einem „Trabi" an ihm vorbeigefahren. Die Gruppe fragt, wie er sich denn bei den „Teufelsträumen" gefühlt habe. Der Teilnehmer: „Ich hatte ein Gefühl diffuser Ängstlichkeit." Ein Teilnehmer meint, er hätte bei den Traumerzählungen des Teilnehmers eine gewisse „Lust" gespürt. Vielleicht sei ja sogar „der Teufel" in ihm, dem Teilnehmer. Ich weise darauf hin, daß der Teilnehmer von einer Gruppe erzählt habe. Vielleicht beziehe er sich ja dabei auch auf unsere Gruppe, und vielleicht hätte auch hier „der Teufel" die Hand im Spiel.

Der Teilnehmer erzählt, daß er noch eine zweite Art von Träumen habe, Träume, in denen er kämpfen würde. So hätte er kürzlich geträumt, er wäre in einer Rockerdisco gewesen. Plötzlich hätte ein Rocker ihn und seine Freundin mit einem Revolver bedroht. Er hätte sich auf den Rocker gestürzt, mit ihm gekämpft und ihm den Daumen abgerissen. Der Rocker hätte dabei schrecklich geschrien. Schließlich müsse er unbedingt noch einen anderen Traum erzählen. Er hätte geträumt, er sei im „Reich der Toten" gewesen. Hier seien alte Männer mit schönen blonden Frauen spazieren gefahren. Kurz nach diesem Traum sei sein Vater „urplötzlich" am Herzinfarkt gestorben. Ich habe spontan die Vermutung, daß die Frauen in seinem Traum etwas mit seiner Freundin zu tun haben. Der Teilnehmer bestätigt meine Vermutung. Da ihm nichts mehr zu diesem Traum einfällt, versuche ich eine Deutung. Ich hätte den Eindruck, bei den beiden Träumen, dem Rockertraum und dem Traum aus dem „Reich der Toten" ginge es um Konkurrenz, um die Frauen, und zwar sowohl mit jungen wie mit alten Männern. Der Teilnehmer nickt, wirkt aber eher etwas ungläubig.

In der nächsten (60.) Sitzung erzählt eine Teilnehmerin, die Träume des Teilnehmers würden sie an ihren Vater erinnern. Dieser hätte häufig gesagt, wenn er mit Menschen nicht zurecht kam, daß der „Teufel" in diesem Menschen stecke. Sie habe darüber häufig mit ihrem Vater Streit gehabt, dennoch hätte sie sich von seinem Einfluß nicht ganz lösen können. Sie wolle zwar an das „Gute" im Menschen glauben, häufig bleibe aber dann doch etwas, was nicht „gut" sei, was sie dann als das „Böse" bezeichne. Sie erzählt dazu ein Beispiel aus ihrem Beruf, wo es ihr nicht gelungen sei, an das Gute zu glauben. Scheinbar ohne Zusammenhang mit diesen „teuflischen" Geschichten verweist ein Teilnehmer noch einmal auf die „Fraktionsbildung" in der Gruppe. Insbesondere durch die „virtuose Beredsamkeit" des Teilnehmers, der sich immer wieder mit Erfolg einer Thematisierung seiner Person entziehe, sei diese Fraktion sehr dominant. Aber vielleicht wären diese Drei auch so etwas wie eine „väterliche Autorität", gegen die, wie er ja bereits mehrfach betont habe, er sich nicht aufzulehnen wage.

In der 61. Sitzung kündigt eine Teilnehmerin an, daß sie das nächste Mal wahrscheinlich fehlen werde, da sie an diesem Tag eine harte Sitzung habe und anschließend wahrscheinlich nicht „in the mood" sei, in die Gruppe zu kommen. Als ich die Notwendigkeit regelmäßiger Teilnahme an der Gruppe anspreche, reagiert die Teilnehmerin verärgert. Das Problem mit dem Fehlen sei eher mein Problem, ebenso das Problem des Schweigens. Sie wird von einem Teilnehmer unterstützt, der sagt, er könne verstehen, daß Teilnehmer fehlen würden. Der Teilnehmer, der in der letzten Sitzung das Problem der Fraktionsbildung angesprochen hat, kommt noch einmal auf das Thema zurück, wobei er seinen Ärger auf den Teilnehmer zum Ausdruck bringt, der für ihn gewissermaßen der Anführer dieser Fraktion ist. Als ich ihn darauf anspreche, leugnet er dies zunächst und ist der Ansicht, ich wolle ihn in eine Kontroverse mit diesem Teilnehmer „hineinziehen". Schließlich gibt er seinen Ärger zu: Nur durch die Unterstützung eines anderen Teilnehmers, der viel von sich erzähle, könne der Teilnehmer seine Rolle als „Bremser" in der Gruppe verwirklichen. Der Teilnehmer akzeptiert auch meine Deutung, daß es ihm leichter falle, auf diesen Teilnehmer ärgerlich zu sein, weil dieser in der heutigen Sitzung nicht anwesend sei.

In der nächsten (62.) Sitzung fehlen drei Teilnehmer/innen. Ein Teilnehmer (der „Bremser"), so wird in der Gruppe berichtet, sei in der vorhergehenden Sitzung anwesend gewesen, dann aber nach Hause gegangen, weil er sich das Halbfinale der Fußball-Weltmeisterschaft ansehen wolle. Ich spreche an, daß mit diesem Fehlen von drei Teilnehmer/innen bzw. den Gründen für das Fehlen, eine gewisse Abwertung der Gruppenarbeit zum Ausdruck komme, das aber andererseits dieses Problem von einigen Teilnehmern als mein Problem gesehen werde. Kontinuität der Diskussion sei aber ein Problem der Gruppe insgesamt. Wiederum werde ich angegriffen, diesmal von der Teilnehmerin, die immer wieder durch ihr Schweigen, Abblocken und ihre Kritik an der Gruppe in Erscheinung getreten ist. Es gebe eben Leute, für die der Mittwochabend (d. h. die Zeit der Gruppensitzung) das Wichtigste sei, für sie sei dies jedoch nicht der Fall, vielmehr sei für sie ihre Einzeltherapie das Wichtigste (sie sagt in dieser Sitzung zum ersten Mal, daß sie die im Erstinterview angekündigte Einzeltherapie auch tatsächlich angefangen hat). Ich frage, ob sie damit auch mich meine, worauf sie antwortet: „Sehen Sie, Sie beziehen alles auf sich." Sie beklagt sich anschließend, die Gruppe sei wenig einfühlsam mit ihr umgegangen (sie bezieht sich dabei vor allem auf die Szene mit ihrem Vater). Auch würde sie viele meiner Deutungen nicht verstehen. Eine andere Teilnehmerin wiederum ist ziemlich verärgert über diese Teilnehmerin: Die Teilnehmerin würde sich „abschotten".

Kommentar

Nachdem zu Beginn dieser Phase noch die depressive Thematik dominierte (Bemerkung eines Teilnehmers: „Ich fühle mich minderwertig"), tritt später eine „reifere", ödipale Thematik in den Vordergrund: Die Auseinandersetzung mit den Vätern, die sich bei einem Teilnehmer deutlich in Aspekten sexueller Rivalität zeigt. Ein anderer Teilnehmer fühlt sich bei dem Konflikt mit der „Dreierfraktion" an seine Auseinandersetzungen mit der „väterlichen Autorität" erinnert. Die ödipale Thematik setzt sich in den folgenden Sitzungen in Gestalt einer zum Teil aggressiven Auseinandersetzung mit mir durch, allerdings zeigt sich erneut eine gewisse „Lustlosigkeit" in der Gruppe, die sich durch Fehlen, insbesondere aber durch die jeweils für dieses Fehlen vorgetragenen Begründungen zeigt. Eine Teilnehmerin schließt an diese Thematik durch die Darstellung ihrer Konflikte mit ihrem Vater an. Interessant ist in diesem Zusammenhang, daß diese aggressive Auseinandersetzung mit mir auch stark von den Teilnehmerinnen in der Gruppe geführt wird. Für die phasenweise immer wieder in der Gruppe auftretenden Stagnationstendenzen sind im vorliegenden Fall möglicherweise auch die nahenden Sommerferien verantwortlich.

2.11. Noch einmal: Die Beziehungen zwischen Männern und Frauen

Nach den Sommerferien scheint die Arbeitsfähigkeit der Gruppe wiederhergestellt zu sein. Die Teilnahme ist regelmäßig, die aggressive Auseinandersetzung mit mir tritt teilweise in den Hintergrund. In der ersten Sitzung nach den Ferien (63. Sitzung) steht ein Unfall eines Teilnehmers im Mittelpunkt. Er war bei einer Radtour von einem Lastwagen gestreift worden und erwachte erst wieder im Krankenhaus aus seiner Bewußtlosigkeit. Einerseits ist der Teilnehmer sehr ärgerlich über den Fahrer des Lastwagens, über die Umstände des Unfalls (er mußte auf eine geplante Reise mit seinem Sohn verzichten), andererseits hat er starke Schuldgefühle, daß er seine Familie und Verwandten mit dem Ärger über den Unfall belastet habe. Zwei Teilnehmerinnen erzählen erneut von den Unfällen ihrer Partner (der Sturz vom Balkon, der Autounfall). Bemerkenswert an dieser Sitzung ist darüber hinaus das starke Interesse, das ein Teilnehmer („der Bremser") an dem Unfall des Teilnehmers zeigt. Er stellt die (m. E. für ihn bezeichnende) Frage, ob der Teilnehmer das Gefühl gehabt habe, daß seine Familie sich freue, daß er noch am Leben ist. Hier wird die Unsicherheit des Teilnehmers (bei aller nach außen zur Schau getragenen Sicherheit) deutlich, ob auch er geliebt wird.

Zu Beginn der nächsten (64.) Sitzung kläre ich in der Gruppe die Zahl der von den einzelnen Teilnehmern versäumten Sitzungen. Hier zeigt sich, daß insbesondere bei dem „Bremser" und einer anderen Teilnehmerin, die „Fehlquote" sehr hoch ist. Der Teilnehmer hat das „Limit" erreicht, die Teilnehmerin befindet sich knapp darunter. In dieser und in der nächsten Sitzung stehen erneut die Beziehungen zwischen Männern und Frauen unter verschiedenen Aspekten im Mittelpunkt. Zum einen greift ein Teilnehmer (der „Blockierer") das Konkurrenzproblem zwischen Männern und Frauen bzw. die Diskriminierung der Frauen erneut auf. Ansatzpunkt dafür ist, daß eine Teilnehmerin mittlerweile (unter anderem mit Hilfe der Weiterbildung) stellvertretende Projektleiterin geworden ist, zunächst jedoch ohne bessere Bezahlung. So schlimm könne die Diskriminierung demnach nicht sein, bemerkt der Teilnehmer. Die Teilnehmerin verteidigt sich, mittlerweile selbstbewußter geworden: Sie habe 8 Jahre gebraucht, um sich in ihrer Institution durchzusetzen, sie habe in dieser Zeit die Mentalität und die Verhaltensweisen der Männer kennengelernt. Auffällig ist in diesem Zusammenhang, daß der Teilnehmer nicht auf die Idee kommt, es könne z. B. auch eine besondere Kompetenz der Teilnehmerin vorliegen, die für ihre „Karriere" verantwortlich ist. Als ich diesen Punkt anspreche, greift keine der Frauen den Aspekt auf, daß der Teilnehmer sich ja selbst in gewisser Weise diskriminierend gegenüber der Teilnehmerin verhält.

Weiterhin stehen in dieser und in der nächsten Sitzung die Partnerkonflikte einer Teilnehmerin und eines Teilnehmers im Vordergrund. Bei beiden zeigt sich, daß sie mittlerweile reflektierter mit ihren Problemen umgehen und die eigene

Beteiligung an den Konflikten differenzierter herausarbeiten können. Die Teilnehmerin verweist zunächst darauf, daß es so etwas wie einen Fünfjahresrhythmus in ihren Beziehungen gebe. Aktuell sei es nunmehr zu einer Auseinandersetzung mit ihrem Freund gekommen, eine Trennung sei zu befürchten. Während sie zunächst die „Angst vor Nähe“ an ihrem Partner festmacht (sie hätten noch immer gegen ihren Wunsch getrennte Wohnungen, der Freund hätte gelegentlich sexuelle Kontakte mit „alten Freundinnen“ etc.), geht sie später auf ihren eigenen Anteil ein. Sie suche sich wahrscheinlich immer Männer, die sich nur ungern binden würden bzw. anderswo gebunden seien. Dies sei ihre Form, ihre Ängste vor Nähe in die Beziehung einzubringen. Ich spreche sie auf die Trauer an, die aus ihren Worten spricht, was sie sehr betroffen macht. Ich verweise darauf, daß Trauer ein sehr wichtiger Aspekt sei, um aus erstarrten Verhaltensweisen herauszukommen. Abschließend bedankt sich die Teilnehmerin bei der Gruppe für diese Sitzung.

In der nächsten (65.) Sitzung berichtet dieselbe Teilnehmerin, daß sie sich bei ihrer Familie nach den näheren Umständen der sexuellen Übergriffe ihres Großvaters erkundigt habe. Es stellt sich heraus, daß gegenüber dem Großvater tatsächlich der Verdacht bestand, er habe sexuellen Kontakt mit Kindern gehabt. Ihr Vater sei sehr bestürzt über diesen Vorfall gewesen, bei ihrer Mutter sei sie sich da „nicht so sicher“. Sie führt ihre Angst vor Nähe auf diese Erfahrung zurück (sie hatte bereits in der letzten Sitzung darüber geklagt, daß sie seit ihrer Kindheit immer nur „gemischte“, nie „reine“ Gefühle gehabt habe). Sie habe auch festgestellt, daß ihr Kinderwunsch sehr ambivalent sei, was sich jetzt allmählich verändere, und erkennt nun den Doppelsinn ihrer Formulierung, sie habe 20 Jahre „ihren Bauch verteidigt“. Sie habe das Gefühl, daß nun allmählich Platz für ein Kind entstehe.

In einer Art Spiegelung bezieht sich ein Teilnehmer mit einem ähnlichen Problem in seinen Beziehungen (Periodizität der Beziehungen) auf diese Teilnehmerin. Etwas rhetorisch fragt er zunächst, woran dies denn liege? Die Gruppe verweist darauf, daß bereits früher darüber gesprochen wurde, daß sich in der Ablehnung des Kinderwunsches seiner Partnerinnen ebenfalls ein Näheproblem zeige und daß er sich darüber hinaus stark mit seiner Mutter identifiziert habe und er so in seiner männlichen Rolle „ambivalent“ sei. Der Teilnehmer spricht dann über seine „Idealisierung“ von Frauen, an der er einerseits festhalten wolle, weil sie für ihn etwas „Wertvolles“ sei. Unmittelbar darauf jedoch betont er, daß Frauen vielleicht „ganz anders“ seien, als er sie sich vorstelle bzw. wünsche. Vielleicht hätten sie den Wunsch, von einem Mann versorgt zu werden, der ihnen ein angenehmes Leben verschaffe.

Die Beziehung zu seiner Mutter sieht der Teilnehmer nun kritisch. Er spüre manchmal Ärger auf sie, allerdings falle es ihm noch immer schwer, diesen Ärger zu akzeptieren. Seine Mutter gebe sich einerseits völlig anspruchslos, andererseits gelinge es ihr immer, ihn dahin zu bringen, wohin sie wolle. Ein

Teilnehmer fragt ironisch: „Dabei gibst du dir wahrscheinlich auch große Mühe, herauszufinden was sie will." Der Teilnehmer gibt zu, daß dies tatsächlich so sei. Zum Schluß beschäftigt sich der Teilnehmer mit seinem Verhältnis zu Männern. Es falle ihm schwer, wirklich zu konkurrieren. Es erinnere ihn an seine Kindheit. Er hätte sich zwar häufig mit anderen Jungen „geprügelt", aber nie so, daß er hätte gewinnen wollen.

In der folgenden (66.) Sitzung beschäftigt sich die Gruppe mit ihrer Arbeitsfähigkeit und Arbeitsdisziplin. Eine Teilnehmerin hatte in der vorhergehenden Theoriesitzung, als sich zeigte, daß die Zeit überzogen wurde, abrupt den Raum verlassen mit der Bemerkung, sie wolle jetzt „Pause" machen. Sie beklagt sich, daß infolge des unpünktlichen Kommens einiger Teilnehmer die Sitzungen häufig später anfangen würden, wodurch sich die Pause vor der Selbsterfahrung verringern würde; etwas ironisch fügt sie hinzu: daß ich (d. h. der Gruppenleiter) ja stets pünktlich anfangen wolle. Bemerkenswert erscheint mir in diesem Zusammenhang, daß gerade die Teilnehmerin, die immer wieder die Thematisierung ihrer Liebesbeziehung abgeblockt hat und häufig die Gruppe kritisiert hatte, diesmal auf der Einhaltung der Arbeitsdisziplin besteht. Die Gruppe ist der Ansicht, daß sie ebenfalls pünktlich anfangen wolle. Es werden jetzt einige Beispiele von Zuspätkommen, laxer Einstellung etc. kritisiert, die in der Bemerkung eines Teilnehmers gipfeln: Er kenne diese Verhaltensweisen von Jugendlichen, die zunächst fragen würden: „Gibts hier kein Cola?" Ich muß an dieser Stelle an den Beginn der Selbsterfahrung denken. Manchmal wisse er, der Teilnehmer, nicht, ob wir hier in der Gruppe „Jugendliche" (d. h. Klienten) oder „Erwachsene" seien. Als ich darauf hinweise, daß die Teilnehmer aufgrund der Abwertungstendenzen der Jugendlichen für Abwertungen der Gruppe (bzw. Abwertungen in der Gruppe) ja eigentlich besonders sensibel sein müßten, nicken einige Teilnehmer mit dem Kopf, andere machen einen betroffenen Eindruck.

2.12. Mißbrauch der Gruppe oder Mißbrauch durch die Gruppe?

Zu Beginn der nächsten (67.) Sitzung entschuldigt sich die Teilnehmerin, die das letzte Mal die Arbeitsdisziplin der Gruppe kritisiert hatte, daß sie so mit der Gruppe umgesprungen sei, d. h. abrupt die Sitzung verlassen habe. Ich finde diese Entschuldigung bemerkenswert, weil es der Teilnehmerin hier möglich wird, Schuldgefühle zuzulassen, statt sie wie bisher zumeist abzuwehren.

Ein Teilnehmer setzt nun das Thema der Beziehungsproblematik zwischen Männern und Frauen fort. Er schildert die Beziehung zu seiner Freundin, die sich mittlerweile sehr positiv entwickelt habe. Er hätte früher, als die Freundin in dieselbe Stadt ziehen wollte, die Phantasie gehabt: Vielleicht lernt sie ja einen anderen kennen, dann käme es zu einer unproblematischen Trennung. Jetzt würde ihn dies nicht mehr beunruhigen, ja manchmal hätte er sogar die Idee, mit seiner Freundin in eine gemeinsame Wohnung zu ziehen. Dies sei alles Schritt für Schritt gegangen und deshalb für ihn „stimmig“. Er hätte den Eindruck, daß sich für ihn der „Wiederholungszwang“ gelockert habe (Ich vermute, daß er sich auch auf den Wiederholungszwang bezieht, der von einem anderen Teilnehmer bzw. einer Teilnehmerin erwähnt wurde). Als der Teilnehmer gefragt wird, ob er glaube, daß diese Veränderung mit der Gruppe zusammenhänge, sagt er, daß er dies bestimmt glaube. Seine Erzählung sei gewissermaßen ein „Dankeschön“ an die Gruppe.

Die Gruppe mäkelt etwas an dieser Erzählung des Teilnehmers herum, sie sei so abgeschlossen, „abgedichtet“, ohne Fragen gewesen; einen Eindruck, den ich bestätigen kann. Ein Teilnehmer spricht dies an und sagt, er wisse eigentlich gar nicht, warum er das Ganze der Gruppe erzählt habe. Bezeichnenderweise erzählt er dann von seiner eigenen Einstellung gegenüber der Gruppe. Es sei ihm immer deutlicher geworden, daß er hier nicht nur etwas „lerne“, sondern auch gern hierher komme. Er würde den Mittwochnachmittag und -abend geradezu „feiern“, indem er vorher noch in der Stadt bummeln gehe. Er würde jedenfalls etwas vermissen, wenn es die Gruppe nicht mehr gebe.

Die Teilnehmerin, die in der vorletzten Sitzung von ihren Partnerproblemen berichtet hatte, setzt die Beziehungsdiskussion fort. Auf meine Frage (sie macht während der ganzen bisherigen Sitzung ein ziemlich finsteres Gesicht) sagt sie, daß sie sich über die Gruppe ärgere. Es sei in der vorhergegangenen Theoriesitzung um die Inzestproblematik gegangen. Das habe sie so mitgenommen, daß sie den Raum verlassen mußte. Während der Pause sei sie in der Küche gewesen, wobei sich die Gruppe im Warteraum aufgehalten habe. Niemand habe sie angesprochen, es sei wie ein „Tabu“ gewesen. Offenbar sei die Gruppe, wie sie schon früher bemerkt habe, mit ihrem Problem überfordert. Es kommt in diesem Zusammenhang zu einer heftigen Auseinandersetzung zwischen ihr und einem anderen Teilnehmer. Dieser wirft ihr vor, sie würde sich mit ihren Problemen vor der Gruppe „in Szene setzen“. Die Teilnehmerin droht ihm an, daß sie ihm jetzt am liebsten eine „runterhauen“ würde, wenn sie nicht so gut erzogen wäre.

Kommentar

Es kommt in dieser Sitzung zu einer Art familialer Re-Inszenierung der Inzestproblematik der Teilnehmerin. Sie fühlt sich von der Gruppe „verlassen“ (das Problem werde tabuisiert) und ein Teilnehmer reagiert sehr heftig darauf, daß das verpönte Problem in der Gruppe (der „Familie“) zur Sprache kommt.

Andererseits wird in dieser Sitzung deutlich, daß die Gruppe in die Endphase, in die Phase des Abschieds und der damit verbundenen Gefühle eingetreten ist. Gemäß seiner Persönlichkeitsstruktur (Trennungsangst, die Angst, Gefühle auszusprechen) hat der Teilnehmer, der über die Fortschritte in seiner Beziehungsstruktur berichtet, den Abschied bereits vollzogen. Damit erspart er sich die schwierige Situation, selbst verlassen zu werden (es wird sich später zeigen, daß er dies in einer noch extremeren Form wiederholt). Allerdings kann er gegenüber der Gruppe auch seine Dankbarkeit zum Ausdruck bringen. Auch der zweite Teilnehmer kann Gefühle wie Freude, Dankbarkeit und Trauer zulassen.

In den beiden folgenden (68./69.) Sitzungen wird die Diskussion, ob die Teilnehmerin in der Gruppe über Mißbrauchserfahrungen sprechen kann, fortgesetzt. Ein Teilnehmer bringt den Gedanken ein, daß er deshalb so heftig auf die Teilnehmerin reagiert habe, weil er sich durch den enormen psychischen Druck ihres Problems „erpreßt" gefühlt habe. Dies kenne er von seiner Mutter, die ihn mit ihren Selbstmorddrohungen ebenfalls erpreßt habe. Die Teilnehmerin kann nicht in ähnlicher Weise auf Übertragungsprobleme eingehen. Sie beharrt bei ihrer Position: Nur in einer Gruppe von Betroffenen könne man angemessen über ihr Problem sprechen.

Es liegt deshalb nahe, das Problem psychischen und sexuellen Mißbrauchs für die Gruppe insgesamt anzusprechen. Möglicherweise gebe es ja Teilnehmer, die ähnliche Erfahrungen hätten. Diese Anregung wird von einem Teilnehmer aufgegriffen. Er könne sich zwar nicht mehr genauer erinnern, aber er habe mehr und mehr das Gefühl, daß die Beziehung zwischen ihm und seiner Mutter „zu eng" gewesen sei. Nach dem Tode seiner beiden Schwestern (die, wie er bereits berichtet hatte, auf der Flucht verhungert waren), habe sich seine Mutter vermutlich an ihn geklammert. Er spüre dies heute daran, wie er auf Näheangebote von Frauen „abfahre". Er erläutert dies anschließend: Er gehe sehr schnell auf derartige Angebote ein, habe dann aber ebenso schnell das Gefühl, daß er „vereinnahmt" werde. Ich sage zu ihm, daß dann ja die „Revolverlady" („den Weg freischießen") ein guter Kompromiß für ihn sei. Der Teilnehmer greift dies auf und schwärmt von Brigitte Bardot in dem Film „Viva Maria". Dies sei der Typ einer Frau, die ihn begeistere: autonom und doch weiblich.

In der folgenden (69.) Sitzung geht die Teilnehmerin noch einmal auf ihre Mißbrauchsproblematik ein, diesmal allerdings eher theoretisch. Sie hätte sich intensiv mit dem Problem sexuellen Mißbrauchs beschäftigt und sei zu der Überzeugung gelangt, daß mindestens ein Drittel aller Frauen sexuell mißbraucht worden seien, nähme man die Dunkelziffer hinzu, wahrscheinlich die Hälfte. Der Gruppe fällt auf, daß die Teilnehmerin, die früher über eine (mögliche) sexuelle Annäherung seitens ihres Vaters berichtete, sehr wenig zu dieser Diskussion sagt. Sie rechtfertigt ihre Zurückhaltung mit ihrer traumatischen Erfahrung in der Gruppe, die sehr „unsensibel" auf ihr Problem reagiert hatte. Sie hätte überhaupt einmal davon sprechen wollen, die Frage stellen wollen, ob ihr Vater ein „Schwein" gewesen sei und die Gruppe hätte „nichts Besseres" gewußt, als von der Schuldfrage zu sprechen. Sie wird von der Gruppe darauf hingewiesen, daß ja nicht von realer Schuld die Rede gewesen sei, sondern von Schuldgefühlen, die sie ja offenkundig gezeigt hätte. Die Teilnehmerin vermag auf diese Differenzierung nicht einzugehen. Sie spricht weiterhin von Schuld.

Es ist eindrucksvoll, daß sie (wie auch die andere „mißbrauchte" Teilnehmerin) ihre Traumatisierung noch einmal in der Gruppe inszeniert (sie fühlt sich jetzt von der Gruppe mißbraucht, während die andere Teilnehmerin die „Tabuisierung" re-inszenierte) und gleichzeitig demonstriert, wie schwer Schuldgefühle für sie zu ertragen sind.

Im Gegensatz zu der Situation in der letzten Sitzung, als es um die dramatische Inszenierung ging, die ein Teilnehmer kritisierte, sie aber dann auch als eigenes Übertragungsphänomen durchschaute, kritisiert die Gruppe jetzt den Rückzug und das Schweigen der beiden Teilnehmerinnen. Die vor dem jeweiligen Erfahrungshintergrund verständliche Aggressivität und Wut, die in diesem Schweigen stecken, wird jetzt eher von den anderen Teilnehmern erlebt. Eine Teilnehmerin greift diejenige Teilnehmerin an, die sich fragt, ob sie von ihrem Vater sexuell mißbraucht wurde: Was sie denn eigentlich von der Gruppe erwarte, sofern sie überhaupt etwas erwarte. Die Teilnehmerin: „Jedenfalls daß die Gruppe nicht Salz in meine Wunde streut." Die andere Teilnehmerin betont, daß sie erstens nicht wisse, was für Anna das „Salz" ist, und daß sie zweitens nicht versprechen könne, stets nur „Zucker" zu verstreuen. Auch die andere Teilnehmerin wird von der Gruppe attackiert: was denn das „Salz" in ihrer Wunde sei. Die Stimmung in der Gruppe ist gereizt, teilweise wütend. Ich spreche diese Stimmung in der Gruppe am Schluß der Sitzung an. Einerseits sei das Mißtrauen und die Wut der beiden Teilnehmerinnen aufgrund ihrer traumatischen Erfahrungen verständlich. Andererseits sähe es aus ihrer Sicht jetzt geradezu so aus, als seien sie noch einmal von der Gruppe mißbraucht worden, was Ärger bei den übrigen Teilnehmern auslöse. Diese „Mißbrauchsproblematik" in der Gruppe dürften wir nicht aus den Augen verlieren. Meine Intervention wirkt auf die Teilnehmerin, welche die Mißbrauchsproblematik ursprünglich eingebracht hat, beruhigend. Sie fragt mich, fast entspannt: „Verraten Sie mir doch, wie ich das machen soll?"

Kommentar

M. E. stehen die ersten Hinweise von zwei Teilnehmern auf das Gruppenende (Dankbarkeit gegenüber der Gruppe) und das Mißbrauchsthema in engem Zusammenhang. Mit beiden Themen stellt sich die Gruppe die Frage, ob die Gruppenarbeit etwas „gebracht" hat, oder ob vielleicht die Gruppe die Teilnehmer bzw. die Teilnehmer die Gruppe „mißbraucht" haben. Auch das von außen erzwungene Ende der Gruppenarbeit kann gewissermaßen als Mißbrauch verstanden werden. Aus dieser Sicht ist es dann verständlich, daß die beiden Teilnehmerinnen der Ansicht sind, daß es sich nicht mehr lohne, in den verbleibenden Sitzungen ihre Mißbrauchsproblematik mit der Gruppe zu diskutieren.

2.13. Das Gruppenende wird eingeläutet: Gibt es ein „besseres Leben" nach dem Tode?

Trotz (oder gerade wegen) der aggressiven Auseinandersetzung in den beiden letzten Sitzungen ist die Gruppe in der 70. Sitzung vollständig. Eine Teilnehmerin, die in der letzten Sitzung gefehlt hat, berichtet, daß ihr Vater schwer erkrankt sei und sie ihn besucht habe. Ihr Vater habe einen Schlaganfall erlitten und sei mehrere Tage bewußtlos gewesen. Der Arzt hätte ihn praktisch schon aufgegeben, eine desolate Lage, die sie mit den eigentümlichen Worten beschreibt: Nur die Lunge habe noch funktioniert. Als ihr Vater das Bewußtsein wiedererlangte, habe er gesagt: „Ich bin nicht mehr in dieser Welt." Die Teilnehmerin interpretiert diese Worte so, daß ihr Vater der festen Überzeugung sei, daß ihn „ein besseres Leben" nach dem Tode erwarte. Auf die Frage von Teilnehmern, ob sie, die Teilnehmerin, religiös sei, antwortet sie zunächst ausweichend. Sie hätte sich viel mit dem Tod beschäftigt, man wisse ja von „Grenzerfahrungen". Viele, die dem Tode nahegewesen seien, hätten ein „strahlendes Licht" gesehen. Schließlich, nach einigem Zögern: „Ja, ich bin religiös."

Eine Teilnehmerin reagiert etwas flapsig auf diese Erzählung: „Da scheint ja dein Vater die Teufel endlich losgeworden zu sein, von denen er so viel erzählt hat." Dann berichtet sie selbst von einer Freundin, die als Studentin als Leichenwäscherin tätig gewesen sei. Abgesehen von Unfallopfern, hätten die Menschen im Tode zumeist friedlich, fast glücklich ausgesehen. Sie erzählt dann von dem Sterben ihrer Großmutter, die für sie eine Art „Schutzfigur" gewesen sei (ohne sie wäre alles noch schlimmer gewesen), die trotz allem bis zum Schluß noch „ansprechbar" gewesen sei. Schließlich bemerkt sie, irgendwann müsse mit „dem Kram" doch Schluß sein.

Die erste Teilnehmerin geht noch einmal auf den Besuch bei ihrem Vater ein. Obwohl sie schließlich froh gewesen sei, wieder wegzufahren, sei es doch gut gewesen, einmal „Bilanz" zu ziehen. Ein anderer Teilnehmer geht jetzt ebenfalls auf das Todesthema ein. Er berichtet (wie schon früher einmal) vom Tod seines Vaters, der sich immer einen schnellen Tod gewünscht habe. Insofern habe er einen „idealen" Tod gehabt. Er sei während der Ausübung seines Hobbys (er habe während einer Veranstaltung Musik gemacht) am Herzinfarkt gestorben. Ich habe an diesem Punkt die Phantasie: Vielleicht wünscht sich der Teilnehmer ja auch einen idealen Abschied (kurz und schmerzlos) von der Gruppe.

Die Sitzung ist mittlerweile fast zu Ende, eine etwas depressive und morbide Stimmung hat sich ausgebreitet. Ich frage die Gruppe: Es sei heute viel von Tod, Abschied, Bilanzziehen etc. gesprochen worden. Möglicherweise hätte das ja mit dem bevorstehenden Ende der Gruppe zu tun. Ein Teilnehmer geht auf meine Frage ein. Er käme mit Abschieden zurecht, wenn sie nicht zu kurzfristig angesetzt würden, aber auch wenn sie sich nicht allzu lange hinzögen. So habe z. B.

seine Großmutter sehr lange im Sterben gelegen. Er sei dann immer wieder zu ihr hingegangen, hätte sich um sie gekümmert, ihre Hand gehalten etc. Seine Großmutter, die sehr am Leben hing, hätte jedoch gejammert und geschrien. Schließlich sei es ihm und den anderen zuviel geworden. Man hätte gesagt: Es sei für alle besser, wenn sie bald stürbe.

Kommentar

Mir scheint, daß in dieser Sitzung in indirekter Form ein ganzes Spektrum von Reaktionen auf das bevorstehende Ende der Gruppe angesprochen wurde: Ein eher nüchternes Bilanzziehen, die Vorstellung eines „idealen", d. h. schnellen Endes, oder eines harmonisch-friedvollen Endes. Am drastischsten kommt sie in der Formulierung zum Ausdruck, irgendwann müsse mit „dem Kram" doch Schluß sein. Für den Teilnehmer, der sich am Schluß geäußert hat, soll das Ende nicht so plötzlich sein, sich aber auch nicht endlos hinziehen. Für eine Teilnehmerin (die von der Krankheit und der Bewußtlosigkeit ihres Vaters berichtet hatte) stellt sich schließlich die Frage, was nach dem Ende sein wird: Erwartet die Gruppe danach ein „besseres Leben"?

Die Gruppenstimmung in den beiden nächsten (71./72.) Sitzungen wirkt auf mich zäh, teilweise lustlos, es kommt zu langen Schweigepausen, die in einem Fall (in der 71. Sitzung) fast eine halbe Stunde dauert, was von einem Teilnehmer als „der Gruppenrekord im Schweigen" kommentiert wird. Die Gruppe kommt noch einmal auf die Bewußtlosigkeit, das Koma des Vaters einer Teilnehmerin zu sprechen, ohne daß das Gespräch damit recht in Fluß kommt. Die Teilnehmerin beklagt sich über das lange Schweigen, es sei wieder einmal recht „zäh" in der Gruppe. Etwas lebendiger wird das Gespräch dann, als ein Teilnehmer sagt, er hätte es heute geradezu genossen, später zu kommen, jedenfalls habe er keine „Schuldgefühle". Die Bemerkung löst große Heiterkeit in der Gruppe aus. Ich sage, daß man dies einerseits als Abwertung der Gruppe sehen, aber auch positiv bewerten könne. Der Teilnehmer, der sich bisher sehr mit seinen Schuld- und Minderwertigkeitsgefühlen gequält hatte (der Pissoirtraum), habe nunmehr ohne Schuldgefühle reagiert. Ich weise außerdem darauf hin, daß in der letzten Sitzung, als es um Krankheit, Tod und Sterben ging, auffällig gewesen sei, daß nicht von Schuldgefühlen die Rede war. Hierzu die Teilnehmerin, die von der Krankheit ihres Vaters berichtet hatte: „Ich hatte bei meinem Vater keine Schuldgefühle, auch nicht, als ich wieder abreiste."

In der nächsten (72.) Sitzung erzählt der Teilnehmer, der bereits von einer ganze Reihe von Träumen berichtet hatte, erneut von einem Traum: Er hätte geträumt, daß sein Vater ein kleines Kind bei sich hatte. Im Traum wäre dann seine Mutter erschienen und hätte sich über diese Szene gefreut. Ein Teilnehmer ist der Ansicht, daß der Erzähler das Kind sei und daß der Traum ausdrücke, daß er im Rückblick seinen Vater nun positiver sehen könne. Der Gruppe und mir fällt auf, daß der Teufel aus den Träumen des Teilnehmers verschwunden ist. Der Teilnehmer, lächelnd: „Ich weiß nun, wer der Teufel ist." Auf die Phantasie einiger Teilnehmer, daß sein Vater der Teufel sei, geht der Teilnehmer nicht weiter ein. Er berichtet dann, daß mittlerweile nicht nur sein Asthma, sondern auch seine Erkältungen weitgehend verschwunden seien. Auch die Beziehung zu seiner Freundin sei jetzt sehr gut. Die Gruppe stochert etwas lustlos in der Erzählung des Teilnehmers herum, eine Teilnehmerin bemerkt an einer Stelle spitz: „Aber deine Rückenschmerzen hast du offenbar noch."

Ich sage zur Gruppe, daß es m. E. offenbar um eine Fortsetzung der Diskussion um das Ende der Gruppe gehe. Es werde die Frage gestellt, ob wir uns wirklich oder nur scheinbar geändert hätten. Anders gesagt: Was ist aus dem „Teufel in der Gruppe" geworden? Da die Diskussion zu diesem Punkt wiederum nicht in Gang kommt, reagiert ein Teilnehmer (der sich vor einigen Sitzungen geradezu enthusiastisch über die Gruppe geäußert hatte) mit einer Provokation der Gruppe. Wenn er heute an seine Beziehung zur Gruppe denke, müsse er sie geradezu als „Abneigung" bezeichnen. Er wird gefragt, warum er seine Meinung so schnell geändert habe. Der Teilnehmer: „Wir haben das letzte Mal den Gruppenrekord im Schweigen aufgestellt." Er schaut mich an und fragt mich, ob ich dies bestätigen könne. Als ich dies betätige, fährt er fort, er habe den Eindruck, daß sich niemand mehr ernsthaft mit etwas beschäftigen wolle. Er wird an diesem Punkt von einer Teilnehmerin unterstützt: Man werfe „irgendwie" ein Thema in die Gruppe (wie einen Stein ins Wasser) und warte dann ab, was passiere.

Ich sage kurz vor Schluß der Sitzung, daß die Stimmung der Gruppe mir heute so vorkomme, als ob das Ende bereits da sei. Dies bedeute andererseits, daß man sich mit dem Ende nicht mehr auseinandersetzen wolle, gewissermaßen das Ende verleugnen wolle. Eine Teilnehmerin bringt zum Schluß der Sitzung ihre Ambivalenz (die Ambivalenz der Gruppe?) zum Ausdruck. Es sei ja durch die Kritik des Teilnehmers an der Gruppe wieder etwas in Gang gekommen. Andererseits müsse man sich fragen, ob denn in der Gruppe schon einmal etwas „gut gelaufen" sei.

Die Teilnehmerin, die schon in früheren Sitzungen mehrfach die Stagnation der Gruppe kritisiert hatte, unternimmt auch in dieser (73.) Sitzung eine Anstrengung, die Gruppendiskussion wieder in Gang zu bringen. Wenn in der Gruppe soviel geschwiegen werde wie in der letzten Zeit, könne sie sich ohne weiteres einen „wichtigen Termin" einfallen lassen und weg bleiben. Erstaunlicherweise wird sie nun von den beiden Teilnehmer/innen angegriffen, die gerade in der letzten Sitzung die schleppende Diskussion kritisiert haben. Bloße Appelle an die Gruppe würden auch nichts ändern. Die angesprochene Teilnehmerin versucht ihre Kritik inhaltlicher zu gestalten: Es gebe ja in der Gruppe eine ganze Reihe von „Beziehungskisten", die nicht geklärt seien. Die Teilnehmerin, die die Thematisierung ihrer Liebesbeziehung verweigert hatte (und die sich von dieser Bemerkung offenbar getroffen fühlt): Sie verwahre sich dagegen, eine „Beziehungskiste“ mit der Gruppe zu haben. Worauf ein Teilnehmer sarkastisch antwortet: „Eine reicht dir wohl.“ Ich sage zu der Teilnehmerin, daß sie m. E. tatsächlich noch eine „Beziehungskiste“ mit der Gruppe habe: Sie sei ärgerlich auf die Gruppe und hätte sich aus diesem Grund zurückgezogen. Die Teilnehmerin, die die schleppende Gruppendiskussion kritisiert hatte, berichtet nun von einem Konflikt aus ihrem Berufsleben; es wird aber bald deutlich, daß es sich hier um ein „Füllsel“ handelt. Sie fühle sich durch die Kritik der Gruppe an ihr verunsichert und wolle deshalb etwas zum Gruppengeschehen beitragen. Weiterhin wird deutlich, daß die zuvor geäußerte Kritik an der Teilnehmerin mehr oder weniger eine Trotzreaktion war. Ein Teilnehmer bringt dies (selbstkritisch) auf die Formel: „Wenn die anderen mauern, mauere ich auch.“

Da in dieser Sitzung noch einmal das Problem des partiellen Rückzugs der beiden Teilnehmerinnen aus dem Gruppengeschehen angesprochen wurde, greife ich dieses Thema zum Schluß der Sitzung auf. Ich sage, daß es angesichts des Mißtrauens der beiden Teilnehmerinnen gegenüber der Gruppe auch um die Funktionsfähigkeit der Gruppe gegangen sei, also um die Frage, ob die Gruppe damit vielleicht bereits „am Ende“ sei. Die Bemerkung eines Teilnehmers über seine Großmutter (im Rahmen des Gesprächs über Tod und Sterben): „Es wäre besser für alle, wenn sie tot wäre“ wäre mir dabei wie ein Kommentar zum Gruppenende erschienen. Ich merke an den Reaktionen der Teilnehmer, daß diese etwas riskante Deutung „angekommen“ ist. Eine Teilnehmerin drückt dies mit den Worten aus: „Es war für mich sehr schwierig in der Gruppe noch etwas zu sagen, nachdem die beiden Teilnehmerinnen gezeigt haben, was sie von der Gruppe halten.“

In den beiden folgenden Sitzungen (74./75., eine Doppelsitzung), scheint die Gefahr eines vorgezogenen Endes der Gruppe zunächst gebannt. Die Teilnehmerin, die von den Mißbrauchserfahrungen mit ihrem Großvater berichtet hatte, erscheint wie umgewandelt: Sie wirkt gutgelaunt und hat ihre Kleidung verändert (sie trägt knallenge rosa Jeans). Sie sagt zur Gruppe, sie sei jetzt aus ihrem „Tief“ heraus. Jetzt sei ihr deutlich geworden, daß sie in ihrem Leben die Dinge bisher vorwiegend negativ gesehen habe, nach dem Motto: „die Flasche ist halbleer“, an sich und anderen nur Mängel registriert habe. Einerseits sei sie immer „offen“ gewesen für die Probleme anderer, andererseits hätte sie sich selbst gewünscht, versorgt zu werden. Sie habe jetzt mit roter Farbe ein Plakat gemalt und das Wort „Freude“ daraufgeschrieben. Das Plakat habe sie über ihr Bett gehängt und schaue es morgens und abends an.

Sie erzählt weiter, daß sie anläßlich eines Familienfestes gewissermaßen „Bilanz gezogen“ habe in ihrem Verhältnis zu ihrer Familie und ihren Verwandten, die sie als heuchlerisch und aggressiv erlebt habe. An der Oberfläche sei man stets sehr freundlich gewesen, in Wirklichkeit habe man versucht, sich gegenseitig fertigzumachen. Auch von ihrem Vater sei sie mittlerweile sehr enttäuscht. Sie habe ihm ein Buch über die Inzestproblematik geliehen, das er ihr aber ungelesen zurückgegeben habe. Sie habe nicht den Eindruck, daß er sich wirklich für ihre Probleme interessiere. Sie habe dann gedacht: „na warte" und habe das Buch heimlich in das Bücherregal zurückgestellt. Außerdem habe sie ein therapeutisches Gespräch außerhalb der Gruppe geführt und überlege nun, ob sie eine Therapie machen solle. Schließlich habe sie sich dann gesagt: sie sei eine erwachsene Frau und könne nicht immer wieder andere für ihre Probleme verantwortlich machen. Sie habe nunmehr Aktivitäten von früher aufgegriffen (Sport, Gesang) und könne auch ihren Körper (sie deutet auf ihren Bauch) wieder fühlen. Wenn es ihr dann doch einmal schlecht ginge, nehme sie ihren Teddy in den Arm und schaue auf das Schild „Freude".

Die Gruppe reagiert etwas konsterniert und mit mehr oder weniger skeptischer Zustimmung. Ein Teilnehmer betont, daß sie ja noch immer viel Unterstützung von außen bräuchte (Therapie, die Chorgruppe, in der sie singe). Angesichts dieser Kritik versuche ich die Teilnehmerin zu unterstützen, indem ich darauf hinweise, daß Entwicklung auch Zeit brauche. Wahrscheinlich gebe es immer wieder Phasen, in denen sich die Teilnehmerin noch wie ein Kind fühle und ihren Teddy in den Arm nehmen müsse.

Ein weiterer Teilnehmer erzählt nun von einer persönlichen Krise. Es ginge ihm zur Zeit nicht gut. Seine Freundin wolle sich von ihm trennen. Sie sei allein in den Urlaub gefahren und habe dort einen Mann kennengelernt, mit dem sie mittlerweile häufig telephonieren würde. Er habe seine Freundin zur Rede gestellt und sie hätte ihm dann alles erzählt. Er hätte getobt und gebrüllt. Er hätte sich schon überlegt, ob er den Mann umbringen solle (er hätte mittlerweile auch dessen Adresse herausgefunden). Der Teilnehmer betont, daß dies alles ganz neue Verhaltensweisen an ihm seien, über die er sehr staune. Das ganze Wüten hätte jedoch nichts gebracht, denn seine Freundin sei mittlerweile ausgezogen. Heimlich erwarte er zwar, daß sie mit einem Blumenstrauß zu ihm komme und ihn um Verzeihung bitte, aber er glaube nicht an diese „Lösung". Dazu sei zu viel schiefgelaufen. Er habe mittlerweile erkannt, daß er sich hinter einer Fassade von Friedfertigkeit versteckt habe; damit habe er auch seine eigenen Gefühle versteckt und sei somit für andere nicht erreichbar gewesen.

Gegen Ende der Sitzung sagt der Teilnehmer, der über den „idealen" Tod seines Vaters berichtet hatte, er wolle der Gruppe etwas mitteilen: Er wolle an den beiden letzten Sitzungen, zwei Doppelsitzungen, nicht mehr teilnehmen. Er bietet der Gruppe mehrere Varianten an, warum er dies so wolle: Er könne aus zeitlichen Gründen nicht, er sei in seiner neuen beruflichen Tätigkeit sehr belastet und schließlich: er wolle eigentlich auch nicht. Ursprünglich hätte er seinen Entschluß der Gruppe gar nicht mitteilen und einfach weggehen wollen, es sei ihm jedoch aber klargeworden, daß dies eine „frühere" Verhaltensweise von ihm gewesen wäre, die er ändern wolle. Ich sage zu dem Teilnehmer, daß nach dem, was er erzählt habe, Abschied und Trennung für ihn etwas sehr Traumatisches sei und er seine bisherigen Formen der Trennung jetzt doch wiederholen wolle. Der Teilnehmer bestätigt dies, indem er noch einmal auf Trennungssituationen verweist: Seine Mutter, die ihre eigene Mutter pflegen mußte und deshalb nur wenig für ihn da war, überhaupt sei er als Kind sehr viel krank und häufig im Krankenhaus gewesen. Er berichtet in diesem Zusammenhang über eine Szene, die ihm in Erinnerung geblieben sei: Er sei im Krankenhaus gewesen und seine Eltern hätten ihn durch ein Fenster beobachtet. Eine Teilnehmerin sagt zum Schluß der Sitzung: „Mir ist deutlich geworden, daß du derjenige sein willst, der die Gruppe verläßt ehe du verlassen wirst." Der Teilnehmer: „Das trifft genau die Sache."

Kommentar

Die Sitzung macht deutlich, daß eine Teilnehmerin und ein Teilnehmer die persönlichen Krisen, in die sie geraten sind, ein Stück weit durch die Erfahrung in der Gruppe besser meistern können. Die Teilnehmerin ist sensibilisiert für ihre depressiven Verarbeitungsmodi, die wohl zum Teil direkt auf ihre Mißbrauchserfahrung zurückgehen, andererseits aber auch auf ein allgemeineres Gefühl von Schutzlosigkeit und emotionaler Distanz seitens ihrer Eltern. Der Teilnehmer kann erkennen, daß der Teil seiner Persönlichkeit, den er gleichsam als eine friedfertige, geradezu „harmoniesüchtige" Seite präsentiert, letztlich verhindert, mit anderen Menschen in Kontakt zu kommen. Insbesondere kann er seine Angst vor Nähe und Vereinnahmung hinter dieser Fassade verbergen. Der Teilnehmer schließlich, der sein vorzeitiges Ausscheiden aus der Gruppe ankündigt, wiederholt zwar seine bisherigen Formen der Trennung, kann aber jetzt darüber sprechen (d. h. er kündigt die Trennung an). Weiterhin ist ihm die lebensgeschichtliche Bedeutung dieser Trennungsformen ein Stück weit deutlicher geworden.

Das Thema der letzten Sitzung: „Wenn schon Ende, dann kurz und schmerzlos" bzw. „Lieber verlassen als verlassen zu werden" wird in dieser (76.) Sitzung erneut aufgegriffen. Eine Teilnehmerin sagt, sie hätte den Termin der letzten Gruppensitzung „total verschwitzt". Sie hätte eine Feier mit Jugendlichen vereinbart, die sie auf keinen Fall ausfallen lassen wolle.

Die Gruppe reagiert ausgesprochen verärgert auf diese Erklärung. Ein Teilnehmer betont, daß wir schon so oft über diesen Termin gesprochen hätten, daß er sich nicht vorstellen könne, wie man ihn vergäße. Eine andere Teilnehmerin ist ebenfalls verärgert, versucht aber der Teilnehmerin eine Brücke zu bauen. Da es eine Doppelsitzung sei, könne sie ja später kommen. Die Teilnehmerin läßt sich nicht darauf ein: Sie habe mit den Jugendlichen „open end" vereinbart (mir wird erst später deutlich, daß dies auch eine Anspielung auf die Gruppe darstellt, die eben kein „open end" hat) und wolle deshalb nicht früher gehen.

Ein weiterer Teilnehmer weist auf die Bedeutung des „Mittwoch" (d. h. des Termins der Gruppensitzungen) hin. Dieser Termin sei für ihn mittlerweile sehr wichtig geworden. Wenn in seiner Arbeitsstelle Termine diskutiert und der Mittwoch erwähnt würde, zucke er innerlich zusammen. Der Mittwoch sei für ihn „die Weiterbildung", und mittlerweile habe er den Eindruck, er könne ewig weitermachen.

Ich greife den Punkt des „Verschwitzens" auf. Die Teilnehmerin habe ja selbst einmal darauf hingewiesen, wenn die Gruppe weiterhin so zäh sei, könne auch sie sich einen „wichtigen Termin" einfallen lassen. Wenn es wirklich ein „Verschwitzen" sei, wäre zu fragen, ob dies nicht mit dem augenblicklichen Thema, den Schwierigkeiten des Abschieds in Zusammenhang stünde.

Allmählich fallen nun der Teilnehmerin einige Aspekte ein, die sie mit dem Vergessen in Zusammenhang bringt. Sie hätte den Eindruck, in der letzten Sitzung würde ohnehin nichts wesentliches mehr passieren. Die Reaktionen der Gruppe seien für sie sehr wichtig: Ihr angekündigtes Fernbleiben sei auch ein „Hilferuf an die Gruppe". Ich sage zu der Teilnehmerin, dieser geplante Abschied erinnere mich auch an die Geschichte mit ihrem Vater. Nachdem sie „Bilanz gezogen" hätte, habe sie schnell „ohne Schuldgefühle" eine große Entfernung zwischen sich und ihren Vater gebracht.

Der Teilnehmer, der sein vorzeitiges Ausscheiden aus der Gruppe angekündigt hatte, sagt, er hätte noch einmal über das Ende der letzten Sitzung nachgedacht. Letztlich komme ihm der Gedanke, er würde die Gruppe verlassen, um nicht selbst verlassen zu werden, nicht recht stichhaltig vor. Ein weiterer Teilnehmer meint, wir würden jetzt noch einmal um „jeden Preis" versuchen, die Gruppe als „harmonisch" und „positiv" darzustellen. Er jedenfalls hätte dieses Bedürfnis nicht. Dagegen erhebt sich wiederum scharfer Widerspruch: Das sei doch totaler Quatsch. Niemand wolle Harmonie, das habe es auch noch nie gegeben. Dem stimmt eine Teilnehmerin geradezu enthusiastisch zu: Sie habe aus ihrem Mißtrauen gegenüber der Gruppe nie einen Hehl gemacht. Ein anderer Teilnehmer bilanziert in diesem Zusammenhang das Verhältnis zu dem Teilnehmer, der der Gruppe Schönfärberei vorgeworfen hat: Er könne sich nicht vorstellen, daß sie beide in dieser Gruppe noch einmal Freunde würden. Und als eine Art Schlußkommentar zu den Gruppenmitgliedern, die vorzeitig ausscheiden wollen: Von dem Teilnehmer habe er das zwar erwartet, er bleibe eben so, wie er sei. Aber von der Teilnehmerin sei er enttäuscht, von ihr habe er etwas anderes erwartet.

2.14. Der „ideale Tod" findet nicht statt: Mißtrauen, Ohnmacht, Trauer

In der vorletzten, der 77./78. Sitzung (ebenfalls eine Doppelsitzung), beginnt der Abschied im engeren Sinne. Die Teilnehmer sprechen noch einmal über ihre Beziehungen zueinander und zur Gruppe, ziehen gewissermaßen Bilanz. Ich spreche zu Beginn der Sitzung noch einmal den Forschungsaspekt an, d. h. die Veröffentlichung eines ausführlichen Forschungsberichts, in dem der Verlauf des Gruppengeschehens dargestellt wird. Die Gruppe ist mit der Veröffentlichung einverstanden unter der Bedingung, den Bericht vor der Veröffentlichung noch einmal einsehen zu können. In diesem Zusammenhang taucht auch die Frage auf, welche Auswirkungen es habe, zwei Jahre gemeinsam in einer Gruppe gewesen zu sein, z. B. bei späteren Bewerbungen. Ein Teilnehmer betont, er würde über niemand aus der Gruppe etwas Schlechtes sagen (er läßt allerdings auch offen, ob er etwas „Gutes" sagen würde). Eine Teilnehmerin bemerkt sybillinisch, es gebe auch außerhalb der Gruppe Feindschaften, die seit Jahren geradezu „gepflegt" würden, ohne daß man genau wisse, warum. Ich habe den Eindruck, daß damit die Frage im Raum steht: Gibt es auch innerhalb der Gruppe Feindschaften, die gepflegt werden, ohne daß man weiß, warum.

Die Teilnehmerin scheint eine ähnliche Frage tatsächlich im Kopf gehabt zu haben. Sie wendet sich an einen Teilnehmer: Sie habe während der ganzen Zeit der Selbsterfahrung den Eindruck gehabt, daß dieser sie nicht leiden könne. Der Teilnehmer gibt keine direkte Antwort darauf, betont allerdings, daß er seinerseits den Eindruck gewonnen habe, die Teilnehmerin wolle sich mit ihren „dramatischen Leidensinszenierungen" in den Vordergrund spielen. Er betont (wie er dies auch schon in einer früheren Sitzung getan hat), daß er dies zur Genüge kenne. Seine Mutter hätte die ganze Familie unter Druck gesetzt, ja geradezu erpreßt (er spielt auf die Selbstmordversuche seiner Mutter an). Die Teilnehmerin antwortet mit einem ähnlichen Verweis auf ihre eigene Lebensgeschichte. In ihrer Familie sei es immer düster und tragisch zugegangen. Sie macht deutlich, daß dramatische Inszenierungen die einzige Möglichkeit gewesen wären, auf sich aufmerksam zu machen.

Ein Teilnehmer greift noch einmal das Fraktionsproblem auf, das ihn schon früher beschäftigt hat. Zwei Teilnehmer seien ihm lange Zeit wie ein „Gespann" vorgekommen, wobei der eine ihm fast wie ein „Lakai" des anderen vorgekommen sei. Er sehe nun ein, daß es sich bei diesem durchaus um eine eigenständige Person handle. Schwierigkeiten habe er jedoch noch immer mit dem anderen Teilnehmer, den er selbst einmal als „Bremser" bezeichnet hatte: Er schwanke bei ihm zwischen Abneigung und Bewunderung. Er bewundere unter anderem seine Fähigkeit, sich mit „nichtssagenden Worten" aus der Affäre zu ziehen. Als der angesprochene Teilnehmer ihm widerspricht, antwortet der Teilnehmer auf ungewohnt scharfe Weise: „Du hast doch in der Gruppe die größte Abwehrschlacht geschlagen, die ich je erlebt habe." Über seine Mutter bzw. seinen Bruder hingegen habe man während der ganzen Selbsterfahrung kein Wort gehört. Der angesprochene Teilnehmer (ironisch): „Ja, ja, mein Bruder."

Jetzt wendet sich der Teilnehmer, der als möglicher „Lakai" apostrophiert wurde, an ihn: Er müsse ihm doch einmal etwas sagen. Von allen Männern in der Gruppe habe er ihn am wenigsten verstanden. Sein Gefühl ihm gegenüber sei Abneigung, manchmal sogar Haß. Der angesprochene Teilnehmer reagiert, als würde ihn das kaum berühren. Er wiederholt die Worte des Teilnehmers mit dem Zusatz: „Habe ich dich da recht verstanden?“ Der Teilnehmer: „Ich meine es so, wie ich es gesagt habe.“

Der angesprochene Teilnehmer antwortet mit betont friedlich-freundlicher Stimme: „Ich finde es für mich sehr wichtig, daß mir jemand einmal sagt, daß er mich nicht leiden kann. Das ist für mich eine sehr wichtige Erfahrung. Normalerweise weiche ich Konflikten aus, so daß es zu keiner Konfrontation kommt. Eigentlich muß ich dir dankbar sein.“ Die Gruppe, etwas irritiert, weist den Teilnehmer darauf hin, daß auf diese Weise, hier und jetzt, ja auch keine Konfrontation zustande käme, obwohl der andere Teilnehmer einen Schritt dazu getan habe. Der Teilnehmer wiederholt noch einmal, was er schon einige Male in der Gruppe gesagt hatte: Sein Image als friedfertiger Mensch, seine Harmoniebedürfnisse, die er jetzt jedoch als Illusion erkannt hätte etc. Er habe sich bisher gewissermaßen stets in „Watte gepackt“. Da sich vieles von dem wiederholt, was er bereits früher gesagt hat, sage ich schließlich zu dem Teilnehmer: Er habe uns ja gerade wieder ein Beispiel dafür gegeben, wie er sich in Watte packe.

Eine Teilnehmerin schaltet sich jetzt in das Gespräch ein (sie scheint sehr nervös, rutscht unruhig auf ihrem Stuhl hin und her und spricht mit etwas nuschelnder Stimme). Sie hätte sich über den Teilnehmer geärgert, als dieser sagte, er „verstehe die Frauen“. Das hätte für sie ziemlich anmaßend geklungen. Indem ich mich auf diese Äußerung beziehe, versuche ich den Teilnehmer mit der Konsequenz seiner „Friedfertigkeit“ zu konfrontieren: Er erwecke damit offenbar eher Aggressivität. Das liege vielleicht daran, daß sein Verhalten selbst in subtiler Weise aggressiv sei. Man wisse eigentlich nie, wo er gefühlsmäßig sei, könne ihn gleichsam nicht erreichen. Der Teilnehmer nickt und wirkt etwas betroffen. So habe er es noch nicht gesehen.

Das Gespräch beschäftigt sich jetzt mit der Gruppe und den Ergebnissen des Gruppenprozesses. Ein Teilnehmer betont, ihm habe die Selbsterfahrung deshalb viel gebracht, weil ihm deutlicher geworden sei, warum er Sozialarbeit mache. Einige Teilnehmer kritisieren, daß darüber eigentlich noch viel zu wenig gesprochen worden sei. Ein Teilnehmer (der „Bremser“) betont, ihm persönlich hätte die Fallrekonstruktion am meisten gebracht. Er hätte aus der Selbsterfahrung jedoch so viel gelernt, daß ihm für ganz bestimmte Probleme die „Einfühlung“ fehle. So könne er z. B. mit der Mißbrauchsproblematik wenig anfangen. Ein anderer Teilnehmer betont, daß Sozialarbeit für ihn eigentlich ein Aufstieg gewesen sei, ein Weg vom „Dunklen ins Helle“. Ich sage zu ihm, daß er mit seiner Klientel ja doch wieder ein Stück bei der dunklen Seite geblieben sei.

Eine Teilnehmerin greift diesen von mir angedeuteten Gedanken auf. Es sei ihr allmählich deutlich geworden, daß sie den Wunsch habe, „bessere Eltern“

für die Jugendlichen zu sein. Dies hänge vermutlich mit ihren Internatserfahrungen zusammen. Eine andere Teilnehmerin betont, auch für sie sei die berufliche Tätigkeit ein Weg ins Helle gewesen. Es sei ein Weg gewesen, der sie aus der Düsternis ihrer Kindheit herausgeführt habe.

Der „Bremser" weigert sich, diesem Gedanken zu folgen. Seine Berufswahl habe nichts mit seiner Kindheit zu tun, sie sei etwas „ganz Pragmatisches". Im übrigen sei er mit der Bezahlung zufrieden und wenn man ihm etwas Besseres anböte, würde er dies annehmen. Als sich die Gruppe angesichts der geringen Bezahlung für Sozialarbeiter/Sozialpädagogen (über die sich die Gruppe bereits einmal beklagt hat) über diese Äußerung wundert, konzediert der Teilnehmer eine gewisse Unzufriedenheit mit seiner Berufstätigkeit. Er bricht diese Diskussion jedoch schnell wieder ab, so daß der Eindruck einer zirkulären Argumentation entsteht (ich bin unzufrieden, weil ich eigentlich keine Lust mehr habe, und vice versa). Insbesondere ein Teilnehmer und eine Teilnehmerin werfen ihm vor, er würde noch einmal blockieren, in „Überschriften" reden etc. Für mich wird am Ende des Gruppenprozesses noch einmal deutlich, daß der Teilnehmer zu seinen Befindlichkeiten und Konflikten kaum Assoziationen oder Phantasien entwickeln kann, letztlich bei den bloßen Fakten stehenbleibt.

Die letzte (79./80.) Sitzung, ebenfalls eine Doppelsitzung, ist durch eine Stimmung von Dankbarkeit und Trauer, aber auch von Mißtrauen, Ohnmacht und Aggression gekennzeichnet. Anders als in der letzten Sitzung, in der „Beziehungsklärungen" noch einmal im Vordergrund standen, geht es diesmal vorwiegend um die Klärung der Beziehung zur Gruppe. Die Gesichter der Teilnehmer wirken ernst, manchmal aber auch trotzig und ärgerlich. Der Versuch einiger Teilnehmer, das Ende „kurz und schmerzlos" zu gestalten, scheint nicht zu gelingen.

Der Bezug zur Gruppe bzw. zur Weiterbildung macht sich zunächst an Äußerlichkeiten fest, d. h. an den kürzlich renovierten Räumen des Instituts. Die erste Teilnehmerin, welche die Institutsräume betritt, sagt, als sie die Renovierung bemerkt: „Das sieht nach Abbruch aus." Auf meine Frage, ob es denn nicht vielleicht auch ein „Aufbruch" sein könnte, antwortet sie: „Vielleicht ein Umbruch." Genau dieselbe Bemerkung macht eine Teilnehmerin, als sie die Räume betritt: „Hier sieht es nach Abbruch aus." Interessant ist nun, das der Teilnehmer, der das letzte Mal von der Gruppe heftig kritisiert wurde (der „Bremser") und als letzter den Gruppenraum betritt, eine ähnliche Phantasie hat, allerdings in der Variante: „Das sieht nach Aufbruch aus." Ich sage zu ihm, daß ich mich freue, daß auch ein Teilnehmer einen „Aufbruch" in der jetzigen Situation sehe. Der angesprochene Teilnehmer: „da sind wir zum Schluß doch einmal derselben Meinung." Gegen Ende der Sitzung weise ich allerdings darauf hin, daß das Institut weiterarbeiten wird und daß wir die Teilnehmer über andere Weiterbildungsangebote informieren werden.

Die Deutung dieser Abbruchsphantasie muß weitgehend spekulativ bleiben.

Es könnte sich z. B. um Schuldgefühle darüber handeln, daß die Teilnehmer mit ihrem häufigen Blockieren, Fehlen, Mißtrauen etc. dem Gruppenprozeß geschadet haben (d. h. zum „Abbruch" beigetragen haben). Weiterhin kann man vermuten, daß die alten, unrenovierten Räume gleichsam ein „Übergangsobjekt" für die Gruppe waren, wobei die alten Räume das Benutzte, „Schmuddelige" eines Übergangsobjekts zum Ausdruck brachten.

Ein anderer Teilnehmer bezieht sich ebenfalls auf die Räume: Er findet, daß die Renovierung nicht „fachmännisch genug", eventuell vom „studentischen Schnelldienst", vorgenommen wurde. Ich versuche herauszufinden, ob er dies möglicherweise auch auf die Weiterbildung bezieht. Ich sage zu ihm: Man könnte hier ja die Idee haben, daß auch die Weiterbildung vom studentischen Schnelldienst durchgeführt wurde. Der Teilnehmer weist diesen Deutungsversuch zurück. An der Professionalität der Weiterbildung habe er keinen Zweifel. Es zeigt sich jedoch später, daß er durchaus Kritik an der Gruppe hat.

Einen direkteren Bezug zur Gruppe stellt die Teilnehmerin her, die als erste die „Aufbruchsphantasie" hatte. Der Stuhl der Teilnehmerin, die es offengelassen hat, ob sie heute kommt, ist frei geblieben. Die Teilnehmerin deutet auf ihn hin und fragt: „Ist das der Platz für das Christkind?" Ich frage zurück, ob sie gerne Geschenke hätte oder erwarte. Die Teilnehmerin (dezidiert): „Für die Selbsterfahrung: Ja." Die Selbsterfahrung sei für sie anstrengend, „hart" gewesen. Der Teilnehmer, der die Renovierung bemängelt hatte, bezieht sich jetzt auf die Gruppe. Er könne nicht sagen, daß die Gruppe anstrengend oder hart gewesen sei. Eines aber sei für ihn deutlich geworden: daß die Gruppe ihn nicht vor den Angriffen der Teilnehmerin, deren „dramatische Leidensinszenierungen" er mehrfach kritisiert hatte, hätte schützen können. Dies ist einerseits ein Vorwurf an mich, daß ich meine „väterlich-schützende" Funktion nicht ausreichend wahrgenommen habe. Andererseits aber stellt es eine Anknüpfung an die Elternbilder dar, wie sie in der letzten Sitzung zum Ausdruck kamen. Ich spreche diesen Punkt an. Es ginge möglicherweise darum, welches Elternbild (Vater- oder Mutterbild) die Gruppe repräsentiere: schützende Eltern oder, wie es der Teilnehmer in der letzten Sitzung beschrieben habe, eine Mutter, die erpresserisch, vielleicht sogar ausbeuterisch, jedenfalls nicht schützend war. Der Teilnehmer kann diesen Hinweis aufgreifen. Er sei sich der Bedeutung seiner familialen Erfahrung für seine Sicht der Gruppe bewußt. Vor diesem Hintergrund müsse er jedoch sagen, daß er allen Gruppen mißtrauisch gegenüberstehe. Ein Teilnehmer weist darauf hin, er sei häufig als „feindselig" gegenüber der Gruppe interpretiert worden. Dies treffe jedoch nicht zu. Er verdanke der Gruppe viel, insbesondere, daß er viele Dinge heute anders sehe und daß man die Dinge auch von verschiedenen Seiten betrachten könne. Er könne jetzt auch anders mit seiner Familie umgehen, auch sein Menschenbild habe sich verändert, ähnlich wie es ein anderer Teilnehmer zum Ausdruck gebracht habe.

Der angesprochene Teilnehmer korrigiert dies. Nicht sein „Menschenbild", sondern sein „Bild von sich“ habe sich geändert. Er könne nun Ärger und Wut eher zulassen, sei weniger darauf bedacht, um jeden Preis Harmonie herzustellen. Der Mittwoch sei für ihn immer noch Gruppentag.

Die Teilnehmerin, die in der letzten Sitzung über den Erfahrungshintergrund ihrer „Leidensinszenierung“ gesprochen hatte, betont, daß sie in der Gruppe erkannt habe, welche Hypothek sie damit mitgebracht habe. Sie sei mißtrauisch gegenüber der Gruppe gewesen, aber dies sei auch die Gruppe ihr gegenüber gewesen. Sie versucht anschließend noch einmal so etwas wie eine „Beziehungsklärung“. Schwierigkeiten habe sie insbesondere mit dem Teilnehmer gehabt, der alle Thematisierung seiner Person zurückgewiesen habe und dessen „unveränderbare Struktur“ sie geärgert habe. Er sei für sie „Beton“ in der Gruppe gewesen. Auch mit der Teilnehmerin, welche die Thematisierung ihrer Liebesbeziehung stets zurückgewiesen hatte, wäre sie nicht klargekommen. Ihre Weigerungen, sich „einzubringen“, seien für sie „vom Kopf her gesteuert“ gewesen.

Eine andere Teilnehmerin weist darauf hin, daß sie gerne in der Gruppe gewesen sei. Sie würde die Gruppe vermissen. Probleme hätte sie mit dem „endlosen Prozeß“ des Abschiednehmens in den vergangenen Wochen und Monaten gehabt. Das hätte sie traurig, aber auch wütend gemacht. Die Gruppe sei dadurch „ein Stück zerstört“ worden. Die Teilnehmerin, deren Stuhl freigehalten worden ist, kommt mit Verspätung schließlich doch noch in die Gruppe und beklagt sich darüber, daß einzelne Teilnehmer „gemauert“ hätten, auf der emotionalen Ebene wenig ansprechbar gewesen seien. Das würde sie noch einmal schmerzlich an die Arbeit in ihrer Institution erinnern. Die Gruppe sei ihr aber doch so wichtig, daß sie heute noch einmal gekommen sei.

Ich weise darauf hin, daß sicher einige Teilnehmer größere Schwierigkeiten gehabt hätten, als andere, sich in den Gruppenprozeß einzubringen. Wenn es aber Schwierigkeiten in der Gruppe gegeben hätte, würde dies das Verhalten aller betreffen, die an der Gruppe teilgenommen hätten.

Die Gruppe beschäftigt sich jetzt noch einmal mit dem Problem des Zusammenhangs von Lebensgeschichte und Beruf. Ein Teilnehmer beklagt ein generelles Gefühl von „Ohnmacht“ in Institutionen. Ich weise darauf hin, daß neben dem Ohnmachtsgefühl, das möglicherweise durch das vorgeschriebene Ende der Selbsterfahrung entstanden sei, fast alle Teilnehmer auch von ihren Ohnmachtserfahrungen in ihrer Kindheit gesprochen hatten. Meine Vermutung sei, daß viele in der Gruppe ein Gefühl von Ohnmacht, Mißtrauen und Ablehnung aus ihrer Kindheit mitgebracht hätten und sich die Überwindung dieser Gefühle durch die Arbeit mit ihrer Klientel versprochen hätten. Vielleicht gelte dies sogar für die Mehrheit der Sozialarbeiter. Einige Teilnehmer signalisieren ihre Zustimmung zu dieser Deutung. Eine Teilnehmerin: „Das wäre ein spannendes Thema. Leider bleibt uns nun keine Zeit mehr dafür.“

Gegen Ende der Sitzung spreche ich den Teilnehmer an, der immer wieder wegen seines „Mauerns“ kritisiert wurde und der bisher in der Sitzung kaum etwas gesagt hatte. Ich frage ihn, ob er noch etwas zur Gruppe sagen wolle. Der Teilnehmer antwortet: „Frohes Fest!“ Darauf antwortet eine Teilnehmerin mit „Guter Rutsch“. Sie fügt dann hinzu: „Ich hoffe du hast verstanden, wie ich das meine. Ich hoffe du kommst mit deiner Lebenseinstellung noch einmal ins Schleudern.“

Wir verabschieden uns am Ende der Sitzung, und ich wünsche den Teilnehmern alles Gute für ihren weiteren privaten und beruflichen Lebensweg.

Kommentar

Trotz aller Gefühle von Anerkennung und Dankbarkeit ist gerade in der letzten Sitzung das Gefühl des Mißtrauens unübersehbar. Mißtrauen (und Ängstlichkeit) wurde zwar insbesondere von einem Teilnehmer und einer Teilnehmerin „personalisiert“, kommt aber auch bei den anderen Teilnehmern (z. B. als Gefühl in der Gruppe nicht ausreichend „geschützt“ gewesen zu sein) zum Ausdruck. In diesem Zusammenhang wurde auch deutlich, daß die (sexuelle) Mißbrauchsproblematik zweier Teilnehmerinnen und die damit verbundenen Einstellungen (insbesondere wiederum Mißtrauen) eine erhebliche Belastung für den Gruppenprozeß war und die bereits vorhandene Mißtrauensproblematik verstärkte.

Anders gesagt: Die Gruppe pendelte immer wieder zwischen Wünschen nach Nähe/Offenheit und Intimität einerseits, Mißtrauen und damit Zurückweisung der Wünsche nach Nähe andererseits. Die Bilder des „Mauerns“, von „Beton“ oder „Zement“ (auch die „Ytong-Steine“ eines Teilnehmers gehören in diesen Zusammenhang) drücken dieses Mißtrauen plastisch aus. Auch das Bild der „zerstörten Gruppe“, wie es von einer Teilnehmerin formuliert wurde (mir fällt in diesem Zusammenhang der Begriff des „corps morcelé“, des zerstückelten [Gruppen-]„Körpers“ von Lacan ein) trifft, wie auch immer zugespitzt, diesen Zusammenhang.

Nähe und Intimität lösten in dieser Gruppe (verbunden mit der „Angst vor dem nächsten Schritt“) immer wieder starke Regressionsängste aus, Ängste, die den Verlassenheits- und Ohnmachtsgefühlen des „abgelehnten Kindes“ entsprechen. Dies kam m. E. in der „Ekelsequenz“ der Gruppenarbeit (28./29. Sitzung) deutlich zum Ausdruck, in den Schreckensbildern emotionaler Nähe ebenso in mehr oder weniger allen „Gruppenkrisen“.

Meine ursprüngliche Phantasie einer „oral-aggressiven“ Gruppe“ (mit Wünschen nach Versorgung, Zuwendung etc.), bei gleichzeitiger Zurückweisung, Wut und „Ausspucken“ der unzulänglichen Nahrung haben sich somit, wenn auch modifiziert durch die Entfaltung der „reiferen“ Funktionen der einzelnen Teilnehmer und der Gruppe ein Stück weit bestätigt. Andererseits ist allen Teilnehmern die Bedeutung ihrer Abwehrstrukturen deutlich geworden, nicht zuletzt in der Form, daß durch die Identifizierung mit „idealen Eltern“ (die auch als Spaltung und Idealisierung im Hinblick auf die realen Eltern verstanden werden kann) starke Wünsche nach narzißtischer Bestätigung durch die (abhängigen) Klienten vorhanden ist. Eine derartig konstellierte Helferbeziehung („Doppelidentifizierung“ als Arrangement psychosozialer Abwehr) dient, so dürfte deutlich geworden sein, der Abwehr der eigenen Abhängigkeitsängste.

Die von Schmidbauer (1977) prognostizierte Gefahr, daß durch die „Fortbildung von Helfern“ es u. U. zu einer „Vervollkommnung der bisherigen Abwehrformen“ kommt, wurde dadurch zwar nicht vollständig gebannt, sie wurde jedoch im praktisch-psychoanalytischen Teil der Weiterbildung zumindest erkannt und in der Arbeit entsprechend berücksichtigt.

III. Der Selbsterfahrungsprozeß der Gruppe II: Zeigen und Verstecken

Sylvia Buchen

1. Die Zusammensetzung der Gruppe II

Die Weiterbildung – und damit auch die Selbsterfahrung – begann für die zweite Gruppe Anfang März 1989 und endete im November 1990. Insgesamt fanden in diesem Zeitraum neunundsechzig Selbsterfahrungssitzungen von jeweils neunzig Minuten statt. Zunächst begann der Gruppenprozeß mit zwölf Gruppenmitgliedern (neun Teilnehmerinnen und drei Teilnehmern), die in unterschiedlichen Arbeitsfeldern der Sozialarbeit und Sozialpädagogik tätig waren. Die berufshomogene Gruppe verband die Arbeit mit benachteiligten und/oder durch Arbeitslosigkeit bedrohten Jugendlichen. Alle Gruppenmitglieder waren zu Beginn der Weiterbildung in Bildungseinrichtungen und Projekten privater oder öffentlicher Träger beschäftigt (in Verbänden, Bildungswerken, Ausbildungswerkstätten, im Jugendheim, im Sonderschulbereich etc.).

Die Auswahl zur Gruppenteilnahme erfolgte auf der Grundlage einer etwa einstündigen Befragung, die ich selbst durchführte. Das Ausleseverfahren orientierte sich an folgenden Fragestellungen:
1) Diagnosestellung: Sicherung eines relativ reifen Ich und der relativen Fähigkeit zu Ganzobjektbeziehungen.
2) Besteht die prinzipielle Bereitschaft zur Introspektion im Rahmen der Weiterbildung?
3) Besteht ein genuines Interesse an einer Selbsterfahrungsgruppe oder soll die Gruppe in bezug auf eine bereits stattfindende Therapie funktionalisiert werden?

Die Erstdiagnose diente dazu, Verhaltensvariablen auszuschließen, die sich vorhersehbar ungünstig auf den Gruppenverlauf ausgewirkt hätten (Individuen mit extremen fehlangepaßten interpersonalen Verhaltensweisen). Als Indikatoren dienten insbesondere die Klärung der relativen Fähigkeit zu Introspektion auf der Grundlage der Darstellung von Problemen am Arbeitsplatz. Die zweite Frage zielte auf die Beantwortung, inwieweit die Bewerber/innen sich über den praktischen Teil der Weiterbildung – die Beschäftigung mit der eigenen Person – bewußt waren. Auch wenn einzelne ihr dezidiertes Interesse am theoretischen Teil der Weiterbildung bekundeten, erfolgte in diesem Zusammenhang eine prinzipielle Klärung der Bereitschaft zur Arbeit an den eigenen Anteilen. Die dritte Frage zielte darauf, herauszufinden, inwieweit sich die Personen in einer noch laufenden psychotherapeutischen Behandlung befanden. M. a. W., es wurde versucht auszuschließen, daß die Selbsterfahrungsgruppe in bezug auf andere Therapieerfahrungen funktionalisiert werden sollte. In für mich zweifelhaften Fällen verabredete ich einen zusätzlichen Termin mit den Bewerber/innen. Vor dem Hintergrund konkreter Problemlagen forderte ich sie dazu auf, ihre Entscheidung nochmals zu überdenken. Alle davon betroffenen Personen entschieden sich von sich aus gegen eine Teilnahme, so daß in keinem Fall ein zweites Gespräch stattfand. Da die Bewerber/innen zwischen einem einmal wöchentlich stattfindenden Termin (Gr. II) und einem vierzehntägigen Turnus mit Wochenendsitzungen (Gr. III) wählen konnten, waren einer Gruppenzusammensetzung auf der Grundlage einer Strukturdiagnose der Individuen objektive Grenzen gesetzt. Lediglich in einem Fall fand ein Wechsel in eine andere als die terminlich favorisierte Gruppe statt, da sich zwei miteinander befreundete Frauen um die Aufnahme in dieselbe Gruppe bewarben. Eine Teilnehmerin befand sich zu Beginn der Selbsterfahrungsgruppe noch in einer psychoanalytischen Gruppentherapie, an der sie über mehrere Jahre teilnahm. Da sie ihre Absicht bekundete, die Therapiegruppe bis zum Sommer beenden zu wollen, und ihre Motivation für die Weiterbildung groß war, schloß ich mit ihr auf der Grundlage dieser Vereinbarung das Arbeitsbündnis. Angesichts der Realebene der Projektkonzeption „Weiterbildung“ sah ich in der zeitlich begrenzten Doppelbeteiligung keine größeren Probleme. Die Teilnehmerin informierte die Gruppe über ihre gleichzeitige Teilnahme an einer Gruppentherapie und teilte deren Beendigung – wie vereinbart – im Sommer mit. Nach Abschluß der Phase, die eine Klärung darüber herbeiführte, wer zur Gruppe gehörte (Herbst 1989), setzte sich die Gruppe aus sechs Frauen und zwei Männern zusammen.

Ins Zentrum der Darstellung werde ich die innere Dynamik des Gruppenprozesses rücken, individuelle Entwicklungsprozesse bleiben dabei notwendigerweise unberücksichtigt. Dies geschieht sowohl aus Gründen der Wahrung der Anonymität als auch der besseren Verallgemeinerbarkeit der therapeutischen Arbeit mit berufshomogenen Gruppen als Teil einer integrierten Weiterbildungskonzeption. Hierbei stütze ich mich insbesondere auf meine „Gruppen-Gegenübertragung“. Aus darstellungsökonomischen Gründen werde ich den Gruppenverlauf in Phasen einteilen, die Veränderungen erkennen lassen. Wenngleich im Laufe des Gruppenprozesses Gruppen- und Einzelinterventionen ausgeglichen waren, überwogen in der ersten Phase der Konstituierung Deutungen in bezug auf Vorgänge der „Gruppe als Ganzes“. Darüber hinaus werde ich diejenigen psychodynamischen Vorgänge genauer beleuchten, die im Kontext beruflichen Handelns betrachtet Bedeutung bekamen. Die Selbsterfahrung verfolgte das Ziel, durch die Durcharbeitung interpersoneller Konfliktsituationen zu einer ganzheitlichen psychosozialen Kompetenzerweiterung beizutragen.

2. „Wer gehört zur Gruppe?“: Die Klärung der Frage als Faktor einer tendenziellen Konsolidierung

Bei der Erläuterung der allgemeinen Settingregeln (Pünktlichkeit, Regelmäßigkeit, Schweigepflicht, Abstinenz etc.) ging ich insbesondere auf das Abstinenzgebot in bezug auf die besonderen Rahmenbedingungen der Selbsterfahrung ein. Der spezifische Kontext der integrierten Weiterbildungskonzeption implizierte, daß die Gruppenmitglieder auch außerhalb der Selbsterfahrung intensiven Kontakt und Gesprächsaustausch miteinander haben würden. Deshalb unterstrich ich die Notwendigkeit, alles in die Selbsterfahrung zu bringen, was außerhalb der Sitzungen für die Gruppe wichtig sei; denn, so betonte ich, alles, was nicht in der Gruppe besprochen werden könne, gehe der Gruppe verloren. Ich machte die Gruppe darauf aufmerksam, auf private Treffen außerhalb der Sitzungen zu verzichten. Ausführlich ging ich darüber hinaus auf den Fall einer frühzeitigen Beendigung der Weiterbildung ein. Ich erläuterte, wie wichtig es sowohl für die Einzelperson als auch für die Gruppe sei, Ursachen eines Austritts bearbeiten zu können. Ich verabredete mit der Gruppe, falls sich jemand für einen Abbruch entscheiden sollte, noch an vier Sitzungen teilzunehmen. Diese Vereinbarung wurde von den vier Teilnehmer/innen (drei Frauen und ein Mann), die sich für eine frühzeitige Beendigung entschieden, nicht eingehalten.

Die erste Sitzung war gekennzeichnet durch lange Schweigephasen, in der sich wie in jeder Selbsterfahrung Angst vor der unstrukturierten, ungewohnten Situation ausdrückte. Besondere Schwierigkeiten bereitete die Vorstellung von Verbindlichkeit über einen so „langen“ Zeitraum von annähernd zwei Jahren. Eine Teilnehmerin präzisierte ihre Angst vor Verbindlichkeit als Angst vor Nähe. Sie äußerte Zweifel darüber, sich im Hier und Jetzt überhaupt einlassen zu können und zu wollen, da sie bereits mit einer im Anschluß an diese Sitzung geplanten Urlaubsreise beschäftigt sei. Nach einem halben Jahr brach diese Teilnehmerin die Weiterbildung ab. Latenten Ärger über bestimmte Settingregeln brachte eine andere Teilnehmerin zum Ausdruck. Sie kam auf ihre Arbeitsplatzsituation zu sprechen, indem sie über die mißliche Lage der Jugendlichen berichtete. Diesen werde ständig „etwas von oben vorgesetzt“, stets müßten sich die Jugendlichen „Pünktlichkeit und Regelmäßigkeit vorschreiben lassen“. Da sich hinter der projektiven Identifikation mit den Jugendlichen ein latenter Angriff auf die Settingregeln verbarg, kann festgestellt werden: In beiden Fällen handelte es sich um spontane affektive Reaktionen auf die diffus bedrohliche Situation, die mit den Begriffen „Flucht“ und (verdeckter) „Kampf“ wie Bion (1961) sie gebraucht, gekennzeichnet werden können. Neben Angst vor Nähe wurde also bereits in der ersten Sitzung auch ein unterschwelliger Autoritätskonflikt deutlich. Ein Spezifikum der Gruppe bestand in dem Bemühen, den Raum nach der Sitzung „sauber“ und „ordentlich“ zu hinterlassen. In der Gegenübertragung tauchte bei mir Erstaunen, ja Irritation darüber auf, wie nachhaltig es der Gruppe gelungen war, alle Spuren der gemeinsamen Sitzung – des Entstandenen – zu beseitigen. Im Unterschied zu Gr. I, die sich in der Anfangsphase als besonders ansprüchlich zeigte, stellte sich die Gr. II als besonders „brav“ und „angepaßt“ dar. Insgesamt kann also festgestellt werden, daß die diffus bedrohliche Situation Angst vor Nähe sowie verdeckte Autoritätskonflikte zu Tage treten ließ. Da mehrere Gruppenmitglieder fehlten, war die Gruppe in der ersten Sitzung nicht „vollständig“. Die Vermeidung der Vollständigkeit sollte sich im Laufe der Zeit als weiteres Charakteristikum der Gruppe herausstellen.

In der zweiten Sitzung bestimmte folgende latente Fragestellung das Gruppengeschehen: Wer ist verantwortlich für die Gruppe, genauer, wer kümmert sich um eine fehlende Teilnehmerin? Zwei Frauen beklagten sich über die geringere Bereitschaft ihrer männlichen Kollegen, sich am Arbeitsplatz verantwortlich zu fühlen. Gleichzeitig erzeuge die eigene geringere Distanz zu Problemen der Jugendlichen auch Schwierigkeiten. Nach einer dreiwöchigen Unterbrechung (Osterferien) wurde erneut Angst vor der diffusen Situation virulent. Eine Teilnehmerin berichtete über ihre somatische Reaktion auf die bedrohliche Situation (Herzklopfen). Eine andere Teilnehmerin reagierte – wie bereits in der ersten Sitzung – mit latenter Aggression gegen die Settingregeln, indem sie Gegenvorschläge unterbreitete. So wurde ich dazu aufgefordert, zur „Überbrückung“ der Schweigephasen ein gruppendynamisches Spiel rsp. ein Thema vorzugeben. Nach den ersten drei Sitzungen wurde deutlich, daß es der Gruppe schwerfiel, die Regeln zu befolgen:
1) Die Gruppe war nach drei Sitzungen nicht einmal vollständig (Einzelne fehlten unentschuldigt. Eine Teilnehmerin kündigte vor den Osterferien an, wegen eines Auslandsaufenthalts länger wegzubleiben. Eine Teilnehmerin verließ wegen „Müdigkeit“ die Theoriesitzung, die vor der Selbsterfahrung stattfand).
2) Eine Teilnehmerin forderte die Gruppe am Ende der Sitzung – für mich nicht zu überhören – zu einem gemeinsamen Kneipenbesuch auf.

In der fünften Sitzung berichtete ein Teilnehmer über einen „Konflikt“ mit einem Arbeitskollegen, nachdem er seine Erzählung mit den Worten einleitete, „mir geht's heute gut“. Während der Darstellung wurde seine Stimme zunehmend monotoner und leiser, eine gedrückte Atmosphäre griff in der Gruppe Raum. Da einzelne wiederholt zum Ausdruck brachten, keine Vorstellung darüber zu haben, was unter einer Selbsterfahrung zu verstehen sei, interpretierte ich die Falleinbringung aus dem Berufsleben als Widerstand. Nachdem ich den Widerspruch ansprach, trotz guter Stimmung einen Konfliktfall in die Gruppe zu bringen, und darauf hinwies, wie schwierig es offensichtlich sei, in der Gruppe auch Freude zu zeigen, erfolgte ein allgemeiner Stimmungsumschwung. Vorstellungen konnten artikuliert werden, es dürfe in der Gruppe nur über Probleme gesprochen werden. Phantasien tauchten auf, in die Sitzungen Wein mitbringen zu wollen, um die Stimmung – wie in der Kneipe – zu lockern. Mir wurde deutlich, daß sich die Gruppe in der Spannung zwischen Überanpassung, die sich in dem „Problembeitrag" und der „Spurenbeseitigung" (wie sie bereits nach der ersten Sitzung vorgenommen wurde) spiegelte, sowie Hochgefühl befand. Meine Intervention regte die Phantasietätigkeit an, die einen Spaltungsvorgang in „Trockenheit" in der Gruppe und Freude in Verbindung mit Wein in der Kneipe deutlich werden ließ. Die Phantasie über ein Zusammensein bei Alkohol, der bekanntlich Zwanghaftigkeit, Überreguliertheit und Niedergedrücktheit löst, machte einem manischen Hochgefühl Platz. Obwohl ich die Regelverletzung des gemeinsamen Kneipenbesuchs vom Ich her ansprach („Warum ist es eigentlich so schwer, die Regeln zu befolgen?"), deutete ich die manische Stimmung nicht als abgewehrte Depression. Mir schien das Hochgefühl für die überregulierte Gruppe eine wichtige gemeinsame Erfahrung, zukünftige depressive Phasen besser aushalten zu können. Im Anschluß an eine Sitzung, in der drei Teilnehmerinnen über ihre gestörte Mutter-Beziehung erzählten (Mangel an Geborgenheit und Nähe), fehlten sechs Gruppenmitglieder. Die Abwesenheit der Hälfte der Teilnehmer/innen wurde von der Gruppe nicht thematisiert, statt dessen war das Geschehen durch Hektik gekennzeichnet. Wortreich tauschten sich drei Frauen über ihre Doppelbelastung als Berufstätige und Mütter aus, Fragen der Organisation im Umgang mit den eigenen Kindern wurden erörtert, genauer, wie schwierig es sei, die Kinder „weg(zu)organisieren". Da ich keine Möglichkeit bekam, zu Wort zu kommen, fühlte ich mich zunehmend aus dem Gruppenprozeß ausgeschlossen. In meiner Reaktion auf das Geschehen spiegelte sich die Umkehrung der Situation: Während die Gruppe hektisch reagierte, fühlte ich mich verlassen. Zudem tauchte bei mir Ärger darüber auf, wie stark die Gruppe die Abwesenheit der anderen tabuisierte, ein Gefühl also, das die Gruppe nicht zu erleben schien. Auch die folgende Sitzung war durch das latente Thema Geborgenheitssuche/Verlassenheitsängste gekennzeichnet. Eine Teilnehmerin teilte der Gruppe ihre Beendigung der Weiterbildung mit der Begründung mit, sie habe sich dafür entschieden, eine Einzeltherapie zu machen. Eine weitere Teilnehmerin, die wiederholt wegen „Müdigkeit" fehlte, gab ihren Austritt telefonisch bekannt. Stellte sich die Entscheidung für eine Einzeltherapie für die Gruppe als nachvollziehbar dar, wurde über die Form der Verabschiedung der anderen Teilnehmerin Unverständnis zum Ausdruck gebracht. Sehr rasch begann sich die Gruppe allerdings dafür zu interessieren, inwieweit von unserer Seite aus vorgesehen sei, die frei gewordenen Plätze durch „Nachrücker" aufzufüllen. Eine Teilnehmerin brachte eine Kollegin ins Gespräch, die sie als besonders „bedürftig" charakterisierte. Interessierte sich die Gruppe zwar zunächst für die „bedürftige" Kollegin, reagierte sie im folgenden jedoch mit langem Schweigen. Schließlich einigte sich die Gruppe darauf, die Zusammensetzung nicht mehr verändern zu wollen, ja es wurde Zufriedenheit geäußert; denn eine kleinere Gruppe bereite weniger Angst, man fühle sich „geborgener". Die Entthematisierung der Fehlenden in der vorhergegangenen Sitzung ließ in mir im Rückblick den Eindruck entstehen, nicht die Gruppe habe sich verlassen gefühlt, sondern das eigene Verlassenheitsgefühl sei in die Abwesenden projiziert worden. Durch die rasche Beschäftigung mit Neuen, die als „Nachrücker" fungieren könnten, wurde das Verlustthema (Trauer) verleugnet. Nachdem sich die Gruppe zunächst damit beschäftigte, die „bedürftige" Kollegin aufzunehmen, entstand m. E. Trotz, der sich in langem Schweigen manifestierte. Vielleicht implizierte die Schweigephase auch Angst davor, beneidet zu werden. Dieser Interpretationsansatz erklärte auch, weshalb im Zusammenhang mit den Bedürftigen außerhalb der Gruppe die Frage nach dem Wert der Gruppe virulent wurde. Hatte die Teilnehmerin ihre „bedürftige" Kollegin zwar ins Gespräch gebracht, stellte sich ihr dann allerdings die Frage, ob man dieser die langen Schweigephasen in der Gruppe überhaupt zumuten könne. Aus der Beschäftigung mit dem Problem der Bedürftigkeit – auch der eigenen – entwickelte sich im folgenden organisch die Thematik, „Verantwortung" zu übernehmen. Eine Teilnehmerin stellte ihr Problem mit einer besonders „bedürftigen" Klientin dar, der gegenüber sie sich in besonderer Weise verantwortlich fühle. Plädierte die Gruppe zunächst vehement für „Abgrenzung", kristallisiserte sich im Laufe der Sitzung ein Gruppenproblem heraus, das von den weiblichen Gruppenmitgliedern als berufliche „Gretchenfrage" bezeichnet wurde: Lasse man sich auf Bedürftigkeit ein, habe dies ein Symbiosearrangement zur Folge, das die ganze Person in Anspruch nehme und Selbstaufgabe impliziere. Schicke man bedürftige Leute weg, habe man seinen sozialen Beruf letztendlich verfehlt. Die beiden Alternativen verdeutlichten, daß Bedürftigkeit der Klientel nur mit Kollusion oder Flucht begegnet werden konnte, d. h. Bedürftigkeit wird akzeptiert und damit perpetuiert.

In meiner Gegenübertragung spiegelte sich die Polarisierung beider Extrempositionen, die einen unlösbaren Widerspruch zu erzeugen schien. Befand ich mich zunächst in Übereinstimmung mit denjenigen Gruppenmitgliedern, die auf Abgrenzung orientierten, veränderte sich meine Einstellung zunehmend. Bilder über hilfsbedürftige Menschen gingen mir durch den Kopf, Mitleid mit der von der Teilnehmerin beschriebenen Klientin griff Raum. Erst als es mir gelang, mich von der psychodynamischen Vorgabe der Gruppe zu lösen, es handle sich um zwei sich gegenseitig ausschließende Extrempositionen – sich einlassen/sich abgrenzen – , wurde es möglich, die Gruppe auf die eigene Bedürftigkeit zu orientieren. Nachdem beide Pole flexibel aufeinander bezogen werden konnten, entwickelte sich organisch eine Thematik, die die Gruppe über mehrere Sitzungen in Anspruch nahm: die „Ersatz"-Problematik. Durch unterschiedliche Darstellungen konnte sichtbar werden, daß Jugendliche unbewußt dazu funktionalisiert wurden, eigene Defiziterfahrungen zu kompensieren. In Identifikation mit den Jugendlichen wurden eigene Wünsche nach Zuwendung und Versorgung in der Umkehrung gelebt, d. h. eigene Defiziterfahrungen wurden re-inszeniert.

In den folgenden Sitzungen kristallisierte sich zunehmend heraus, wer wirklich motiviert war. So klangen die Entschuldigungen eines Teilnehmers (Krankheit der Frau etc.) sowie sein unentschuldigtes Wegbleiben immer mehr nach Ausreden. Gleichzeitig stellte sich insgesamt im Gruppenprozeß heraus, daß das, was zunächst nur ein Plan war, Verbindlichkeit bekam und Schwierigkeiten bereitete. Die Gruppenzusammensetzung war durch Diskontinuität gekennzeichnet, durch die Gemeinsamkeit vermieden wurde. Ein wesentliches Problem im Kontext beruflichen Handelns, das Kränkung verursachte, wiederholte sich in der Umkehrung in der Gruppe: Beklagten die Gruppenmitglieder zwar die Unverbindlichkeit der Jugendlichen, die häufig interpersonale Konfliktsituationen erzeuge, verhinderte freilich die eigene Diskontinuität der Teilnahme in der Gruppe ebenfalls das gemeinsame Erleben, d. h. ein Stück weit die Gruppenkohärenz. Es schien, als müsse Verbindlichkeit externalisiert werden; denn bei Begründungen, an Gruppensitzungen nicht teilnehmen zu können, wurde besonders hervorgehoben, an anderer Stelle nicht fehlen zu dürfen (Abschlußfeier mit Jugendlichen, Betriebsausflug, Elternabend, Geburtstag eines Verwandten etc.). Die anfängliche Überangepaßtheit der Gruppe erwies sich im Laufe der Zeit zunehmend als Ausdruck abgewehrter Aggressionen. Wurden zunächst die Regeln ohne größeren Widerspruch übernommen, stellte sich nun heraus, daß diese ebenso schnell weggeschoben wurden. Folgende Spezifika erwiesen sich für das Gruppengeschehen als signifikant:

1) Durch Diskontinuität der Teilnahme wurde Gemeinsamkeit verhindert.
2) Regelmäßige Kneipenbesuche im Anschluß an die Selbsterfahrung verstärkten den Spaltungsvorgang zwischen Lebendigkeit bei Alkohol *vs.* Niedergedrücktheit im Gruppengeschehen.

Die einzelnen Sitzungen ließen häufig folgendes Ablaufschema erkennen: War die Anfangsphase durch langes Schweigen gekennzeichnet (nicht selten bis zu 20 Minuten), verlief auch die Hauptzeit eher verhalten, dynamisierte sich der Gruppenprozeß dagegen regelmäßig in der Schlußphase. Häufig wurden am Ende der Sitzungen Probleme angesprochen, die zwar Brisanz erkennen ließen, die allerdings angesichts der zeitlichen Begrenzung nicht mehr bearbeitet werden konnten. Da diejenigen, die ein Problem in die Gruppe brachten, häufig in der darauffolgenden Sitzung fehlten, wurden diese Probleme oft nicht mehr aufgegriffen. Die latente Thematik bestimmte freilich das Gruppengeschehen und verursachte folgerichtig lange und quälende Anfangsphasen. Zwangsläufig führte meine „pünktliche" Beendigung der Sitzung – trotz starker Beteiligung aller Gruppenmitglieder an der Thematik – zu großen Frustrationen. Insbesondere eine Teilnehmerin litt unter dieser meiner „Pünktlichkeit", die sie zu einem späteren Zeitpunkt als Ausdruck von „Kälte" wertete. Die Beobachtung, daß es der Gruppe erst am Ende der Sitzung möglich wurde, sich ein Stück weit auf den Prozeß einzulassen, ließ auf große Ängste schließen. Diese spezifische Form der Abwehr bewirkte, daß ich mich bereits zu einem frühen Zeitpunkt mit dem

Ende der Gruppe beschäftigte. Ich entwickelte die Vorstellung, die Schlußphase des gesamten Prozeßverlaufs könne – in Analogie zu den Einzelsitzungen – ähnlich brisant werden. Da ich diesen Aspekt dann auch wieder aus dem Blick verlor, kann von einer vorbewußten Spannung gesprochen werden, mit der ich dem Ende entgegensah. Die Darstellung der Schlußphase wird veranschaulichen, daß sich meine Phantasie bewahrheitete.

Die letzte (14.) Sitzung vor den Sommerferien war ebenfalls durch Unvollständigkeit gekennzeichnet. Wurde offensichtlich durch drei fehlende Teilnehmer/innen der Abschied agiert, entthematisierte die Gruppe die Ferienunterbrechung. Die Vermeidung des gemeinsamen Trennungserlebnisses gab Aufschluß darüber, daß die Angst vor Verlassenheitsgefühlen sowie dem Zulassen von Trennungswut außerordentlich groß war. Konnte die Trennungsthematik in der letzten Sitzung vor den Ferien nicht zugelassen werden, erwies sie sich in der ersten Sitzung nach den Ferien folgerichtig als latentes Gruppenthema. Der Teilnehmer, der mehrfach sein Wegbleiben mit vagen Ausreden begründet hatte, fehlte unentschuldigt. Ihren Unmut darüber brachte die Gruppe mit den Worten zum Ausdruck, er habe „sich weggestohlen". Aus der Formulierung konnte gedeutet werden, daß er sowohl sich selbst als auch der Gruppe etwas genommen hatte. Seine Vorgehensweise, in der sich Entwertung (Mißbrauch) gegenüber der Gruppe spiegelte, erzeugte folgerichtig Wut, die allerdings nur sehr verdeckt zum Ausdruck kam. Zu sehr war das Geschehen von der Entscheidung einer Teilnehmerin bestimmt, die der Gruppe ihren in den Ferien getroffenen Entschluß mitteilte, die Weiterbildung beenden zu wollen. Die Kündigung ihrer ABM-Stelle habe sie dazu veranlaßt, sich gänzlich von der Sozialarbeit abzukehren. Dies bedeutete für sie somit auch, die Weiterbildung zu beenden. Sie berichtete darüber, sich im Rahmen eines weiblichen Lebenszusammenhanges selbständig machen zu wollen und mit Sozialarbeit „nichts mehr im Sinn" zu haben. Begeistert erzählte sie, eine „neue Gruppe" gefunden zu haben, in der sich Privates und Berufliches verbinden lasse. Beiträge der Gruppenmitglieder, die den abrupten Abbruch stark in Frage stellten, erzeugten bei der Teilnehmerin Verunsicherung und Konfusion, die sich auch im Gruppengeschehen spiegelte. Wie die Gruppe mit der Ferientrennung umgegangen war, konnte angesichts des Agierens von Trennungswut – Abkehr von der Sozialarbeit als Trotzreaktion auf Kränkung – nicht thematisiert werden. Damit wurde Trennungstrauer vermieden und führte in der Gruppe zu innerer Konfusion. Am Ende der Sitzung erinnerte ich an die am Anfang getroffene Vereinbarung, vor einer Beendigung noch viermal in die Gruppe zu kommen. Die Intervention wirkte der Gruppenkonfusion entgegen und förderte die Gruppenkohärenz. In der darauffolgenden Sitzung erfolgte die endgültige Klärung der Frage, wer zur Gruppe gehörte. Ich teilte der Gruppe meine Entscheidung mit, den Teilnehmer, der mehrfach unentschuldigt gefehlt hatte, nicht mehr zur Gruppe zu zählen. Darüber hinaus manifestierte sich im Fehlen der Teilnehmerin, die mit Sozialarbeit „nichts mehr im

Sinn" hatte, daß auch sie nicht mehr zur Gruppe gehörte. Auf die Klärung reagierte die Gruppe mit Irritation, die den Schluß auf Widerstand gegenüber der Trennungsthematik zuließ. Offensichtlich hatte die Beschäftigung mit agierten Trennungen die Funktion, das latente Gruppenthema – Angst vor Trennung – zu vermeiden.

Die Gruppe bestand nun aus sechs Frauen und zwei Männern. Obwohl angesichts dieser Zusammensetzung nicht von einer geschlechtshomogenen Gruppe gesprochen werden kann, setzten sich im folgenden Verhaltensmuster durch, die in einer patriarchalen Gesellschaft eher dem weiblichen Lebenszusammenhang zugeschrieben werden: Das Gruppengeschehen war durch Passivität gekennzeichnet, d. h. den Raum für sich selbstbestimmt zu gestalten und zu nutzen, bereitete nach wie vor Schwierigkeiten. Darüber hinaus erwies sich Trennung, Abgrenzung, Getrenntsein als durchgängiges Gruppenproblem. Entsprechend verdeckt wurden Aggressionen in Form von Subversivität agiert. Hierbei spielte das Problem der unregelmäßigen Teilnahme eine entscheidende Rolle. Immer deutlicher kristallisierte sich das gemeinsame, vollständige Zusammensein als Angst vor Nähe heraus. Wurden zwar Beschämungsgefühle thematisiert, die entstehen, wenn Jugendliche Angebote der Sozialpädagog/innen zurückweisen, wiederholte sich die Situation in der Umkehrung in der Gruppe (Zurückweisung meines Angebots). Da ich die Situation konsequent ansprach, wurden zunächst die in der Gruppe entstandenen Schuldgefühle auf mich projiziert. Vorwürfe wurden artikuliert, ich mache der Gruppe Schuldgefühle. In der Gegenübertragung kam ich mir dabei vor wie ein „Hirtenhund", der die Funktion hatte, ständig in Bewegung zu sein, um die Schafe zusammenzuhalten. Insgesamt setzten sich freilich depressive Schuldgefühle durch, die Niedergedrücktheit und Lähmung erzeugten. Wenngleich die Bearbeitung der depressiven Schuldgefühle nicht vollständig gelang, führte jedoch die Thematisierung von Kränkungserfahrungen am Arbeitsplatz und deren Parallele im Interaktionsgeschehen der Gruppe zu einer passageren Vollzähligkeit und damit zu Arbeitsfähigkeit. Zusammenfassend lassen sich folgende Charakteristika über die Dynamik des bisherigen Gruppengeschehens konstatieren:

1) Kränkungen und damit verbundene narzißtische Wut konnten nicht direkt zugelassen werden.

2) Gebremste Aggressionen manifestierten sich in Subversivität (Unterlaufen der Regeln).

3) Der Gruppenprozeß war gekennzeichnet durch den Spaltungsvorgang zwischen Lebendigkeit bei Alkohol außerhalb der Gruppe und Niedergedrücktheit in der Gruppe.

Wenngleich die Klärung der Frage, wer zur Gruppe gehörte, zu einer gewissen Konsolidierung geführt hatte, konnte angesichts der spezifischen Abwehrformationen zu diesem Zeitpunkt nicht von Identitätsfindung und der Entwicklung einer tragenden Gruppenkohärenz gesprochen werden.

3. Die Phase der Identitätskrise

Die Schwangerschaft einer Teilnehmerin aktualisierte in der Gruppe über mehrere Sitzungen die frühe Mutterthematik. Der Wunsch nach der Einheit in der Mutter-Kind-Dyade mobilisierte Schwangerschaftserinnerungen anderer Teilnehmerinnen und hatte vorübergehend die Randständigkeit der beiden männlichen Teilnehmer zur Folge. Der Wunsch nach der ganz frühen Mutter, der durch die Frauen an mich herangetragen wurde, stellte innerhalb des Gruppenprozesses eine große Verführung für mich dar. Angesichts des „Glanzes im Auge der (werdenden) Mutter" bestand die Gefahr, in einen Verleugnungsprozeß einzutreten, dem ich jedoch durch eine spontane Intervention entgegenwirkte. Bei der Mitteilung über ihre Schwangerschaft griff die Teilnehmerin die „Ersatz"-Thematik noch einmal auf, an der über mehrere Sitzungen im Zusammenhang mit Professionalität gearbeitet wurde. Da sie ihrer besonderen Freude darüber Ausdruck verlieh, angesichts ihrer Mutterschaft die Jugendlichen nicht mehr als „Ersatz"-Objekte zu benötigen, sagte ich eher beiläufig: „Auch das eigene Kind kann als Ersatz funktionalisiert werden." Diese Feststellung löste in der Gruppe große Betroffenheit aus. Defizite im Mutter-Tochter-Verhältnis konnten ins Blickfeld rücken, die sichtbar machten, wie früh an einzelne Teilnehmerinnen mütterliche Funktionen delegiert worden waren (Umkehrung der Mutter-Tochter-Beziehungen, d. h. die Töchter fungierten für ihre Mütter als Muttersubstitut). Darüber hinaus konnte durch die Erzählungen über die Mutter-Tochter-Beziehungen die Vernachlässigungsproblematik deutlich werden. Die Darstellungen der Teilnehmerinnen über ihre unterschiedlichen Negativerfahrungen ergaben folgendes einheitliches Bild: Die Beziehungen zur Mutter waren durch leidvolle Erfahrungen des Mangels an Nähe und Geborgenheit gekennzeichnet. Aus der Erzählung einer Teilnehmerin sprach das Problem der „Überfütterung" und Überversorgung.

Ängste der Frauen davor, ein behindertes Kind zur Welt zu bringen, konnten angesprochen werden und verwiesen auf einer tieferen Ebene auf die Beschädigung des weiblichen Selbstwertgefühls. Die Ersatzthematik in unterschiedlichen Ausformungen – Ersatzfunktion des Vaters anstelle mütterlicher Zuwendung; Haß gegen die Schwester, der eigentlich der Mutter galt etc. – beschäftigte die Gruppe über mehrere Sitzungen. Auch die Konfliktdarstellung einer Teilnehmerin über ihre Beziehung zu einem Jungen, um den sie sich sehr kümmerte und den sie als autistisch charakterisierte, setzte diese Gruppenthematik fort. Es stellte sich die Frage, inwieweit sie als Ersatzmutter fungieren könne und wolle rsp. welche „Ersatz"-Funktion sie für das Kind habe. Wie nachhaltig diese Thematik auf den Gruppenprozeß wirkte, sollte sich in der folgenden 29. Sitzung herausstellen. Erstmalig erzählte ein Teilnehmer einen Traum, der in unmittelbarem Zusammenhang mit dem Gruppengeschehen stand. Er begann mit den Worten, ihm sei die letzte Sitzung sehr nachgegangen, er habe schwer einschlafen können. Daraufhin erzählte er folgende Traumsequenz, die ihn sehr beunruhigt habe: „Die Mutter meines zweiten Kindes ist nicht meine Frau gewesen."

Die latente Inzestthematik, die sich m. E. hinter der vorgetragenen Traumsequenz verbarg, bereitete so große Angst, daß die Gruppe mit Widerstand (Schweigen) darauf reagierte. Da es sich bei dem Jungen, mit dem die Teilnehmerin sehr stark beschäftigt war, um ein sexuell ausgebeutetes Kind handelte, wurde mit dem Traum des Teilnehmers auch die latente Thematik sexuellen Mißbrauchs angesprochen, die die Gruppe in große Irritation stürzte. Die hartnäckige Verweigerung der Gruppe gegen dieses latente Gruppenthema manifestierte sich auch somatisch. So verließ eine Teilnehmerin den Gruppenraum mit der Begründung, bei ihr verursache die Situation starke Unterleibskrämpfe. Die Schweigemauer, die in der Gruppe angesichts der angstauslösenden Thematik errichtet wurde, erzeugte eine paranoide Situation, die eine Teilnehmerin in der folgenden Sitzung bildhaft zum Ausdruck brachte. So beschrieb sie Abschirmungsmaßnahmen ihrer Nachbarschaft in ihrer Reihenhaussiedlung, unter denen sie litt. Zwischen den Häusern würden Zäune errichtet, die ein Spiel zwischen den Kindern erschwerten, ja verunmöglichten. Das Bild wurde von einer Teilnehmerin ergänzt, die über Videoanlagen berichtete, die dazu dienten, das Umfeld zu kontrollieren und den „Privatbesitz" zu schützen. In diesen Phantasien spiegelte sich anschaulich die Angst und -abwehr der Gruppe vor der latenten Inzestthematik, die erneut eine verstärkte Unregelmäßigkeit der Teilnahme zur Folge hatten. Immer deutlicher zeigte sich, daß häufig eben diejenigen, die ein Problem in die Gruppe brachten, in der darauffolgenden Sitzung fehlten. Die Psychodynamik in der Gruppe läßt sich somit charakterisieren als eine Pendelbewegung zwischen einem sich Zeigen und Verdecken. Darüber hinaus trat ein Gruppenphänomen zu Tage, das sich insbesondere in der schwierigen Schlußphase als bedeutsam herausstellen sollte: Die Gruppe begann, vor den Sitzungen in der Küche unterschiedlichste Anlässe (Geburtstag, Beförderung etc.) mit Sekt zu feiern, die in der Selbsterfahrung ausgeklammert blieben. Auf diese Weise verstärkte sich der Spaltungsmechanismus zwischen „äußerer Welt" und „innerer Welt", der dem Muster folgte, „draußen" (in der Küche) herrscht Lockerheit und Heiterkeit (Manie), in der Gruppe dominiert Beklommenheit (Depression).

Im folgenden geriet die Gruppe in eine Identitätskrise, die über mehrere Sitzungen anhielt. Die starke innere Verunsicherung der Gruppe symbolisierte sich in folgenden Konfliktdarstellungen einzelner:

1) Die Schwangerschaft des „Gruppenkindes" war gefährdet, für die Teilnehmerin wurde ein Krankenhausaufenthalt erforderlich.

2) Die Lebensgefährtin eines Teilnehmers wurde schwanger. Für ihn tauchte die innere Entscheidung auf, die Vaterrolle anzunehmen oder mit Flucht zu reagieren.

3) Eine Teilnehmerin wurde arbeitslos. Für sie stellte sich die Frage, ein Kind zu bekommen oder eine EDV-Umschulung zu machen.

ad 1) Im Zusammenhang mit der Komplikation der Schwangerschaft trat Unsicherheit und Angst darüber auf, ob das Kind gehalten werden könne. Da die Schwangerschaft der Teilnehmerin in der Gruppe das Problem virulent werden ließ, ein Kind könne als „Ersatz" funktionalisiert werden, ergab sich folgende latente Fragestellung: Geht es mit der Gruppe gut, d. h. kann sich in der Gruppe ein Kind entwickeln oder wird das, was entsteht, mißbraucht, ja geht es sogar verloren?

ad 2) Im Zusammenhang mit der Vaterschaft wurde ein Entscheidungsthema formuliert, das freilich angesichts der Unentschiedenheit des Teilnehmers auf eine frühe Problematik verwies. Die Schwangerschaft der Partnerin zu bejahen, bedeutete, gefordert zu sein, sich festzulegen, Verantwortung zu übernehmen. Fluchtphantasien des Teilnehmers ließen Angst vor Bindung deutlich werden. In dem individuellen Problem des Teilnehmers, keine Entscheidung finden zu können, spiegelte sich die psychodynamische Situation der Gruppe, keine Form finden zu können.

ad 3) In der Überlegung einer Teilnehmerin, angesichts ihrer Arbeitslosigkeit ein Kind zu bekommen oder eine Umschulung zu machen, wurde Angst vor Depression (Leere) deutlich. Darüber hinaus ließ die Suche nach anderen Qualifikationsangeboten Enttäuschung über die von uns durchgeführte „Weiterbildung" erkennen. Offensichtlich war die Teilnahme an einer „höheren" Qualifikation, die an den universitären Rahmen geknüpft war, mit der Hoffnung verbunden, berufliche Sicherheit und Stabilisierung zu erreichen. Durch die plötzlich eingetretene Arbeitslosigkeit wurde diese Erwartung freilich enttäuscht. Im Kontext sozialarbeiterischer Tätigkeit betrachtet könnte die Weiterbildung also auf einer tieferen Ebene den Wunsch nach Gehaltenwerden – Weiterbildung als „holding function" – impliziert haben.

Zusammenfassend kann über die „Halbzeitkrise" der Gruppe festgestellt werden:

Die Gruppe litt unter dem Mangel einer substantiellen Form, die von Unentschiedenheit und Angst vor Leere gekennzeichnet war. Kam zwar der Erwartungswunsch zum Ausdruck, durch die Selbsterfahrung eine innere Struktur zu gewinnen, bestand gleichzeitig jedoch wenig Vertrauen in die Möglichkeiten der Gruppenarbeit. Die Überlegung – Kind oder Umschulung – implizierte eine latente Fragestellung der Gruppe: Muß durch Flucht (Ersatzhandlungen) die depressive Leere gefüllt werden, oder trägt der Gruppenprozeß zu Identitätsfindung, d. h. auch zu beruflicher Stabilisierung bei? In der Unsicherheit darüber, ob das „Gruppenkind" getragen werden könne, symbolisierte sich die Identitätskrise der Gruppe, in der es um die prinzipielle Frage ging, inwieweit sich im Gruppenverlauf etwas entwickelt hatte, was tragfähig war. Die latente Gruppenthematik, „wer bin ich", wurde darüber hinaus von einem Teilnehmer zum

Ausdruck gebracht, der seine Ängste thematisierte, sich auf eine Funktionsstelle zu bewerben.

Der Konflikt zwischen Symbiosewünschen und dem Wunsch nach Identität erzeugte eine aggressive Spannungssituation. Immer heftiger fanden Angriffe auf die psychoanalytische Methode statt, die als „kalt" charakterisiert wurde. Bevor jedoch die Wut über enttäuschte Ansprüche an umfassende Versorgung direkt an mich adressiert werden konnte, wurde sie zunächst externalisiert. So beklagte sich eine Teilnehmerin über die „Kälte" des Raumes, der sie die frustierenden Erfahrungen in der Gruppe zuschrieb. In der Phantasie über die äußere Umgestaltung (Tischdecke, Kaffeetassen, Blumen, Bilder), die dem Raum mehr „Wärme" verleihen sollte, spiegelte sich die Verleugnung enttäuschter Symbiosewünsche. Erneut manifestierten sich Aggressionen in Angriffen auf das Setting. In abstrakten Diskussionen wurde der Versuch unternommen, eine Klärung darüber herbeizuführen, was Selbsterfahrung eigentlich sei. Eine Teilnehmerin, die die latenten Aggressionen, die in der Gruppe überwertig wurden, repräsentierte, forderte die Gruppe angesichts anhaltender Schweigephasen mehrfach auf, mit ihr in die Kneipe zu gehen. Immer eindeutiger wurde ich für die schwierige Situation verantwortlich gemacht; denn in der Kneipe könne man ganz „locker" miteinander umgehen. Der Mechanismus der Projektion trat immer deutlicher zu Tage. Um zu einer Klärung der Gruppensituation beizutragen, zentrierte ich die diffus gereizte Stimmung auf mich („Sie sind enttäuscht von mir"). Die Intervention bewirkte, daß Wut- und Haßgefühle gegen die „böse", frustrierende Gruppenleiterin thematisiert werden konnten und Entlastung schafften. Ich konzentrierte mich auf die Deutung enttäuschter Versorgungswünsche und damit verbundener Abhängigkeit, die in dem wiederholt an mich herangetragenen Anspruch zum Ausdruck gebracht wurden, ich solle die Struktur der Sitzungen durch Themen oder Spiele vorgeben. Obwohl ich die Wunschseite benannte, versuchte ich gleichzeitig einer depressiven Verarbeitung der Angriffe auf meine Person entgegenzuwirken, indem ich sagte: „Diesen Wunsch werde ich Ihnen nicht erfüllen." Erstmalig konnten auch Ängste angesprochen werden, die durch die unstrukturierte Situation erzeugt wurden. So befürchteten einzelne, von mir „heimlich" manipuliert zu werden rsp. die Kontrolle über sich zu verlieren. Der Anspruch nach Strukturierung hatte also eine doppelte Bedeutung: Einerseits sollte an mich die Verantwortung für das Gruppengeschehen delegiert werden, d. h. ich sollte als „gute Mutter" die Gruppenmitglieder versorgen. Andererseits implizierte der Wunsch nach Strukturierung einen Schutz vor unkontrollierten Enthüllungen. Indem die einzelnen die Erfahrung machen konnten, daß sowohl die Gruppe als auch die Gruppenleiterin die Aggressionen überlebten, wurde ein progressiver Entwicklungsschritt aus der Identitätskrise möglich. Die Überwindung der krisenhaften Phase symbolisierte sich in der durch eine Teilnehmerin übermittelten Botschaft an die Gruppe (37. Sitzung), daß die Schwangerschaftskrise überwunden sei, das hieß, das „Gruppenkind" konnte getragen werden. Freude und Erleichterung konnten Raum greifen.

4. Die Überwindung der Aggressionblockierung durch eine aggressive Intervention (Grenzsetzung)

In den folgenden Sitzungen bestimmte erneut die Entwertungsthematik die Arbeit in der berufshomogenen Gruppe. Eine Teilnehmerin beklagte die schlechte Bezahlung im sozialpädagogischen Bereich sowie entwürdigende Begleitumstände ihrer Arbeit. Obwohl besonders lernschwachen Jugendlichen sogenannte Stützkurse zur besseren Qualifikation angeboten würden, sei es notwendig, hinter jedem einzelnen „hinterherzudackeln". Fördermaßnahmen würden von den Jugendlichen kaum wahrgenommen, ja zurückgewiesen. Diese kränkenden Erfahrungen wiederholten sich weiterhin in der Umkehrung der Gruppe gegenüber. So blieb z. B. die Teilnehmerin, die sich über die Zurückweisung durch die Jugendlichen beklagte, wiederholt den Sitzungen fern. Überhöhte sie zwar einerseits die Gruppe, indem sie betonte, daß die Gruppe das „Wichtigste" in ihrem Leben sei, entwertete sie diese gleichzeitig durch ihr Fehlen. Auf das Gefühl der Wertlosigkeit reagierte die Gruppe durch passive Destruktion. Narzißtische Kränkungswut, die reaktiviert wurde, manifestierte sich in verdeckten Aggressionen, insbesondere durch unregelmäßiges Kommen. In der Gegenübertragung fühlte auch ich mich in meiner Arbeit entwertet, was dazu führte, daß auch ich die Gruppe entwertete. Hatte ich in der Phase der Konsolidierung das Gefühl, ich müsse die Gruppe zusammenhalten („Hirtenhund"), machte sich nun eher Gleichgültigkeit breit. Auf der latenten Ebene wurde damit das Gruppengefühl – „wir sind nichts wert" – verstärkt, d. h. der latente Gruppenhaß wurde verstärkt. Die massive Aggressionshemmung kam im Gruppengeschehen in verschiedenen Formen zum Ausdruck, die auf Konfliktvermeidung zielten und die Funktion hatten, den Schein einer „tollen Gruppe" zu retten. So verhielt sich z. B. eine Teilnehmerin in einer Sitzung, in der nur drei Personen anwesend waren, im Verleugnungsvorgang aggressiv, indem sie die Situation als „Idylle" bezeichnete. Damit wurde die Auseinandersetzung mit der Entwertungsthematik verhindert. Gleichzeitig wurde jedoch auch die in diesem Zusammenhang von mir angesprochene Neidthematik verleugnet, die sich in dem Bild der „Idylle" in bezug auf die extrem kleine Gruppe spiegelte. Die Aggressionshemmung folgte dem heimlichen Motto, für die Gründe des Fehlens der anderen größtes Verständnis aufzubringen, wenngleich die eigene Person dadurch entwertet wurde. Um die allgemein vorherrschende Blockierung zu durchbrechen, entschied ich mich für folgende Intervention:

Ich machte mir eine Liste über Fehlzeiten der einzelnen. Auf der Grundlage dieser Daten erinnerte ich in der 45. Sitzung an die im Rahmen der Weiterbildung getroffene 20%-Regelung. Diese Regelung besagte, daß ein Zertifikat nicht erteilt werde, wenn ein(e) Teilnehmer/in mehr als 20% der Sitzungen fehlte. In diesem Zusammenhang ging es also um das Thema Grenzüberschreitung. Jedes einzelne Gruppenmitglied klärte ich ganz konkret über die Anzahl seiner Fehlstunden auf, um auf der Realebene – durch die Erfüllung der orientierenden Funktion der Leitung – bösem Erwachen am Ende der Weiterbildung vorzubeugen. Auf der psychodynamischen Ebene zielte die Intervention darauf, dem Versuch der Grenzüberschreitung mit Grenzsetzung zu begegnen. Da die Teilnehmerin, die aufgrund von Komplikationen während der Schwangerschaft die 20%-Regelung bereits überschritten hatte, plädierte ich in diesem Fall lediglich für eine Teilnahmebestätigung mit der Begründung, andernfalls werde die Weiterbildung abgewertet. Dieses Vorgehen schien mir um so notwendiger, da ich die Vermutung hatte, daß sich in der Gruppe insbesondere Schwangerschaft gegenüber eine Aggressionshemmung durchgesetzt hatte. Auf meine aggressive Vorgabe der Grenzsetzung reagierte die Gruppe zunächst – wie zu erwarten war – mit mehr oder weniger verdeckten Aggressionen gegen mich. Die bereits in der ersten Sitzung deutlich gewordene unterschwellige Autoritätsproblematik – „ständig etwas von oben vorgesetzt" zu bekommen – konnte in Auseinandersetzung mit meiner Intervention klarer zum Ausdruck gebracht werden. In der affektiven Reaktion ergaben sich deutliche Unterschiede zwischen den Geschlechtern. Während ein männlicher Teilnehmer den Versuch unternahm, gegen die Intervention zu rebellieren, indem er mein Vorgehen mit der „Strichliste" als „oberlehrerinnenhaft" lächerlich zu machen versuchte, reagierten die Frauen hingegen überwiegend gehemmt aggressiv. In einer Vorwurfshaltung wurde Unmut darüber zum Ausdruck gebracht, daß der Aspekt der „Freiwilligkeit" im Rahmen der Weiterbildung nun von Zwang bestimmt werde, eine Situation also, die man täglich „draußen" erlebe. Phantasien darüber tauchten auf, daß im Zusammenhang mit der Weiterbildung alle im alltäglichen Leben vorherrschenden Regelungen aufgehoben seien. M. a. W., es konnte zu Tage treten, daß die Weiterbildung als große, spendende Übermutter phantasiert wurde, in deren Kontext alles umsonst zu bekommen war und alle einschränkenden Normen aufgehoben schienen. Zunehmend setzten sich in der Gruppe Aggressionen in regressiver Form durch. Vermißten einzelne zwar den Mangel an Kontinuität in der Thematik, wurde ich jedoch dafür verantwortlich gemacht. So wurde das Anliegen an mich herangetragen, die thematische Kontinuität dadurch zu gewährleisten, indem ich jeweils Ergebnisse der letzten Sitzung zu Beginn der folgenden Sitzung zusammenfassen solle, um den „roten Faden" sichtbar werden zu lassen. In diesem Zusammenhang trat zu Tage, daß das Gruppengeschehen weitgehend „vergessen" wurde, ein Vorgang also, den ich auf die Tabuisierung von Aggressionen zurückführte. Nachdem ich die Wunschseite des Vorschlages deutete („Sie wollen, daß ich Ihnen sage, was für Sie wichtig ist"), wurde ein Spaltungsmechanismus sichtbar, der sich auf die Formel bringen läßt:

gute Supervision *vs.* schlechte Selbsterfahrung. So sei in der Supervision eine Struktur – berufliche Probleme – vorgegeben. Darüber hinaus sei in der Regel jede Sitzung in sich geschlossen, das Ende lasse – im Unterschied zur Selbsterfahrung – keine Fragen offen, sondern beinhalte eine klare Perspektive. Besonders von einzelnen Frauen wurde hervorgehoben, wie es dem Supervisor immer wieder gelinge, die Gruppe in guter Stimmung zurückzulassen, d. h. mit „guter Nahrung" zu versorgen. Daß es dagegen in der Selbsterfahrung so „beschissen" laufe, liege daran, daß keine inhaltliche Vorgabe gemacht werde. Das Ende der Sitzungen führe nicht zur Klärung einer Frage, sondern lasse die Gruppe eher in Irritation zurück, d. h. von mir bekam die Gruppe „schlechte Nahrung". Erneut wurde in diesem Zusammenhang darüber diskutiert, was Selbsterfahrung eigentlich sei. Das gruppenspezifische Leitmotiv des Nichtwissens, das in unterschiedlichen Phasen immer wieder auftauchte, fungierte für mich mittlerweile als Signal für latente Aggressionen.

Meine Deutungen konzentrierten sich auf folgende Aspekte: Zum einen thematisierte ich den Widerspruch (Double-bind-Situation), der in der Sitzung sichtbar geworden war. So wünsche sich die Gruppe einerseits, daß ich wie eine „gute Lehrerin" die Themen vorgeben möge (Versorgungswunsch). Andererseits fühle sich die Gruppe wie von einer „bösen Oberlehrerin" in ihrer Eigenständigkeit bedroht, wenn ich an die Absprache erinnerte, d. h. eine pädagogische Funktion der Orientierung übernähme. Die Diskussionen über Selbsterfahrung deutete ich als Abwehr, die dazu dienten, nicht zu sich selbst zu kommen.

Vor der folgenden Sitzung feierte die Gruppe mit Sekt in der Küche. Zwangsläufig drängte sich mir die Phantasie auf, die Gruppenmitglieder müßten sich mit Sekt Mut antrinken, um die Aggressionsblockierung zu überwinden. Wut, die in der Gruppe überwertig war, äußerte sich im folgenden auf vielfältige Weise. So teilte ein Teilnehmer zu Beginn demonstrativ mit, er werde in den beiden nächsten Sitzungen nicht da sein, da er „urlaubsreif" sei. Ironisch fügte er hinzu, er habe sich dank meiner Information ausgerechnet, daß er sich sogar noch „Mumps" leisten könne. Ich reagierte auf ihn mit den Worten: „Es könnte beinahe der Eindruck entstehen, als ob Sie hierher gezwungen würden." Die Feststellung löste große Heiterkeit in der Gruppe aus. Äußerte sich mir gegenüber also Aggression in Form von Ironie und Sarkasmus, wurden im weiteren auch Aggressionen unter den Gruppenmitgliedern virulent. Die Teilnehmerin, die ihre Idealisierung der Gruppe (Verliebtheit in die Gruppe) preisgegeben hatte, wurde von einer anderen deswegen verhöhnt. Obwohl die Teilnehmerin, die inzwischen ihr Kind bekommen hatte, nach wie vor zur Gruppe gehörte, bezeichnete sich die Gruppe – trotz ihres Fehlens – als „vollzählig", d. h. sie wurde von der Gruppe in der Phantasie weggeschickt. Erstmalig rückte in der Gruppe angesichts zugelassener Aggressionen (Zulassen des Getrennt-Seins) die Endlichkeit der Weiterbildung ins Blickfeld. So meinte ein Teilnehmer, er habe keine Lust, bis November die Zeit so „selbstquälerisch" zu verbringen. Mit dieser Formulierung benannte er das latente Gruppenthema, das darin bestand, sich lieber selbst zu quälen als sich mit sich selbst auseinanderzusetzen. Meine Handlungsstrategie hatte sich seit der grenzsetzenden Intervention verändert: Ich arbeitete mit der Gruppe konfrontativer und fühlte mich dabei wohl. M. a. W., durch meine Intervention hatte ich meine eigene, in der Gegenübertragung entstandene Aggressionshemmung überwunden und fühlte mich dabei in Übereinstimmung mit mir selbst. Die Ursache der Angst in der Gruppe wurde allerdings noch nicht deutlich. Unklar blieben folgende Möglichkeiten, die ich in Betracht zog:

- Angst vor traumatischen Erinnerungen,
- neurotische Angst,
- Angst vor Beschämung und Verhöhnung.

In der folgenden Sitzung nahm ich eine Veränderung in der Gruppe wahr. Insgesamt war die Stimmung nachdenklicher, der Umgang miteinander offener und mehr aufeinander bezogen. Die Beiträge der einzelnen bezogen sich auf die vorhergegangene Sitzung. So konnte die Teilnehmerin, die immer wieder die psychoanalytische Methode in Frage stellte, vor dem Hintergrund einer gruppendynamischen Erfahrung auf einer Tagung offen über ihre enttäuschte Erwartungshaltung an mich sprechen. Sie meinte, daß ihr in der letzten Sitzung deutlich geworden sei, mit dem „Freiraum der Selbständigkeit" nicht umgehen zu können. Sie fragte eine Teilnehmerin direkt, ob diese sich durch ihr Verhalten daran gehindert gefühlt habe, mehr über sich zu erzählen. Die implizit vorgetragene Selbstwahrnehmung, zur Abwehrformation in der Gruppe beigetragen zu haben, wurde bestätigt. Ein Teilnehmer teilte mit, daß er erkannt habe, wie sehr die Gruppe sich schone. Bedauernd stellte er fest, daß Meinungsverschiedenheiten zwischen ihm und dem anderen Teilnehmer, der allerdings in der Sitzung fehlte, nicht ausgetragen worden seien. Phantasien über Aggressionen als wesentlicher Bestandteil von Emotionalität tauchten auf, die ich verstärkte („Reibung erzeugt Wärme"). Nach langer Zeit erlebte ich eine längere Schweigephase, die in der Sitzung auftrat, nicht als bedrückend. Das Gefühl, alle seien intensiv mit ihren eigenen Phantasien beschäftigt, erzeugte bei mir einen kontemplativen Entspannungszustand. Als ich nach einiger Zeit fragte, was der Gruppe durch den Kopf gehe, kam eine Teilnehmerin auf das Erscheinungsbild einer ihr gegenübersitzenden Teilnehmerin zu sprechen, die einen Minirock trug. Sie habe sich überlegt, ob sie diese, so wie sie dasitze, erotisch finde. Sie habe jedoch bemerkt, daß dies nicht der Fall sei. Eine andere Teilnehmerin meinte, sie empfinde die Kleidung als „gewagt". Eine weitere Teilnehmerin erzählte erstmalig in der Gruppe über ihre seit Geburt bestehende Behinderung, die sie zu „kaschieren" versuche. Für sie beinhalte das Äußere der anderen deshalb etwas Provokatives. Nach einiger Zeit schaltete sich auch der in der Sitzung anwesende einzige männliche Teilnehmer in das Gespräch ein. Er habe interessant gefunden, wie die Frauen auf die Haltung der Geschlechtsgenossin reagierten, er als Mann empfinde jedoch nicht wesentlich anders. Er habe absichtlich immer in eine andere Richtung gesehen, um nicht mit dem provokativen Anblick konfrontiert zu sein. Als positiv konnte gewertet werden, daß die Gruppe Sichtbares selbst thematisierte. In den beiden Positionen – sich zeigen *vs.* verstecken – , die durch die beiden Teilnehmerinnnen repräsentiert wurden, spiegelte sich ein wesentlicher Aspekt, der die Psychodynamik der Gruppe von Anfang an bestimmte. Da in Zusammenhang mit der über einen langen Zeitraum gut „kaschierten" Behinderung auch Angst vor Beschämung angesprochen werden konnte, stellte sich die Frage, inwieweit in der Gruppe auch die eigene „Schamgrenze" respektiert werde. Im folgenden beschäftigte sich die Gruppe mit der Thematik Sexualität und Aggression. Im Zusammenhang mit provozierendem sich Zeigen (Exhibitionismus) fühlte sich ein Teilnehmer an aggressive Fahrweisen mancher Autofahrer auf der Autobahn erinnert, die „ganz dicht" auffühİren und ihn mit der „Lichthupe" nötigten. Das Bild verdeutlichte, daß es in der Gruppe um die latente Thematik Sexualität im Dienste der Aggression ging. Nach langer Zeit erzählte auch die Teilnehmerin, die sich um den sexuell mißbrauchten Jungen kümmerte, wieder von ihren Problemen mit dem Kind. Der Junge bot sich sowohl ihr als auch ihrem Mann als Sexualobjekt an. Aus der Erzählung ging hervor, daß sich die Situation auch für ihren eigenen, gleichaltrigen Sohn als besonders schwierig erwies. Gemäß der Psychodynamik des Gruppengeschehens – Zeigen *vs.* Verdecken – erfolgte in der darauffolgenden Sitzung erneut die Abwehr der Thematik. Schuldgefühle gegenüber der Teilnehmerin tauchten auf, die durch ihre Erscheinungsform die Thematik evozierte, zumal diese fehlte. Insbesondere eine Teilnehmerin hatte den Eindruck, versagt zu haben, da sie die andere vor den Angriffen der Gruppe nicht geschützt habe. Ich deutete ihre Schuldgefühle als implizit an mich adressierten Vorwurf, ich hätte die Teilnehmerin zu wenig geschützt. Hinter den Aggressionen, die nun gegen mich zugelassen werden konnten, verbarg sich Angst, die sichtbarer werden konnte. Es wurde deutlich, wie groß das Schutzbedürfnis in der Gruppe war. Gleichzeitig schien es, als falle es der Gruppe schwer, zwischen Konfrontation und Übergriff zu unterscheiden. Mit der Schutzthematik wurde die latente Frage nach der besten Schutzmöglichkeit formuliert. Erstmalig wurde die Phantasie geäußert, die Teilnehmerin habe sich durch ihre Abwesenheit (spontaner Auslandsurlaub) der Konfrontation entzogen und damit den Versuch unternommen, sich selbst zu schützen. Ich teilte meine Beobachtung mit, daß häufig diejenigen fehlten, durch die ein Problem in der Gruppe sichtbar wurde, und sagte dazu: „Durch die Vermeidung von Konfrontation schützt man sich nicht." Die Verletzlichkeit und Schutzsuche dieser Teilnehmerin, deren Urlaubsreise freilich auch eine sehr aggressive Komponente gegen die Gruppe beinhaltete, konnte nicht bearbeitet werden. Erst in der letzten Sitzung sprach ich ihre Verletzlichkeit im Kontext „Wegbleiben als Vermeidungsstrategie" noch einmal an. Nach wie vor setzte sich das Problem der Diskontinuität der Teilnahme fort.

Erstmalig wurde allerdings Ärger darüber geäußert. Während eine Teilnehmerin ihren Eindruck mitteilte, erst in letzter Zeit sei die „Unregelmäßigkeit" größer geworden, widersprach ihr ein Teilnehmer. Er habe ein Stück weit resigniert, weil er von Anfang an unter der wechselnden Zusammensetzung gelitten habe. Ich kam zu der Einschätzung, daß für die Gruppe von Vollständigkeit am meisten Gefahr ausging. Diesem Phänomen stand ich mittlerweile gelassen gegenüber und wartete ab, welche Ängste sich in der Gruppe noch zeigen würden. Allerdings fühlte ich mich angesichts anhaltender Grenzüberschreitungen – so fanden z. B. auch private Treffen zwischen zwei Frauen und die Einladung auf eine Geburtstagsparty statt – immer wieder in eine Kontrollfunktion gedrängt, die mich ermüdete. Erstmalig nach langer Zeit war die Gruppe in der 53. Sitzung wieder vollständig. Begann die Sitzung mit zwanzigminütigem Schweigen, richteten sich dann jedoch Aggressionen, die sich hinter dem Schweigen verbargen, gegen diejenigen, die in der vorangegangenen Sitzung gefehlt hatten.

Insgesamt kann festgestellt werden, daß es in der Gruppe um massive Aggressionen ging, die lange Zeit verdeckt gehalten werden mußten. So tauchte nun auch das Neidthema auf, indem die Frage geklärt wurde, wer einen Fortschritt in der Gruppe erzielte, d. h. wer etwas bekommen hat. Als die Stimmung jedoch zwischen den Gruppenmitgliedern immer aggressiver und entwertender wurde, konnte auch zu Tage treten, daß mit Aggression Angst abgewehrt wurde. Nachdem ich in der Phase der Aggressionshemmung sehr konfrontierend mit der Gruppe arbeitete, konzentrierte ich im folgenden meine Deutungen auf Ängste, nachdem die Funktion des Fehlens als „Schutz vor Selbstkonfrontation" thematisiert worden war. Eine Teilnehmerin formulierte ihre Angst darüber, daß in der Selbsterfahrung aus einem „Kieselstein" ein „Felsbrocken" gemacht werde. Sie habe keine Lust, irgendetwas zu erzählen, um dann die Erfahrung zu machen, daß sich plötzlich „Abgründe" auftäten. Sowohl die Frage eines Teilnehmers, ob sie vor ihren eigenen „Abgründen" Angst habe, als auch meine Frage, ob sie bei den anderen „Abgründe" befürchte, wurden allerdings verneint. Insgesamt wurde jedoch deutlich, daß in der Gruppe nicht nur Angst vor Aggressionen bestand, sondern auch Angst vor Selbstkonfrontation, bei der sich eben jene „Abgründe" auftun könnten. In der letzten Sitzung vor den Sommerferien fehlten erneut zwei Gruppenmitglieder. Eine Teilnehmerin sprach über Probleme, die im Herbst an ihrer Arbeitsstelle auf sie zukommen könnten. In der Beschäftigung mit der ferneren Zukunft, in der die Ferientrennung bereits zu tempi passati gerechnet werden konnte, spiegelte sich erneut die Verleugnung der Trennungsthematik. Darüber hinaus wurde sichtbar, daß das Thema in der Gruppe regressive Wünsche aktualisierte. So fiel bei der Ferienplanung die Dominanz des Rückgriffs auf unreife Beziehungen auf (Urlaub ohne Partner/in mit einem Kind), in denen die betreffenden Gruppenmitglieder nicht für sich selbst einstehen mußten. M. a. W., die Feriengestaltung ließ Angst vor Eigenverantwortlichkeit erkennen.

Zusammenfassend kann also festgestellt werden: Erst als es angesichts meiner aggressiven Intervention gelungen war, daß massive Aggressionen, die lange Zeit in der Gruppe verdeckt gehalten wurden rsp. durch Subversivität (Fehlen) agiert wurden, sichtbar werden konnten, konnte deutlich werden, daß mit Aggressionen auch Angst abgewehrt wurde.

5. Die Schlußphase des Gruppenprozesses

In der ersten Sitzung nach den Ferien wurde große Distanz der einzelnen zur Gruppe erkennbar. Waren zwar bei einigen Teilnehmer/innen äußere Veränderungen eingetreten (zwei Gruppenmitglieder hatten den Arbeitsplatz gewechselt; ein Teilnehmer war Vater geworden), die zu Informationsaustausch Anlaß gaben, entthematisierte die Gruppe jedoch erneut, wie die Ferientrennung innerpsychisch erlebt wurde. In der folgenden Sitzung fragte mich eine Teilnehmerin nach dem genauen Termin des Endes der Weiterbildung. Phantasien darüber tauchten auf, man könne in der Woche nach Beendigung der Weiterbildung ein Abschiedsfest organisieren. Die Beschäftigung der Gruppe mit der Zeit nach der Weiterbildung war ein Hinweis darauf, daß das Thema Trennung latent vorhanden war, allerdings umgangen werden sollte. Im Vordergrund stand somit nicht Trauer über das Ende, sondern die Frage, welche Ängste verhinderten, sich einlassen zu können. Wurde bei einer Teilnehmerin der Wunsch deutlich, sich auf das Gruppengeschehen einlassen zu wollen, nachdem sie lange Zeit dagegen operiert hatte, kamen auch Strategien zur Anwendung, die Trennungsthematik zu vermeiden. So machte sich bei der Teilnehmerin, die die Gruppe lange Zeit als „tollste Gruppe" idealisierte, nun Resignation breit; denn nun sei „alles gelaufen". Eine andere Teilnehmerin hob hervor, daß für sie nur die formale Qualifikation, die an die Weiterbildung geknüpft war, von Bedeutung sei. So stelle für sie Selbsterfahrung ohnehin nur ein „notwendiges Übel" dar, um das Zertifikat zu erhalten. Auch Enttäuschung darüber wurde zum Ausdruck gebracht, was in der Gruppe nicht möglich war. Ihren Desillusionierungsprozeß in der Gruppe verglich eine Teilnehmerin mit einer Liebesbeziehung. So sehe man zunächst alles durch eine „rosarote Brille", nach und nach stellten sich dann jedoch Ernüchterungen ein, einstige Liebesbeziehungen würden zur – mit einem Grauschleier überzogenen – Gewohnheit. Damit wurde der Mechanismus Idealisierung und Entwertung bildhaft auf den Begriff gebracht. Das Problem, sich nicht einlassen zu können, konnte nun thematisiert werden, weil das Ende vor der Türe stand. Es zeigte sich, daß die unbewußte Angst vor Abhängigkeit die Dynamik des Gruppengeschehens bestimmte. Da in der Gruppe in der Vorstellung Abhängigkeit ausschließlich als regressiver Zustand gesehen wurde, arbeitete ich die Notwendigkeit heraus, sich abhängig zu machen, um Intensität erleben zu können. Diese Thematik bezog ich auf die berufliche Situation der

Gruppenmitglieder, indem ich sagte: „Sie werden bei Ihrer Arbeit erleben, daß der Wunsch nach Intensität nur erfüllt wird, wenn die Jugendlichen sich einlassen, d. h. sich abhängig machen. Die Angst davor verhindert, daß sich in der Beziehung zwischen Ihnen und den Jugendlichen etwas bewegt."

Mir wurde deutlich, daß sich hinter dem Modus äußerer Angepaßtheit der Gruppe, der jedoch gleichzeitig ständig unterlaufen wurde, der Wunsch verbarg, etwas zu bekommen, ohne sich einlassen zu müssen. Gemäß Ausführungen über „Grundannahmen in Gruppen" (Sherwood 1964; Bion 1971; Sandner 1975 und 1986) entsprach das Verhalten der Gruppe dem sog. präödipalen Niveau. Gegen Ende des Gruppenprozesses wurde festgestellt, daß die Gruppe keine gemeinsame Geschichte verband. Massive Enttäuschung kam zum Vorschein, was in der Gruppe nicht möglich war, Ursachen dafür wurden jedoch von den einzelnen externalisiert (auf andere Gruppenmitglieder projiziert oder der psychoanalytischen Methode angelastet). Erneut manifestierten sich latente Aggressionen in Diskussionen darüber, was Selbsterfahrung eigentlich sei. Implizit wurde ich für die Frustrationen verantwortlich gemacht. Im folgenden richtete sich Enttäuschungswut in Form massiver Provokationen direkt gegen mich. Noch einmal brachte die Teilnehmerin, deren Erscheinungsbild thematisiert wurde, ihre Enttäuschung über die „Prüderie" der Gruppe zum Ausdruck, die ihr völlig unverständlich war. Insgesamt läßt sich sagen, daß die Gruppe durch Provokationen versuchte, Kränkung, Beschämung und tiefe Enttäuschung zu vermeiden, m. a. W., durch Subversivität wurde Trauer vermieden. Zunehmend rückte ich unverarbeitete Berufserfahrungen ins Blickfeld. Kränkungen und massive Entwertungserfahrungen konnten nun angesprochen werden, da sie thematisch sehr deutlich geworden waren. Nachdem ich eine Sitzung ausfallen lassen mußte, bestimmte erstmalig die Trennungsthematik die darauffolgende 61. Sitzung. Eine Teilnehmerin berichtete vom plötzlichen Tod ihrer Kinderfrau, der sie sehr irritierte. So meinte sie, sie wünsche sich im Unterschied zu deren Tod ein „anderes Ende", bei dem sie noch von allen Abschied nehmen könne. Ein Teilnehmer erinnerte sich an den plötzlichen Tod seines Vaters, von dem er noch so vieles habe wissen wollen. Phantasien über Verkehrstote tauchten auf. Eine Teilnehmerin erzählte vom Tod ihres Großvaters, der die Familie zusammengehalten habe, die jetzt auseinanderfalle. Eine andere erzählte Ähnliches über die Großmutter, deren Tod für sie den Verlust von Geborgenheit bedeutete. Nachdem ich die Gruppe auf das Hier und Jetzt orientierte, weinte eine Teilnehmerin; denn, so stellte sie fest, sie hätte die Gruppe noch so dringend gebraucht. Sehr deutlich wurde in diesem Zusammenhang die Gewaltsamkeit der Rahmenbedingungen, die den Gruppenmitgliedern nicht ermöglichten, das Ende selbst zu bestimmen. Gleichzeitig brachte diese Teilnehmerin jedoch auch ihre Wut darüber zum Ausdruck, daß sich einige so sehr gegen Selbsterfahrung „gesträubt" hätten. Im Gegensatz zu früher erlebte sie die Gruppe in dieser Sitzung als offen. Sie stellte sich die Frage, weshalb dies früher nicht möglich gewesen sei. Da die Gruppe darauf keine Antwort fand, sagte ich: „Vielleicht ist Offenheit und Nähe heute möglich, weil die Trennung vor der Türe steht.“ Ich kam auf Urlaubsepisoden zu sprechen, die häufig deshalb so intensiv erlebt würden, weil die Trennung vorprogrammiert sei. Über diese Feststellung mußte ein Teilnehmer lachen, denn derartige Episoden zählten zu seinen intensivsten Erinnerungen. Der andere Teilnehmer stimmte dem zu und meinte, er könne sich am ehesten öffnen, wenn er wisse, daß man sich nicht mehr wiedersehe, z. B. in der Kneipe. Nachdem die Vorstellung geäußert wurde, dies könne etwas Männer-Spezifisches sein, deutete ich die Psychodynamik in der Gruppe, indem ich darauf hinwies, daß sich diese überwiegend aus Frauen zusammensetzte: Vermeidung von Nähe durch Diskontinuität aus Angst vor Abhängigkeit.

In der Gegenübertragung kam es mir vor, als erlebte ich die Gruppe erstmalig aufgeschlossen und auf das Handlungsgegenüber bezogen. Sehr deutlich spürte ich Trauer darüber, daß dies vorher nicht möglich war.

Je näher das Ende rückte, desto mehr griff ein Problem Raum, auf das die Gruppe schon lange vorher hinwies, das sie dann jedoch wieder verdeckt halten konnte. Feierte die Gruppe bereits früher bestimmte Anlässe vor der Selbsterfahrung mit Sekt in der Küche, entstand nun folgende Situation, die zur Regel wurde: Vor den Sitzungen stand die Gruppe in der Küche und trank Sekt oder Wein, ein Bild, das an eine Stehparty erinnerte. Die Stimmung war entsprechend „locker“ und „heiter“, die oft zitierte „Lebendigkeit“, die – wie mir von der Gruppe mitgeteilt wurde – zu einem früheren Zeitpunkt in der Kneipe stattgefunden hatte, wurde nun vor meinen Augen inszeniert. Da sich zwischen mir und der Gruppe das unbewußte Zusammenspiel eingeschliffen hatte, daß ich die Gruppe in der Küche abholte, nahm ich immer deutlicher die latent aggressive Stimmung wahr, die mir dabei entgegengebracht wurde. Im wahrsten Sinne des Wortes fühlte ich mich als die Böse, die der Gruppe die Flasche entzog. Deutlicher hätte mir die Gruppe den Spaltungsmechanismus zwischen „guter“ und „böser“ Brust nicht vorführen können. Nach meiner Aufforderung zu beginnen, ließ mich die Gruppe zunehmend im Gruppenraum warten. Mir wurde von der Gruppe so starke latente Feindseligkeit entgegengebracht, daß ich in der Gegenübertragung mit Flucht reagierte, d. h. ich freute mich auf die Beendigung der Arbeit mit der Gruppe. Die Struktur wurde klar ersichtlich: Je mehr der Spannungsdruck angesichts der bevorstehenden Trennung stieg, desto mehr wurde getrunken, d. h. die Gruppe demonstrierte Suchtverhalten. Da ich die ausgefallene Sitzung nachholte, fand im folgenden eine Doppelsitzung (64./65. Sitzung) statt. Ich hatte mir vorgenommen, die Gruppe mit einer Intervention zu konfrontieren, die zum Ziel hatte, eine Alkoholismusproblematik zu thematisieren. Wenngleich ich davon ausging, daß bei den Einzelpersonen dieses Problem nicht vorlag, entsprach freilich die Psychodynamik in der Gruppe – Trinken, um Spannungsentlastung zu erfahren – der Dynamik einer Suchtstruktur. So kennzeichnet Fenichel (1975) alle Süchte als erfolglose Versuche, aktiv mit Schuld,

Depressionen oder Angst fertigzuwerden. (vgl. Fenichel, Psychoanalytische Neurosenlehre, Bd. II, S. 267)

Nun bekam für mich die Thematik Angst vor Abhängigkeit einen tieferen Sinn. Durch Trinken vor der Selbsterfahrung sollte eine persönliche Abhängigkeit vermieden werden. Als ich die Gruppe also vor besagter Sitzung aufforderte zu beginnen, erfolgte keine Reaktion. Die Gruppenmitglieder standen mit dem Sektglas in der Hand in der Küche und plauderten heiter-angeregt. Nachdem sich allmählich alle im Gruppenraum versammelt hatten, tauschten zwei Teilnehmerinnen noch Papiere aus und unterhielten sich darüber. Die Gruppe wartete. Als die Sitzung beginnen konnte, erinnerte ich an die vereinbarten Zeiten der Doppelsitzung, die eine Ausnahme darstellte. Eine der Teilnehmerinnen, auf die die Gruppe warten mußte, wies darauf hin, daß wir doch später begonnen hätten. Ich sagte nur knapp, ich hielte mich an unsere vereinbarte Zeit, worauf kurzes Schweigen erfolgte. Ein Teilnehmer meinte, er wolle erklären, weshalb er in der letzten Sitzung gefehlt habe. Er sei mit seiner Familie – seiner Lebensgefährtin, dem dreimonatigen Säugling und seiner dreijährigen Tochter – in Urlaub gefahren. Auf Wunsch der Dreijährigen habe man diese bei Verwandten, die auch Kinder hätten, abgegeben. Zu Dritt sei man weitergefahren. Das Zusammensein sei als „Beziehungsklärung" geplant gewesen. In diese Situation hinein sei ein Anruf erfolgt, sofort zurückzukommen, da die zurückgelassene Tochter während des Spiels mit anderen Kindern gestorben sei (sie litt an einem Herzfehler). Ich hatte den Eindruck, die Erzählung des Teilnehmers schlug angesichts der alkoholisiert-heiteren Stimmung, in der sich die Gruppe kurze Zeit vorher noch befand, wie eine Bombe ein. Die manische Stimmung hatte es nicht zugelassen, daß der Teilnehmer sich der Gruppe mitteilen konnte, obwohl er dem Zusammensein in der Küche beiwohnte. Um so schockierender wirkte nun die Mitteilung über das tragische Ereignis. Ganz offensichtlich wiederholte sich das, was der Teilnehmer in der Urlaubssituation erlebte – Botschaft über den Tod des Kindes – in der Gruppe als Inszenierung. Der Mechanismus der projektiven Identifikation, der sich in der Inszenierung spiegelte, war ein Hinweis auf die großen Kontaktschwierigkeiten, die in der Gruppe waren. Reagierte die Gruppe zunächst mit Lähmung, wurde dann die Situation eher traumatisch erfahren. So äußerte der andere Teilnehmer, bei der Mitteilung den Impuls gehabt zu haben, aus der Gruppe zu laufen. Er habe die Mitteilung über den Tod des Kindes deshalb besonders schwer ertragen können, weil er heute Geburtstag habe. Eine Teilnehmerin kämpfte gegen Müdigkeit, ein Hinweis also, daß das Ich überfordert war. Erneut wurden Verlassenheitsphantasien mobilisiert. So erzählte eine Teilnehmerin weinend von ihrer Vorstellung, die in letzter Zeit wiederholt aufgetaucht sei, sie könne mit ihrem Mann verunglücken und ihre Kinder als Waisen zurücklassen. Obwohl alle Gruppenmitglieder mit Ausnahme des Betroffenen weinten rsp. gegen Tränen kämpften, verdeutlichte jedoch die traumatische

Verarbeitung der Situation die Problematik, nicht trauern zu können. Ich war froh, daß mir in dieser Situation eine Doppelsitzung zur Verfügung stand, in der mir sicherlich nicht von ungefähr der Vater des verstorbenen Kindes gegenübersaß. Auf der Grundlage eines Traumes, den er nach dem Tod des Kindes hatte und sehr deutlich erinnerte, konnten Schuldgefühle, die auf verschiedenen Ebenen auftauchten, angesprochen werden. Latent ging es im Gruppenprozeß um die Frage, was es bedeutet, die Gruppe jetzt zu verlieren, die so lange Zeit nicht gewollt war. M. a. W., es ging um die heimliche Fragestellung des Umgangs mit dem Tod eines ursprünglich „ungeliebten Kindes" (Selbsterfahrung als „notwendiges Übel"). Die Selbsterfahrung war bildlich gesprochen ein ungewolltes Kind, das kein blühendes Leben hatte. Durch Subversivität wurde die Arbeit in der Gruppe unterlaufen. Obwohl ich neben Gefühlen von Hilflosigkeit und Ohnmacht auch Wut thematisierte, die entstehe, wenn man sich trennen müsse, wurde allerdings auch dieses Gefühl verleugnet. Massive Wut wurde allerdings gegen mich gerichtet, als ich die Gruppenthematik der letzten Sitzung aufgriff („Sie fühlen sich mit Ihren Problemen durch das Ende der Selbsterfahrung alleingelassen. Auch Sie müssen sich von der Gruppe trennen, obwohl Sie das nicht wollen"). Insbesondere eine Teilnehmerin empörte sich über meine „geschmacklose" Intervention, durch die eine Parallele zwischen dem Tod des Kindes und dem Tod der Gruppe konstruiert werde, die sie als „völlig an den Haaren herbeigezogen" zurückwies. Im Verleugnungsvorgang selbst spiegelte sich freilich sehr deutlich die Trennungswut, die in der Gruppe war. Die folgende Sitzung war bestimmt von der Thematik „Die Unfähigkeit zu trauern" (Mitscherlich/Mitscherlich). Beziehungsstörungen, die in der Gruppe sichtbar geworden waren sowie damit verbundene Schuldgefühle konnten jedoch jetzt thematisiert werden. So belasteten den Teilnehmer Aussagen seiner kleinen Tochter, die diese in letzter Zeit öfter gemacht hatte – sie wäre gerne ein Englein -, die er jedoch nicht ernst genommen hatte. Es wurde deutlich, daß er nur die Freude seiner kleinen Tochter über das neugeborene Geschwisterchen wahrnehmen wollte, ihre Neid- und Haßgefühle auf das Baby jedoch ausgeblendet hatte. In diesem Zusammenhang konnte thematisiert werden, daß es auch in der Gruppe schwerfiel, das Handlungsgegenüber ganzheitlich wahrzunehmen. In einer der letzten Sitzungen aktualisierte sich aufgrund äußerer Bedingungen noch einmal die Mißbrauchsthematik. Da den Gruppenmitgliedern ein Fragebogen mit der Bitte um Beantwortung ausgehändigt worden war sowie ein Gespräch zur Evaluation stattgefunden hatte, rückte zum ersten Mal in der Gruppe der Forschungsaspekt des Weiterbildungsprojekts ins Blickfeld. Erstmalig wurde es in diesem Zusammenhang einer Teilnehmerin möglich, über ihre latenten Ängste zu sprechen, die sie während der ganzen Zeit begleitet hätten und daran hinderten, sich wirklich einzulassen. Sie habe unbewußt immer das Gefühl gehabt, „erforscht" zu werden, d. h. mißbraucht zu werden. Nun sei ihr klar geworden, daß dies der Grund dafür war, sich verweigert zu haben. Ich war froh darüber, daß die Teilnehmerin ihre latente Angst noch ansprechen konnte, wenngleich diese nicht mehr bearbeitet werden konnte. Andere Gruppenmitglieder äußerten Neugier darüber, wie die Gruppe aufgrund der Auswertung wohl eingeschätzt werde. Die Selbsteinschätzung der Gruppe, die lange Zeit als „die tollste" phantasiert wurde, ließ nun auch kritische Aspekte zu: So habe sich die Gruppe zu sehr geschont, die Schweigephasen seien bedrückend gewesen.

Noch einmal kam eine Teilnehmerin auf den Unterschied zwischen der Supervision und der Selbsterfahrung zu sprechen. So habe sie in der Selbsterfahrung die „harmonische Abrundung" vermißt. Häufig habe die Selbsterfahrung so große Irritationen erzeugt, daß man im Anschluß daran mit den anderen in der Kneipe ein Bier gebraucht habe, um „einigermaßen harmonisch nach Hause gehen zu können." In diesem Zusammenhang konnte die Dynamik der Gruppe benannt werden, die in dem Versuch bestand, durch Alkohol Spannung zu vermindern. Ich sprach meine Beobachtung an, daß offensichtlich die Spannung in letzter Zeit so groß geworden war, daß auch vor der Sitzung getrunken werden mußte. Ich konfrontierte die Gruppe mit der Feststellung: „In einem streng medizinischen Sinn handelt es sich um Alkoholismus." Eine Teilnehmerin meinte ironisch, Alkohol löse die Gefühle, und dies sei doch gut für eine Selbsterfahrung. Ich deutete den Inhalt der Spannung als Angst vor Nähe, die durch Alkohol weggespült worden sei. Dadurch sei freilich Nähe verhindert worden. Ein Teilnehmer meinte, ihm sei durch den Kopf gegangen, daß der Tod des herzkranken Kindes symbolisch für die Gruppe stehe. Er sagte dazu: „Die herzkranke Gruppe ist gestorben, noch ehe sie sich entwickeln konnte." Ich erinnerte die Gruppe an die Phase, in der es sehr lange um die Frage gegangen sei, ob das Kind getragen werden könne, d. h. ob das „Gruppenkind" lebensfähig sei. Ich fügte hinzu: „Und am Schluß stirbt dieses herzkranke Kind." Damit orientierte ich die Gruppe auf die Vernachlässigungsthematik, die wiederholt angeklungen war. Eine Teilnehmerin sagte daraufhin erschüttert, sie finde das fast „unheimlich" mit dem Kind und der Gruppe. Durch die Phantasie, der Tod des herzkranken Kindes symbolisiere den Gruppenverlauf, wurde thematisiert, daß viel „Unheimliches", d. h. Ungeklärtes in der Gruppe war. Es wurden Hoffnungen und Projektionen in die Gruppe gebracht, die jedoch angesichts der Subversivität der Gruppe nicht bearbeitet werden konnten. So benannte die Teilnehmerin, die sich des mißbrauchten Jungen angenommen hatte, den Zusammenhang zwischen der Weiterbildung und der Übernahme der Verantwortung für das schwierige Kind. Einerseits habe ihr die Gruppe den Halt dazu gegeben, die Belastung auf sich nehmen zu können. Andererseits sei es ihr nicht möglich gewesen, ihre Belastung in der Gruppe zu bearbeiten. Es wurde also deutlich, daß die Gruppe zwar zur Entlastung diente, daß es jedoch den einzelnen schwerfiel, dazu beizutragen, die Gruppe funktionsfähig werden zu lassen.

In dieser Sitzung empfand ich die Stimmung in der Gruppe als sehr dicht und nahe, in meiner eigenen Trauer darüber, was nicht möglich war zwischen mir und den Gruppenmitgliedern, fühlte ich mich in Übereinstimmung mit der Gruppe.

Zusammenfassend läßt sich sagen, daß die Schlußphase des Gruppenprozesses sichtbar machte, daß die Abwehrformationen in der Gruppe einer kontinuierlichen Arbeit an den eigenen Anteilen kaum Raum gaben. Erst vor dem schützenden Hintergrund der endgültigen Trennung wuchs die Bereitschaft, sich einer Klärung psychodynamischer Zusammenhänge in der Gruppe zu öffnen.

5.1. Die Schlußsitzung: Die Ambivalenz der Subversivität

Die Gruppe stand in der Küche und trank. Die Stimmung war ausgelassen, lautes Lachen erfüllte die Wohnung, das Knallen von Sektkorken zum Zeitpunkt des offiziellen Beginns der Sitzung untermalte akustisch die szenische Darstellung. Ich entschied mich erstmalig dazu, weder die Gruppe in der Küche „abzuholen", noch im Gruppenraum auf sie zu warten. Ich blieb im Sekretariat. Zunächst einmal stand ich dem Geschehen nur staunend und kopfschüttelnd gegenüber. Je mehr der Heiterkeitspegel anschwoll, je länger das „muntere Beisammensein" anhielt, desto weniger konnte ich mir vorstellen, daß es noch zu einer gemeinsamen Arbeit kommen könne. Nachdem etwa zehn/fünfzehn Minuten vergangen waren, und mir schien, als habe „die Feier" ihren Zenit bei weitem noch nicht erreicht, stellte ich mich innerlich darauf ein, daß keine Sitzung mehr stattfinden werde. Zunehmend stellte sich auch bei mir Lustlosigkeit ein, die Arbeit mit der Gruppe aufzunehmen. In der Gegenübertragung entwertete ich die Gruppe, die, wie mir schien, meine Aufmerksamkeit nicht verdiente. So ging ich geschäftig daran, Routinearbeit zu erledigen; denn – im Unterschied zur Gruppe – wollte ich die Zeit unbedingt „sinnvoll" nutzen. Da ich jedoch nach einiger Zeit feststellte, daß ich – trotz meiner Aktivitäten rsp. meiner Aktivitäten aus Trotz – doch mit einem Ohr das Gruppengeschehen „draußen" mitverfolgte, setzte ich mich in einen Sessel und ließ die Szene auf mich wirken: Jetzt konnte ich dem Gefühl nachspüren, mich ausgeschlossen zu fühlen, ja, es entstand der Eindruck, in meinem Raum eingeschlossen zu sein. Da plötzlich der starke Wunsch auftauchte, der Gruppe nicht mehr begegnen zu wollen, konnte ich die Berührungsängste auf mich wirken lassen, die durch die Situation hervorgerufen wurden. Das szenische Arrangement bewirkte, daß ich mich wie ein ungebetener Gast auf einem Fest fühlte. Sehr deutlich konnte ich nun an mir selbst erleben, was es bedeutet, isoliert zu sein. Die Situation rief Gefühle der Ratlosigkeit und Resignation hervor, auf die ich mit Müdigkeit reagierte. Allmählich verkehrte sich allerdings das Bild. Jetzt drängte sich die Phantasie auf, ungebetene Gäste hätten sich meiner Räume bemächtigt. Der Impuls tauchte auf, diesen Übergriffen mit Gewalt (Rausschmiß) zu begegnen. In der Zeit, in der die Gruppe mich durch ihre Inszenierung ausschloß, erlebte ich also in der Gegenübertragung sehr deutlich folgende Gefühle: Entwertung, Trotz, Berührungsängste, Isolation und damit verbundene Resignation sowie Wut angesichts des Bildes über Bemächtigung, Gewalt und Übergriffshandlungen.

Nach einer halben Stunde nahm ich mit Verwunderung wahr, daß sich die Runde in der Küche plötzlich aufgelöst hatte. Das Lachen war abgeebbt, nur noch sehr verhalten waren Stimmen aus dem Gruppenraum zu hören. Der Gedanke, jetzt ist die Gruppe wieder „brav", drängte sich mir auf, und ich mußte darüber schmunzeln. Neugierig ging ich in den Gruppenraum. Die Gruppe war (nach langer Zeit wieder) vollständig, alle saßen in der Kreisrunde. Nachdem die Gruppenmitglieder untereinander noch einen Termin für ein gemeinsames Treffen nach der Weiterbildung ausgehandelt hatten, schwieg die Gruppe. Eine Teilnehmerin meinte lachend, es sei wie immer: Draußen sei es eben noch so lustig gewesen, jetzt entstehe wieder dieses betretene Schweigen. Da ich mit der Gruppe die Frage einer eventuellen Veröffentlichung des Gruppenprozesses klären wollte, durchbrach ich das Schweigen. Dabei griff ich die Ängste der Teilnehmerin auf, die sich auf das Thema Mißbrauch aus Forschungszwecken bezogen. Sie äußerte ihre Bedenken und interessierte sich dafür, wie der Inhalt einer Darstellung des Prozeßverlaufes aussehen könne. Eine Teilnehmerin schloß sich ihr an und brachte ihre Befürchtung zum Ausdruck, ich könne über Themen schreiben, die von der Gruppe ausgeklammert worden seien. Ich hob hervor, daß offensichtlich von dem, was verdeckt gehalten werden konnte, die größte Bedrohung ausgehe. Die Gruppe reagierte darauf mit schallendem Lachen. Ein Teilnehmer befürchtete, die Gruppe könne im Vergleich mit den anderen Gruppen schlechter bewertet werden. Ich erinnerte daran, daß diese Angst im Widerspruch zu der früher geäußerten Selbsteinschätzung stehe, die Gruppe sei die „tollste von allen". Ich deutete die Befürchtung als Wunsch, dieses Selbstbild, das zwar starken Zweifeln ausgesetzt zu sein scheint, aufrechterhalten zu wollen. Nur eine Teilnehmerin äußerte Bedenken in Hinblick auf den Arbeitgeber. Ich gab die Zusicherung, daß durch Anonymisierung selbstverständlich der Schutz der Person gewahrt werde. Die Gruppe einigte sich auf eine Zustimmung, allerdings unter der Voraussetzung, vor einer Veröffentlichung Einblick in die Dokumentation zu erhalten. Es müsse die Möglichkeit für Veränderungsvorschläge bestehen. Diesem für mich sehr einsichtigen Anliegen stimmte ich in bezug auf die Wahrung der Anonymität zu. Da äußerte eine Teilnehmerin plötzlich die Phantasie, es könnten nach Einsicht in den Bericht nochmals Gruppensitzungen stattfinden, um darüber zu sprechen. Diesen Gedanken nahm die Gruppe begeistert auf. In der konkreten Situation ließ ich die Möglichkeit offen, um das Ende der Selbsterfahrungsgruppe im Rahmen der Weiterbildung deutlich werden zu lassen. Heute erschiene mir eine Bearbeitung des Gruppenberichts (5 Sitzungen) unter neuen Settingbedingungen als durchaus sinnvoll. Im Anschluß an die Klärung der Frage einer Veröffentlichung wollte eine Teilnehmerin von mir wissen, wie ich den Gruppenverlauf einschätzte. Da die Gruppe den Wunsch sehr vehement unterstützte, ging ich darauf ein. Ich versuchte, einen Überblick über die einzelnen Phasen zu geben, und ging darauf ein, wie ich die Gruppe in der jeweiligen Phase erlebte. Im Zusammen hang mit der Darstellung der einzelnen Phasen kam ich immer wieder auf die einzelnen Gruppenmitglieder zu sprechen, durch die ein Gruppenthema sichtbar geworden war. Angst vor Nähe und die daran geknüpfte Angst vor Abhängigkeit benannte ich als wesentliches Gruppenthema. Ich ging auf den anfänglichen Angepaßtheitsmodus der Gruppe ein, der jedoch zunehmend unterlaufen worden sei. Als wesentliche Formen, Berührung zu vermeiden, deutete ich die Unregelmäßigkeit der Teilnahme und das Trinken. Ich ging darauf ein, daß durch die Vermeidung von Konfrontation die Verletzlichkeit und Scham einzelner, die sich auch hinter Provokationen verborgen hätten, nicht sichtbar werden konnten. Ich benannte die Subversivität als Charakteristikum für die Gruppe. In diesem Zusammenhang kam ich noch einmal auf das Schutzbedürfnis zu sprechen, das in der Gruppe deutlich geworden ist. Ich meinte dazu:

> „Das Schutzbedürfnis in der Gruppe war sehr groß. Sie wollten sich selbst schützen, indem Sie sich immer wieder entzogen haben. Damit haben Sie jedoch gleichzeitig verhindert, daß Sie ein Stück weit von Ihrer Belastung entlastet hätten werden können."

Da im Zusammenhang mit dieser Thematik in einer früheren Sitzung vom „Schutz der Gruppe vor den eigenen Problemen" die Rede war, griff eine Teilnehmerin diesen Aspekt noch einmal auf. So sei ihr klar geworden, daß sie die Gruppe vor ihren Problemen habe schonen wollen, weil diese ihr als zu massiv erschienen seien. „Draußen" sei sie sich manchmal wie eine „Aussätzige" vorgekommen, wenn sie über sich sprach. Daraus habe sie die Konsequenz gezogen, nichts mehr von sich zu erzählen. Daß diese Strategie verhinderte, in der Gruppe auch andere Erfahrungen machen zu können, wurde nun sehr deutlich. Ein Teilnehmer brachte sein Bedauern darüber zum Ausdruck, sich auf ihre manifeste Botschaft, sie wolle nichts von sich erzählen, eingelassen zu haben. Die gegenseitige Schonung konnte von der Gruppe als Mangel erlebt werden. Plötzlich wurde die Frage aufgeworfen, es müsse wohl alle Gruppenmitglieder etwas verbunden haben, das es möglich machte, so vieles auszuklammern. Da die Gruppe auf diese Frage keine Antwort finden konnte, benannte ich noch einmal Subversivität als wesentliche verbindende Gemeinsamkeit. Ich sprach noch einmal starke Wut- und Haßgefühle an, die zwar immer wieder sichtbar geworden seien, die dann allerdings wieder verdeckt gehalten werden mußten. In diesem Zusammenhang thematisierte ich den Spaltungsmechanismus, indem ich über meine Befindlichkeit sprach, wenn ich die Gruppe in der Küche abholte. Ich sagte dazu: „Ich kam mir dabei vor wie die böse Mutter, die ihre Kinder von der Flasche – Alkohol – wegreißt.

Ich hatte das Gefühl, die Nahrung, die ich Ihnen zu bieten hatte, haben Sie sehr stark abgelehnt".

Auf das Bild reagierte die Gruppe mit großer Zustimmung und Lebhaftigkeit. So erinnerte sich eine Teilnehmerin lachend daran, in der Küche einmal geäußert zu haben, daß mir eine „undankbare Sündenbockrolle" zugeschrieben werde. Ein Gruppenmitglied erinnerte sich daran, daß ich die Gruppe heute zum ersten Mal nicht in der Küche abholte, man habe sich erstmalig selbst in den Gruppenraum begeben. Eine Teilnehmerin meinte freilich dazu, dafür habe die Sitzung eben auch eine halbe Stunde später begonnen. Nachdem ich von einem Gruppenmitglied direkt gefragt wurde, ob das einen Grund habe, daß ich heute anders gehandelt hätte, sagte ich dazu:

> „Wissen Sie, zwischen uns hat ein heimliches Zusammenspiel stattgefunden, das mir heute erst richtig bewußt geworden ist. Sie wollten von mir abgeholt werden, und diesen Wunsch habe ich Ihnen erfüllt. Sie wollten, daß ich Sie vom Alkohol wegreiße, damit Sie mich dafür hassen konnten. Heute habe ich Sie zum ersten Mal wie Erwachsene behandelt, ich habe Ihnen die Entscheidung selbst überlassen."

Erneut fragte mich ein Gruppenmitglied direkt, weshalb wir nicht früher über dieses „heimliche Zusammenspiel" gesprochen hätten. Ich meinte dazu:

> „Weil Sie dafür gesorgt haben, daß Ihr Problem verdeckt bleiben konnte. Ihre Bereitschaft, genauer hinzusehen, ist erst heute in der letzten Sitzung groß. Sie haben es sehr gut verstanden – auch mir gegenüber – Ihr Problem zu verstecken. Sie konnten Ihr Thema in der Gruppe selbst bestimmen."

Auf diese Antwort reagierte die Gruppe mit sichtbarer Begeisterung. Freude, ja Stolz darüber wurden deutlich, daß es gelungen war, Wesentliches zu verbergen, um im Bild zu bleiben, „die Flaschen" zu verstecken. Gleichzeitig wurde jedoch ebenso deutlich, wie sehr die Gruppe bedauerte, Wesentliches ausgeklammert zu haben. Die Ambivalenz der Subversivität trat deutlich zu Tage: Es entstand Erleichterung und Bedauern darüber, das Geheimnis bewahrt zu haben. Am Ende der Sitzung sagte ich, daß Erkenntnisse über den Gruppenprozeß, wie sie heute besprochen werden konnten, auch den Inhalt einer Veröffentlichung darstellten. Als ich mich von den Gruppenmitgliedern verabschiedete, konnte ich wahrnehmen, wieviel mich mit den einzelnen verband. Obwohl die gemeinsame Arbeit schwierig war, vielleicht aber auch, weil die gemeinsame Arbeit schwierig war, hatte ich das Gefühl, viel mit der Gruppe erlebt zu haben.

Die Schlußphase läßt sich vor dem Hintergrund des gesamten Gruppenprozesses folgendermaßen zusammenfassen:

Je näher das Ende rückte, desto mehr geriet die Gruppe unter Spannungsdruck. Alkohol diente dem Versuch, Spannung zu vermindern, d. h. die Dynamik entsprach einer Suchtstruktur. Unter dem Abschiedsdruck wurde die passiv-narzißtische Problematik der Gruppe, die in einem unstillbaren Bedürfnis nach

Schutz und Aufrechterhaltung des Selbstgefühls bestand, agiert. Sekundär resultierte aus dieser Problematik die passive Aggressivität in der Gruppe, die sich in Subversivität manifestierte. Der Modus „demonstrieren und abdecken", der die Psychodynamik des gesamten Gruppenprozesses bestimmte, bezog sich also in der Schlußphase auf Impulshandlungen, d. h. die basale Problematik der Gruppe. Da es der Gruppe gelungen war, ihr Thema meinem bewußten Zugriff zu entziehen – es war mir immer wieder weggerutscht –, kann in diesem Zusammenhang von Kollusion gesprochen werden. Um so deutlicher wurde das Thema freilich, je näher das Ende rückte, agiert. In der Gegenübertragung entstand das Gefühl, das Problem mußte immer deutlicher in Szene gesetzt werden, bis ich es endlich verstand. Insgesamt kann also festgestellt werden, daß die massiven Wut- und Haßgefühle, die aus der anal-narzißtischen Problematik resultierten, durch passive Aggressivität (Subversivität) abgewehrt wurden. Gemäß dieser Abwehrstrategie verschärfte sich die Form der Subversivität (Trinken) in der Schlußphase, um Trennungswut abzuwehren. Damit verstärkte sich freilich das Gefühl, „wir sind nichts wert, ja wir sind unerträglich". Selbsthaß manifestierte sich in gegenseitiger Schonung rsp. selbstquälerischen Diskussionen. („Was ist Selbsterfahrung?") In der letzten Sitzung operierte ich kontrapunktisch gegen das Thema Abdecken, indem ich sehr offen mit der Gruppe sprach. Wenngleich ich durch meinen – für einen Gruppenprozeß – außerordentlich hohen Aktivitätsanteil dem Passivitätsmuster (Subversivität) der Gruppe entsprach, kam es mir allerdings darauf an, das überdeutlich gewordene Thema der Gruppe vor dem Hintergrund des gesamten Gruppenprozesses zu beleuchten. Indem ich dem Prinzip Abdecken Offenheit entgegensetzte („heimliches Zusammenspiel"), konnte ein Handlungsdialog entstehen. Damit wurde es möglich, noch einmal Ängste und damit verbundene spezifische Formen der Nichtberührung (Schonung; Subversivität) zu benennen. Da der Spaltungsmechanismus zwischen „guter"/„böser" Brust thematisiert werden konnte, wurde es möglich, den Hauptmechanismus, der in der Gruppe wirkte, die projektive Identifikation, ins Blickfeld zu rücken. Indem negative Erfahrungen in der letzten Sitzung von der Gruppe angenommen werden konnten, konnte Gift in gute Nahrung umgewandelt werden, d. h. es konnte Entgiftung (containing) stattfinden. Abschließend kann also festgestellt werden, daß Wesentliches in der Gruppe thematisiert, allerdings nicht mehr durchgearbeitet werden konnte. Ich verabschiedete mich von der Gruppe mit einem Gefühl, das mir die Schlußpassage eines Gedichts von Hesse in Erinnerung rief:

> „Es wird vielleicht auch noch die Todesstunde
> Uns neuen Räumen jung entgegensenden..."

IV. Der Selbsterfahrungsprozeß der Gruppe III: Die innovative Gruppe

Sylvia Buchen

1. Die spezifischen Rahmenbedingungen der Gruppe III

Die Weiterbildung – und damit auch die Selbsterfahrung – begann für die dritte Gruppe im April 1989 und endete im November 1990. Insgesamt fanden in diesem Zeitraum 58 Selbsterfahrungssitzungen statt. Die Gruppe setzte sich in der ersten Phase des Gruppenprozesses bis zur endgültigen Konstituierung (Januar 1990) aus sieben männlichen und fünf weiblichen Teilnehmern zusammen, die ebenfalls – wie in Gr. I und II – in unterschiedlichen Bereichen der Sozialarbeit und Sozialpädagogik mit benachteiligten Jugendlichen rsp. von Arbeitslosigkeit bedrohten jungen Erwachsenen arbeiteten (Jugendheim, Jugendhaus, Beratungsstelle im Jugendamt, Sonderschule, Fachschule, Projekte verschiedener Träger).

Nach der (relativ) langen Klärungsphase der Frage, wer zur Gruppe gehörte, bestand die Gruppe aus vier männlichen und drei weiblichen Gruppenmitgliedern. Im Unterschied zu Gr. II, in der weibliche Gruppenmitglieder absolut überwogen (sie bestand aus sechs weiblichen Gruppenmitgliedern und der Leiterin sowie aus zwei männlichen Teilnehmern), kann also in der Gruppe III von einer ausgewogenen geschlechtsspezifischen Zusammensetzung gesprochen werden. Ein signifikanter Unterschied zwischen den Gruppen ergab sich über die geschlechtsspezifische Zusammensetzung hinaus aufgrund der Rahmenbedingungen. Im Unterschied zu den Gruppen I und II, in denen wöchentlich eine Selbsterfahrungssitzung durchgeführt wurde, fand in Gr. III ein vierzehntägiger Turnus statt. Etwa alle sechs Wochen wurde ein Intensivwochenende durchgeführt, an dem samstags und sonntags zwei Selbsterfahrungssitzungen von jeweils neunzig Minuten stattfanden. Aufgrund organisatorischer Schwierigkeiten – es hatten sich bei weitem mehr Interessent/innen für die Weiterbildung beworben als vorgesehen – ergab sich ein Problem in bezug auf die Raumfrage. Da der Gruppenraum im Zentrum für psychosoziale Forschung und Beratung (ZFB) bereits durch die für die Weiterbildung eingeplanten Tage (Mittwoch und Donnerstag) von den beiden ersten Gruppen besetzt war, mußte die Weiterbildung für die Gr. III mittwochs in einem Raum der Universität durchgeführt werden.

Zu den Wochenendsitzungen standen freilich die Räume der Universität nicht zur Verfügung, d. h. diese Selbsterfahrungssitzungen wurden im ZFB durchgeführt. M. a. W., diese objektiven Schwierigkeiten – auf die Notwendigkeit der Konstanz des Raumes hat u. a. Foulkes hingewiesen stellten die Rahmenbedingungen des Gruppenprozesses dar. Darüber hinaus begann für die „außerordentliche" Gruppe der Anfangstermin später als für die beiden ersten Gruppen, demzufolge standen der Gruppe insgesamt weniger Sitzungen zur Verfügung als den beiden „erstgeborenen" Gruppen. Die Gruppe war also aufgrund der äußeren Rahmenbedingungen objektiv „benachteiligt". Auf psychodynamische Reaktionen im Umgang mit diesen spezifischen Rahmenbedingungen werde ich in meiner Darstellung explizit eingehen. Angesichts irritierender Rahmenbedingungen kam es in der Gruppe entsprechend früh zum Thema der Konfusion und damit verbunden zu Aufspaltung, eine Problematik also, die die Separationsthematik implizierte. Im Rückblick betrachtet bestimmten drei Phasen den Entwicklungsprozeß der Gruppe, der Eintritt in die jeweils neue Phase implizierte einen progressiven Entwicklungsschritt: die Phase der Identitätssuche (etwa ein dreiviertel Jahr), die Phase der Identitätsfindung sowie eine etwa ebenso lange andauernde Phase der intensiven Beschäftigung mit Trennung und damit verbundener Trauer und Wut. Da mit der Identitätsfindung der Gruppe gleichzeitig die Frage der Endlichkeit (Trennungsthematik) ins Blickfeld rückte, kann im Grunde genommen von zwei Phasen gesprochen werden: Die Phase der Identitätssuche sowie die Phase der Identitätsfindung. Da sich die Bearbeitung der Trennungsthematik in der Schlußphase explizit auf das Ende der Weiterbildung bezog, werde ich aus darstellungsökonomischen Gründen eine Dreiteilung des Gruppenprozeßverlaufs vornehmen. Im Rückblick kann festgestellt werden, daß das Thema der Separation leitmotivisch den gesamten Gruppenprozeß bestimmte.

2. Auswirkungen der spezifischen Rahmenbedingungen auf die Thematik der Gruppe

Der Gruppenprozeß begann am Freitagabend mit der ersten Sitzung eines Intensivwochenendes. Vor der Sitzung entstand der Eindruck, als sei die Gruppe schon sehr miteinander vertraut. Laute Lachsalven erfüllten die Räume, die Stimmung wirkte auf mich manisch. Unwillkürlich wurde ich an eine Wochenendfreizeitveranstaltung erinnert, bei der es gilt, den Alltag hinter sich zu lassen und möglichst rasch lockeren Kontakt zum Handlungsgegenüber herzustellen. Nachdem ich die Settingregeln vorgetragen hatte und erwähnte, daß sich die Gruppe aus zwölf Gruppenmitgliedern zusammensetze – eine Teilnehmerin fehlte –, griff ein Teilnehmer den Aspekt „Pünktlichkeit" auf. Lachend erzählte er von seiner Erfahrung mit einer Gesprächstherapiegruppe, die an der Unpünktlichkeit der Leute gescheitert sei. Aus seiner Erzählung ging hervor, daß er unter den Aspekt Unpünktlichkeit auch den Aspekt der Unregelmäßigkeit besagter Gruppe subsumierte, deren Scheitern er insbesondere dem Leiter anlastete, der mit der Situation überfordert gewesen sei. Seine heimliche Botschaft an mich, auch ich könne an seiner Unregelmäßigkeit scheitern, sprach ich an. Alle Gruppenmitglieder äußerten sich über die Notwendigkeit von Pünktlichkeit und Regelmäßigkeit als Voraussetzung für eine konstruktive Zusammenarbeit, Negativerfahrungen mit den Jugendlichen dienten zur Bekräftigung der eigenen Einstellung zu dieser Frage. Bezeichnenderweise beschäftigte eben jener Teilnehmer zu einem späteren Zeitpunkt die Gruppe mit seinem häufigen Fehlen und Wiederauftauchen. Da er für sich keine Entscheidung finden konnte und die Gruppe dadurch stark belastete, vollzog ich schließlich die Trennung. Ich werde darauf noch einmal zurückkommen. Eine Teilnehmerin wollte in dieser ersten Sitzung auch Genaueres über meine Rolle wissen, die ich erläuterte („Ich höre Ihnen zu, und wenn mir etwas dazu einfällt, dann sage ich Ihnen das.") Eine andere Teilnehmerin machte den impliziten Vorschlag, alle – also auch ich – könnten sich doch duzen. In diesem Zusammenhang kamen mir bereits in der ersten Sitzung Bilder aus der Studentenbewegung in den Sinn, die eine gewisse Nähe zur Gruppe erzeugten. Ich sagte jedoch, daß ich bei dem „Sie" bleiben wolle. Nun tauchte das Problem auf, man könne sich nicht mehr an die Namen der einzelnen erinnern. Kurzerhand zog eine Teilnehmerin einen Klebeblock aus der Tasche und forderte alle Gruppenmitglieder auf, ihre Namen auf die Zettel zu schreiben. Als alle mit Namenszetteln an die Kleidung geheftet erwartungsvoll dasaßen, jedoch niemand etwas sagte, mußte ich über das Bild lachen und sagte: „Vielleicht wollen Sie noch mehr voneinander wissen als nur Ihre Namen." Durch gemeinsames Lachen entspannte sich die Situation. Sehr offen berichteten jetzt die einzelnen über ihre Gefühle, die auf dem Weg zur Weiterbildung aufgetaucht waren: Vorfreude, Neugier, „Lampenfieber", Angst. Ein Teilnehmer wies darauf hin, daß seine Teilnahme auch mit „Opfern" verbunden sei, die die Hoffnung implizierten, es möge sich „lohnen", die Strapazen der längeren Fahrt auf sich zu nehmen. Er fügte hinzu, er habe eine anstrengende Woche hinter sich und zu Hause seine Frau und seine drei Kinder zurückgelassen. Allmählich kristallisierten sich Unterschiede zwischen den Gruppenmitgliedern heraus, die sichtbar wurden, da ich Angst vor der langen Wochenendsitzung thematisierte: Es zeigte sich, daß die einen mit großen Erwartungen und Hoffnungen gekommen waren, die auch Angst (u. a. vor Enttäuschung) beinhalteten („lohnt" sich der Energieaufwand?). Drei Gruppenmitglieder nahmen die Situation dagegen ganz „locker", eine Verfassung, die sich auch in der lässigen Sitzhaltung versinnbildlichte. Eine Teilnehmerin betonte, sie könne die Angst der anderen nicht nachvollziehen, da sie lediglich beobachten wolle, „was hier so abgeht". Einer der „munteren Sommervögel" berichtete, er sei noch in Urlaubsstimmung und eher auf einen Kaffeeplausch eingestellt. Dieser Wunsch spiegelte sich im Umgang mit den anderen. Mir kam das Erstgespräch mit diesem Teilnehmer in Erinnerung, bei dem er einen gehetzten und flüchtigen Eindruck auf mich gemacht hatte. Wie sich herausstellen sollte, konnte er sich auch später auf den Gruppenprozeß nicht einlassen.

Es kann also festgestellt werden, daß die diffus bedrohliche Anfangssituation Unterschiede in der Erwartungshaltung zu Tage treten ließ. Während drei Gruppenmitglieder mit „Flucht" durch besondere Heiterkeit, Flüstern miteinander, scherzende Zwiegespräche sowie einer zur Schau getragenen Lockerheit reagierten, stellte sich bei den anderen dagegen Angst ein, die jedoch – im Unterschied zu Gr. II – artikuliert werden konnte. Gegen Ende der Sitzung ging ich auf sichtbar gewordene Unterschiede in der Erwartungshaltung ein und benannte als Gruppenthema die Frage des sich Einlassens. Die Gruppe reagierte mit nachdenklichem Schweigen. In der Stille verschaffte sich lautes Magenknurren Gehör, das die Gruppe lachend zur Kenntnis nahm. Dem großen Hungergefühl, das sich durchsetzte, wurde durch vielfältige orale Wunschphantasien Nachdruck verliehen. Die Synchronie mit der Gruppe verdeutlichte mir mein eigenes Magenknurren.

Am nächsten Morgen fanden zwei Doppelsitzungen statt. Die Zusammensetzung hatte sich nicht verändert, alle waren pünktlich. Zwei Gruppenmitglieder brachten Kaffee für alle mit. Zunächst erfolgte ein kurzer Austausch über die Stimmung nach der ersten Sitzung. Alle betonten, guter Stimmung gewesen zu sein. Ein Teilnehmer berichtete von einer Art Hochgefühl, das er im Anschluß an die Sitzung gehabt habe und das ihn dazu motivierte, die Erfahrungen des Tages mit Sekt zu feiern. Zwei Gruppenmitglieder berichteten, daß sie bereits um 5 Uhr morgens aufgewacht seien, um keinesfalls „unpünktlich" zu sein. Eine Teilnehmerin, die sich angesichts der unstrukturierten Situation ganz offensichtlich für den Gruppenprozeß besonders verantwortlich fühlte, befragte alle nach ihrer beruflichen und privaten Situation und erhielt von allen eine kurze Antwort. Am Beispiel des Umgangs mit den eigenen Kindern kristallisierte sich die Thematik der Gruppe heraus: Wer ist für den Gruppenprozeß verantwortlich? Das Thema „Verantwortung" beschäftigte die Gruppe auch in den folgenden Sitzungen (Doppelsitzung am Sonntag). Sehr offen erzählte ein Teilnehmer über die frühe Verantwortung, die er als Kind für seine vier Jahre jüngere Schwester habe übernehmen müssen. Da er sich auch in besonderem Maße um die Gruppe kümmerte – er brachte Kaffee mit – konnte die Wiederholung seiner Kindheitssituation in bezug auf die Gruppe angesprochen werden. Am Ende der Sitzung, die vor der Schlußsitzung des Intensivwochenendes stattgefunden hatte, wurde ein Teilnehmer sichtbar unruhig. Er atmete tief, saß wie auf dem Sprung und teilte mit, unbedingt eine Zigarette rauchen zu müssen. Die Ursache seiner Anspannung und seiner Fluchtbewegung konnte in der folgenden Sitzung angesprochen werden. Die Vorstellung über das baldige Ende des Intensivwochenendes, so begründete er seine Verfassung, habe so große Unruhe in ihm hervorgerufen, daß er das starke Bedürfnis verspürt habe, die Gruppe umgehend zu verlassen, um eine Zigarette zu rauchen. Der Mechanismus, die Gruppe und die Gruppenleiterin zu verlassen, um nicht verlassen zu werden, hinter dem sich die orale Thematik („orale Gier") verbarg, gewann in der Schlußphase des gesamten Gruppenprozesses noch einmal an Bedeutung. Die sichtbar gewordene Verfassung des Teilnehmers gab Gelegenheit, Angst vor dem Ende des Intensivwochenendes zu thematisieren. Der starke regressive Sog, der angesichts des Setting entstanden war, bereitete entsprechend große Angst vor Trennung. In diesem Kontext betrachtet erwies sich die terminliche Planung, die nächste Selbsterfahrungssitzung bereits am folgenden Mittwoch durchzuführen, als außerordentlich sinnvoll.

Meine ersten Eindrücke über die Gruppe lassen sich wie folgt zusammenfassen:

Die Dynamik der Gruppe war gekennzeichnet durch einen relativ hohen Aktivitätsanteil – im Vergleich zu Gr. II – auf seiten der Gruppenmitglieder. Die Neigung zur Selbstorganisation sowie die Bereitschaft und Fähigkeit, Gefühle darzustellen, ließen bei mir ein Stück weit Vertrauen in die Fähigkeit der Gruppe zur Selbstregulation entstehen. Wenngleich sich hinter manchen Aktivitäten die Umkehr eigener Wünsche (Versorgung durch Kaffee) oder die Abwehr von Angst verbarg (Klebezettel; ritualisierte Form der Befragung), gaben sie jedoch Gelegenheit dazu, mit der Gruppe in einen Handlungsdialog einzutreten. Obwohl sich mir die Vorstellung aufdrängte, die deutlich gewordenen Unterschiede in der Erwartungshaltung könnten sich als problematisch erweisen – so wirkten die „munteren Sommervögel" streckenweise wie eine Subgruppe auf mich – stellte sich jedoch gegenüber der „Gruppe als Ganzes" bereits nach den ersten Sitzungen Sympathie ein.

Die folgende 6. Sitzung fand im Raum der Universität statt. Die Zusammensetzung blieb konstant (eine Teilnehmerin fehlte). Sehr schnell kam die Gruppe auf den Raumwechsel zu sprechen. Einzelnen drängten sich zunächst mehr oder weniger erfreuliche Erinnerungen an die Studienzeit auf, die in ausführlichen Erzählungen mitgeteilt wurden. Der Teil der Gruppenmitglieder, dem die Universität fremd war, schwieg dagegen beharrlich. Ließen die unterschiedlichen aneinandergereihten Episoden aus der Studienzeit zunächst eher eine manische Stimmung aufkommen, veränderte sich freilich allmählich das Bild. Eine Teilnehmerin, der zwar die Universität bekannt war, vermißte nun jedoch das „Höhlenmäßige" des anderen Gruppenraumes. Zunehmend setzte sich Bedauern über den Verlust in der Gruppe durch. Dieselbe Teilnehmerin erinnerte sich plötzlich daran, daß nun ja wohl die andere Gruppe in dem vertraut gewordenen Raum sei, von „Zwangsräumung" war die Rede. Die besondere Settingsituation der „benachteiligten" Gruppe ließ also früh Geschwisterneid virulent werden. Ein Teilnehmer bot sich an, für die Gruppe einen ganz neuen, „besseren" Raum zu suchen. Ich ging auf der Realebene auf die schwierige Situation ein. Gleichzeitig wies ich jedoch darauf hin, daß es interessant sei, genauer hinzusehen, welche Gefühle durch den Wechsel ausgelöst würden. Im folgenden reagierte die Gruppe somatisch auf die Diskontinuität des Raumes:

Ein Teilnehmer bekam angesichts der „schlechten Luft" einen anhaltenden Hustenanfall. Eine Teilnehmerin reagierte mit heftigen Beklemmungsgefühlen und rang nach Luft, da sie sich „eingeschlossen" fühlte. Sie stellte fest, daß sich die Fenster nicht öffnen ließen, darüber hinaus phantasierte sie, der „Hausmeister" habe uns eingeschlossen. Bei einem Teilnehmer wurden aufgrund des Kunststoffteppichbodens von der Gruppe gerötete Augen diagnostiziert.

Ich rückte den Kontrast zwischen den beiden Settingformen – Wochenendsitzungen und Mittwochssitzung – ins Blickfeld und orientierte auf Enttäuschung, die entstehe, wenn sich Nähe und Intensität, die am Intensivwochenende entstanden seien, nicht in der gewünschten Weise aufrechterhalten ließen. Eine Teilnehmerin erinnerte sich daran, zunächst im anderen Gruppenraum auch die Sonne vermißt zu haben, d. h. sie orientierte auf Geduld. Am Ende der Sitzung appellierte ein Teilnehmer an die Gruppe, unbedingt gemeinsam in die Kneipe zu gehen. Ich fragte ihn, ob er versuche, sich in der Gruppe das zu holen, was er heute hier schmerzlich vermißt habe. Die Gruppe reagierte auf meine Frage mit zustimmender Heiterkeit. In der folgenden Sitzung (nach 14 Tagen) fehlten vier Gruppenmitglieder. Erstmalig war die Teilnehmerin anwesend, die bislang gefehlt hatte. Von ihr nahm jedoch niemand Notiz, zu sehr war die Gruppe mit den Abwesenden beschäftigt. Während dieser Zeit saß die „neue" Teilnehmerin mit angezogenen Beinen auf ihrem Stuhl und umfaßte diese mit beiden Armen. Ich sprach ihre äußere Haltung an und fragte sie, wie es ihr in der Gruppe gehe. Sie gab zur Antwort, sie habe sich schon gedacht, daß das Intensivwochenende etwas in Gang gesetzt habe, woran sie nicht habe teilnehmen können. Zu einem späteren Zeitpunkt teilte eben diese Teilnehmerin der Gruppe ihre Beendigung der Weiterbildung in einem Brief mit, in dem sie zu verstehen gab, von mir und der Gruppe tief enttäuscht zu sein. Sie habe sich nie verstanden (integriert) gefühlt.

In den folgenden Wochenendsitzungen bestimmte die Thematik Konfusion/Separation das Gruppengeschehen. Eine Teilnehmerin erzählte über ihre Beziehung zu ihrer Tochter. Besonders irritierte sie die Wahrnehmung, daß ihre Tochter dieselben Fehler mache wie sie. Dies zeige sich insbesondere auch in der Partnerwahl, da der Freund der Tochter wie ihr eigener geschiedener Mann sei. Die Darstellung der Teilnehmerin über ihre Ich-Bindung an die Tochter (Fusion), die sich in der Vermischung der eigenen Partnerschaft mit derjenigen der Tochter spiegelte, verursachte allgemeine Konfusion in der Gruppe. Zunehmend konnte jedoch sichtbar werden, wie sehr die Teilnehmerin ihre Tochter unbewußt auf die Trennung von ihrem Freund orientierte, weil sie selbst über Jahre unter ihrer Ehe gelitten hatte. Nachdem die Ich-Thematik geklärt worden war, d. h. die Teilnehmerin Unterschiede zwischen sich und der Tochter wahrnehmen konnte, bestimmte in der folgenden Sitzung die Trennungsthematik das Gruppengeschehen. Jetzt konnte das Fehlen der vier Gruppenmitglieder in der Mittwochssitzung thematisiert werden. Eine Teilnehmerin beschrieb anschaulich ihr Entwertungsgefühl, das durch die Fehlenden hervorgerufen worden war. Sie habe sich „versetzt" gefühlt, d. h. es entstand der Eindruck, für die anderen nicht von Bedeutung – wertlos – zu sein. Aggressionen, die entstehen, sich „versetzt" rsp. verlassen zu fühlen, äußerten sich allerdings eher in verdeckter Form. So reagierte eine Teilnehmerin mit Schuldgefühlen auf die Mitteilung eines Teilnehmers, der ihr sagte, daß er sich wegen ihres Fehlens Sorgen um sie gemacht habe. Die Reaktion der Teilnehmerin gab Gelegenheit dazu, die verdeckte Aggression des Teilnehmers, die sich hinter der Vorwurfshaltung verbarg, anzusprechen. In den folgenden Sitzungen wurde immer deutlicher, daß die Gruppe Schwierigkeiten damit hatte, eine Identität zu entwickeln. Häufigeres Fehlen einzelner sowie lange Schweigephasen am Anfang und während der Sitzungen waren Ausdruck für die sich anbahnende Krise. Ein Teilnehmer machte angesichts der Spannung, unter der die Gruppe stand, den Vorschlag, wie in einem Theorieseminar einen „Themenkatalog" zu erstellen, um diesen dann der Reihe nach zu behandeln. Hierbei, so meinte er, könne er sich für das Thema „Familie" erwärmen. Die Gruppe reagierte auf den Vorschlag zustimmend. Eine Teilnehmerin sprach sich dagegen aus. Sie verglich die Gruppensituation eher mit einem „Familientreffen", bei dem sich Onkel und Tanten aus verschiedenen Richtungen begegneten und miteinander plauderten. In der Gegenüberstellung der Vorstellungen „Theorieseminar" versus „Familientreffen", die beide eine verzerrte Wirklichkeit abbildeten, spiegelte sich Polarität. Die Settingsituation (ZFB/Universität) ermöglichte der Gruppe, die latente Frage, „wer bin ich", in die äußeren Rahmenbedingungen zu projizieren. Deutlich trat zwar in dem Vorschlag, die „Familie" als Theoriethema bearbeiten zu wollen, die Abwehrform der Rationalisierung zu Tage. Gleichzeitig ließ der Vorschlag jedoch auch den Versuch erkennen, beide Pole zusammenbringen zu wollen. Das Problem der Spaltung stellte also ein wesentliches latentes Gruppenthema dar, das durch die äußeren Rahmenbedingungen aktualisiert wurde. In der folgenden 11. Sitzung informierte der „flüchtige" Teilnehmer die Gruppe über einen Bandscheibenvorfall, den er sich zugezogen habe. Während seiner Ausführungen hatte er seinen Pullover auf den Knien und wirkte wie auf dem Sprung. Er erläuterte, daß er angesichts seines angegriffenen Gesundheitszustandes früher gehen müsse, so lange die Fahrstühle noch in Betrieb seien. (Wir hatten bis zu diesem Zeitpunkt beim Verlassen der Universität die Treppe benutzt, da ich der irrtümlichen Meinung war, nach Schließung der Universität seien alle Fahrstühle außer Kraft gesetzt.) Wie nebenbei erwähnte der Teilnehmer, auch die Stühle im ZFB seien für seine Wirbelsäule besser. Auf diese Botschaft reagierte die Gruppe mit großer Lebhaftigkeit. Ich wurde gefragt, ob ich angesichts dieses „Härtefalls" nicht mit der anderen Gruppe sprechen könne, um diese von der Notwendigkeit eines Raumtausches zu überzeugen. Plötzlich machte ein Gruppenmitglied den Vorschlag, jetzt sofort ins ZFB aufzubrechen, um mit der anderen Gruppe zu diskutieren. Das Phantasieren über den gemeinsamen Aufbruch wurde mit einer derartigen Dynamik vorgetragen, daß ich einen Augenblick befürchtete, die Gruppe könne sich tatsächlich gleich „mit wehenden Fahnen“ auf den Weg machen. Ich fühlte mich an Protestformen aus der Studentenbewegung (Seminarsprengungen) erinnert. Plastisch malte ich mir aus, wie die Gruppe III (die Drittgeborenen) der Gruppe I durch ein „go in“ ihr Erstgeborenenrecht streitig machen könne.

Als die Aufbruchstimmung wieder abgeebbt war, konkretisierte ein Teilnehmer seine Vorstellungen, für die Gruppe einen anderen Raum in einem ihm bekannten Institut organisieren zu wollen. Dort befänden sich Tagungsräume im Erdgeschoß, so daß der Teilnehmer mit dem Bandscheibenvorfall problemlos teilnehmen könne. Darüber hinaus gebe es dort wie im ZFB eine Gelegenheit, Kaffee zu kochen. Nachdem die Gruppe sich zunächst begeistert auf die Phantasie eingelassen hatte, artikulierte eine Teilnehmerin ihre Bedenken. Sie richtete den Appell an mich, „den Schlüssel (der Universität) nicht aus der Hand (zu) geben“. Der „Härtefall“ verließ wie angekündigt während der Sitzung außerordentlich zufrieden den Raum, nicht ohne vorher einer Teilnehmerin zugezwinkert zu haben. Er hatte bewirkt, daß die Rahmenbedingungen sehr in Frage gestellt wurden. Nach seinem Weggehen entstand Schweigen (10/15 Min.). Im folgenden wechselte die Stimmung zwischen Niedergedrücktheit und latenter Aggression. In dieser Sitzung ist am deutlichsten die Problematik der Diskontinuität des Raumes sichtbar geworden. Am Bandscheibenvorfall des Teilnehmers wurde die Strukturstörung abgehandelt. Auf die deutliche Benachteiligung in der Raumfrage reagierte die Gruppe zunächst mit einer regressiven Tendenz, indem ein „Härtefall“ (Bedürftigkeit) geschaffen wurde. Die Phantasien über Agieren verwiesen dann freilich auf die Sprache der Adoleszenz. Hinter der Phantasie, die andere Gruppe aus dem Raum vertreiben zu wollen, verbarg sich Geschwisterneid und das Rivalisieren um den ersten Platz. Der Wunsch nach struktureller Veränderung erwies sich als zwiespältig gemäß der Adoleszenzthematik, dem Schwanken zwischen Bindung und Autonomiebestrebungen: Einerseits wollte die Gruppe den Rahmen sprengen, andererseits sollte die Gruppenleiterin „den Schlüssel nicht aus der Hand geben“. In dieser schwierigen Sitzung ging ich auf die Beiträge der Gruppenmitglieder weitgehend auf der Realebene ein, d. h. ich orientierte auf Probleme in bezug auf die Gesamtkoordination, die sich durch einen erneuten Raumwechsel ergeben würden. Der Teilnehmer mit Bandscheibenvorfall tauchte, wie zu erwarten war, trotz positiver Klärung des Liftproblems nur noch sporadisch auf. In den folgenden Sitzungen bestimmte weiterhin die Frage der Gruppengestalt den Prozeßverlauf. Regelmäßig fehlten einzelne Gruppenmitglieder, um so zwanghafter wurde der anschließende Kneipenbesuch organisiert. (Es durfte keiner fehlen!) Die Gruppe schwankte zwischen Emotionalität und Unemotionalität, genauer zwischen „warmer Höhle" im ZFB und „kalter Arbeit" in der Universität. Durch die Erzählung eines Teilnehmers konnte sichtbar werden, daß die Realisierung des Wunsches, die Berufs- und Privatrolle integrieren zu können, nicht gelang. Ja, der Versuch führte zur Vermischung beider Ebenen und erzeugte Chaos. Die Gruppe litt unter Polarität und konnte ihre damit verbundene Verfassung sehr anschaulich darstellen. Im Unterschied zu Gr. II, die Chaos agierte, konnte in Gr. III Chaos thematisiert werden. Als ich das Problem der Vermischung zwischen Arbeitsbeziehung und Privatbeziehung auch auf die gemeinsamen Kneipenbesuche bezog, die mittlerweile instituionalisiert worden waren, erfolgte ein vehementes Plädoyer für diese Form der Gemeinsamkeit: In der Kneipe könne man über Privates ganz locker sprechen, in der Selbsterfahrung sei es dagegen verkrampft. Schließlich treffe man sich am Wochenende, da müßten auch die Bedürfnisse nach Privatkontakten zu ihrem Recht kommen.

Die offensive Auseinandersetzung mit den Rahmenbedingungen veranschaulichte, daß diese nicht verleugnet wurden. Sehr deutlich trat zu Tage, daß die Gruppenleiterin mit der Einhaltung der Regeln den „paradiesischen" Zustand verhinderte. Die Teilnehmerin, die in den ersten Sitzungen gefehlt hatte, startete in dieser Zeit erste Angriffe auf die psychoanalytische Methode. Sie wies auf ihre Erfahrungen mit der Gestalttherapie hin, durch die schneller Emotionalität „in Gang" komme. In der letzten Doppel-Sitzung vor den Sommerferien fehlten sieben Gruppenmitglieder. Obwohl zunächst Verwunderung und Enttäuschung über die „kleine Gruppe" zum Ausdruck gebracht wurde, reagierte die Gruppe dann jedoch mit Neugier („etwas ganz Neues"). Eine Teilnehmerin, die bis dahin geschwiegen hatte, erzählte von ihrer Abschiedsstimmung aufgrund ihres Arbeitsplatzwechsels insbesondere einer Kollegin gegenüber. Sehr konzentriert und empathisch ging die Gruppe auf sie ein. Alle Gruppenmitglieder erzählten über Trennungen (vom Partner, von Freunden durch Stadtwechsel, von Kolleg/innen durch Arbeitsplatzwechsel etc.), die in der Erinnerung Trauer hervorriefen. Kränkung wurde angesprochen, wenn man feststellen muß, für die anderen an Bedeutung zu verlieren. Trennungswut, die auftauchte, richtete sich dann in massiver Form gegen die Fehlenden. Phantasien tauchten auf, ob nicht durch die 20%-Regelung die Abwesenden rausgeworfen oder zumindest „rausgeekelt" werden könnten. Gruppenmitglieder äußerten sich nun in der „kleinen Gruppe", die sich bis dahin sehr bedeckt gehalten hatten. Auch zwischen den Gruppenmitgliedern kam es im folgenden zu mehr oder weniger aggressiven Auseinandersetzungen. So fühlte sich die Teilnehmerin, die von ihrer Abschiedssituation am Arbeitsplatz erzählt hatte, durch die unterschwellig aggressive Vorwurfshaltung der Gruppe dazu veranlaßt, ihre lange Zurückhaltung zu rechtfertigen. Ängste konnten angsprochen werden, sich in einer größeren Gruppe mitzuteilen. Insgesamt kann also festgestellt werden, daß die „neue“ Situation widersprüchlich erlebt wurde. Einerseits entstand Wut aufgrund des Gefühls, verlassen worden zu sein. Andererseits fühlte sich die „kleine Gruppe“ wohl miteinander. In Umkehrung der Situation wurden diejenigen, die sich von der Gruppe durch Fehlen distanzierten, nun in der Phantasie „hinausgebissen“. Durch die allgemeine Feststellung, so schön sei es noch nie gewesen, trat Geschwisterneid offen zu Tage. Da die Gruppenmitglieder feststellten, die Gruppe noch nie so offen erlebt zu haben, konnte die „neue“ Erfahrung als „gute“ Erfahrung in die Ferien mitgenommen werden. Bedauernd wurde konstatiert, bisher zu vorsichtig miteinander umgegangen zu sein. Die Gruppenmitglieder trennten sich mit der Zielvorstellung, den anderen ihre in der Sitzung gewonnenen Einsichten nach den Ferien mitteilen zu wollen und in Zukunft mehr Offenheit in der Gruppe anzustreben.

3. Nach der Thematisierung des Spaltungsphänomens „Kerngruppe“ *vs.* „Randgruppe“ wurde Abgrenzung möglich

Nach der Ferienunterbrechung knüpfte die Gruppe an die letzte Sitzung vor den Sommerferien an. Ein Handlungsdialog zwischen „Kleingruppe“ und Fehlenden schuf die Voraussetzung für die Erzählung einer Teilnehmerin. Sie stellte einen Konflikt mit einer Freundin dar, die sich angesichts der Trennung von ihrem Partner zunehmend in eine für die Teilnehmerin belastende Richtung entwickelte (Hinwendung zu religiös Irrationalem). In der Gruppe wurde die wichtige Frage virulent, wieweit man sich von anderen (Freundschaften) abgrenzen müsse, um die eigene Entwicklung nicht zu gefährden. Orientierte ein Teil der Gruppenmitglieder die Teilnehmerin sehr stark darauf, sich selbst auf das Interessensgebiet der Freundin einzulassen (Anpassung), plädierte ein anderer Teil dagegen heftig für Trennung. In diesem Kontext aktualisierte sich die Angst eines Teilnehmers, verlassen zu werden. Wie sich später herausstellen sollte, basierte diese Angst auf traumatischen Kindheitserlebnissen (er wurde von der Mutter in ein Kinderheim gegeben). Die Angst davor, von der Gruppe „fallengelassen“ (ausgegrenzt) zu werden, brachte ihn dazu, sich als schwach anzubieten. In der Selbsterfahrungsgruppe wiederholte sich, was er auch am Arbeitsplatz erlebte: Er hob die Seiten hervor, die ihn unangenehm machten, und wurde abgelehnt. In der Haltung desjenigen, der signalisierte, „nehmt mich bitte auf, ich bin so schwach“, wurde er von der Gruppe heftig kritisiert. Er, der sein Problem – Verlustthema – offen benannte, bekam zunehmend eine Sündenbockfunktion. Denn für die „innovative“ Gruppe, die sich noch mit Ferientrennung und der damit verbundenen Frage beschäftigte, inwieweit noch Gemeinsames möglich sei (Anpassung an oder Trennung von der Freundin?), stand zunächst Nichtanpassung im Vordergrund. Obwohl es gelungen war, die Gruppe ein Stück weit für die Problematik des Teilnehmers zu sensibilisieren, erzeugte dessen abgewehrte Aggression jedoch Spannung. Eine Teilnehmerin erzählte in der folgenden Sitzung über ihre Schwierigkeiten mit einem Kollegen, der als Kehrseite der Medaille fungierte: Einen Repräsentanten seines Geschlechts, der sich durch seine unverhohlenen Aggressionsdurchbrüche durchzusetzen verstand und seine Umwelt „terrorisierte". Hinter der Kontrastierung der beiden Gegentypen – der Schwache/der Terrorist – verbarg sich die latente Frage, ob derjenige, der sich so schwach zeigte, vielleicht ein heimlicher Terrorist sei. Neigte die Gruppe zunächst dazu, sehr schnell auf „Abgrenzung" durch Nichtanpassung zu orientieren, veränderte sich zunehmend das Bild. Über mehrere Sitzungen bestimmte im folgenden das Problem, sich nicht abgrenzen zu können, das Gruppengeschehen. In unterschiedlichsten, sehr bildhaft zum Ausdruck gebrachten Konfliktdarstellungen (Konflikte mit den Eltern, mit den Nachbarn etc.) spiegelten sich Verstrickungen, die aus mehr oder weniger großen Schwierigkeiten resultierten, Ichgrenzen aufrechtzuerhalten. Es wurde deutlich, daß Nichtanpassung nur in Form einer radikalen Trennung phantasiert werden konnte. In dieser Zeit schwankte die Gruppe zwischen den beiden Konfliktbewältigungsstrategien „Anpassung" *vs.* „Flucht", die jedoch keine befriedigende Lösung aus den Konfliktsituationen bereithielten. Zunehmend konnte sichtbar werden, daß es sich bei diesen scheinbar unterschiedlichen Verhaltensmustern um zwei Seiten derselben Medaille handelte, die dazu dienten, Konfrontation zu vermeiden. Gleichzeitig kristallisierte sich heraus, daß sich durch eine hohe Fehlquote einzelner etwas Typisches in der Gruppe entwickelt hatte: Das Spaltungsphänomen zwischen – von der Gruppe so benannter – „Kerngruppe" und „Randgruppe".

Im Rückblick kann festgestellt werden, daß diejenigen, die in der Gruppe sehr schnell auf „Abgrenzung" (Nichtanpassung) orientierten, diese zunehmend durch Fehlen (Flucht) agierten. Mit immer deutlicher zum Ausdruck gebrachtem Ärger reagierte die „Kerngruppe" auf die Unverbindlichkeit der übrigen Gruppenmitglieder. So meinte eine Teilnehmerin, sie habe bereits in der letzten Sitzung vor den Sommerferien die Phantasie gehabt, „die Spreu möge sich vom Weizen" trennen. Die Reaktion der Gruppe (Ärger, Mißmut, Zweifel an den Entschuldigungsgründen der einzelnen) verdeutlichte mir die Krisensituation in der Gruppe. Das Besondere der („benachteiligten") Gruppe – wechselnde räumliche Bedingungen, ein anderer Turnus als in den anderen Gruppen – hatte bewirkt, daß ich das Problem der Diskontinuität der Teilnahme ein Stück weit aus dem Blick verlor. M. a. W., nach der Überwindung der Krise, die durch die Diskontinuität des Raumes hervorgerufen wurde, hatte ich im folgenden die Rahmenbedingungen zu wenig angesprochen. Um so deutlicher wurde mir mein Versäumnis durch die Gruppe ins Bewußtsein gerückt. Ich entschied in Absprache mit dem Supervisor der Kasuistik, die Gruppenmitglieder mit hoher Fehlquote zu kontaktieren (aus arbeitsökonomischen Gründen wurden sie vom Supervisor angerufen). Die Verleugnung von Verbindlichkeit beinhaltete eine manipulative Tendenz, die für den Gruppenprozeß zunehmend schädlicher wurde: Bei der hohen Fehlquote spielten einzelne mit der Extremsituation, die Entscheidung wurde unbewußt an die Institution delegiert. Das Festhalten an der Gruppe bei gleichzeitiger Unverbindlichkeit verwies auf ein Problem, das die Gruppe seit längerer Zeit beschäftigte: sich weder einlassen noch sich abgrenzen zu können. In der 21. Sitzung (Oktober) erinnerte ich an die 20%-Regelung. In der folgenden Sitzung machte sich ein Teilnehmer, für den die Weiterbildung auch „Opfer" (Verzicht) bedeutete, sehr eindeutig zum Anwalt einer kontinuierlichen Gruppenarbeit. Er teilte der Gruppe mit, daß er nach den Sommerferien eine Veränderung bei sich wahrgenommen habe. Zunächst habe er selbst nicht genau gewußt, ob er sich auf die Selbsterfahrung einlassen wolle. Er habe jedoch die Frage positiv für sich entschieden und wünsche sich deshalb Kontinuität in der Arbeit, d. h. in der Thematik. Er habe keine Lust, sich ständig zu wiederholen, um diejenigen, die so unregelmäßig kämen, über das Gruppengeschehen der letzten Sitzungen zu informieren. Er betonte, er wolle keine „Kerngruppe" und keine „Randgruppe", sondern eine stabile, arbeitsfähige Gruppe. Seine Position wurde von anderen Repräsentant/innen der „Kerngruppe" unterstützt. Eine Teilnehmerin, die wegen häufigen Fehlens angerufen worden war, sprach ihr Problem an. In dieser Sitzung erfuhr die Gruppe, daß sie schwanger war. Sie meinte, sie habe aus der Gruppe, auch wenn sie nicht regelmäßig teilgenommen habe, immer etwas für sich mitnehmen können. Auch wenn sie im Februar ein Kind bekomme, werde sich an ihrer Situation nichts verändern. Sie werde zwar weiterhin „unregelmäßig" kommen, auf die Gruppe wolle sie jedoch keinesfalls verzichten.

Wie sich im Laufe des Gesprächs herausstellte, wollte sie auch auf ihre zahlreichen anderen Aktivitäten im Rahmen von Parteiarbeit nicht verzichten. Sehr deutlich trat zu Tage, daß die orale Problematik – alle Angebote wahrnehmen zu müssen (sich „überfressen") – zur Folge hatte, nichts mehr richtig verdauen zu können. Im übertragenen Sinne wurde durch diese „Gier" kontinuierliche Arbeit verunmöglicht. Die manische Verleugnung der Depression verhinderte, sich wirklich einlassen rsp. abgrenzen zu können. Ein Teilnehmer teilte ihr offen sein Gefühl mit, sich durch ihr Verhalten „ausgenutzt" vorzukommen. Ein anderer Teilnehmer berichtete über die fundamentale Veränderung in seinem Leben, als er „ein Kind bekam". Eindeutig orientierte er sie darauf, wie notwendig es angesichts ihrer Schwangerschaft sei, Prioritäten zu setzten, d. h. sich auch von einem Vorhaben verabschieden zu können. Ich benannte das Gruppenthema als das Problem, sich weder einlassen noch sich trennen zu können. In der darauffolgenden Sitzung kam der „flüchtige" Teilnehmer, der ebenfalls vom Supervisor angerufen worden war, auf seine Situation zu sprechen. Zunächst verwies er auf den Anlaß seiner langen Unterbrechungen. Nach seinem Bandscheibenvorfall habe er sich noch einen Arm gebrochen. Allerdings habe er sich im Anschluß an das Telefonat gefragt, wieweit er in den Gruppenprozeß noch integriert sei. Die Teilnehmerin mit gestalttherapeutischer Erfahrung machte sich daraufhin zur Anwältin der Rechtfertigung von Unregelmäßigkeit. Sie meinte, eine Kontinuität in der Thematik sei nicht gegeben, da sie jede Sitzung als in sich abgeschlossen erlebe. Aus diesem Grund sei es unproblematisch, wenn einzelne immer wieder fehlten. Im folgenden entwickelte sich ein heftiger aggressiver Dialog zwischen dem Repräsentanten der „Kerngruppe" und denjenigen, die Fehlen rechtfertigten. Nachdem sich die Fronten zu verhärten drohten, veränderten die Repräsentant/innen der „Randgruppe" ihre Strategie. Mit wortreichen Beteuerungen, wieviel man trotz diskontinuierlicher Teilnahme doch immer aus der Gruppe habe mitnehmen können, wurde die „Kerngruppe" nun umworben. Im Werben um Akzeptanz spiegelte sich der Ausgeschlossenheitsmodus und der latente Neid auf das Gefühl der Zugehörigkeit. Immer drängender wurden die Bestrebungen, in der Unverbindlichkeit von der Gruppe angenommen zu werden. Mich erinnerten die unterschiedlichen Kampfstrategien um Anerkennung an eine gestalttherapeutische Übung, bei der eine „Außengruppe" die Aufgabe erhält, in den Kreis einer „Innengruppe" zu gelangen. (Auf der Grundlage von Rollentausch werden im Anschluß an die Übung die in der jeweiligen Situation entstandenen Gefühle beleuchtet). Ich teilte der Gruppe meine Phantasie über diese Übung mit und fragte, welche Gefühle mit dem Ringen um Akzeptanz verbunden seien. Nun konnten Aggressionen, die aus dem Gefühl resultierten, sich ausgeschlossen zu fühlen, unmittelbar angesprochen werden.

Der Teilnehmer, der in der ersten Sitzung im Zusammenhang mit den Settingregeln „Pünktlichkeit" und „Regelmäßigkeit" vom Scheitern einer Gesprächstherapiegruppe berichtete, verlieh seiner Empörung nachhaltig Ausdruck. Sehr heftig meinte er, er empfinde die Situation als „unerträglich" und „beschissen". Er führte aus, daß ihm bereits die letzte Sitzung die ganze Woche nachgegangen sei. Deshalb sei er heute gekommen, um der Gruppe mitzuteilen, daß er „vielleicht" aufhören werde. Er habe so viel zu tun und auf ihn komme „vermutlich" im kommenden Jahr so viel zu, daß er „wahrscheinlich" nicht mehr teilnehmen könne. Auf Nachfragen der Gruppe, ob bei den zahlreichen Aktivitäten nicht eine Prioritätensetzung möglich sei, hielt der Teilnehmer einen langen Monolog darüber, wie gleichermaßen wichtig alles sei. Da die Stimmung konfus zu werden drohte, ging ich auf die Abtönung seiner Mitteilung an die Gruppe ein und fragte ihn: „Sie sind gekommen, um der Gruppe mitzuteilen, daß Sie vielleicht aufhören werden, weshalb ‚vielleicht'?". Jetzt könne er das noch nicht sagen, antwortete er, die Pläne für das kommende Jahr erhalte er erst im Januar. Ich konfrontierte ihn mit der scharf formulierten Frage: „Und so lange wollen Sie die Gruppe noch hinhalten?" Erneut flammte der Konflikt über die unterschiedlichen Bedürfnisse auf. Die Teilnehmerin, die den Gruppenprozeß auf einer fragmentierten Stufe wahrnahm, rechtfertigte die Einstellung des Teilnehmers. Sowohl die schwangere Teilnehmerin als auch der „flüchtige"

Teilnehmer äußerten jetzt allerdings Verständnis für den Wunsch nach Kontinuität. Gegen Ende der Sitzung erinnerte ich an die Rahmenbedingungen der Weiterbildung („Merkwürdig, daß von Ihnen die 20%-Regelung nicht angesprochen wurde"). Das Erstaunen einzelner war groß. Ein Teilnehmer meinte, er wisse von dieser Regelung nichts. Ich konnte ihn daran erinnern, daß ihm bereits in der letzten Sitzung diese Regelung Schwierigkeiten bereitete. Es wurde sichtbar, daß bei dem Spiel mit der Extremsituation Abhängigkeit verleugnet wurde. Ich beendete die Sitzung, indem ich dazu aufforderte, vor dem Hintergrund des gruppendynamischen und institutionellen Aspekts noch einmal darüber nachzudenken, inwieweit die Fortführung der Weiterbildung noch sinnvoll erscheint oder nicht.

In der folgenden Wochenendsitzung teilte ich der Gruppe mit, daß die schwangere Teilnehmerin nicht mehr zur Gruppe gehöre. (Sie hatte ihre endgültige Entscheidung, die Weiterbildung zu beenden, in einem Brief mitgeteilt). Der „flüchtige" Teilnehmer sowie derjenige, der seine Entscheidung aufzuschieben versuchte, fehlten. Sie hatten im Anschluß an die vorangegangene Sitzung der Gruppe gegenüber geäußert, sie müßten „nachrechnen", ob sich die Teilnahme für sie noch lohne (Zertifikat). Die provokative Mitteilung, man müsse „nachrechnen", stellte eine Abwehrform dar, die keine Arbeitsbasis ermöglichte. Ich sagte der Gruppe, daß ich eine rasche Klärung herbeiführen würde. (Ich entschloß mich dazu, die Aggressivität der Grenzziehung zu leisten). In der Gruppe klärten sich zwei Motivationsebenen: Die Motivation, eine Qualifikation zu erwerben, sowie die Motivation am Gruppengeschehen. Sehr intensiv beschäftigte sich die Gruppe dann mit der Entscheidung der schwangeren Teilnehmerin. Besonders der Teilnehmer mit großen Verlustängsten bedauerte ihr Weggehen. Insgesamt kam die Gruppe jedoch zu der Einschätzung, die Entscheidung sei für die Teilnehmerin selbst hilfreich. Die Gruppe schwankte zwischen Trauer und Konsolidierungswünschen. Ängste darüber wurden geäußert, es könnten noch mehr weggehen. In der zweiten Sitzung des Intensivwochenendes fand ein erneuter Angriff auf das Setting statt. Eben der Teilnehmer, der sich wiederholt als schwach angeboten hatte und dadurch in eine Sündenbockrolle geraten war, teilte der Gruppe folgendes mit: Er habe mit einer Teilnehmerin in der Pause gesprochen. (Hierbei handelte es sich um die Teilnehmerin, die in den ersten Sitzungen fehlte und angesichts ihrer gestalttherapeutischen Vorerfahrungen die psychoanalytische Methode immer wieder in Frage stellte.) Sie seien zu der Einschätzung gekommen, daß mehr Nähe entstehen würde, wenn die Gruppe ein gemeinsames Wochenende auf dem Lande verbringe. Dort könne man spazierengehen, trinken, schlafen und kommunizieren. Eine gemeinsame Freizeitgestaltung sei ebenfalls eine wichtige Form von Selbsterfahrung. Die Teilnehmerin bekräftigte diesen Vorschlag. Sie ergänzte, daß ihr angesichts der Kürze der Zeit, die zur Verfügung stehe, um sich kennenzulernen, einzelne noch sehr fremd seien.

Die Gruppe reagierte auf den Vorschlag mit Ablehnung. Eine Teilnehmerin meinte dezidiert, die Diskontinuität des Raumes habe reichlich Stoff zu Irritationen geliefert, deshalb lehne sie eine Veränderung des Setting ab. Diejenigen, die das wollten, fügte sie hinzu, könnten im Anschluß an die Weiterbildung gemeinsam ein Bier trinken gehen. Ich benannte einen Widerspruch, der mir bei der Teilnehmerin mit dem Fremdheitsgefühl der Gruppe gegenüber aufgefallen sei: Einerseits habe sie das Bedürfnis nach mehr Nähe. Andererseits verhindere sie Nähe jedoch selbst durch Unregelmäßigkeit und Unpünktlichkeit. Da eben diese Teilnehmerin Fehlen mit der Begründung gerechtfertigt hatte, eine Kontinuität in der Thematik sei nicht gegeben, griff ich diese Aussage noch einmal auf. Ich sagte zu ihr:

> „Wenn Sie einen Prozeß des sich gegenseitigen Kennenlernens immer wieder unterbrechen, fehlt Ihnen etwas. Diese Teile der Unterbrechung gehen Ihnen verloren. Damit erleben Sie immer nur einzelne Bruchstücke mit der Gruppe, den Zusammenhang zwischen den Themen können Sie dadurch nicht sehen."

Die Teilnehmerin stimmte nachdenklich zu. Plötzlich entstand zwischen ihr und ihrem Bündnispartner ein ritualisierter Frage- und Antwortdialog, der dem Muster folgte, „ich möchte einmal wissen, wie ich auf Dich wirke". Sie teilte ihm mit, wie „offen" er auf sie wirke, und vice versa. Darüber hinaus bestätigten sich beide wechselseitig in ihrer wichtigen Funktion, den Gruppenprozeß voranzutreiben. Die Situation wirkte auf mich wie die klischeehafte Reproduktion einer gestalttherapeutischen Übung. Die Gruppe betrachtete sich die Inszenierung schweigend aus der Zuschauerrolle. Als die Teilnehmerin beabsichtigte, ihre „Selbsterfahrungs-Technik" der Reihe nach in der Gruppe in Anwendung zu bringen, reagierte eine Teilnehmerin mit Verweigerung und Ärger. Nun wurde auch sichtbar, wer die Initiatorin der Inszenierung war: Offensichtlich wurde sie mit Techniken abgespeist, ohne satt zu werden, jetzt speiste sie die anderen auf diese Weise ab. Die Stimmung wurde zunehmend gereizter. Als ich die veräußerlichte Form ansprach, mit der Nähe hergestellt werden sollte, griff mich der Teilnehmer heftig an. Er rechtfertigte sein Vorgehen mit der Begründung, man habe versucht, in der Gruppe etwas „in Gang zu setzen", was ich jedoch verhinderte. Je erregter der Teilnehmer über die Zurückweisung (der unverdaulichen Nahrung) wurde, desto mehr stieß er in der Gruppe auf Ablehnung. Beide Gruppenmitglieder repräsentierten also den Wunsch nach Nähe bei gleichzeitiger Angst vor Nähe; denn die technisierte Form der Kontaktaufnahme verhinderte, von der Gruppe angenommen zu werden. In der nächsten Sitzung thematisierten beide ihre tiefe Enttäuschung über mich und die Gruppe. Da der Teilnehmer bereits zu einem früheren Zeitpunkt über eine Konfliktsituation am Arbeitsplatz erzählt hatte, in der er ebenfalls um Anerkennung kämpfte und alles tat, um zurückgewiesen zu werden, konnte die Parallele sichtbar werden. Er erkannte den Wiederholungscharakter seiner vergeblichen Bemühungen.

Die Teilnehmerin teilte nach dieser Sitzung in einem Brief ihre Entscheidung zur Beendigung der Weiterbildung mit. In ihrem Schreiben brachte sie noch einmal ihre große Enttäuschung über die Selbsterfahrungsgruppenleiterin, den Supervisor sowie die Gruppe zum Ausdruck. Ebenfalls schriftlich teilten der „flüchtige" Teilnehmer sowie ein sehr schweigsamer Teilnehmer ihren Austritt mit. Dem unentschiedenen Teilnehmer, der seine Entscheidung von der Planung des nächsten Jahres abhängig machen wollte, teilte ich ihm mit, daß ich seine weitere Teilnahme an der Weiterbildung nicht mehr für sinnvoll erachte. Auffallend war, daß sich alle drei Männer der Diskussion in der Gruppe entzogen. Die schwangere Teilnehmerin thematisierte ihren Entscheidungsprozeß in der Gruppe in zwei Sitzungen. Die andere Teilnehmerin machte „Verbesserungsvorschläge" (gestalttherapeutische Übung), die jedoch von der Gruppe nicht angenommen wurden. Als sie feststellte, daß sie sich mit ihren Vorstellungen nicht durchsetzen konnte, verließ sie die Gruppe. Im Rückblick erscheint mir in diesem Zusammenhang eine Mitteilung dieser Teilnehmerin während des Erstinterviews als besonders erwähnenswert. Explizit hatte sie darauf verwiesen, wie intensiv sie sich bereits während des Studiums für die Arbeit mit „Randgruppen" interessierte. Darüber hinaus hob sie hervor, an ihrem Arbeitsplatz die einzige zu sein, die keine Schwierigkeiten mit extrem randständigen Jugendlichen habe.

Zusammenfassend läßt sich sagen, daß sich nach der Thematisierung des Spaltungsphänomens „Kerngruppe" *vs.* „Randgruppe" vier Gruppenmitglieder zur Trennung entscheiden konnten. Zwei Gruppenmitglieder nutzten die Form der Provokation („nachzählen"), um sich abzugrenzen. Zur Gruppensituation im Kontext beruflicher Identifizierungen ist zu sagen, daß die „Randgruppe" besonders stark mit der Psychodynamik der Klientel – Randständigkeit benachteiligter Jugendlicher – identifiziert war. Das Thema der „Randgruppe" läßt sich auf den Begriff bringen: Wir sind die Ausgeschlossenen. Aktive Verweigerung – das Agieren am Rahmen – verhinderte, von der Gruppe angenommen zu werden. M. a. W., durch Agieren wurde das Gefühl der Randständigkeit verstärkt. Drei der fünf Gruppenmitglieder, die sich von der Gruppe abgrenzten, hatten bereits Negativerfahrungen mit anderen therapeutischen Weiterbildungsveranstaltungen gemacht (Gesprächstherapie; Gestalttherapie). Der Inhalt der Angst, der zum Agieren am Rahmen unter Verleugnung von Abhängigkeit motivierte, war Angst zu bleiben, d. h. Angst vor Abhängigkeit. Innovation sowie die schnelle Orientierung auf Nichtanpassung durch „Abgrenzung" standen also im Dienste der Abwehr eben dieser Angst.

4. Die Identitätsfindung rückte auch die Grenze (das Ende der Weiterbildung) ins Blickfeld

Wie oben ausgeführt, ging es auch im Zusammenhang mit dem Spaltungsphänomen „Kerngruppe" *vs.* „Randgruppe" um die Frage der Identität der Gruppe (Gestalt). Die endgültige Klärung der Frage, wer zur Gruppe gehörte (Jan. 90) sowie die intensive Beschäftigung mit den Weggegangenen, führte zu Identitätsfindung. Die folgende Phase war gekennzeichnet durch Individuation, die sich in den anschaulich zum Ausdruck gebrachten biographischen Darstellungen spiegelte. Die Gruppe war vollständig und ließ sich sowohl empathisch als auch konfrontierend auf zum Teil traumatische Kindheitserlebnisse der einzelnen ein. Erstmalig erzählte ein Teilnehmer einen Traum, der sowohl auf der Ebene seiner gegenwärtigen Situation – seine schwierige Beziehung zu seiner Frau – als auch auf der Ebene des Gruppengeschehens bearbeitet werden konnte. Durch den Traum konnte sichtbar werden, daß der Teilnehmer über Jahre angesichts seiner Anpassung an die Bedürfnisse seiner Frau – Nebenbeziehungen gehörten zum konstituierenden Bestandteil der Ehe – seine Kränkung und seine Haßgefühle nicht zulassen konnte. Kompromißbildungen (wegen seines Sohnes, seiner Eltern etc.) in einer für ihn unbefriedigend gewordenen Beziehung verwiesen erneut auf das Problem, sich nicht wirklich abgrenzen zu können („Anpassung" *vs.* „Flucht"). In der folgenden 30. Sitzung konnte der Wunsch nach Versorgung thematisiert werden, den man sich insbesondere über den Umweg der „kleinen Krankheiten" erfüllte. Die große eigene Bedürftigkeit nach Versorgung, Geborgenheit und Nähe konnte insbesondere bei dem Teilnehmer sichtbar werden, der die Gruppe in der ersten Sitzung mit Kaffee versorgte. Wurde aus seiner Darstellung deutlich, wie sehr er sich um die Jugendlichen kümmerte, phantasierte er jedoch gleichzeitig, sich selbst einmal bei einem mehrwöchigen Kuraufenthalt rund um die Uhr von Kankenschwestern verwöhnen lassen zu wollen (Wunsch nach ständiger Befriedigung durch die „gute Mutter"). Es konnte also thematisiert werden, daß in der Umkehrung eigene Wünsche nach Versorgung gelebt werden, d. h. mit dem Impuls, sich zu kümmern, das professionelle Handlungsgegenüber – benachteiligte Jugendliche – gar nicht gemeint ist.

In der darauffolgenden Sitzung kam es ein letztes Mal zu einer Auseinandersetzung mit der psychoanalytischen Methode. Ein resümierender Gruppendialog über die Weiterbildung im allgemeinen und die Selbsterfahrung im besonderen wurde evoziert, da der Gruppe rsp. einer Teilnehmerin der „Zwischenbericht" des Forschungsprojekts ausgehändigt wurde. Dieser Bericht enthielt auch eine knappe Zusammenfassung des Gruppenselbsterfahrungsprozesses in allen drei Gruppen, so daß die Weitergabe streng genommen einen Verstoß gegen die Schweigepflicht darstellte. Mit den Auswirkungen dieses Problems wurde ich in der Selbsterfahrungssitzung konfrontiert, indem die Teilnehmerin der Gruppe ihre Eindrücke mitteilte, die sie aufgrund der Lektüre des „Zwischenberichts" gewonnen hatte. Zwei Aspekte benannte sie, die ihr in Erinnerung geblieben seien: Zum einen werde von den Leitern konstatiert, daß in allen drei Gruppen ein großes Theoriedefizit bestehe. Zum anderen werde die Gruppe als „aktiver" als die anderen charakterisiert. Nachdem die Gruppe mit Genugtuung und Überraschung zur Kenntnis nahm, daß die anderen Gruppen als „passiver" eingeschätzt worden seien, begann sie im folgenden ihren „eigenen Zwischenbericht" zu entwickeln. So wurde zunächst überlegt, inwieweit es sinnvoll sein könne, in der ersten Hälfte der Weiterbildung das Theoriedefizit aufzuholen, um in der zweiten Hälfte die Selbsterfahrung zu intensivieren. Der Teilnehmer, der bereits zu einem früheren Zeitpunkt vergeblich versuchte, gestalttherapeutische Übungen in der Gruppe in Anwendung zu bringen, griff noch einmal seine Vorstellungen auf. So hielt er es für sinnvoll, mehr „highlights" in Form körperorientierter „ganzheitlicher" therapeutischer Methoden in die Weiterbildung zu integrieren, um sich dadurch „körperlich" näher zu kommen. Die Gruppe reagierte auf seine Phantasie in bezug auf eine Veränderung der psychoanalytischen Methode mit Ablehnung. Eine Teilnehmerin fühlte sich erneut an Veränderungswünsche in bezug auf den Raum erinnert. Sie erklärte, daß für sie innovative Vorschläge in Hinblick auf die Methode der Selbsterfahrung in eine ähnliche – die Arbeit behindernde Richtung – gingen, die sie ablehnte. Ein Teilnehmer führte aus, welche Aspekte für ihn „highlights" in der Gruppe bedeuteten: Daß die Gruppe zu einer stabilen geworden sei, auch wenn dabei fünf Leute „auf der Strecke" geblieben seien, dies stelle für ihn ein „highlight" dar. Darüber hinaus begreife er als „highlight", daß der Mittwochstermin zu einem integralen Bestandteil seines Lebens geworden sei, auf den er sich jetzt freuen könne. Als sich alle Gruppenmitglieder über die positive Veränderung in ihrem Verhältnis zum Gruppengeschehen geäußert hatten, erinnerte ich an den Anlaß des Dialogs: den Zwischenbericht als Resümee über die „Halbzeit" der Weiterbildung. Eine Teilnehmerin brachte ihr Gefühl zum Ausdruck, das auch die Stimmung in der Gruppe wiedergab. Sie meinte, ihr komme die Situation eher wie ein „Neubeginn" und nicht wie „Halbzeit" vor. Angesichts der Aushändigung des Zwischenberichts erfuhr das latente Gruppenthema „Verstoß gegen die Schweigepflicht" im Gruppengeschehen nun eine Parallele. Das Problem einer mangelnden Grenzziehung zwischen Forschungstätigkeit und praktischer Arbeit mobilisierte in der Gruppe Ängste, die sich unmittelbar auf die Regelung der Schweigepflicht innerhalb des Selbsterfahrungsprozesses bezogen.

Sehr lebhaft brachte die Gruppe zunächst ihr Unbehagen über einen Teil der Weiterbildung zum Ausdruck, der von einem meiner Kollegen durchgeführt wurde. Nachdem die Gruppe sehr aktiv Handlungsstrategien entwickelt hatte, die Veranstaltung sinnvoller für sich zu nutzen, machten sich Ängste und Schuldgefühle breit. Phantasien wurden geäußert, ich könne mich mit dem Kollegen gegen die Gruppe verbünden und ihr damit den Boden für eine eigenständige Auseinandersetzung mit ihm entziehen. Darüber hinaus tauchte die Befürchtung auf, der Kollege könne sich dank meiner Vorwarnung so gut auf eine Konfrontation mit der Gruppe vorbereiten, daß er diese mit Theorie „erschlagen" werde. Ein Teilnehmer, der als Lehrer tätig war, erinnerte sich an Situationen aus seinem Arbeitsfeld. Wenn Schüler sich bei einem Lehrer über einen seiner Kollegen beklagten, so habe dies an der Schule häufig „böses Blut" erzeugt. Implizit brachte damit der Teilnehmer seine Angst darüber zum Ausdruck, seine in der Selbsterfahrung geäußerte Kritik an der „dritten Person" könne innerhalb der Weiterbildung zu einem Klima der Feindseligkeit führen, d. h. die „Familie" könne dadurch zerstört werden. Sehr heftig wurde im Anschluß an den Beitrag des Teilnehmers die Frage diskutiert, inwieweit es legitim sei, daß sich „Schüler" bei der Lehrerin über einen Lehrer beklagen dürften. Die Gruppe einigte sich darauf, die Frage positiv für sich zu beantworten, d. h. es wurde als notwendig erachtet, sich in der Selbsterfahrung auch kritisch über Erfahrungen in anderen Teilen der Weiterbildung austauschen zu können. Das Problem mangelnder Abgrenzung, das sich in der Aushändigung des Zwischenberichts an die Gruppe spiegelte, evozierte somit eine prinzipielle Fragestellung: Ist in der Selbsterfahrung als Teil eines integrierten Weiterbildungskonzepts der Schutzraum für Offenheit gewährleistet?

In dieser für mich schwierigen Situation ging ich – wie bereits an früherer Stelle im Zusammenhang mit Problemen, die aus den Rahmenbedingungen resultierten – auf Beiträge der Gruppenmitglieder weitgehend auf der Realebene ein. M. a. W., ich erinnerte die Gruppe an die vereinbarten Settingregeln – u. a. die Schweigepflicht –, an die auch ich mich gebunden fühlte. Die Situation verdeutlichte, wie unmittelbar Agieren in anderen Teilen der Weiterbildung in den Selbsterfahrungsprozeß einwirkte und Irritationen hervorrief. Es kann also festgestellt werden, daß ein Gelingen einer integrierten Weiterbildungskonzeption, wie sie von uns für den Bereich Sozialpädagogik/Sozialarbeit durchgeführt wurde, ein hohes Maß an Kooperationsbereitschaft auf seiten des Leitungsteams voraussetzt(e). Denn nur die persönliche Bereitschaft aller an der Weiterbildung beteiligten Leiter/innen ermöglicht(e) die gemeinsame Entwicklung von Konfliktbewältigungsstrategien, die im Rückblick einen „Verstoß gegen die Schweigepflicht" als Episode erscheinen lassen.

Durch Etablierung hatte die Gruppe die Innovation aufgegeben und konnte zur frühen Mutterthematik kommen, die die folgenden Sitzungen bestimmte. Nachdem sich für die Gruppe geklärt hatte, wer dazu gehörte, tauchten nun Fragen der Endlichkeit (der Grenzen) auf. So erzählte eine Teilnehmerin über einen sehr unerfreulichen Besuch einer Bekannten, nach dem sie sich „ausgelaugt" und „genervt" gefühlt habe. Obwohl die Bekannte eigentlich ganz „selbstsicher" und „dominant" wirke, werde die Teilnehmerin jedoch den Eindruck nicht los, diese brauche ihre Hilfe. Diese Wahrnehmung habe sie dazu veranlaßt, die Helferinnenrolle zu übernehmen. Nach deren Besuch habe sie sich allerdings emotional mißbraucht und vereinnahmt gefühlt, was zu starker emotionaler Verstimmung geführt habe. Im Zusammenhang mit der Erzählung über das frustrierende Zusammensein mit der Bekannten assoziierte die Teilnehmerin ihr Verhältnis zu ihrer Mutter, die sie ebenfalls als Zuhörerin mißbrauchen würde; denn diese habe auch die Angewohnheit, sie immer „vollzulabern". In der Darstellung ging es also um die Frage der Grenzziehung. Wut über ihre einseitige Anteilnahme an den Problemen der Mutter – in Umkehrung einer frühen Mutter-Kind-Beziehung – äußerte sich zunächst gegenüber einem Teilnehmer, der die starke Bindung der Teilnehmerin an die Mutter nicht nachvollziehen konnte. Sehr deutlich erkannte die Teilnehmerin freilich am Ende der Sitzung, daß die Situation, die sie „wehrlos" und ohnmächtig machte, Wut erzeugte. In der folgenden Sitzung setzte sich motivisch das Problem der mangelnden Abgrenzung fort. So entschuldigte ein Teilnehmer sein Zuspätkommen mit der Begründung, sein Sohn habe sich heute schlecht von ihm trennen können. Die Rekonstruktion der Situation ließ das Problem des Teilnehmers – die Projektion eigener Gefühle auf das Kind – deutlich werden: Die eigene Angst vor Getrenntsein hatte zur Folge, daß er sowohl seinen Sohn als auch die Gruppe frustrierte. Damit verhinderte er in beiden Beziehungssystemen die Realisierung seines Wunsches, Nähe herstellen zu wollen. In der Schlußphase aktualisierte sich das Problem des Teilnehmers – Angst vor Trennung (Symbiosewunsch) bei gleichzeitiger Verhinderung von Nähe (Angst vor Abhängigkeit) –, das sich hinter seinem Agieren verbarg und wurde vor dem Hintergrund traumatischer Kindheitserlebnisse einer Bearbeitung zugänglich. Auch die letzte Sitzung vor den Osterferien (sechswöchige Unterbrechung) war bestimmt von dem Thema der Endlichkeit. Der Teilnehmer, dessen Ehe auf Kompromißbildungen basierte, teilte mit, in den Osterferien eine Paarberatung aufsuchen zu wollen. Sehr deutlich trat zu Tage, daß sich hinter dem Beratungswunsch der Wunsch nach Unterstützung für eine endgültige Trennung von der Partnerin verbarg. Die relativ lange Ferienunterbrechung ließ darüber hinaus das Ende der Weiterbildung ins Blickfeld rücken. Ängste vor sowie Trauer über die Ferientrennung konnten zum Ausdruck gebracht werden. Assoziationen über den plötzlichen Tod anderer sowie die Beschäftigung mit der eigenen Endlichkeit machten die Trennungsthematik einer Bearbeitung zugänglich. Entsprechend freute sich die Gruppe auf das Wiedersehen nach den Ferien. In wechselseitigen Erzählungen über das in den Ferien Erlebte spiegelte sich die Zugewandtheit der Gruppenmitglieder untereinander. Der Umgang mit Angst und Wut, die entstehen, sich verlassen zu fühlen, konnte durch die Erzählung einer Teilnehmerin thematisiert werden. Sie hatte sich in den Ferien für eine „neue Weiterbildung" angemeldet, deren Ersatzcharakter deutlich werden konnte. Der Teilnehmerin wurde bewußt, daß sie mit der Anmeldung für eine neue Veranstaltung bereits das Ende der Weiterbildung antizipierte und Trauer vermeiden wollte. In diesem Zusammenhang konnte eine Konfliktbewältigungsstrategie der Gruppe sichtbar werden, die bereits in der ersten Wochenendintensivsitzung zum Vorschein gekommen war und die sich in der Schlußphase noch einmal aktualisieren sollte: die Gruppe und die Gruppenleiterin eher selbst zu verlassen, um nicht verlassen zu werden. In den folgenden Sitzungen (bis zur Wochenendsitzung vor den großen Ferien) bestimmte die Vernachlässigungsthematik das Gruppengeschehen. Aus der Erzählung einer Teilnehmerin wurde deutlich, von ihren Eltern als eigenständige Person kaum wahrgenommen worden zu sein. Der vor ihrer Geburt verstorbene Bruder war in der familialen Situation als idealisierte Figur stets präsent. Der Tod des Kindes, der von den Eltern nicht bewältigt worden war, wurde von der Teilnehmerin schuldhaft (depressiv) verarbeitet und führte zu dem Gefühl, den Ansprüchen der Eltern nie genügen zu können, d. h. immer zu wenig für die Eltern getan zu haben. Die Teilnehmerin reagierte mit Trauer auf ihre Einsicht, als Kind von der Mutter – zwischen deren Hyperaktivität im eigenen Laden einerseits und deren Migräneanfällen andererseits – nur bruchstückhaft wahrgenommen („verhackstückt") worden zu sein. Empörung, die sich in der Gruppe angesichts der Vernachlässigungsthematik Luft machte, konnte die Teilnehmerin selbst jedoch nicht spüren.

In der folgenden Sitzung erfuhr das Thema „emotionale Verwahrlosung" eine Parallele durch die Erzählung einer anderen Teilnehmerin. Sie berichtete über ihre Tätigkeit als Sozialarbeiterin, bei der sie einen vierjährigen epileptischen türkischen Jungen an eine „Pflegemutter" vermitteln mußte, da sich die eigene Mutter nicht um ihn kümmerte. Mit der Pflegemutterthematik wurde die funktionale Beziehung zwischen Mutter und Kind angesprochen. Da die Erzählerin allerdings auch ein „schreckliches" Bild von der Pflegemutter entwarf (gute Mütter gingen unter) wurde der Spaltungsvorgang und die damit verbundene Projektion der eigenen Aggression auf die „böse Mutter" deutlich. In der Wahrnehmung der schrecklichen Dinge in der Realität spiegelte sich die Externalisierung schlechter eigener Anteile. M. a. W., die eigenen Ängste vor der archaischen „bösen Mutter" verbargen sich hinter den Erzählungen über die schreckliche Realität. Es kann also festgestellt werden, daß sich die Gruppe in dieser Phase auf Regressionsniveau befand, dem archaische Ängste vor der „bösen Mutter" – vor der Gruppenleiterin – zugrundelagen. Der Spaltungsvorgang war, wie dies häufig der Fall ist, verbunden mit idealen Erwartungen nach einer alles befriedigenden Mutter. So konnte in der darauffolgenden Sitzung durch Erzählungen zweier Teilnehmer deutlich werden, daß jeweils ein Elternteil als nur gut rsp. nur schlecht erlebt wurde. Fungierte für den einen der Vater als idealisiertes Objekt, dem die „böse Mutter" gegenüberstand, war es bei dem anderen Teilnehmer gerade umgekehrt. Indem es beiden Teilnehmern möglich war, die eigenen Haßgefühle – Todeswünsche – gegenüber den jeweils als ganz „böse" erlebten Elternfiguren zu sehen, konnte Entgiftung stattfinden.

In der letzten Doppelsitzung (43./44.) vor den großen Ferien fehlten zwei Teilnehmerinnen. Ein Teilnehmer kündigte an, wegen eines Festes früher gehen zu müssen. Eine Teilnehmerin reagierte mit großem Ärger auf die Fehlenden. Sie betonte, wie wichtig eben diese letzten Sitzungen für sie seien, um von der Gruppe Abschied nehmen zu können. Ein Teilnehmer erzählte, er habe wegen der Sitzungen seinen Urlaub verschoben, deshalb mache es ihn ärgerlich, wie leichtfertig andere mit dem Gruppentermin umgingen. Er assoziierte zum Gruppengeschehen das Bild einer Fußballmannschaft, deren Erfolg von jedem einzelnen abhänge. Das Mannschaftsbild über die Gruppe, das der Teilnehmer vorbrachte, veranschaulichte, daß sich Gemeinsamkeit entwickelt hatte. Die Phantasie beinhaltete Vertrauen, aber auch die Anforderung, die an jeden einzelnen gestellt war. Ich benannte beide Aspekte und rückte im folgenden das Gefühl ins Blickfeld, das entsteht, wenn die Abhängigkeit von den anderen (Erfolg eines Teams) erkannt wird. War zunächst eher diffuser Ärger in der Gruppe, konnte dann jedoch Wut über diejenigen sichtbarer werden, die sich der Trennungssituation entzogen. Der Teilnehmer, der angekündigt hatte, die Gruppe wegen eines Festes zu verlassen, wurde nun direkt nach seinen Motiven befragt. Eine Teilnehmerin assoziierte dazu das Bild einer Bahnhofssituation, das sie an die Beziehung zu ihrem früheren Freund erinnerte. Dieser habe sich nie wirklich einlassen können, so sei sie immer diejenige gewesen, die ihm nachgewunken habe und sich in ihrer Trauer alleingelassen gefühlt habe. Der Teilnehmer griff die bildhafte Beschreibung der Situation auf und führte dazu aus, weshalb er immer dafür sorge, in der Rolle desjenigen zu sein, der sich im Zug befinde. Wenngleich der Teilnehmer nur andeutete, daß früher erlebte leidvolle Abschiedserfahrungen ihn zur Umkehrung der Situation veranlaßt hätten, konnte dennoch die Wiederholungssituation sichtbar werden. Ich deutete das Motiv, die Gruppe zu verlassen, als Angst vor Verlassenheitsgefühlen, d. h. als Vermeidung von Trauer und Wut. In der darauffolgenden letzten Sitzung fehlte der Teilnehmer wie angekündigt. Die Teilnehmerin, die sich im Zusammenhang mit der Trennungssituation an ihre frühere Beziehung zu ihrem Freund erinnerte, erzählte nun Genaueres. So habe der Freund über Jahre nur eine Beziehung auf Distanz zu ihr aufrechterhalten können. Im Rückblick bedauerte sie, zu lange Zeit Rücksicht auf seine Studiensituation genommen zu haben, ja, ihm eine Art „Sanatoriumssituation" geschaffen zu haben. Als sie zu der bitteren Einsicht gekommen war, über Jahre von ihm „hingehalten" worden zu sein, habe sie ihn verlassen. Die endgültige Trennung habe in ihrer Wohnung stattgefunden. Da sie Angst davor gehabt habe, er könne die Türe hinter sich schließen und sie alleine in der Wohnung zurücklassen, entschloß sie sich dazu, selbst wegzugehen. Die Erzählung erzeugte Wut in der Gruppe, die latent denjenigen galt, die sich nicht einlassen konnten. Insbesondere galt die Wut freilich dem Teilnehmer, der die Gruppe eben verlassen hatte. War in der Erzählung von „Sanatoriumsatmosphäre" die Rede, die die Teilnehmerin ihrem Freund schuf, weil dieser studierte, wurde damit auch die Situation in der Gruppe angesprochen, die eine implizite Frage an mich adressierte: Wurde im Zusammenhang mit der Weiterbildung, die ebenfalls eine Studiensituation darstellte, zu lange Nachsicht mit denjenigen geübt, die unzuverlässig waren, d. h. eine Beziehung „auf Distanz" führten? Aus einem „Sanatorium" wegzugehen, impliziert, für sich selbst zu stehen. M. a. W., es wurde die latente Frage aufgeworfen, die sich auf das Gruppengeschehen bezog, inwieweit die Gruppenleiterin zu lange tolerierte – eine „Sanatoriumsatmosphäre" schuf –, daß die Teilnehmer/innen sich in einer Studiensituation befanden. Ebenfalls thematisierte die Teilnehmerin in ihrer Erzählung, daß sie den Freund verließ, um nicht verlassen zu werden. Da eben jene Teilnehmerin sich in den Osterferien auch für eine „neue Weiterbildung" angemeldet hatte, konnte die Wiederholungssituation sichtbar werden. Da in der Sitzung Wut, die durch die Erzählung auf den Freund entstand, auch auf das Gruppengeschehen bezogen wurde, konnte durch Wut die Trennung eher bewältigt werden. Die letzte Ferientrennung vor der endgültigen Trennung, die – wie in allen Selbsterfahrungsgruppen – einen hohen symbolischen Wert bekommt, hatte gezeigt, daß der Gruppe das Abschiedsthema schwerfiel. Aus diesem Grund nahm ich mir vor, in der ersten Sitzung nach den Ferien die Thematik noch einmal aufzugreifen.

5. Die Schlußphase des Gruppenprozesses

Am Anfang der ersten Sitzung nach den Ferien rief ich noch einmal die letzte Sitzung vor der Ferientrennung in Erinnerung. Ich ging darauf ein, daß der Abschied ganz offensichtlich nicht leicht gefallen sei. Ein Teilnehmer schilderte in chronologischer Abfolge ausführlich seine Sommerferien, jede Episode beendete er mit den Worten, „das war noch nicht das Schlimmste." U. a. erzählte er über den Sterbeprozeß der Großmutter seiner Frau, den er begleitete. Als besonders bedrückend erlebte er seine Wahrnehmung, wieviel die Großmutter noch hätte sagen wollen, was ihr jedoch aufgrund medizinisch-technischer Hilfsmaßnahmen – „sie hing an Schläuchen" – nicht mehr möglich war. Durch die Erzählung rückte mit Macht das Ende der Weiterbildung ins Blickfeld, die Zeit also, die noch verblieb, um Unerledigtes zum Ausdruck zu bringen; denn eben der Verlust der Sprache als Kommunikationsmittel verursachte Angst. Da dieser Teilnehmer in der Sitzung – entgegen seiner sonstigen Gewohnheit – auffallend viel Redeanteile für sich in Anspruch nahm, konnte seine eigene Angst davor, Abschied nehmen zu müssen, ohne Wesentliches mitgeteilt zu haben, sinnlich erfahrbar werden. Insgesamt hatte sich im Gruppenprozeß das Bedürfnis eingestellt, nicht anzufangen, bevor die Gruppe vollzählig war. So wartete die Gruppe in der Regel (etwa 10 Min.), bis alle anwesend waren; denn es sollte insbesondere in der letzten Phase kein Gruppenmitglied fehlen. Die Schlußphase des Gruppenprozesses war gekennzeichnet durch die intensive Beschäftigung mit der Trennungsthematik, die sich in unterschiedlichsten Konfliktdarstellungen spiegelte. Der Teilnehmer, dessen Ehe auf einem Anpassungsmodus basierte, erzählte nun von der Trennung von seiner Frau. Auch wenn er den endgültigen Vollzug der Trennung – Umzug seiner Frau und seines Sohnes – noch einmal als schmerzvoll erlebte, stellte sich jedoch gleichzeitig Erleichterung und die Hoffnung auf einen Neubeginn ein. Mit Erstaunen konnte er zur Kenntnis nehmen, wie „gelassen" seine Eltern die Trennung aufgenommen hatten, deren Reaktion ihm in der Vorstellung besondere Sorgen bereitet hatte. Ambivalent waren seine Gefühle freilich seinem Sohn gegenüber, der den Tag des Umzugs als „schönsten Tag in seinem Leben" charakterisierte. Habe er zwar erleichtert wahrnehmen können, wie wenig der Junge unter der Trennung litt, sei dessen unmißverständlich zum Ausdruck gebrachte Freude über die Veränderung jedoch auch enttäuschend für ihn gewesen. Phantasien des Teilnehmers darüber, wie er die Beziehung zu seinem Sohn in Zukunft gestalten wolle, veranschaulichten Zuversicht und ließen den Schluß auf einen gut bewältigten Abschluß eines langwierigen und leidvollen Trennungsprozesses zu. Die positive Darstellung von Separation, die Potenzen für einen Neubeginn sichtbar werden ließ, motivierte zu Erzählungen, die Angst vor Trennung implizierten. So konnte bei einer Teilnehmerin sichtbar werden, wie stark sie mit Trauer und Wut auf die massiven Distanzierungsbestrebungen ihres Mannes reagierte, mit dem sie eine langjährige gemeinsame Geschichte verband. Gefühle wurden der Bearbeitung zugänglich, die entstehen, wenn Trennung – wider die eigenen Bedürfnisse – vom Handlungsgegenüber vorgegeben wird. In diesem thematischen Kontext rückte das vorgegebene Ende der Weiterbildung ins Blickfeld, das die Möglichkeit verstellte, ein für alle Gruppenmitglieder stimmiges Ende selbst zu wählen. Große Unterschiede in der Bedürfnislage der einzelnen traten zu Tage, die sich in den Phantasien über den Umgang mit dem bevorstehenden Ende der Weiterbildung spiegelten. Implizierte für einen Teilnehmer das Ende auch die Freisetzung von Kapazitäten für neue Aktivitäten, sahen hingegen drei Gruppenmitglieder der Trennung mit großer Angst entgegen. Ein Teilnehmer kam noch einmal auf seine Schwierigkeiten zu sprechen, die er damit hatte, sich von denjenigen Gruppenmitgliedern verabschieden zu müssen, die frühzeitig die Weiterbildung beendeten. Intensiv beschäftigte sich die Gruppe mit denjenigen, die sich nicht auf den Gruppenprozeß einlassen konnten. Ein Teilnehmer faßte die Notwendigkeit, sich mit Trennung abfinden zu müssen, wenn das Handlungsgegenüber dies wolle, in dem Bild zusammen, man könne denjenigen, der sich trennen wolle, nicht „mit Gewalt zurückhalten". Durch diese Feststellung konnte ins Bewußtsein rücken, wie häufig vergebliche Versuche, Nähe zu eben denjenigen Personen herstellen zu wollen, mit denen dies nicht möglich ist, von frühen Kindheitserlebnissen geprägt sind. So brachte ein Teilnehmer seine Einsicht über leidvolle Erfahrungen, die vom Wiederholungszwang gekennzeichnet waren, in dem Satz zum Ausdruck: „Ich finde es fatal, wie man immer wieder versucht, sich das zu holen, was man nicht bekommen hat. Man bemüht sich und bemüht sich, und es ist aussichtslos."

Zunächst machte sich in der Gruppe über diese Wahrnehmung die fatalistische Stimmung breit, es handle sich bei den Wiederholungssituationen um ein unentrinnbares Schicksal. Ich orientierte die Gruppe auf die Chance, die ein – wenn auch langwieriger – Prozeß der Bewußtwerdung leidvoller Kindheitserlebnisse in sich barg. M. a. W., ich setzte dem unbewußten Versuch, an das Handlungsgegenüber die Reparatur eigener Wunden zu delegieren, die Möglichkeit entgegen, selbstverantwortlich für sich Sorge zu tragen. In der folgenden Sitzung erzählte der Teilnehmer, der dazu neigte, die anderen eher zu verlassen, um selbst nicht verlassen zu werden, von der Beendigung einer leidenschaftlichen Liebesbeziehung durch ihn, da diese zunehmend seine Ehe zu gefährden drohte. Durch die Darstellung konnte sichtbar werden, daß eine Bindung über Jahre aufrechterhalten wird, wenn die Trennung nur auf der formalen Ebene gelingt, d. h. wenn ein inneres Abschiednehmen nicht stattfinden konnte. Durch die Erzählung einer Teilnehmerin kam in der darauffolgenden Sitzung mit Macht in die Gruppe, was nach der Trennung geschehen kann. Da es der Teilnehmerin schwerfiel, ihre Tochter als individuelle Persönlichkeit wahrzunehmen, führte deren Realitätsverlust bei einem Auslandsaufenthalt mit der Freundin zu massiven Ängsten vor Dekompensation auch bei der Mutter. Wie sich herausstellte, hatte die Tochter sich kurz vorher von ihrem Freund getrennt. In diesem Kontext erinnerte sich die Teilnehmerin an eigene leidvolle Erfahrungen in ihrer Ehe, die sie dereinst zu der Überzeugung führten, entweder sie trenne sich von ihrem Mann, oder sie werde „verrückt". Die Sinnkopplung entweder Trennung oder verrückt zu werden rsp. durch Trennung den Realitätsbezug zu verlieren (Tochter), verdeutlichte die Brisanz der Situation. Ein Stück weit wurde vorweggenommen, daß Trennung für sie die Gefahr der Desorientierung und Dekompensation in sich barg. Hinter ihrer zum Ausdruck gebrachten Vorstellung, eine Mutter-Tochter-Beziehung sei unauflösbar, verbarg sich auch die Furcht vor dem Ende der Selbsterfahrung in bezug auf die Gruppenleiterin. In dieser schwierigen Situation war ich froh darüber, daß mir eine Doppelsitzung zur Bearbeitung zur Verfügung stand. Stellte ich in der ersten Sitzung das Problem der Fusion in der Mutter-Tochter-Beziehung ins Zentrum der Analyse, rückte ich dagegen in der zweiten Sitzung mehr die Realebene ins Blickfeld, d. h. Überlegungen als Hilfestellung im Umgang mit der Tochter (Klinikaufenthalt, psychotherapeutische Behandlung etc. für die Tochter). In einer der letzten Sitzungen tauchte Bedauern darüber auf, was nicht möglich war. Eine Teilnehmerin stellte bedauernd fest, besonders über einen Teilnehmer wenig erfahren zu haben, zumal sie in der Sitzung fehlte, als dieser über seine Trennung von seiner früheren Freundin erzählte. Ich ging darauf ein, daß die Diskontinuität der Teilnahme im Rückblick Trauer und Wut darüber hervorrufe, daß manches nicht möglich war. Ein Teilnehmer warf in diesem Zusammenhang die Frage auf, inwieweit der Konsolidierungsprozeß in der Gruppe nicht hätte verkürzt werden können. Er äußerte den Eindruck, man habe sich bei der Thematik der Verbindlichkeit sehr lange im Kreis gedreht. Vielleicht, so gab er zu bedenken, hätte „von außen" doch jemand früher „auf den Tisch hauen" sollen, um den Selbstfindungsprozeß zu beschleunigen. Indem ich ihn direkt fragte, ob es ihn wütend mache, daß manches nicht möglich war, weil ich nicht früher durchgegriffen hätte, orientierte ich die Gruppe auf Selbstverantwortung. Besonders zwei Teilnehmer wünschten sich von mir eine Gesamteinschätzung darüber, wie die Gruppe sich anders hätte verhalten können, um zu einem früheren Zeitpunkt Intensität herbeizuführen. Obwohl auch Phantasien darüber auftauchten, man könne die Gruppe fortsetzen und mich und den Supervisor privat bezahlen, entstand jedoch insgesamt eher der Eindruck, als habe die Gruppe die Grenze (das Ende) akzeptiert. Der Wunsch, der an mich herangetragen wurde, eine Bilanz über den Gruppenprozeß zu ziehen, war verknüpft mit dem Anliegen, Erkenntisse in neue Gruppenzusammenhänge einbringen zu können. In der folgenden Sitzung fehlte ein Teilnehmer wegen Kreislaufbeschwerden. Da die Gruppe dessen Fehlen verleugnete und mit Nachdruck nur Positives zu berichten hatte, entstand ein auffallender Kontrast zwischen dem fehlenden Kranken und der Gruppe, der es insgesamt so gut ging. Da für diesen Teilnehmer der Trennungsprozeß aufgrund traumatischer Kindheitserlebnisse besonders schwierig war, repräsentierte seine somatische Reaktion nicht nur die Vermeidung von Trauer, sondern konnte auch als Ausdruck für Trauer verstanden werden.

Obwohl der Teilnehmer, der die Gruppe vor der letzten Sitzung vor den Sommerferien wegen eines Festes verlassen hatte, jetzt mitteilte, daß ihm der Abschied schwerfalle, reagierte eine Teilnehmerin wütend auf ihn. Es konnte also sichtbar werden, daß Wut noch einmal darüber auftauchte, was nicht möglich war. Gleichzeitig wurde jedoch auch die Schwierigkeit thematisiert, gegenseitig Sympathien zu äußern. Ich ging darauf ein, wie schwer es falle, Abhängigkeit zulassen zu können, weil diese schambesetzt sei, d. h. es wurde in der Gruppe – wie schon in Gr. II – deutlich, daß eine progressive Regression kaum vorstellbar war. In der letzten Mittwochssitzung fehlte ein Teilnehmer wegen einer Magen-Darm-Infektion. Der Teilnehmer, der in der vorhergegangenen Sitzung wegen Kreislaufbeschwerden fehlte, berichtete in für die Gruppe schwer nachvollziehbaren langwierigen Ausführungen über die „gestörte Kommunikation" an seinem Arbeitsplatz. Aggressionen, die gegen ihn in der Gruppe virulent wurden, konnten auf die Beziehungsstörung zwischen ihm und der Gruppe zurückgeführt werden; symbolhaft stand hierfür seine somatische Reaktion – „Kreislaufbeschwerden" –, die bildhaft Aufschluß darüber gab, daß der Kommunikationsfluß („Kreislauf") in der Gruppe unterbrochen war. Da der Teilnehmer in einer Sitzung vor seiner Krankheit sehr offen über seine Leiderfahrungen als Kind erzählt hatte – er wurde von seiner Mutter in ein Heim gegeben – konnte nun sein Problem sichtbar werden: Die Thematisierung seiner traumatischen Kindheitserlebnisse hatte zu Tage treten lassen, wie wichtig ihm die Gruppe geworden war. Scham vor Abhängigkeit und Angst vor Trennung verursachten also seine Vermeidungsstrategie, die in der somatischen Reaktion ihren Ausdruck fand. Gleichzeitig diente die Krankheit als Signal seiner Bedürftigkeit, d. h. an sie war der latente Appell geknüpft, die Gruppe möge sich um ihn kümmern. In dieser Sitzung konnte herausgearbeitet werden, wie sehr sich eben dieser Teilnehmer Nähe und Geborgenheit wünschte, und – in Umkehrung der leidvollen Kindheitssituation – sein Handlungsgegenüber immer wieder verließ. Die empathische Anteilnahme der Gruppe an seiner Problematik ermöglichte es dem Teilnehmer, die Erfahrung zu machen, trotz seiner „Schwäche" (Scham über seine „zerrütteten Familienverhältnisse") angenommen zu werden. Da die Gruppenmitglieder jedoch auch offen über ihre Aggressionen ihm gegenüber sprachen, die er durch sein Verhalten (Fehlen, Rationalisierungen) hervorrief, konnten ihm auch Abwehrstrategien bewußt werden, die verhinderten, Nähewünsche zu realisieren.

Im Zentrum der letzten beiden Sitzungen stand noch einmal das Thema der Selbstverantwortung. Durch die Erzählung der Teilnehmerin, deren Mann sich – gegen ihr Bedürfnis – von ihr trennen wollte, wurde erneut Wut mobilisiert, die sich latent auf das vorgegebene Ende der Selbsterfahrung bezog. Während die Teilnehmerin ihre Angst davor zum Ausdruck brachte, nach einer Trennung ganz alleine dazustehen, rückten dagegen die meisten Gruppenmitglieder den positiven Aspekt einer Trennung ins Zentrum der Betrachtungsweise. So wurden gelungene Beziehungstrennungen erinnert, die Kräfte freigesetzt hatten und einen Neubeginn ermöglichten. Im Kontext der Thematik Abschied/Neubeginn kehrten die Gedanken der Gruppenmitglieder zum Ausgangspunkt der Weiterbildung zurück. Alle erinnerten sich daran, welche Gefühle in der ersten Wochenendsitzung auftauchten rsp. wie auf die neue, unbekannte Situation reagiert wurde. Sehr deutlich erinnerten sich einzelne an ihre somatische Reaktion (starkes Herzklopfen; das Gefühl, „einen Kloß im Hals zu haben" etc.) auf die Bedrohung, die von der neuen Gruppe ausgegangen war. Diese Mitteilungen gaben Gelegenheit, eine Parallele zu somatischen Reaktionen auf Trennung (Kreislaufbeschwerden; Magen-Darminfektion) herzustellen, die damit der Bearbeitung zugänglich wurden. Beide Gruppenmitglieder, die in den ersten Sitzungen die Gruppe mit Kaffee versorgten, erkannten im Rückblick in ihren damaligen Aktivitäten den Wunsch, von der neuen Gruppe angenommen zu werden. Angst davor, ohne Vorleistungen nicht geliebt zu werden, motivierte die Versorgungshaltung. Wie sich herausstellte, reagierten alle Gruppenmitglieder mit Angst auf die unbekannte Situation, lediglich die Bewältigungsformen unterschieden sich. Da im Kontext der Thematik Abschied/Neubeginn unterschiedliche Angstabwehrformen dem Bewußtsein zugänglich wurden, griff Optimismus in der Gruppe Raum. Man kam zu der Einschätzung, in Zukunft bewußter und damit angstfreier mit unbekannten Situationen umgehen zu können. Im Zuge der Erinnerung an die Anfangssituation rückten ein letztes Mal diejenigen ins Blickfeld, die sich nicht auf den Gruppenprozeß einlassen konnten. Obwohl insbesondere der „flüchtige" Teilnehmer den Eindruck hinterlassen hatte, er sei „souveräner" als die anderen, relativierte die Gruppe nun ihre Sichtweise. Stolz und Zufriedenheit darüber konnten zum Ausdruck gebracht werden, die eigenen Ängste überwunden zu haben und sich auf das Abenteuer einer psychoanalytisch orientierten Selbsterfahrung eingelassen zu haben. Eine Teilnehmerin teilte ihre Wahrnehmung mit, auch ich hätte mich im Laufe des Gruppenprozesses verändert. So habe sie mich am Anfang eher angespannt erlebt, während ich ihr in letzter Zeit sehr locker erschienen sei. Ich bestätigte ihren Eindruck, indem ich meinen eigenen Veränderungsprozeß mit dem Zeitpunkt der Selbstfindung der Gruppe in Verbindung brachte. In diesem Zusammenhang erwähnte ich, daß es mir im Rückblick als Fehler erscheine, zu lange mit der Klärung, wer zur Gruppe gehörte, gewartet zu haben. Indem ich auf der Realebene auf Wahrnehmungen der Gruppe eingegangen bin, wurde ein Stück weit Übertragung aufgehoben. Durch die Erzählung eines Teilnehmers wurden in der letzten 58. Sitzung noch einmal Aggressionen zwischen den Gruppenmitgliedern mobilisiert. Er berichtete, daß nun seine Frau angesichts seiner Darstellungen über die Weiterbildung ebenfalls den Wunsch verspüre, eine ähnliche Weiterbildung zu machen. Obwohl der Teilnehmer für die Bedürfnisse seiner Frau Verständnis zum Ausdruck brachte, bedeutete für ihn das Ende der Weiterbildung gleichzeitig das Ende einer schönen Zeit, in der er von „häuslichen Pflichten" entlastet wurde. Seine Trauer darüber konnte ich vor dem Hintergrund seiner Biographie – er mußte früh Verantwortung für den jüngeren Bruder übernehmen – gut nachvollziehen. Die weiblichen Gruppenmitglieder solidarisierten sich jedoch eindeutig mit den Bedürfnissen seiner Frau, die Trauer des Teilnehmers ging dabei unter. In einer unterschwellig aggressiven Vorwurfshaltung wurde betont, wie legitim die Wünsche der Frau seien, jetzt endlich auch zum Zuge zu kommen. Der aggressive Tenor bewirkte die Polarisierung zwischen männlichen und weiblichen Gruppenmitgliedern, die durch die polare Gegenüberstellung – „Hausarbeit" *vs.* „Weiterbildung" – gekennzeichnet war. Die männlichen Gruppenmitglieder solidarisierten sich eindeutig mit dem Teilnehmer und fühlten sich angesichts der aggressiven Angriffe in der Phantasie von den Frauen zu sog. Hausfrauenarbeit genötigt. Ich deutete die Aggression in der Gruppe als Wut aller Gruppenmitglieder darüber, das Ende der Weiterbildung nicht selbst bestimmen zu können. Ein Teilnehmer brachte die Zustimmung der Gruppe mit den Worten zum Ausdruck, ein halbes Jahr länger hätte die Gruppe doch noch fortgeführt werden sollen. Die aggressive Stimmung wich nun Trauer, die sich in der anschließenden Schweigephase manifestierte. In der letzten Sitzung konnte somit Wut, die aufgrund der Begrenzung der Weiterbildung auf zwei Jahre entstand, thematisiert werden. M. a. W., Wut, die aus dem Konflikt der Gewaltsamkeit des Setting resultierte und auf die Austragungsebene des Geschlechterkampfes verschoben wurde, konnte auf ihre Ursachen zurückgeführt werden.

Zusammenfassend kann also festgestellt werden, daß in den letzten beiden Sitzungen des Intensivwochenendes zwei Aspekte im Zentrum der Bearbeitung standen: die somatische Reaktion auf Trennung sowie die bis dahin eher diffus aufgetauchte Trennungswut.

In der Schlußsitzung trat das Engagement der einzelnen für die Gruppe (die Gruppenkohärenz) zu Tage. Man war sich gegenseitig bei der Arbeitsplatz- sowie Wohnungssuche behilflich. Im Rückblick erwies sich somit die Organisations- und Innovationsbereitschaft der Gruppe nicht nur als Agieren, sondern es wurden auch für die Gruppenmitglieder konstruktive Aktivitäten entwickelt. Mit Freude nahm die Gruppe zur Kenntnis, daß trotz des Endes des Weiterbildungsprojektes das ZFB weitergeführt werde. Es sei gut zu wissen, so stellte die Gruppe fest, nicht alleine zu sein. Ich empfand Trauer, als ich mich von den einzelnen verabschiedete; denn die Arbeit mit der Gruppe hatte mir Spaß gemacht.

6. Zusammenfassung des Gruppenprozesses

Das Gruppengeschehen war zunächst gekennzeichnet durch die spezifischen Rahmenbedingungen der Gruppe III. Der Wechsel zwischen Intensivwochenendsitzungen und vierzehntägigen Wochentagssitzungen bewirkte eine extreme Pendelbewegung zwischen schnell entstandener Nähe und entsprechenden Distanzerfahrungen und -bestrebungen. Der Beginn des Gruppenprozesses auf der Grundlage fünf aufeinander folgender Sitzungen (Intensivwochenende) initiierte einen Prozeß, der Illusionen und Projektionen weckte, schnell Nähe und Intensität herstellen zu können. Sicherlich nährte die Wochenendveranstaltung ebenfalls Hoffnungen, der Aufspaltung zwischen Berufs- und Privatrolle entgegenwirken zu können. Wurde also durch das Setting einerseits der Prozeß des sich Kennenlernens forciert – Moeller spricht in diesem Zusammenhang von einem „halbstationären" Setting –, war andererseits in Analogie zur rasch entstandenen Nähe ein entsprechend hoher (therapeutischer) Energieaufwand erforderlich, die Phase des Getrenntseins zu bewältigen und zu bearbeiten. Angesichts der in beiden Gruppen sichtbar gewordenen Schwierigkeit, in diesem – wie auch in anderen – helfenden Beruf(en) zwischen Privat- und Berufsrolle unterscheiden zu können, würde ich im Rückblick für ein Setting plädieren, wie es in Gr. II vorlag. Der Spaltungsmechanismus in große Nähe *vs.* große Distanz wurde durch einen weiteren Faktor der Rahmenbedingungen – den Mangel der Konstanz des Raumes („Höhle" *vs.* „Theorieseminar") – verstärkt. Gleichzeitig läßt sich freilich konstatieren, daß durch die spezifischen Rahmenbedingungen ein wesentliches Gruppenthema – Abspaltung – in den Rahmen projiziert werden konnte und damit relativ frühzeitig sichtbar und der Bearbeitung zugänglich wurde. Die Phase bis zur Konsolidierung („Halbzeit") war somit gekennzeichnet durch die Identitätsthematik, die sich im Kampf um Grenzen (Agieren am Rahmen) sowie in Konfusion („Familientreffen" *vs.* „Familienseminar") spiegelte. Der Gruppenverlauf läßt sich somit charakterisieren als fortschreitender Abgrenzungsprozeß, der die Frage nach der Identität (Gruppengestalt) implizierte. In der Phase bis zur Konsolidierung bestimmte die manische Abwehr von Verlustängsten das Gruppengeschehen. Die manische Verleugnung der Depression – aufgrund unklarer Ich-Grenzen entstand ein Abwehr-Ich – spiegelte sich im Agieren am Rahmen. Hierfür stand beispielhaft die große Neigung zu Innovation und Selbstorganisation in bezug auf die Raumfrage und die Methode sowie das Spiel mit der Extremsituation angesichts hoher Fehlquoten einzelner. Die Verleugnung von Verbindlichkeit, bei der unbewußt die Entscheidung an die Institution delegiert wurde, intendierte die Verleugnung von Abhängigkeit; denn dazubleiben und sich einzulassen, d. h. sich abhängig zu machen, bereitete Angst. Ebenso repräsentierte die Einstellung, alles mitnehmen zu wollen rsp. nichts loslassen zu können (sich „überfressen"), die manische Abwehr von Verlustängsten, durch die wirkliche Abgrenzung verhindert wurde. Erst die Thematisierung des Spaltungsphänomens „Kerngruppe" *vs.* „Randgruppe" ermöglichte einen bewußten Schritt zur Trennung; denn diejenigen, die sich für die Beendigung der Weiterbildung entscheiden konnten, haben sich von der Gruppe abgegrenzt. Hierzu wurde auch die Form der Provokation („Nachzählen" der Fehlstunden) genutzt. Durch die Thematisierung des Spaltungsphänomens konnte Neid sichtbar werden, der zu dem Identitätsgefühl führte, das sich auf die Formel bringen läßt: Wir sind die Ausgeschlossenen. Im Verhaltensmuster der Repräsentant/innen der „Randgruppe" spiegelte sich somit am eindeutigsten die Identifizierung mit der Klientel, d. h. mit der Randständigkeit benachteiligter Jugendlicher. Im Vergleich mit den anderen beiden Gruppen kann festgestellt werden, daß die dritte Gruppe nach der Phase der Konsolidierung am wenigsten mit der Klientel identifiziert war.

Insgesamt kann also über den Gruppenprozeß gesagt werden, daß verschiedene Formen der fortschreitenden Abgrenzung zu Identitätsfindung führten. Durch Etablierung hatte die Gruppe die Innovation, d. h. die Verleugnung der Abhängigkeitsthematik aufgegeben und konnte damit zur frühen Mutterthematik kommen. Mit der Identitätsfindung, die mit der Klärung der Frage einherging, wer zur Gruppe gehörte, rückte auch die Grenze (das Ende der Weiterbildung) ins Blickfeld. Im Rückblick läßt sich also der Gruppenprozeß in zwei klar voneinander zu unterscheidende Phasen einteilen: die Phase der Identitätssuche und die Phase der Identitätsfindung. Der Übergang der Phase der Innovation in die Phase der Etablierung markierte einen wesentlichen psychodynamischen Entwicklungsschritt in der Gruppe. Indem durch Etablierung die

Abwehr der Abhängigkeitsthematik aufgegeben werden konnte, wurden Verlassenheitsängste, d. h. Angst vor Trennung der Bearbeitung zugänglich. Vor dem Hintergrund individueller Lebens- und Leiderfahrungen – Individuation – stellte sich nun die Frage der Separation auf erweiterter, d. h. bewußterer Ebene. Abschließend kann also festgestellt werden, daß verschiedene Formen fortschreitender Abgrenzung zu Ichfindung führten und somit die Trennungsthematik, die durch unterschiedlichste, facettenreiche Konfliktdarstellungen der einzelnen zum Ausdruck gebracht wurden, einer intensiven Bearbeitung zugänglich wurde. Insbesondere in der Schlußphase des Gruppenprozesses wurde es den Gruppenmitgliedern zunehmend möglich, sich vor dem Hintergrund des Wissens über unterschiedliche Bedürfnisse, Wünsche und Zielvorstellungen einzelner an die Gruppe aufgrund individueller Biographien empathisch aufeinander zu beziehen. Gleichzeitig ermöglichte die zunehmende Identitätsfindung die Artikulation und Klärung der Unterschiede, d. h. die Fähigkeit zur Abgrenzung wurde zunehmend spürbar. Das relativ hohe Aktivitätspotential der relativ kreativen Gruppe – im Vergleich zu Gruppe II –, das in der Phase der Konsolidierung insbesondere auch zur Abwehr diente, konnte in der Phase der Identitätsfindung zunehmend für die Arbeit in der konkreten Gruppensituation genutzt werden. M. a. W., in der Schlußphase bewegte sich die Gruppe auf einem reflexiv-interaktionellen Verhaltensniveau, wie es von Ohlmeier/Sandner (1979), insbesondere jedoch von Sandner (1986) modellhaft entwickelt wurde.

7. Resümee: Zur Professionalisierung sozialer Arbeit durch psychoanalytische Gruppenarbeit

Im Anschluß an die Darstellungen über den Gruppenprozeßverlauf in den beiden berufshomogenen Selbsterfahrungsgruppen sollen hier noch einmal zentrale Ergebnisse in bezug auf die professionstheoretische Ebene sozialer Arbeit zusammengefaßt werden. Durch die Darstellungen konnten sowohl Unterschiede in Hinblick auf die Psychodynamik als auch den gesamten Prozeßverlauf zwischen den Gruppen deutlich werden. Insgesamt kann jedoch gesagt werden, daß die gemeinsame Arbeit an problematischen interpersonellen Prozessen der frühen Kindheit, die angesichts spezifischer Konstellationen in den Gruppen wiederbelebt wurden, m. E. zur Erweiterung psychosozialer Handlungskompetenzen der Gruppenmitglieder in beiden Gruppen beigetragen hat. Nicht von ungefähr verwenden Ohlmeier und Sandner in bezug auf den Erwerb psychosozialer Kompetenz in psychoanalytischen Gruppen auch den Begriff „Schulung". Zu Recht verweisen die Autoren in diesem Kontext auf den langsamen Prozeß in analytischen Selbsterfahrungsgruppen. Die Autoren stellen hierzu fest:

> „Die Erfahrung mit der Ausbildung von Psychologen z. B. oder von Sozialpädagogen, aber auch von Psychoanalytikern zeigt, daß es eines längeren individuellen Prozesses, einer längeren Schulung bedarf, bis es möglich wird, den in der jeweils problematischen interpersonellen Situation (Gruppensituation) deutlich werdenden Affekt langsam zuzulassen und durchzuarbeiten, d. h. mit den bislang zugelassenen Affekten zu verknüpfen (ähnlich wie in der Entwicklung des Kinds allmählich die vielfältigen wahrnehmungsmäßigen, affektiven, kognitiven, handlungsmäßigen Anteile des Verhaltens integriert werden müssen)." (Sandner 1986, S. 95)

Zweifelsfrei ist die Effizienz psychoanalytischer Selbsterfahrungsgruppen im Rahmen einer ganzheitlichen Weiterbildungskonzeption schwer überprüfbar. Aufgrund begrenzter Forschungsmittel entzieht sich die für psychoanalytische Prozesse wesentliche Langzeitwirkung gänzlich der Überprüfbarkeit. Dennoch erhebt sich die Frage, welchen spezifischen Beitrag die gruppenanalytische Arbeit zur Professionalisierung sozialer Arbeit geleistet hat. Zur Beantwortung der Frage erscheint mir zunächst zur Kennzeichnung des Zugewinns psychosozialer Handlungskompetenzen durch die psychoanalytische Gruppenarbeit die Verwendung des Begriffs Schulung als sinnvoll. Insgesamt kann also gesagt werden, daß in den Gruppen eine „Schulung" zur Selbstreflexion auf der Grundlage der psychoanalytischen Methode stattgefunden hat. Darüber hinaus sollen jedoch noch einmal zentrale Themen in Erinnerung gerufen werden, die explizit eine Handlungsverknüpfung zwischen innerpsychischen Mechanismen und sozialpädagogischer Praxis erkennen ließen und in beiden Gruppen mehr oder weniger der Bearbeitung zugänglich wurden:

Im Zusammenhang mit der frühen Mutterthematik (Mangel an Nähe und Geborgenheit; Vernachlässigungsthematik) konnte in beiden Gruppen sichtbar werden, daß in Identifikation mit den benachteiligten (bedürftigen) Jugendlichen eigene Wünsche nach Zuwendung und Versorgung in der Umkehrung (Übernahme der „guten" mütterlichen Funktion) gelebt wurden (vgl. hierzu W. Schmidbauer [1975], „Die hilflosen Helfer"). Die „Ersatz"-Thematik (Gr. II) verdeutlichte, wie sehr die Jugendlichen zur Kompensation eigener unerfüllt gebliebener Wünsche und Bedürfnisse nach Versorgung funktionalisiert wurden (narzißtische Reparatur). In der Gruppe III wurde darüber hinaus die Spaltung zwischen Privat- und Berufsrolle dargestellt. Der Versuch, beide Rollen zu integrieren, führte zu Konfusion („Chaos") am Arbeitsplatz. In beiden Gruppen wurde die Vermischung (Fusion) der Rollen auf die Identitätsproblematik zurückgeführt, d. h. die Re-inszenierung eigener Defiziterfahrungen im interpersonellen Geschehen mit den Jugendlichen wurde mehr oder weniger der Bearbeitung zugänglich.

In beiden Gruppen beherrschte Angst vor Nähe und – damit verbunden – Angst vor Abhängigkeit das Gruppengeschehen. Die daraus resultierende Diskontinuität (Vermeidung der Vollständigkeit: Gr. II; „Randgruppen"-Problematik: Gr. III), die in beiden Gruppen als signifikante Vermeidungsstrategie von Nähe fungierte, konnte ebenfalls auf die professionelle Ebene bezogen werden: Litten die im sozialen Bereich Tätigen zwar unter dem Problem, daß sich benachteiligte Jugendliche nur schwer auf das Beziehungsangebot einlassen können, d. h. unter der Unverbindlichkeit dieser Jugendlichen, wiederholte sich im Gruppengeschehen in der Umkehrung eben jenes Verhaltensmuster. Diese Wiederholungssituation interpersonellen Geschehens (unbewußte Identifizierung mit der Klientel) wurde ebenfalls mehr oder weniger dem Bewußtsein zugänglich.

In beiden Gruppen wurden zunächst Trauer und Wut, die aus z. T. massiven individuellen Kränkungs-, Beschämungs- und Enttäuschungserfahrungen resultierten, abgewehrt. Entsprechend wurden Aggressionen verleugnet, die durch die Arbeit mit der spezifischen Klientel erzeugt wurden (narzißtische Wut aufgrund von Entwertung). Durch die Arbeit an problematischen interpersonellen Prozessen der frühen Kindheit konnten Aggressionen auch gegenüber den Jugendlichen zunehmend zugelassen werden, die vorher schuldhaft verarbeitet wurden. Damit wurde es möglich, das Handlungsgegenüber differenzierter wahrzunehmen, d. h. sich im Beruf besser abzugrenzen.

Indem Bewältigungsstrategien sozialer Arbeit (Selbstaufgabe oder Flucht: Gr. II; Anpassung oder Flucht: Gr. III), die in den Gruppen vorherrschten, einer kritischen Überprüfung zugänglich wurden, stellte sich die professionelle „Gretchenfrage" (Gr. II) des Umgangs mit der Klientel auf erweiterter Stufenleiter: Beide polaren Verhaltensmuster konnten als Strategien zur Vermeidung von Konfrontation (Selbstkonfrontation) ins Bewußtsein rücken. Es könnte sogar sein, daß sich für das eine oder andere Gruppenmitglied die Frage nach der Religion, um im literarischen Bild zu bleiben, d. h. die Frage nach der Moral sozialarbeiterischer Tätigkeit in der Weise nicht mehr stellt. Der bewußtere Umgang mit eigenen Kränkungs-, Beschämungs- und Enttäuschungserfahrungen stellte die Voraussetzung dafür dar, der schwierigen Arbeit mit benachteiligten Jugendlichen weniger moralisch, d. h. auf der Ebene depressiver Schuldgefühle zu begegnen. Erst die Auseinandersetzung mit den eigenen Gefühlen und Handlungen erlaubte es, Identifizierungen mit der Klientel wahrzunehmen. Die kritische Überprüfung eigener Identifikate stellt freilich auch in Zukunft die Voraussetzung dafür dar, Bedürftigkeit nicht fortzuschreiben. Denn nur der bewußte Umgang mit den eigenen Affekten in einem helfenden Beruf ermöglicht es, professionell mit spezifischen interpersonellen Konflikten umzugehen, die aus der schwierigen Beziehungsarbeit resultieren.

V. Supervision in der Fortbildung – Eine Fallstudie

Adrian Gaertner

1. Beziehungsdynamik als Mythos der Supervision

Supervision ist ihrem Selbstverständnis nach in einem Zwischenbereich angesiedelt. Sie ist weder technische Beratung im Sinne von Handlungsanweisungen oder Praxisanleitung. Noch ist sie Selbsterfahrung oder gar verkappte Psychotherapie. Ihr Gegenstand ist die von einer Supervisorin oder einem Supervisor angeleitete systematische Reflexion beruflichen Handelns, wobei die Entwicklung professioneller Identität einerseits und die Wahrnehmung der wohlverstandenen Interessen des Klientels andererseits die „doppelte Determination" des Verfahrens ausmachen.

Mit kleineren Modifikationen würde eine solche definitorische Beschreibung vermutlich nicht nur von der Mehrheit der Supervisionsautoren, sondern auch von den meisten Praktikerinnen und Praktikern geteilt. Betrachtet man indes die neuere Literatur, dann fällt auf, und darauf hat Schaeffer zu Recht hingewiesen, daß Supervision ihren Anspruch, „auf Probleme beruflichen bzw. professionellen Handelns Einfluß" zu nehmen, „zunehmend aus den Augen zu verlieren droht." (Schaeffer, D., 1991) Die kritische Einschätzung von Doris Schaeffer hat umso größeres Gewicht als sie sich auf die Resultate einer empirischen Untersuchung „Supervision in der Aids-Arbeit", die am Fachbereich Psychologie der Freien Universistät Berlin durchgeführt worden ist, stützen kann.

Auch an den meisten Publikationen der Zeitschrift „Supervision", die den herrschenden Diskurs repräsentiert, läßt sich zeigen, daß von wenigen Ausnahmen abgesehen, die Objektbereiche der Supervision auf ihr beziehungsdynamisches Substrat reduziert werden. Vor allem die Handlungsprobleme der Supervisanden, die psychosozialen Problemlagen des Klientels und die institutionellen Voraussetzungen beruflichen Handelns werden von beziehungs- bzw. gruppendynamischen Umdefinitionen überlagert.

Bernd Jansen, einer der Redakteure der Zeitschrift verrät uns den Trick, mit dem die Verwandlung unterschiedliche Dimensionen sozialer Realität in Beziehungsdynamik funktioniert: „Mein gestriger Supervisionstag war ein typischer Tag mit zwei Gruppen, die, gemischt zusammengesetzt, im Rahmen von beruflicher Fortbildung bei mir Supervision erhalten. Zwei Gruppensupervisionssitzungen bedeuteten, daß ich mich an diesem Tag mit vier Fällen, Arbeitsfeldern, Interaktionsproblemen, persönlichen Hintergründen, unterschiedlichen beruflichen Identitäten und Geschichten, Wünschen und Hoffnungen beschäftigt habe. Konkret „war" ich gestern a) beim Jugendamt in der Abteilung Adoptionsvermittlung, b) bei einer Beratungsstelle für arbeitslose Jugendliche in einem Verein mit verschiedenen Aktivitäten in bezug auf diese Zielgruppe, c) und bei einer Sozialarbeiterin im Kreisjugendamt, die für die Nachbetreuung von Psychotikern nach stationärem klinischen Aufenthalt zuständig ist, und ich „war" d) in einem Offene-Tür-Jugendheim einer Trabantenstadt. Natürlich war ich nicht wirklich an all diesen Orten, sondern diese Arbeitsfelder waren Gegenstand der gestrigen Supervision (Jansen 1980, S. 3)

Wie nun hat Jansen die „Felddynamik" behandelt, wie hat er die vier Arbeitsfelder in seiner Supervisionstätigkeit verstanden? „Die Supervision war strukturiert von vier Frage- bzw. Problemebenen: 1. das Feld als Beschreibung der Tätigkeit des Supervisanden und seiner Rolle in dem Feld; 2. die Ebene der Beziehungsdynamik zwischen Supervisanden und Klienten/Adressaten in seinem besonderen Feld; 3. die Anteile der Persönlichkeit und der Geschichte des Supervisanden, die von seinem Fall berührt sind und 4. die Abbildung der Feld- und Beziehungsdynamik des eingebrachten Falls auf die Beziehungsgestaltung in der Supervisionsgruppe und zum Supervisor." (a.a.O., S. 4)

Die Formulierung der vier Ebenen hinterläßt einen zwiespältigen Eindruck: auf der einen Seite sind das Arbeitsfeld und die Tätigkeit der Supervisanden ebenso angesprochen wie die Arbeit mit den Klienten und die besonderen Bedingungen der einzelnen Felder. Auch die Niederschläge dieser Arbeit in der Supervisionsgruppe und in der Beziehung Gruppe-Supervisor werden erwähnt. Andererseits werden diese Ebenen aber auch spezifisch zugerichtet: Die berufliche Tätigkeit der Supervisanden, ihre Rollen im Spannungsfeld zwischen Feld und Klienten werden hier nur angedeutet, um in der weiteren Argumentation auf den Beziehungsaspekt reduziert zu werden. Die berufliche Identität des Supervisanden wird eingeschränkt auf Persönlichkeitsanteile und ihre lebensgeschichtliche Genese, die Arbeit der Supervisionsgruppe schließlich wird, ohne zu fragen, ob sie noch etwas anderes sein könnte, als Abbild der Beziehungsdynamik des Falles verstanden. In einem gnadenlosen Prozeß der Assimilation werden also die unterschiedlichen sozialen Welten zugunsten des einheitsstiftenden Prinzips „Beziehungsdynamik" kolonisiert.

Mit dankenswerter Offenheit beschreibt Jansen diesen Prozeß aus einer, mit dem Psychoboom in Mode gekommenen Betroffenheitsperspektive: „Ich kam zur Supervision als Dozent einer Fortbildungsinstitution, in der ich seit vielen Jahren in Kursen für Fachkräfte aus den unterschiedlichsten Praxisfeldern sozialer Arbeit tätig bin. Ausgebildet bin ich als Diplompädagoge und als Trainer für Gruppendynamik im DAGG. Viele der Fragen meiner Supervisanden sind

mir durch eigene Erfahrung in deren Arbeitsfeldern zuvor noch nie begegnet. Durch die Berichte von Kursteilnehmern habe ich im Laufe der Jahre Einblick in die verschiedensten Arbeitsfelder nehmen können. Und doch besitze ich keine Feldkompetenz... . Gleich mir würden die meisten Supervisoren-kollegen in arge Verlegenheit gebracht, müßten sie für ihre Tätigkeit solche Felderfahrungen nachweisen. Somit tut sich ein folgenreiches Dilemma auf: Fachleute, die professionell anderen dabei behilflich sind, berufsbezogene Fragen zu klären, vernachlässigen den Feldbezug der Beratung mangels Kenntnissen aus dem Feld. Wie habe ich – und viele andere – dieses Problem gelöst: Die meisten Fragestellungen meiner Supervisanden beziehen sich auf zwei Bereiche: Störungen in der Beziehung zu den Klienten und Störungen in den Rollenbeziehungen mit Kollegen und Vorgesetzen. Zumeist sind beide Bereiche miteinander verknüpft und bedingten sich gegenseitig. Doch überall geht es um 'Beziehung'. Damit war das Dilemma fast gelöst: Als Supervisor war ich „Beziehungsberater". Und so hatte diese Arbeit sehr viel mit meiner Arbeit als Trainer gemein. Da sich die Gruppendynamik zunehmend auch für komplexe Organisationsstrukturen kompetent machte, ließen sich die Erfahrungen in diesem Arbeitsfeld auf die Beratung in der Supervision leicht übertragen." (a.a.O., S. 4f)
Der Trick ist einfach: Aus vier Ebenen werden zwei, aus zweien schließlich eine, die dann, welch Zufall, der erlernten Kompetenz des Supervisors entspricht.

Strukturell geht Jansen so vor, daß er Supervision nicht aus der Analyse ihrer Problemlagen konzeptualisiert, sondern aus einer heterogenen Perspektive, der der Gruppendynamik. Bei der Unterwerfung der Supervision unter diese spezielle Psychotechnik beruft er sich auf die Annahme, daß die Beziehungsdynamik das allseits strukturierende Phänomen ist. Problematisch ist dabei nicht nur die generalisierende Weise in der das Beziehungsdesiderat reklamiert wird, sondern vor allem auch die Außerachtlassung der Frage, ob es möglicherweise andere relevante Determinanten für Supervision gibt und wie diese zu konzeptualisieren seien.

Jansens Argumentationsweise harmoniert optimal mit dem „Zeitgeist" in der Supervision. Die erdrückende Mehrzahl der Autoren folgt dem Modell, Supervision nicht von den Problemlagen oder dem Gegenstand, sondern von Methoden aus dem Bereich der Psychotechniken her zu entwickeln. Wissenschaftliche Rationalität, die in Forschungsarbeiten begründet ist, scheint dabei ebenso unerwünscht wie theoretische Reflexion. Statt dessen dominiert Erfahrungsjournalismus, der mit Betroffenheitsjargon und Selbsteinbringung verbunden ist.

Stand die Erfahrungsorientierung in den 70er Jahren aufklärerisch gegen den theoretisierenden Soziologismus ein, so verkehrt sie sich heute ins Gegenteil: Sie wird zur Fessel der Erkenntnis und des Wissens. Jansens Beitrag über die „Felddynamik" ist dafür ein gutes Beispiel. Obwohl er in seiner Selbsteinbringung deutlich macht, daß er „als Dozent einer Fortbildungsinstitution" zur Supervision kam und an dieser Institution Fachkräfte aus den unterschiedlichsten Praxisfeldern sozialer Arbeit weiterbildet, beschäftigt ihn dieser Aspekt im Fortgang der Argumentation nicht mehr. Die Selbsteinbringung hat ihren eitlen Zweck erfüllt; der Aufschlüsselung der „Felddynamik" hat sie nicht gedient.

Mit gleicher Beliebigkeit werden programmatische Ansprüche formuliert: „Supervision ist Beratung beruflichen Handelns, und berufliches Handeln bestimmt sich durch das Feld, in dem gehandelt wird. Das Feld wiederum ist geprägt von der spezifischen Struktur der Klienten. Institutionen sind in diesem Sinne eine – funktionale oder disfunktionale – Antwort auf spezifische Persönlichkeits- und Beziehungsstrukturen von Personengruppen, die sozial als defizitär definiert sind... Man kann sagen, daß die Störungen der Klienten feldkonstitutierend sind." (a.a.O., S. 9) Dieser Text, der eine absurde subjektivistische Verkennung institutioneller Objektivität dokumentiert, läßt sich parodistisch gegen den Autor wenden: Ein Supervisionsverständnis, das ausschließlich auf die Bearbeitung der Beziehungsdynamik abhebt, läßt sich als „feldkonstituierende Störung" sinnvoller supervisorischer Praxis verstehen.

An dieser Stelle seien zwei weniger primitive Spielarten des methodenorientierten Ansatzes der Supervision erwähnt. Das Dilemma, das durch die mehrfach Dimensionierung der Supervision entsteht, kann entweder durch Methodenkombination, oder durch eine „Metamethode", wie sie Richter (1988) im Anschluß an Konzepte der sog. humanistischen Psychologie fordert, scheinbar gelöst werden. Im ersten Fall handelt es sich um ein altbekanntes, nämlich eklektisches Vorgehen, bei dem weder die Vereinbarkeit der Verfahren noch ihre Gegenstandsangemessenheit systematisch reflektiert werden. Die Verfahren werden vielmehr situativ und willkürlich, meist dann, wenn Störungen in den Gruppen auftauchen und die Supervisoren nicht mehr weiter wissen, gewechselt. Ein gutes Beispiel für diese „Technik" ist das Vorgehen von Conrad und Pühl (1983), das sie in ihrem Buch über Teamsupervision darstellen (dazu: Gaertner 1983).

Zu Recht kritisiert Richter die eklektizistischen Ansätze: „Die additive Verwendung von Methoden bewirkt oft mehr Verwirrung bei den Supervisanden, als daß sie ihnen zusätzlich Erkenntnisgewinn verschafft". Statt dessen bevorzugt Richter die Metamethode. Mehrere methodische Ansätze sollen reformuliert und zu einer Metamethode der Supervision integriert werden. Gefordert wird „ein mehrperspektivisches Theorie- bzw. Orientierungsmodell, das interdisziplinär angelegt ist." Außerdem soll „eine flexiblere Definition des Geltungsbereichs von Supervision" durchgesetzt werden (a.a.O., S. 307). Was mit dem theoretisch anspruchsvollen Begriff der Reformulierung gemeint ist, bleibt bei Richter weitgehend nebulös. Erfahren kann man von ihm, daß mit „flexibler Definition" gemeint ist, daß in der Supervision „Kurzfristige therapeutische Zwischenphasen..." (a.a.O., S. 307) einbezogen werden sollen und den Supervisanden damit „Lebenshilfe" zuteil wird. Das „mehrperspektivische Orientierungsmodell" bedeutet, daß „Die Einbeziehung erlebnisaktivierender, ausdrucksfördernder und kreativitätssteigernder Medien..." (a.a.O., S. 309) in die Supervisionskonzepte einbezogen werden, damit diese ,,endlich von ihrer Sprachfixiertheit befreit (werden). Wahrnehmen, Erleben und expressives Handeln können durch diese Bereicherung der Mittelebene zu einem ganzheitlichen Erkenntnisprozeß werden, bei dem alle Sinne beteiligt sind." (a.a.O., S. 309). Die Zitate machen deutlich, daß es sich bei der wissenschaftlich tönenenden Metamethode nicht um einen systematischen Zugang zu den Problemen der Supervision handelt, sondern bloß um eine andere Spielart des Psychobooms. Äußere und innere Realität der Supervisanden werden – etwas flexibler vielleicht – den eigenen methodischen Vorgaben angepaßt.

Mit der Kritik am Mythos der Beziehungsdynamik und dem damit verbundenen arbiträren Erfahrungsbezug ist freilich nur eine Seite bezeichnet. Jenseits der beziehungsdynamischen Deformationen eröffnet der Erfahrungsbezug die Möglichkeit, Einsichten in berufliches Handeln und Berufswelten zu bekommen, die der traditionellen Soziologie ebenso verschlossen sind wie konventionellen psychologischen Ansätzen. Zum Forschungsinstrument wird der Erfahrungsbezug in der Supervision dann, wenn er im Rahmen deskriptiver oder rekonstruktiver Untersuchungsperspektiven eingesetzt wird. Auf Grundlage solcher Analysen lassen sich theoretische Desiderate entwickeln, die einem abduktiven Erkenntnistypus zuzurechnen sind. In diesem Sinne ist auch die nachfolgende Studie über die Supervision im Rahmen der Gruppe 2 des Weiterbildungsprogramms ,,Berufliche Bildung und Berufsberatung" zu verstehen.

2. Der intermediäre Status der Supervision

Nach den einleitenden Bemerkungen zum gegenwärtig herrschenden Typus der Konzeptualisierung von Supervision stellt sich die Frage, wie ein Supervisionskonzept begründet werden kann, das sich nicht an den Psychotechniken orientiert.

Die erste These lautet, daß Supervision von den Problemlagen her zu entwickeln ist, mit denen sie konfrontiert wird. Ähnlich wie bei Jansen lassen sich mindestens fünf Ebenen unterscheiden:

1. Die institutionellen Rahmungen, die konstitutiv für Ablauf, Entwicklung und Themengenerierung der jeweiligen Supervisionsgruppen sind;
2. Klientenbezogene Anforderungen und Aufgabenstellungen;
3. Professionalisierungsgrad und beruflich-institutioneller Kontext der Supervisanden;
4. Individuelle und berufsbiographische Disposition der Supervisanden;
5. Wahrnehmungskapazitäten, Kompetenzen und Konzepte des Supvervisors.

Diese Dimensionen dürften, ohne daß das bisher empirisch untersucht worden wäre, einen nicht unwesentlichen Anteil an der Konstituierung des je besonderen Supervisionsprozesses haben. Im Unterschied zu Jansen wären diese Ebenen jedoch gerade nicht auf ihren Beziehungsaspekt zu reduzieren, sondern und das ist meine zweite These, vom intermediären Status der Supervision her zu entwickeln. Damit ist gemeint, daß sich sowohl die handlungsleitenden Orientierungen der am Prozeß Beteiligten, als auch die wissenschaftliche Konzeptualisierung des Verfahrens aus dem eingangs erwähnten „Zwischenbereich", in dem Supervision angesiedelt ist, ableiten.

Zur Erläuterung dieser These ist zunächst darauf hinzuweisen, daß sich Supervision als ein Verfahren darstellt, in dem gleichermaßen Aspekte der äußeren und der inneren Realität thematisiert und im Interesse praktischer Veränderung bearbeitet werden. Institutionen, Klientensysteme und Handlungskompetenzen gehören zunächst der äußeren Realität an. In die Supervision kommen sie in Form der Erzählung eigenerlebter Geschichten. Die damit verbundene subjektive Perspektive, in der individuelle Erlebensweisen, Erfahrungen und Gefühlswelten repräsentiert sind, ist der spezifische Arbeitsmodus der Supervision. Dadurch daß diese Bereiche fokussiert werden, konstituiert sich das Gruppengeschehen selber als Erlebnisraum, in dem die Aktualisierung von Gefühlen keine Störung darstellt, sondern ihren Beitrag zur Erkenntnis liefert.

Die Betonung des subjektiven Faktors in der Supervision soll nun aber nicht darüber hinwegtäuschen, daß die äußere Realität nicht in der inneren aufgeht. Die Differenzierung der Ebenen erscheint vor allem deshalb sinnvoll, weil auf diese Weise Geltungsansprüche geklärt werden können. Am Beispiel der Beziehungsdynamik läßt sich das leicht deutlich machen. Dimensionen der äußeren Realität werden ebenso wie das Erleben der Einzelnen mit Hilfe von Reduktionsschritten auf den gruppendynamischen Prozeß zurückgeführt. Trotzdem wird der Anspruch erhoben, den in sich differenzierten Gegenstandsbereich der Supervision adäquat zur Geltung zu bringen. – Vor dem Hintergrund unserer Argumentation eine wenig plausibler Versuch.

Die reduktionistische Denkweise ist natürlich keine Erfindung der Anhänger der Psychotechniken. Orientierung in komplexen Umwelten setzt vielmehr immer Reduktionsleistungen voraus. Damit ist zugleich das Adäquationsproblem verbunden; die Frage, ob die Konzeptualisierung dem Gegenstand angemessen ist. Im Falle des Beziehungsdynamikskonstruktes haben wir es mit dem Versuch zu tun, die komplexe Supervisionsrealität auf ein einheitsstiftendes Prinzip zurückzuführen, wobei, wie wir gesehen haben, die Kompetenz des Leiters dieses Prinzip vorgibt.

Wenn demgegenüber die Reduktion von Komplexität im Medium kommunikativen Handelns erfolgt, dann ist die Rückführung auf ein einheitsstiftendes Prinzip angesichts der Vielfalt der Perspektiven und Bedingungen höchst unwahrscheinlich. Die Alternative zur herrschenden Strategie besteht nun darin, von der Wahrnehmung der Komplexität auszugehen, um auf dieser Grundlage selektive Modelle zu entwickeln, in denen Dimensionen der äußeren – und inneren Welt der Supervision gleichermaßen enthalten sind.

Erschwert wird diese Aufgabe dadurch, daß die etablierten Wissenschaften auf Praxis und Erforschung der Supervision nicht zugeschnitten sind. So können subjektives Erleben, Gefühlswelten und Empfindungen von den Sozialwissenschaften bisher kaum erfaßt werden. Auch die akademische Psychologie, die eigentlich für diese Bereiche zuständig ist, hat durch ihre Orientierung am wahrscheinlichkeitstheoretischen Paradigma und an den damit verbundenen forschungsmethodischen Parametern kaum Zugang zu den erwähnten Dimensionen. Am ehesten scheint die Psychoanalyse geeignet, subjektives Erleben im Kontext sozialer Beziehungen wissenschaftlich zu erfassen. Im Unterschied zur akademischen Psychologie prozediert sie sowohl in ihrer Theorie als auch in der Forschung als sinnverstehendes und bedeutungsrekonstruktives Verfahren, das sich methodologisch am interpretativen Paradigma orientiert. Spezifisch für sie ist, daß Erkenntnisprozeß und Theoriebildung auf der systematischen Verarbeitung der therapeutischen Praxis beruhen. Diese Praxis ist gleichermaßen Quelle und Ziel der Wissenschaft. Vor allem die methodologische Orientierung der Psychoanalyse, ihre Konstitution als Wissenschaft sowie ihre Fokussierung auf inneres Erleben und unbewußte Kommunikation, weniger einzelne theoretische Desiderate oder gar ihre Theoriesprache lassen sie zum Modell einer wissenschaftlichen Beschäftigung mit den subjektiv erlebten Gefühls- und Beziehungsdimensionen in der Supervision werden. Die Beschränkung des Geltungsbereichs der Psychoanalyse wird auch dadurch nicht aufgehoben, daß sie sich nicht bloß als Individualpsychologie, sondern als Sozialpsychologie, mit Anwendungsbereichen in der Gruppenpsychotherapie, der Institutionsanalyse etc. konstituiert hat. Auch in sozialpsychologischer Perspektive ist sie in Theorie und Praxis auf die Analyse subjektiver Strukturen gerichtet. Die Analyse sozialer Interaktion und die aus ihr konstruierten sozialen Welten, die in der Supervision gleichermaßen thematisch sind, gehen in ihren psychischen Substraten nicht auf. Bereits das Setting zeigt, daß es sich bei der Supervision um eine soziale Organisationsform in Gestalt einer Institution handelt. Die Themen, die verhandelt werden – professionelles Handeln, berufsbiographische Sequenzen, Problemlagen von Klienten – lassen sich als soziale Welten konzeptualisieren.

Bestand das Dilemma der Sozialwissenschaften lange Zeit darin, daß sie, zumindest in ihren Main-stream Versionen nicht in der Lage waren, die subtilen Austauschprozesse in Institutionen oder die sozialen Elemente der biographischen Konstruktion – um nur zwei Beispiele zu nennen – zu analysieren, so haben neuere Ansätze in der Tradition des „symbolischen Interaktionismus“ und der „kritischen Theorie der Gesellschaft“ gezeigt, daß das Dilemma forschungsmethodisch prinzipiell überwunden werden kann. Ethnographische Analysen, Verfahren der Biographieforschung, die kommunikative Sozialforschung sind hier ebenso zu nennen wie die rekonstruktiven Forschungsverfahren der objektiven – oder strukturellen Hermeneutik. Ebenso wie psychoanalytische Forschungsmethoden, so sind auch die hier zitierten sozialwissenschaftlichen Verfahren fallstudienorientiert. Untersuchungen im Rahmen des Weiterbildungsprojekts haben überdies gezeigt, daß die verschiedenen Forschungsansätze (Schütze, Oevermann, Lorenzer) durchaus ähnliche Ergebnisse auf unterschiedlichen Explorationsniveaus haben.

Die Konzeptualisierung der Supervision im intermediären Raum zwischen Psychoanalyse und Sozialwissenschaften hat Affinitäten zur Konstruktion des Fortbildungsdesigns. Neben psychoanalytischer Selbsterfahrung und Supervision gehört die sozialwissenschaftliche Fallanalyse zu den didaktischen Säulen des Konzepts. Eine weitere Besonderheit besteht darin, daß die Fortbildung einer systematischen Evaluation unterzogen worden ist.

Dieser doppelte Forschungsbezug hat unmittelbar Auswirkungen auf die Supervision. Die Gruppenmitglieder partizipieren ebenso wie der Gruppenleiter an dem Wissen, das über professionelle, berufsbiographische und individuelle Probleme erzeugt wird. Für den Gruppenleiter ist darüber hinaus bedeutsam, daß er den Prozeß für die Auswertung dokumentieren muß und weiß, daß seine Tätigkeit sowohl von den Wissenschaftlern als auch von den Teilnehmern begutachtet wird. Bei mir hatte das zur Folge, daß ich durch die mehrfache Konfrontation mit dem Material – in der Supervisionssitzung, beim Verfassen des Protokolls und in den gemeinsamen Auswertungssitzungen – sehr viel stärker über Prozeßverlauf und „Einzelschicksale" orientiert war.

3. Der Supervisionsprozeß – dargestellt an der Analyse von drei Sitzungsprotokollen

An drei ausgewählten Sitzungen möchte ich im folgenden
- die Entwicklung der Gruppe als Institution,
- die interaktionelle Hervorbringung von Themen,
- Hintergrundüberlegungen des Supervisors

darstellen.

Vorgespräche und erste Sitzung

Ich wurde vom Projektleiter gefragt, ob ich eine Supervisionsgruppe im Rahmen des Fortbildungsprogramms übernehmen möchte. Das Konzept schien mir elaboriert und in der Verbindung von sozialwissenschaftlicher und psychoanalytischer Orientierung deutlich von Fortbildungsangeboten der freien Träger der Sozialarbeit/Sozialpädagogik unterschieden zu sein. Hinzukommt, daß ich die Untersuchung über „Multiproblem-Familien", die unter der Leitung von M.

Clemenz und A. Combe am „Zentrum für Psychosoziale Forschung und Beratung“ kenne und schätze. (Vgl. Clemenz, Combe, u. a. 1990) Ich konnte also unambivalent das Angebot annehmen, obwohl zum Kontrakt zusätzliche Aufgaben – das Protokollieren der einzelnen Sitzungen und gelegentliche Evaluationstreffen – bei durchschnittlicher Honorierung gehörten.

Der Kontrakt mit dem Veranstalter der Fortbildung war problemlos, derjenige mit den Teilnehmern der Supervisionsgruppe durch jenen vorgegeben. Wie immer bei Fortbildungsveranstaltungen, bei denen Supervision zum Konzept gehört, werden Parameter des Settings nicht direkt zwischen Supervisor und Supervisanden ausgehandelt, sondern vorgängig vom Veranstalter gesetzt. Die Freiwilligkeit der Teilnahme besteht dann darin, die Verpflichtungen, die mit der Fortbildung verbunden sind, einzugehen oder davon Abstand zu nehmen.

Der Verpflichtungscharakter sowie die Asymetrie von Lehrenden und Lernenden modifiziert in nicht unerheblicher Weise das Standardarrangement der Gruppensupervision. Die Freiwilligkeit wird nicht eigens noch einmal für die Supervision überprüft, der Schülerstatus mit all seinen kulturellen und biographischen Konnotationen dominiert gegenüber dem Kollegialitätsprinzip der freizusammengesetzen Gruppensupervision. Ist im letzten Fall der Supervisor primus inter pares, so wird er im ersten Fall notwendig als Teil des Lehrkörpers typisiert.

Für den Supervisor ist mit dieser Konstellation eine Entscheidung verbunden: Er könnte die Position vertreten, daß das Weiterbildungsarrangement in bezug auf die Supervision zu den Randbedingungen gehört und daß es seine Aufgabe sei, sich der Gruppe ohne besondere Berücksichtigung dieser Bedingungen mit seinen Kompetenzen zur Verfügung zu stellen. Das Curriculum bedarf dabei keiner besonderen Berücksichtigung. Im anderen Fall hat der Supervisor die handlungsleitende Vorstellung, daß die Supervisanden im Sinne des Curriculums lernen wollen und sollen. Konsequenz dieser Perspektive ist, daß das Supervisionskonzept bereichsspezifisch fokussiert wird (vgl. Stark, 1988).

Ohne daß bisher Untersuchungen vorliegen, die es erlauben eine empirisch begründete Option für die eine oder die andere Orientierung vorzunehmen, neige ich stärker zur aufgaben- und institutionsorientierten Konzeptualisierung der Supervision. Im Unterschied zur ersten Option, bei der die Frage, was die Supervisanden lernen sollen, relativ einfach zu beantworten ist, nämlich: sie sollen das lernen, was der Supervisor anzubieten hat, stellt sich das bei einem aufgaben- und institutionsorientierten Ansatz als Problem dar. Der Supervisor muß seine Entscheidung auf der Grundlage des Bedarfs, der mit den Bedürfnissen der Supervisanden nicht unmittelbar identisch ist, und vor dem Hintergrund der Anforderungen des Curriculums fällen. Die Bedarfsermittlung selber kann dabei nicht abstrakt erfolgen, sie ist vielmehr in einem kontrollierten Prozeß aus dem Material der Supervisanden abzuleiten. Das heißt zugleich auch, daß sie nicht zu Beginn der Supervisionsarbeit feststehen kann, sondern sich erst im Laufe der Zeit entwickelt. Hilfreich bei der Bedarfsformulierung war die prozeßbegleitende Evaluation. Sie enthielt nicht nur den Zwang zur Selbstartikulation auf der Grundlage der Stundenprotokolle, sondern erlaubte darüber hinaus eine Triangulierung der eigenen Erfahrungen mit denen der Leiterin der Selbsterfahrungsgruppe und den Dozenten der theoretischen und fallanalytischen Seminare. Vorgreifend möchte ich an dieser Stelle andeuten, daß sich für mich zwei Interessen herausschälten: Zum einen sollten die Teilnehmer durch die Supervision Beratungskompetenzen erwerben. Hintergrund war die Erfahrung, daß die Gruppenmitglieder mit Beratungsproblemen bei schwierigen Jugendlichen konfrontiert waren und für diese Aufgabe kaum oder gar nicht professionalisiert waren. Ein zweites Thema, das in der Gruppe virulent war, waren berufsbiographische Probleme, vor allem die Bedrohung durch zeitlich begrenzte Arbeitsverträge und Arbeitslosigkeit.

4. Die erste Sitzung

Die Teilnehmerinnen und Teilnehmer nehmen an den, zu einem großen Rechteck zusammengerückten Tischen Platz. Die vorgefundene „Innenarchitektur" im Stile eines Klassenzimmers oder eines Konferenzraumes wurde also zunächst einmal übernommen. Es gibt eine kurze Sequenz mit Privatgesprächen, die der Supervisor nicht von sich aus zu beenden braucht, da die Teilnehmer von selber ruhig werden. Er eröffnet die Sitzung damit, daß er sich kurz vorstellt und vorschlägt, daß die Mitglieder der Gruppe sich ebenfalls mit einer kurzen Beschreibung ihrer Person und ihres Arbeitsfeldes vorstellen. Daran anschließend, so fährt er fort, möchte er die zukünftige Arbeit in der Gruppe mit den Teilnehmern besprechen. Die Vorstellungsrunde ist sehr informativ, nicht nur für den Supervisor, sondern auch für die Teilnehmer, weil sie offensichtlich bisher nur wenig voneinander wissen.

Während der Vorstellungsrunde nimmt der Supervisor wahr, daß die Gruppe relativ groß ist, er zählt neun Mitglieder, später erfährt er, daß zwei weitere Teilnehmer noch hinzukommen werden. Eine zweite Beobachtung ist, daß die Darstellung des Arbeitsfeldes bereits verbunden wird mit Andeutungen von Konfliktzonen. Der Detaillierungsgrad ist – für eine Vorstellungsrunde – relativ hoch, die Schwankungsbreite zwischen den einzelnen Teilnehmern relativ gering. (So stellt sich niemand in zwei Sätzen vor oder durch einen abkürzenden Bezug auf einen Vorredner). Lediglich eine Teilnehmerin unterscheidet sich von der impliziten Zeitnorm, indem sie mehr Zeit für sich in Anspruch nimmt als die anderen. Sie wirkt bedrängend, so als möchte sie etwas loswerden. Insgesamt dauert die Vorstellungsrunde 50 Minuten.

Zum Abschluß der Vorstellungsrunde macht der Supervisor eine kurze Zusammenfassung, bei der er hervorhebt, daß, mit Ausnahme einer Teilnehmerin, die mit Kindern arbeitet, alle anderen Gruppenmitglieder mit Jugendlichen und jungen Erwachsenen zutun haben, die in Programmen für arbeitslose Jugendliche untergebracht sind und oft psychosozial depraviert bzw. behindert zu sein scheinen.

Während der Vorstellungsrunde drängt sich dem Supervisor die Frage auf, ob er für die Arbeitsfelder der Supervisanden kompetent ist. Die soziale Welt der jugendlichen Arbeitslosen ist ihm fremd, die psychosozialen und familiären Problemlagen von randständigen Jugendlichen und die Problematik von Sozialarbeitern und Sozialpädagogen im Umgang mit ihnen sind ihm demgegenüber nicht unbekannt. Auch die Kooperationsprobleme, die in den Einrichtungen auftauchen, glaubt er analysieren zu können. In einem zweiten Schritt versucht er die relativ lange und ausführliche Selbstdarstellung zu verstehen. Zum einen, so scheint ihm, signalisiert die Gruppe ihm damit Kooperationsbereitschaft; weder läßt sie ihn hängen noch speist sie ihn ab. Zum anderen könnte es aber auch bedeutungsvoll sein, daß sich bei der Selbstbeschreibung Alltagskompetenzen abrufen lassen und dadurch mögliche Ängste vor der Gruppensituation reduziert werden.

Nach einer Zusammenfassung der Vorstellungsrunde stellt er kurz sein Verständnis von fallbezogener Supervision dar und fragt die Teilnehmer, ob es Fragen zur Supervision gäbe. Es wird deutlich, daß mit zwei Ausnahmen alle bereits Supervisionserfahrungen haben, wobei es sich immer um Teamsupervision gehandelt hat. Es besteht Ratlosigkeit darüber, wie man, wenn man nicht im Team zusammenarbeitet, überhaupt Supervision machen könne. Diese Frage wird mehrfach gestellt. Bei der Beantwortung weist der Supervisor darauf hin, daß es nicht sinnvoll ist, theoretisch darüber zu sprechen, sondern daß man ja über Fälle sprechen könnten oder über Probleme, die direkt aus der beruflichen Praxis erwachsen. Man würden dann schon sehen, wie und ob das mit einer solchen Supervision gehe. Da noch eine knappe halbe Stunde Zeit ist, schlägt er vor, doch bereits heute mit der Arbeit zu beginnen. Ihm fällt auf, daß keine der Teilnehmerinnen und Teilnehmer, trotz vorgängiger Supervisionserfahrung, auf die untypische Sitzanordnung mit den Tischen in der Mitte hinweist. Er spricht das an, die Gruppe versteht sofort, was er meint und baut den Raum um. In knapp zwei Minuten sind die Tische weggeräumt und die Gruppe sitzt nun im offenen Kreis. Der Supervisor ist gespannt, ob in der nächsten Sitzung der Szenenumbau selbständig von der Gruppe vorgenommen wird oder ob er noch einige Male als Hüter des Settings auftreten muß.

Auffällig ist die Sitzordnung. Die drei männlichen Gruppenmitglieder sitzen rechts vom Supervisor nebeneinander, so daß sich so etwas wie ein Männerblock ergibt, der einem Frauenblock gegenüber sitzt. Zwischen dem Supervisor und der Männergruppe wird ein größerer Abstand gelassen. Der Abstand zwischen ihm und der ihm zunächst sitzenden Teilnehmerin ist dagegen geringer. Nach einer kurzen Schweigephase kündigt die Teilnehmerin, die bereits in der Vorstellungsrunde mehr Platz als die anderen für sich in Anspruch genommen hat, ein Problem an. Vordergründig handelt es sich um eine Schwierigkeit, die sie in der Beziehung zu Kollegen hat. Nicht die Klienten also stehen im Vordergrund, sondern die Beziehung zu den Kollegen. Sie arbeitet in einer Einrichtung, in der sozial benachteiligte Jugendliche mit sozialpädagogischer Hilfe eine Berufsausbildung machen können. Sie fühlt sich von den Ausbildern massiv entwertet und in ihren Kompetenzen degradiert. Sie fände allenfalls dafür Anerkennung, wenn sie eine Cafeteria organisiert, was sie aber gerade nicht wolle. Die Arbeit mit den oft schwierigen Jugendlichen hingegen wird als überflüssiger Kinderkram abgetan. Die Ausbilder und sie lebten in zwei verschiedenen Welten.

Über diese Fallschilderung hinaus vermittelt die Teilnehmerin, daß sie in einer schweren Identitätskrise steckt, die nicht nur den beruflichen Bereich betrifft. Die Gruppe scheint die Tragweite der Problematik zu spüren und verhält sich sehr supportiv, indem einzelne Teilnehmer einfühlsame Fragen stellen, Erklärungen anbieten und eigene Beispiele anführen. Der Supervisor hat den Eindruck, daß man die Falleinbringerin nicht hängen lassen will. In seinen Interventionen greift er diese Tendenz auf und weist zunächst darauf hin, daß die Falleinbringerin sich unverstanden fühlt von den männlichen Ausbilderkollegen. Deutlich wird, daß diese aus Handwerksberufen kommen und wenig Zugang zu sozialpädagogischem Denken haben. Die Falleinbringerin detailliert nach diesem Hinweis ihre Differenzen mit den Kollegen, wobei mehr und mehr deutlich wird, daß sie sich entwertet und alleine fühlt und niemanden hat, mit dem sie sprechen kann. Die unterstützenden Tendenzen der Gruppe sind inzwischen ganz zum Erliegen gekommen. Das berufliche und persönliche Elend, das von der Falleinbringerin dargestellt worden ist, macht alle hilflos. Der Supervisor deutet diesen Zusammenhang, indem er sagt, daß er den Eindruck habe, daß angesichts der Probleme alle ganz hilflos geworden sind und daß sich die Falleinbringerin offensichtlich in einer schweren Krise befinde. Sie greift das auf, spricht davon, daß sie kurz davor steht, die Klamotten hinzuwerfen und zu kündigen.

In der Gruppe hatte sich inzwischen ein enormer Druck aufgebaut; eine Mischung aus Hilflosigkeit und aufkeimender Aggressivität. Auch der Supervisor gerät unter Druck, weil die Sitzung dem Ende zugeht. Für den Aufbau der Arbeitsbeziehung in der Supervision schien dem Supervisor eine supportive Abschlußintervention sinnvoll. Er hat gesagt: „Wir müssen jetzt mit der Sitzung Schluß machen, auch wenn die Problematik noch keineswegs besprochen ist und uns sicherlich noch beschäftigen wird." Mit dieser integrativen Abschlußintervention wollte er der Gruppe Beruhigung vermitteln, in dem Sinne: wir werden weiter darüber sprechen.

Während der Falleinbringung wurde ihm zunehmend deutlich, daß in dem Angebot der Supervisandin die Gefahr steckt, daß sie sich selber als Therapiefall anbietet und damit die Supervision, die nach seinem Verständnis immer mit der

Arbeit am Dritten zu tun hat, unterläuft. Ihm fällt ein, daß diese Gruppe unmittelbar nach der Supervision Selbsterfahrung macht. Er befürchtet, daß Grenzen verschwimmen könnten und die Differenzierung von Supervision und Selbsterfahrung zugunsten einer allgemeinen Regression aufgehoben wird.

Wie stellt sich nun der Gruppenprozeß nach dieser ersten Sitzung in bezug auf unsere Fragestellungen dar. Abweichend vom normalen Vorgehen, bei dem zunächst ein Vorgespräch mit der Gruppe durchgeführt wird, haben wir in diesem Fall mit der ersten Sitzung begonnen. Für Supervision im Rahmen der Weiterbildung ist diese Variante indes nicht untypisch, zumindest dann nicht, wenn Supervision zum Standardangebot der Maßnahme gehört. Die Aushandlung der Bedingungen ist in diesem Fall Sache des Fortbildungsveranstalters. Gleichwohl müssen einige Aufgaben des Vorgesprächs in der ersten Sitzung wahrgenommen werden. In unserem Fall war das die Vorstellung, eine kurze Charakterisierung der Supervision und die Eröffnung der Möglichkeit, Fragen zur Supervision zu stellen.

Die Nacharbeitung der Aufgaben, die sonst im Erstgespräch erledigt werden, hat dazugeführt, daß das Geschehen in den ersten 55 Minuten weitgehend durch den Supervisor bestimmt worden ist. Die Gruppenmitglieder hatten zunächst keine Gelegenheit, eigenbestimmte Aktivitäten in der Gruppe zur Geltung zu bringen. Trotzdem ist der Übergang zur eigenbestimmten Aktivität der Gruppe gelungen, wobei die Themenwahl der Falleinbringerin möglicherweise durch den Umstand erleichtert wurde, daß nur noch 35 Minuten zur Verfügung standen. Vermutlich war die Fallauswahl auch dadurch geprägt, daß es sich bei dem Supervisor um einen Therapeuten handelt, dessen Fähigkeiten auf diese Weise auf die Probe gestellt werden konnte.

Für die anderen Gruppenmitglieder war der Schritt der Falleinbringerin, ihre berufsbiographische Krise zur Geltung zu bringen, eine große Hilfe, weil sie dadurch der Aufgabe enthoben waren, sich in der Gruppe zu exponieren. (Gruppendynamisch war das erste halbe Jahre des Prozesses durch die Angst der Gruppenmitglieder unterlegt, sich zu exponieren.)

Interessant ist unter Inszenierungsgesichtspunkten, daß die Gruppenmitglieder trotz Supervisionserfahrungen die supervisionstypische Sitzanordnung nicht selber herstellen. Man könnte das abwartende Verhalten als Autoritätsabhängigkeit verstehen, eine andere Möglichkeit, die plausibler erscheint, deutet auf professionelle Unsicherheit hin. Diese Interpretation ließe sich zurückbinden an das manifeste Thema der Falleinbringerin: Sie beklagt, daß sie in den Augen der Kollegen nur „überflüssigen Kinderkram" macht. Die Falleinbringerin steht als einzige Frau einem Männerblock gegenüber; ähnlich wie in der Supervisionssitzung, in der durch die Sitzordnung eine Geschlechtertrennung vollzogen wird. In der Falleinbringung werden die zwei verschiedenen Welten jedoch nicht nur unter Gesichtspunkten des Geschlechtsverhältnisses charakterisiert, sondern auch unter professionsspezifischen Aspekten beschrieben: Die Ausbilder versus die Sozialpädadogin, die die Cafeteria organisieren soll. Neben der Entwertung des 'Sozialkrams' steckt in dieser Polarität eine professionsspezifische Differenzierung. Die Ausbilder verfügen über ausgewiesene professionelle Kompetenzen, die von den auszubildenden Jugendlichen zunächst einmal nicht in Frage gestellt werden können. Für die Sozialpädagogin sieht die Situation ganz anders aus: Ihre Kompetenzen werden von den Kollegen, zumindest in der Anfangsphase, nicht nur nicht wertgeschätzt, sie hat vielmehr selber Zweifel, ob sie den Anforderungen durch die Jugendlichen mit ihrem Handwerkszeug gewachsen ist. Verschärft wird diese Situation dadurch, daß die Falleinbringerin zum damaligen Zeitpunkt in ihrem Privatleben keinen Rückhalt zu haben schien.

Die polare Sitzanordnung in der Gruppensupervision und die mit ihr in Verbindung gebrachte analoge Polarisierung in der Arbeitswelt der Falleinbringerin unterscheiden sich jedoch in einem wesentlichen Punkt. In der Gruppensupervision sitzt der Supervisor zwischen den Parteien. Damit hat die Gruppe eine Situation konstelliert, die ein Versprechen enthält: daß Entwertung, professionelle Handlungsunfähigkeit und die Spaltung in zwei Welten vielleicht doch nicht das letzte Wort seien. Positiv ausgedrückt: daß die Funktion des Supervisors darin besteht, einen Beitrag bei der Entwicklung von professioneller Handlungskompetenz, Selbstbewußtsein und Beziehungsfähigkeit zu leisten.

Für den Supervisor war nach dieser ersten Sitzung noch durchaus offen, in welche Richtung eine Fokussierung der Arbeit sinnvoll wäre. Die konkreten beruflichen Tätigkeiten der Supervisanden und die Probleme, die die Klienten einbrachten, waren ihm noch zu undeutlich. Die Gefahr einer Verwandlung der Supervision in eine Therapiegruppe war so offensichtlich, daß sie für den Supervisor keine Gefahr darstellte. Trotz der dynamisch aufgeladenen Situation zum Ende der ersten Sitzung konnte er mit Ruhe die nächste Sitzung abwarten und davon ausgehen, daß sich Fokussierungsmöglichkeiten für die Supervision von selber ausarbeiten werden.

Die zweite Sitzung entsprach in ihrer Form dem typischen Ablauf minimalstrukturierter Gruppenvisionen. Nach einer Vorphase mit Privatgesprächen trat längeres Schweigen ein. Dann bot ein Supervisand einen Fall an, der von der Gruppe akzeptiert wurde. Der Fall wurde sowohl in seinen sachlichen Dimensionen als auch vom Erleben des Supervisanden her geschildert. Nach der Falleinbringung gab es einige Nachfragen, bevor mit Hilfe alternativer Deutungsvorschläge neue Verständnismöglichkeiten von den Gruppenteilnehmern und dem Leiter ins Spiel gebracht wurden. Gegen Ende der Sitzung gab der Falleinbringer durch eine nachgelieferte Detailerzählung, die durch die alternativen Deutungsvorschläge der Gruppenmitglieder vorbereitet war, dem Fall eine verblüffende Wendung. Sowohl der Supervisor als auch die Supervisanden waren mit dem Ergebnis zufrieden.

Der Supervisor notiert nach der Sitzung die Sorge: „daß diese sehr bilderbuchhafte Supervisionssitzung verängstigend auf die Teilnehmer zurückwirken könnte, so daß sich in der nächsten Sitzung ein backlash einstellen könnte, etwa derart, daß niemand wagt, einen Fall einzubringen." (Aus dem Protokoll der 2. Sitzung) Die Sorge resultiert natürlich nicht primär aus dem gelungenen formalen Ablauf, sondern aus der vorbildlichen Problembehandlung, die an dieser Stelle aber nicht diskutiert werden kann. In der dritten Sitzung wird deutlich, daß diese Befürchtung höchst überflüssig war. Nachdem die Schwierigkeiten, einen Falleinbringer zu finden, überwunden waren, verlief die dritte Sitzung durchaus produktiv.

5. Die Fokussierung der Supervision

Das zweite Sitzungsprotokoll, das ich diskutieren möchte, bezieht sich auf das 4. Treffen der Supervisionsgruppe. Ich habe es ausgewählt, weil ich nach der Sitzung den Eindruck hatte, daß inzwischen genügend Material generiert worden ist, um eine Entscheidung über die Fokussierung der Arbeit zu fällen.

Zu Beginn der Sitzung wirkt die Gruppe konzentriert und arbeitsorientiert. Nach kurzer Schweigephase kündigt eine Teilnehmerin einen Fall an, der nach einer Verständigungssequenz dann auch vorgetragen wird. Im Unterschied zu den beiden vorigen Sitzungen ist die Schweigephase diesmal deutlich kürzer, die Gruppe wirkt weniger retentiv. Die Supervisandin, die den Fall vorstellt, gehörte zu den bisher weniger aktiven Gruppenmitgliedern. Der Supervisor fragt sich, ob das ein Zeichen für ein geringeres Angstniveau und größere Offenheit der Gruppe sein könnte. Gleichzeitig nimmt er wahr, daß der Fall vermutlich das einzige Angebot ist, das für diese Sitzung ohne größere „Hebammenkünste" hervorzuholen ist. Ihm fällt auf, daß es bisher noch keine Konkurrenzen um Falleinbringungsmöglichkeiten in der Gruppe gegeben hat. Er fragt sich, ob es sich dabei um abgewehrte aggressive oder depressive Impulse handelt.

Die Falleinbringerin stellt eine drogenabhängige Jugendliche vor, die eine Berufsausbildung in einer Reha-Einrichtung zu machen versucht. In dieser Einrichtung werden u. a. auch Epileptiker und andere Jugendliche mit gravierenden Krankheitsbildern betreut. Die Jugendlichen arbeiten praktisch, erhalten Schulunterricht und werden sozialpädagogisch unterstützt. Die Supervisandin ist außerordentlich betroffen von dem Schicksal der Klientin. Sie sei stark abgemagert und werde mit Neuroleptika behandelt und sei, wegen vieler Fehlzeiten, zunehmend weniger in der Lage, die Ausbildung durchzustehen.

Die Beunruhigung, die die Falleinbringerin ausdrückt, springt auf die anderen Gruppenmitglieder über. Einige Teilnehmer versuchen, noch bevor der Fall Konturen gewonnen hat, Hilfestellungen anzubieten. So soll sich die Supervisandin stärker abgrenzen, die Klientin entlassen oder einfach nicht so sehr auf ihr Leiden eingehen. Diese vorzeitigen Vorschläge verstärken jedoch nur den Eindruck völliger Hilflosigkeit gegenüber dem Drogenschicksal der jungen

Frau.

Die Supervisandin berichtet dann weiter, daß die Klientin sehr starke Anklammerungstendenzen habe, mit der Folge, daß sie selber immer mehr in eine Krise gerate. In diesem Zusammenhang berichtet sie über einen Traum: Sie sieht einen Straßenbahnschacht, der sich nach unten verengt und dunkel ist und in dem sich die Klientin befindet. Eine Straßenbahn kommt und sie glaubt, daß die Klientin von ihr überrollt wird. Aber sie merkt, daß die Klientin aus dem Schacht wieder herauskommt.

Die Gruppe ist ergriffen von dem Traum und der intensiven Form der Falleinbringung. Nach einer Schnelldeutung durch ein Gruppenmitglied, die in dem Traum eine Darstellung der Anklammerungstendenzen der Klientin sieht, verfällt die Gruppe wieder in allgemeine Vorschläge zur Notwendigkeit von Abgrenzung gegenüber Klienten.

Der Supervisor sagt der Gruppe, daß sich hier im Augenblick genau das wiederhole, was die Supervisandin mit der Klientin erlebt. Mit allgemeinen Vorschlägen kommt man nicht weiter, sie machen nur immer noch hilfloser. Nach einer kurzen Pause fährt er fort: Es gäbe zwei Möglichkeiten der Besprechung, man könnte entweder die Klientin und ihre Drogenkarriere oder die Fallvortragende mit ihrer Arbeit in den Mittelpunkt stellen.

Es entsteht eine erheblich Beunruhigung nach dieser Intervention in der Gruppe. Für einen Augenblick lang scheint sich die Gruppe in Zweier- und Dreiergespräche aufzulösen. Es stellt sich dann aber sehr schnell heraus, daß nur die Besprechung der Situation der Supervisandin in Frage kommt. Interessant ist, daß trotz dieser Entscheidung der Traum, von dem alle so ergriffen waren, nicht besprochen wird. Statt dessen versuchen einzelne Mitglieder, die Situation der Fallvortragenden zu verstehen, sich in sie einzufühlen, Details zu rekonstruieren. Natürlich wird auch gelegentlich über die Klientin gesprochen, allerdings in einer ganz anderen Weise als zu Beginn der Sitzung. Sie wird nicht mehr einfach mit Abgrenzungsargumenten fallengelassen, es wird vielmehr die Frage gestellt, was in dieser Situation überhaupt noch getan werden könne.

In einer Intervention faßt der Supervisor die Bemühungen der Gruppe, der Supervisandin zu helfen und ihr Verstehensmöglichkeiten zu eröffnen, zusammen und verweist darauf, daß der Traum jedoch dabei merkwürdigerweise nicht berücksichtigt worden ist.

Einige Teilnehmer äußern ihre Unsicherheit beim Umgang mit Träumen, während andere Merkwürdigkeiten herausarbeiten, so z. B. den Umstand, daß die Klientin in den Straßenbahnschacht stürzt, überrollt wird, dann aber doch wieder lebendig daraus hervorkommt: das sei ihnen ein Rätsel.

Der Supervisor sagt daraufhin, daß der Traum ja vielleicht auch ein Element enthielte, das bisher in der Gruppe noch nicht so recht angeklungen sei, der Ärger auf die Klientin und das Aggressive ihr gegenüber, das darin läge, daß die Klientin in den Straßenbahnschacht fällt und überrollt wird. Vielleicht seien diese Gefühle für die Supervisandin so beunruhigend, daß sie nachts sogar von der Klientin träumen würde.

Diese Deutung löst in der Gruppe eine Reihe von Nachfragen an den Supervisor aus, die sich alle darauf beziehen, wie der Supervisor darauf käme. Dann wird die Falleinbringerin gefragt, ob sie tatsächlich solche Aggressionen habe, man könne sich das nicht vorstellen. Sie bejaht dies und führt eine Reihe von Beispielen für ihren Ärger und ihre Wut an. Diese Sequenz führt zu einer weiteren Entspannung des von Insuffizienzgefühlen geprägten Gruppenklimas. Lebhaft und konstruktiv werden Möglichkeiten angesprochen, wie die Falleinbringerin professionell mit der Klientin umgehen könne. Natürlich wird auch das Thema der Abgrenzung erneut aufgegriffen, allerdings mit einer völlig anderen Tendenz: die Falleinbringerin könne der Klientin am ehesten dadurch helfen, daß sie sich ihr von Zeit zu Zeit zu Gesprächen zur Verfügung stellt. Heilen könne sie sie bestimmt nicht. Die Falleinbringerin drückt aus, daß sie sehr erleichtert ist, obwohl ihr jetzt viel deutlicher sei, daß es bei der Klientin eigentlich um den Tod ginge. Die Klientin sei zum Skelett abgemagert, und es sei nur noch eine Frage der Zeit bis sie sterben würde. Im Traum ginge es ja auch um den Tod, daß die Klientin wieder aus dem Schacht emporgekommen sei, so deutet sich die Falleinbringerin selber, sei wahrscheinlich ein Versuch, sich nicht in Schuldgefühle zu verstricken. Die Stunde endet in einer sehr ernsten Stimmung, wobei allen Teilnehmern deutlich ist, daß die Falleinbringerin jetzt sehr viel abgegrenzter wirkt.

Der schwere und aussichtslose Fall, über den in der Gruppensupervision verhandelt wird, könnte die Vorstellung nahelegen, daß es sich bei der geschilderten Sitzung um eine außergewöhnlich schwierige Arbeitsbeziehung handelt. Außergewöhnlich ist allenfalls der Traum, der von der Supervisandin eingebracht wird. Der Schweregrad des Problems, über das die berichtet wird, unterscheidet sich indes nicht von den anderen Falleinbringungen. Die Fortbildungsteilnehmerinnen und Teilnehmer sind mit psychisch und sozial extrem depravierten, teilweise zusätzlich noch drogenabhängigen oder minderbegabten Jugendlichen konfrontiert. Im Grunde handelt es sich bei der Arbeit weniger um sozialpädagogische als vielmehr um sozialtherapeutische Tätigkeit. Untersucht man ihre Aufgaben, dann wird deutlich, daß sie von den Jugendlichen im wesentlichen als Berater und Helfer zur Strukturierung des inneren – und äußeren Chaos gebraucht werden. Um diese Funktion wahrnehmen zu können, fehlen den Sozialpädagoginnen, Soziologen, der Sonderschulpädagogin und der Erzieherin jedoch einschlägige Qualifikationsvoraussetzungen. Sie haben weder klinische Erfahrungen noch sozialtherapeutische oder suchttherapeutische Fortbildungen.

Minimalstandards für den Umgang mit einer derart schwer gestörten Klientel sind zum einen Fallstrukturierungskompetenzen und zum anderen Fähigkeiten zur Entwicklung von stabilen Beratungssettings. Sie sind die grundlegenden

Voraussetzungen, um Zugang zu der fremden Welt der Klienten zu bekommen. Zugleich vermitteln sie eine basale professionelle Identität, die neben positiven Auswirkungen auf die Klienten auch psychohygienische Funktion hat. Damit verbessern sich zugleich die Voraussetzungen für Kooperation oder Konkurrenz mit anderen Berufsgruppen.

An der dargestellten Sitzung läßt sich deutlich machen, wie die Fallstrukturierung wirkt. Die Verwicklung der Sozialpädagogin in das Leiden der drogenabhängigen Jugendlichen, die sich unter anderem darin ausdrückt, daß sie sie bis in den Schlaf verfolgt, wird u. a. dadurch reduziert, daß das fortgeschrittene Stadium der Drogenerkrankung deutlich gemacht wird. Hilfe im Sinne von Heilung kann es in diesem Fall kaum geben. Damit werden die heftigen Affekte der Falleinbringerin, Schuldgefühle und Aggressionen, deutlich verringert. Es werden dann Vorstellungen artikuliert, was gleichwohl für die Klientin getan werden kann. Der Vorschlag besteht in einer regelmäßigen Betreuung, die, nicht vom Umfang her, sondern in ihrem Anspruch und in ihrer Behandlungspraxis deutlich von therapeutischen Arbeitsweisen unterschieden ist. (Nach meinen Erfahrungen kommt es gelegentlich vor, daß eine solche anspruchsreduzierte therapeutische Begleitung verblüffende kurative Folgen für Klienten hat, die man eigentlich schon „aufgegeben" hatte.)

Vor dem Hintergrund der Erfahrungen aus den ersten vier Sitzungen hat der Supervisor sich entschieden, die Supervision im Sinne der besonderen Vermittlung von Fallstrukturierungskompetenzen, Setting-Konstruktion und Beratungsfertigkeiten zu fokussieren. Seine entsprechenden Überlegungen hat er den Gruppenmitgliedern mitgeteilt und wiederholt mit ihnen besprochen. Die Fokussierung wurde von den Gruppenmitgliedern als hilfreich akzeptiert. Der Supervisor hat unterstellt, daß sie auch im wohlverstandenen Interesse der Gesamtfortbildung liegen müßte.

Der formale Ablauf der Supervision ist von der Fokussierung wenig berührt. Verändert ist demgegenüber die Wahrnehmungseinstellung des Leiters und sein Interventionsspektrum. Neben die Deutung unbewußter Aspekte der Fälle und ihrer Wiederholung in der Gruppe treten pädagogisch intendierte Hinweise zur Fallstrukturierung und zur Beratungstechnik.

6. Berufsbiographische Dimensionen der Supervision

Die Probleme, die die Gruppenmitglieder mit der Entwicklung ihrer beruflichen Identität haben resultieren, wie in der ersten Sitzung deutlich geworden ist, nur zum Teil aus Kompetenzdefiziten. Auch die unsichere berufliche Situation ist hierfür zumindest mitverantwortlich. Für viele Teilnehmer hatte die Fortbildung die explizite Funktion, ihre Chancen auf dem Arbeitsmarkt zu verbessern. Während ein Teilnehmer Aufstiegsmöglichkeiten in die Supervision eingebracht hat, sind zwei Teilnehmerinnen während der Laufzeit der Fortbildung arbeitslos geworden. Die eine hat die Fortbildung abgebrochen, während die andere weitergemacht hat und schließlich auch eine neue Arbeitsstelle gefunden hat.

Dazu ein abschließendes Fallbeispiel

Die Sitzung findet ein dreiviertel Jahr nach Beginn der Gruppe statt. Eine Teilnehmerin sagt, sie habe etwas ganz Wichtiges, das müsse sie unbedingt heute besprechen. Sie wüßte aber nicht ganz genau, ob es in die Supervision passen würde und wollte auch erst einmal fragen, ob noch jemand anderes etwas hätte. Die Gruppe stimmt nicht sofort zu, es gibt noch einen anderen Interessenten, der einen Fall einbringen will, da aber die Sache der ersten Kollegin sehr dringlich zu sein scheint, einigt sich die Gruppe darauf, daß sie ihr Thema einbringen kann.

Interessant ist an dieser Eingangssequenz, daß sich die zu Beginn der Supervision vorherrschenden retentiven Spannungen aufgelöst haben. Es ist den Teilnehmern inzwischen möglich, um das Falleinbringungsrecht zu konkurrieren. Ein zweiter Aspekt ist, daß die potentielle Falleinbringerin anmerkt, daß ihr Thema möglicherweise vom Normaltypus abweicht. Indem sie die Differenz markiert, eröffnet sie für sich zugleich die Möglichkeit zur Falleinbringung. Nachdem sie den „Zuschlag" erhalten hat, beginnt sie noch einmal mit der Bemerkung, daß sie unsicher sei, ob der Fall in die Gruppe gehört. Es ginge nämlich sie selber an. Sie habe die Stelle verloren. Kurz vor Weihnachten habe sie erfahren, daß sie ab Januar nicht mehr arbeiten kann, da die Schwangerschaftsvertretung, die sie gemacht hat, ausläuft. Die Gruppe diskutiert kurz darüber, ob dieser Fall ein Supervisionsfall ist, wobei das Votum positiv ausfällt.

Der Supervisor macht deutlich, daß die Beantwortung der Frage davon abhängt, wie man die Grenzen zieht. Wenn sich dic Arbeit vor allem auf die berufliche Entwicklung und die damit verbundenen Fragen bezieht, dann gehöre sie in die Supervision. Wenn es aber primär um innere Konflikte geht, die möglicherweise in der Lebensgeschichte zu suchen sind, dann wäre es hier nicht der richtige Ort.

Die Supervisandin sagt darauf, daß ihr diese Unterscheidung einleuchtet, sie würde das bei sich selber auch so erleben, daß es da zwei Ebenen gäbe. (An dieser Stelle möchte ich einschieben, daß die strukturierende Leiterintervention natürlich im Zusammenhang mit der Fokussierung der Supervision steht. Sie soll modellhaft zeigen, wie Fallstrukturierung vorgenommen werden kann.) Nach einer kurzen Pause beginnt die Falleinbringerin mit der Beschreibung ihrer gegenwärtigen Situation. Das hätte sie wie ein Blitz getroffen, daß sie ab Januar nicht mehr arbeiten könnte. Sie sei daraufhin völlig hektisch geworden. Eigentlich hatte sie erwartet, daß sie auf der Stelle hätte bleiben können, man hat dann aber im Amt eine andere Entscheidung getroffen. Eine Frau, die bisher nur eine halbe Stelle hatte, ist auf ihren Posten gesetzt worden, während die Frau, die aus dem Schwangerschaftsurlaub zurückgekommen ist, eine halbe Stelle an einem anderen Arbeitsplatz eingenommen hat. Sie habe sich Hoffnungen gemacht, weil die junge Mutter schon vorher angekündigt hatte, daß sie nicht auf ihre alte Stelle zurück wollte. Die andere sei ihr dann aber mit der Aufstockung auf eine ganze Stelle in die Quere gekommen. Sonst hätte man das alles ganz gut irgendwie arrangieren können.

Sie würde jetzt den ganzen Tag herumtelefonieren, um nach einer neuen Möglichkeit zu suchen. Sie denkt daran, Sprachen zu lernen, Englisch und vielleicht auch noch Französisch; sie überlegt auch, ob sie eine Umschulung zur Fremdsprachenkorrespondentin macht. Sie spricht länger über Sprachschulen und erwähnt dann, daß sie große Schwierigkeiten mit dem Sprachenlernen habe. Sie würde deshalb nach einer Möglichkeit suchen, jeden Tag Unterricht zu haben. Das scheint es aber nicht zu geben. Sie frage sich auch, ob sie jetzt nicht alles viel zu schnell mache und ob sie dann unter solchen Bedingungen nicht die falschen Entscheidungen treffen würde. Mit der Sozialarbeit wäre das bei ihr vielleicht damals auch nicht das Richtige gewesen. Sie könne es aber nicht ertragen, arbeitslos zu sein. Da habe sie Angst vor, sie wüßte nicht, was sie den ganzen Tag anfangen solle. Ihr Freund hätte schon gesagt, sie solle das alles nicht so übers Knie brechen. Sie könnte ja jetzt erstmal 5-6 Monate arbeitslos sein und dann mal in aller Ruhe gucken, was sie machen wolle. Soweit die Falleinbringung.

Es kommen nun eine Reihe von Nachfragen, zunächst: ob es keine Möglichkeit für sie in der Einrichtung mehr gäbe. Dann: warum sie sich keine Zeit lassen könne? Während die erste Frage schnell geklärt werden konnte, daß nämlich keine Weiterbeschäftigungsmöglichkeiten vorhanden sind, hat die zweite Frage eine neue Erzählung hervorgebracht: Eigentlich, so die Falleinbringerin, interessiere sie sich für Keramik und Nähen. Seit 12 Jahren mache sie Keramiken. Sie habe Schränke voll und würde gelegentlich auch gerne etwas verkaufen. Sie könnte sich aber schlecht von ihren Sachen trennen. Das Schneidern habe sie vor zwei Jahren angefangen. Auch da hätte sie viele Ideen.

Der Supervisor sagt: Diese Art von Kreativität könne sie in der Sozialarbeit sicherlich nicht so unterbringen.

Sie: Das sei ihr Hauptproblem, sie glaube, sie habe den Beruf verfehlt. Sie sei damals ja zuerst Kindergärtnerin gewesen und hätte dann, weil der Vater immer wollte, daß sie studiert, ohne viel zu überlegen, Sozialarbeit gemacht. Sie hätte sich mal an einer Kunstschule beworben, im Fachbereich Design, aber da hätten ihre Arbeiten, die sie vorlegen mußte, nicht zur Annahme ausgereicht. Das wäre eigentlich viel eher ihr Weg gewesen.

Ein Gruppenmitglied weist darauf hin, daß die Vorstellung, jetzt Fremdsprachenkorrespondentin zu werden, ja eigentlich auch diesen kreativen Anteil nicht enthält. Von anderen Gruppenmitgliedern werden Beispiele erzählt, wie der Arbeitsalltag einer Fremdsprachenkorrespondentin aussieht, wobei der allgemeine Tenor ist, daß es ein besserer Sekretärinnen-Job ist. Die Falleinbringerin relativiert dann ihre negative Einschätzung der Sozialarbeit. Eigentlich habe sie in dem Beruf ja schon sehr gerne gearbeitet. Und wenn sie jetzt eine gute Stelle bekäme, würde sie die sofort annehmen. Die Arbeitslosigkeit würde sie allerdings schwer aushalten. Sie wisse nicht, womit das zusammenhinge. Großen Spaß würde ihr auch Sport machen, sie hätte sich gut vorstellen können, Lehrerin für Sport und Hauswirtschaft zu sein.

Es entsteht jetzt eine relativ konfuse Situation. Die Gruppenmitglieder sprechen die verschiedenen Ebenen an: Keramik, Sozialarbeit, Fremdsprachenkorrespondentin, Sportlehrerin, alles geht durcheinander. Der Supervisor versucht eine Deutung und sagt, daß eine ziemlich verworrene Gesprächssituation entstanden sei, die Themen würden von einem zum anderen springen. Vielleicht sähe es ja auch so mit der beruflichen Orientierung der Supervisandin aus.

Der Gruppe und der Falleinbringerin leuchtet das unmittelbar ein. Sie sagt, daß es eigentlich merkwürdig sei, daß sie gerade Sprachen studieren wolle, weil sie damit besondere Schwierigkeiten habe. In der Schule sei sie immer ganz schlecht gewesen und wenn sie im Ausland ist, würde sie sich sehr schämen. Alle würden dann wenigstens Englisch können, nur sie nicht. Das möchte sie gerne nachholen. Ihre Schwester würde so gut Sprachen sprechen, sie nicht.

Der Supervisor: Vielleicht ist das der eigentliche Grund für den Wunsch, jetzt Fremdsprachenkorrespondentin zu werden. – Ein anderes Gruppenmitglied weist darauf hin, daß man das ja vielleicht auch entkoppeln könnte. Sie könne einen Englischkurs machen, vielleicht auch ohne sich so unter Druck zu setzen, und könnte dann andererseits gucken, was sie in Zukunft wirklich machen will. Die Falleinbringerin bemerkt dazu, daß sie, wenn sie ganz intensiv jetzt Sprachen lernen würde, ihre Weiterbildung am Institut auch nicht mehr wahrnehmen könnte. Nach kurzem Zögern sagt sie dann, ihr würde klar, daß das mit der Fremdsprachenkorrespondentin keine gute Idee gewesen sei.

Der Supervisor: Vielleicht ein voreiliger Entschluß, um die Gefühle, die sich mit der Arbeitslosigkeit verbinden, nicht so aushalten zu müssen. Einige Gruppenmitglieder entwickeln jetzt Phantasien, was die Falleinbringerin mit ihren kreativen Fähigkeiten machen könnte. Das Spektrum der Vorschläge reicht von Kursen an der Volkshochschule bis zum eigenen Laden. Diese Perspektiven werden von der Supervisandin aber zurückgewiesen, mit der Bemerkung, daß sie kein richtiges Fundament haben.

Der Supervisor macht deutlich, daß in dieser Gesprächssituation die andere Frage, wie die Kollegin die Arbeitslosigkeit aushalten könne, ja durch viele Vorschläge, was sie machen könnte, übersprungen würde, genauso wie die Falleinbringerin es ja mit dem Wunsch getan hat, Fremdsprachenkorrespondentin zu werden. Es entsteht eine längere Pause, dann sagt die Falleinbringerin, daß sie Angst habe, daß sie solche leeren Zeiten nicht aushalten könne. Sie müsse immer etwas zu tun haben. Sie hätte auch Angst, daß sie den Erwartungen des Vaters nicht gerecht wird.

Nach der aufgeregten Hektik in der mittleren Phase der Supervision, hat sich die Atmosphäre zum Ende der Sitzung beruhigt. Nachdenklichkeit, so würde ich es nennen, steht im Vordergrund. Die Falleinbringerin wiederholt noch einmal, daß ihre Idee mit der Fremdsprachenkorrespondentin nicht gut sei und daß sie wirklich Zeit brauche. Dann fährt sie fort: sie würde sich auch schämen, daß sie immer noch nicht den richtigen Beruf gefunden hat. Dann nach einer kleinen Pause: aber gerade deshalb sei es ja wichtig, jetzt noch einmal genau hinzuschauen und nicht wie damals einfach so in die Sozialarbeit hineinzurutschen. Sie würde das Sozialarbeiterstudium ja auch nicht bereuen.

Ein Gruppenmitglied bemerkt, daß das heute ja schon das zweite Mal sei, daß wir über ein Mitglied aus der Gruppe gesprochen hätten, das arbeitslos geworden ist. Er säße jetzt zwar fest auf einer Stelle, aber das wäre heute sehr wichtig für ihn gewesen, weil es ihn auch bei einer Umstrukturierung treffen könnte.

Anzumerken ist zu dem Beispiel, daß die Falleinbringerin die Fortbildung nicht abgebrochen hat. Sie hat später eine Stelle gefunden, die sie befriedigt. Hilfreich waren für die Supervisandin vor allem zwei Erfahrungen, zum einen, daß sie dazu neigt, Spannungszustände, in unserem Fall die Arbeitslosigkeit, durch voreiliges Handeln abzubauen. Zum anderen konnte die Entwertung des erlernten Berufs der Sozialarbeiterin im Lauf der Sitzung deutlich reduziert werden, so daß sie wieder zwischen Hobby und Berufsperspektiven unterscheiden konnte. Vor diesem Hintergrund ist es kein Zufall, daß sie, scheinbar paradox, in der neuen Stelle durchaus Möglichkeiten hat, ihre kreativen Fähigkeiten einzusetzen.

7. Nachwort

Mit den drei Beispielen wollte ich deutlich machen, daß Supervision ein intermediäres Verfahren zwischen Anleitung und Therapie ist, das sich wissenschaftlich auf Psychoanalyse und Sozialwissenschaften gründen läßt. Der Supervisionsprozeß selber läßt sich als Institutionalisierungsprozeß beschreiben, wobei die Arbeitsschwerpunkte der Institution abhängig sind von den Aufgaben, die ihr zugewiesen sind. In unserem Fall handelte es sich um eine Supervision im Rahmen der Fortbildung. Ausgehend von den Bedarfslagen der Supervisanden hat der Supervisor die Supervisionsarbeit in Abstimmung mit den Supervisanden im Sinne der Vermittlung von Fallstrukturierungs- und Beratungskompetenzen fokussiert.

VI. Psychoanalytisches Fallverständnis in der Sozialpädagogik

Susanne Graf-Deserno und Heinrich Deserno

Me-ti sagte: Denken ist etwas,
das auf Schwierigkeiten folgt
und dem Handeln vorausgeht.
(Brecht: Me-ti. Buch der Wendungen.)

1. Probleme der Professionalisierung

Im folgenden berichten wir über die Supervision einer Gruppe von Sozialpädagogen, die zumeist in Institutionen arbeiteten, denen die Förderung lernbehinderter und arbeitsloser Jugendlicher oblag (z. B. fördernde Ausbildungsstätten, Jugendhäuser). Die berufsbegleitende, psychoanalytisch ausgerichtete Supervision war Bestandteil einer Weiterbildung.[11]

Neben dem Wunsch nach einer beruflichen Besserstellung, den diese Gruppe an die Weiterbildung herantrug, war den Beiträgen der Teilnehmer eine doppelte Unsicherheit hinsichtlich ihrer beruflichen Identität anzumerken. Zum einen ging es um die Fähigkeiten des Einfühlens und Verstehens, zum anderen um die konventionelle Definition der Rolle des Sozialpädagogen, die pädagogische, beratende (therapeutische?) und fürsorgerische Funktionen vereinen soll. Für den Sozialpädagogen gibt es kein institutionalisiertes Modell praxisbezogener Berufsausbildung, wie man es vom praktischen Ausbildungsteil der Erzieher, Lehrer, Ärzte und Psychotherapeuten kennt, durch Imitation und Ausprobieren unter Anleitung eines Lehrmeisters oder Mentors klar umrissene Techniken und Fähigkeiten erwerben zu können. Dieses Ausbildungsmerkmal ist für den relativ jungen Beruf des Sozialpädagogen charakteristisch. Der Gegensatz von formalem Expertenstatus und Unklarheit des Qualifikationsprofils drückt sich folglich in starken Unsicherheiten und Selbstzweifeln aus.

---

11 Die Supervisionsgruppe, über die wir berichten, wird im vorliegenden Band als Weiterbildungsgruppe I bezeichnet. Herr Dr. med. Norbert Spangenberg führte die ersten neun Sitzungen durch. Wir danken ihm für die Überlassung seiner Aufzeichnungen.

Die Klientel der Supervisionsteilnehmer, lernbehinderte und arbeitslose Jugendliche, die zum Teil dem sozialen Abseits schon fest zugeordnet schienen, tritt der sozialpädagogischen Einrichtung sowohl resignativ und deprimiert als auch fordernd und anspruchsvoll entgegen. Damit verschärft sich für den Sozialpädagogen der Gegensatz von Expertenstatus und Qualifikationsprofil auf drastische Weise.

In unserer Supervision wurde über Jugendliche berichtet, die den Sozialpädagogen in ihrer aktuellen Berufssituation zum Problem geworden waren. Der Vortragende stand unter einem starken Druck, Problemlösungen zu finden; oft war auch ein aktueller Handlungszwang gegeben. Der oft auftretende anti-intellektuelle Affekt sowie eine gereizte Skepsis der Supervision gegenüber verwiesen auf die Kluft, die sich für die Vortragenden zwischen den konventionellen Problemlösungsstrategien der sozialpädagogischen Institution und der angewandten Psychoanalyse in der Weiterbildung auftun mußte.

Voraussetzung für die Anwendbarkeit der Psychoanalyse ist die Wahrnehmung und Anerkennung der mitgebrachten Denkfiguren, die in der bisherigen beruflichen Sozialisation und im Alltagsbewußtsein das Handeln regulieren. Aus der Psychoanalyse abgeleitete Konzepte, die unbewußte Dimensionen von Handeln und Erleben einschließen, können sich nur dann in der sozialpädagogischen Praxis bewähren, wenn sie in der Supervision am Fall entwickelt werden. Andernfalls fungieren sie als übergestülpte, praxisfremde Versatzstücke des Erklärens.

An der vierzehntägig stattfindenden Gruppensupervision unseres Kurses nahmen vier Frauen und fünf Männer teil. Nach 34 Supervisionssitzungen war die Weiterbildung beendet.

2. Fallverständnis und Reinszenierung

Es kennzeichnet eine psychoanalytische Supervision, daß ohne spezifische Vorgaben zu Inhalt und Verfahren begonnen wird. Diese Offenheit der Situation setzt intrapsychische und gruppenpsychodynamische Prozesse in Gang. Die Teilnehmer können zunächst nicht auf einen Konsens über Regeln und Vorgehensweisen zurückgreifen und sind damit ganz auf persönliche Gewißheiten verwiesen. Es entwickeln sich Ratlosigkeit und Angst, Aggressivität und Regressionsneigung. Der Hinweis der Supervisoren auf das Balintsche Verfahren, einen „Fall" und seine Diskussion in den Mittelpunkt zu rücken, dient zwar einerseits als Strukturierungshilfe, indem er ein Vorgehen aufzeigt, das den Verlauf der Supervision organisieren könnte; andererseits stellt die reflektierte und selbstreflexive Annäherung an ein sozialpsychologisches und intrapsychisches Phänomen erst das Ergebnis eines Lernprozesses in der Supervision dar.

Im Verlauf der Supervision lassen sich zwei unbewußte Ebenen ausmachen. Zum einen eignet sich das Thema des Fallberichts als Mittel zur Selbstdarstellung. Infolge dieser unbewußten Verwendung durch die Teilnehmer bleiben die vorgebrachten Fälle eher blaß und unscharf. Zum anderen wird der Umgang mit dem Fallbericht in der Diskussion dazu verwendet, Aspekte des vorgetragenen Falles anstatt durch Reflexion mit Hilfe von Reinszenierung darzustellen. Einzelne Positionen in der Diskussion verkörpern charakteristische Aspekte des Falles. Ein tiefergehendes Fallverständnis scheint dadurch zunächst blockiert zu sein.

Zwei Phänomene fielen als bemerkenswert auf. Erstens zog sich die Phase des Aushandelns, wer welches Thema als Fall vorträgt, lange hin; die Entscheidung für einen Fallvortrag fiel, abgesehen von wenigen Ausnahmen, nicht unter dem Aspekt der Dringlichkeit, also mehr unter gruppenpsychodynamischen Bedingungen. Zweitens wurde der Bericht eines Teilnehmers nicht, wie man erwarten möchte, durch eigene Einfälle bereichert, die das Verständnis erweitern und ein Konfliktgeschehen in den Blick nehmen, sondern vielmehr durch Fragen, oft auch durch bohrendes Nachfragen, gelegentlich auch mit pragmatischen Ratschlägen beantwortet. Bedenkt man, daß es um eine psychoanalytische Weiterbildung ging, so mutete dieser Umgang mit dem Fall streckenweise wie eine Art von Arbeitsstörung an. Bei beiden Phänomenen scheint die Perspektivelosigkeit, Demotiviertheit und Anspruchshaltung der Klientel zwar nicht reflektiert, wohl aber in unbegriffenen Diskussionsrollen vorgeführt zu werden. Die Langsamkeit und Unentschiedenheit in der Phase des Aushandelns bringt neben der eigenen Unsicherheit auch die Perspektivelosigkeit der Klientel zum Ausdruck: sie scheint schon aufgegeben zu sein, es drängt nichts mehr zur Klärung. Ebenso trägt das Ausfragen nicht nur dem Informationsbedürfnis Rechnung, sondern ist selbst auch ein Abkömmling der Anspruchshaltung der Klientel, die von den Sozialpädagogen in einer unbewußten Identifizierung übernommen wird: nichts reicht aus, nichts hilft wirklich weiter. Diese Situationen entsprechen dem Übertragungsvorgang in der Einzelanalyse, in der sich die Übertragung bekanntlich jeweils vom Widerstand her zeigt.

Die unbewußte Identifizierung mit der Klientel fungiert als Hindernis und zugleich als Hilfsmittel für das Fallverständnis. Sie ist die Grundlage des Übertragungsvorgangs, dessen interpersoneller Aspekt in der Supervision von uns als Reinszenierung bezeichnet werden soll. (Vergleichbare unbewußte, interpersonelle Phänomene werden z. B. bei Stierlin mit dem Konzept der Delegation, bei Mentzos mit der interpersonalen und institutionalisierten Abwehr und bei Bion mit dem „containing“ beschrieben.)

Die Reinszenierung macht vor dem Supervisor ebensowenig Halt wie die Übertragung vor dem Analytiker. Anspruchshaltung und Perspektivelosigkeit der Klientel setzten sich auf diesem Wege bis in die Notizen der Supervisoren durch: so wurde eine bestimmte Sitzung mit der Bemerkung „eine der wenigen guten Stunden" kommentiert; oft wurde ein Druck spürbar, „noch mehr bringen zu müssen".

In allen Supervisionssitzungen sind die beiden oben genannten Ebenen, hier kurz Selbstdarstellung und Falldarstellung genannt, erkennbar, obwohl sie zumeist miteinander vermischt sind. Bis auf wenige Ausnahmen wurde die Selbstdarstellung nicht gedeutet, weil es im Rahmen der Weiterbildung eine Selbsterfahrungsgruppe gab und weil wir es methodisch nicht für angemessen hielten, ein legitimes, für eine berufsbezogene Falldarstellung notwendiges Bedürfnis nach Distanz zu übergehen oder gar zu verletzen. Im folgenden Beispiel steht der Aspekt der Selbstdarstellung im Vordergrund.

3. Selbstdarstellung und Reinszenierung

Ein Teilnehmer beginnt damit, daß er in Kürze arbeitslos werde und darüber erleichtert sei, denn er habe ohnehin aussteigen wollen. In der Diskussion führt sein Rückblick auf das Beschäftigungsprojekt, dem er bislang angehörte und das jetzt nicht mehr existiert, zu negativen Einschätzungen von der Art, solche Projekte als wirkungslos zu bezeichnen und ihnen lediglich kosmetische Funktion für den Arbeitsmarkt zuzuschreiben. Für den Vortragenden selbst steht im Mittelpunkt, daß ihm der Bildungsanteil für die Jugendlichen gegenüber der praktischen Arbeit zu hoch erscheint und zudem noch unbezahlt sei. Auf diese Weise kommen auch seine Zweifel, ob sich in der Sozialpädagogik für ihn eine berufliche Perspektive finden läßt, zur Sprache: „Ist der hohe Bildungsanteil für mich von Nutzen?" scheint er sich zu fragen. Sein Beispiel zeigt, wie die Situation der lernbehinderten, arbeitslosen Jugendlichen dazu „verwendet" werden kann, das persönliche Thema von Ausbildung, Weiterbildung und Berufschancen zu problematisieren, denn die aktuellen Probleme der Jugendlichen konnten, da das Projekt schon abgeschlossen war, nicht mehr in Betracht kommen.

Als dieser Teilnehmer später in der Supervision darüber berichtete, daß er seine Berufspraxis in einem Heim für Mädchen wieder aufgenommen habe, kamen ihm ähnliche Zweifel wie gegenüber seinen bisherigen Berufserfahrungen: ist diese Arbeit überhaupt zumutbar und sind die zeitlichen Belastungen nicht zu hoch? Er nahm die Stelle an, nicht zuletzt, weil er sehr umworben wurde und man offensichtlich seiner Weiterbildung wegen Hoffnungen in ihn setzte, bislang ungelöst gebliebene Probleme des Heimes mit seiner Hilfe zu meistern.

In der betreffenden Sitzung fragten die Supervisionsteilnehmer den Vortragenden aus, ohne etwas über die Annahmen, die sie zu ihren Fragen führten, zu äußern. So schienen sie immer mehr hören zu wollen, während sie zugleich ihre eigenen Einfälle der Diskussion vorenthielten. Die Teilnehmer inszenierten auf diese Weise die „gierigen", abhängigen und entwertenden Aspekte ihrer unbewußten Identifizierung mit den bedürftigen Jugendlichen, die der Vortragende jetzt wieder zu betreuen hat. Der vortragende Sozialpädagoge nutzte den Raum in der Supervision, sowohl seine Ambivalenz gegenüber der sozialpädagogischen Praxis zu thematisieren als auch seine Zweifel gegenüber einer solchen Tätigkeit zu überwinden. Es klang somit auch der konflikthafte Themenbereich von Rivalität und Aufstieg im Zusammenhang mit der Weiterbildung an.

4. Konfliktorientierte Falldarstellung

Die nun folgende Fallskizze gehört zu jenen Supervisionssitzungen, in deren Mittelpunkt die relativ differenzierte Darstellung eines problematisch gewordenen Klienten im Mittelpunkt stand und durch die Diskussion ein spezifischer Konflikt herausgearbeitet wurde: wenn der betreffende Jugendliche in seiner Entwicklung fortschreitet, schädigt er seine Mutter; wenn er die Interessen der Mutter berücksichtigt, schädigt er sich selbst. Der Entwicklungsfortschritt des Jugendlichen führt weg von der Mutter, hin zur heterosexuellen Beziehung und ruft Schuldgefühle hervor.

Ein Teilnehmer berichtete von einem lernbehinderten Jugendlichen, der sich in den Kopf gesetzt hatte, Verkäufer in einer Computer-Abteilung zu werden. Als er eine entsprechende Lehrstelle angeboten bekam, schlug er sie aus, weil die Sekte, der seine Mutter und er angehörten, ihren Mitgliedern untersagte, samstags zu arbeiten. Damit ist eine Situation gegeben, in der ein Sozialpädagoge nur noch den Kopf schütteln kann. Immerhin ließ der Jugendliche seinem sozialpädagogischen Betreuer eine kleine Hintertür offen, als er sagte, er glaube nicht so ganz an die Grundsätze der Sekte. Der Referent zog daraus den Schluß, der Junge sei in einem inneren Konflikt.

Zunächst wurden von den Supervisionsteilnehmern eine Reihe pragmatischer Vorschläge gemacht, die darauf hinausliefen, für den Jugendlichen solle ein Betrieb gefunden werden, in dem man am Samstag nicht arbeiten müsse. Der Vortragende insistierte jedoch angesichts der verschiedenen Vorschläge darauf, daß ein Konflikt vorliege. Er konnte sich schwer vorstellen, mit der Mutter eine Auseinandersetzung über die Weiterentwicklung des Sohnes zu führen, nicht zuletzt, weil sie als Sozialhilfeempfängerin, geschieden und verhärmt, in einer äußerst schwierigen Situation sei. Ein anderer Teilnehmer versprach sich: statt von der Mutter-Sohn-Beziehung zu sprechen, sagte er „Mutter-Tochter-Beziehung". Davon ausgehend begannnen die Teilnehmer sich vorzustellen, daß der innere Konflikt des Jugendlichen mit der Abwesenheit seines Vaters zusammenhängen könnte.

Ein Gespräch mit der Mutter stand an. Zuvor hatte der Referent versucht, sich seine Position nochmals klar zu machen: er wollte für den Jungen argumentieren, sich aber auch die gesamte Situation, weil sie ihm recht kompliziert erschien, noch offen halten. Im Gespräch mit der Mutter stellte er dann den Konflikt in den Mittelpunkt: der Junge wolle Verkäufer werden, die Zugehörigkeit zur Sekte schließe jedoch durch das Arbeitsverbot am Samstag diese Möglichkeit aus. Nachdem das Gespräch mit der Mutter schon eine halbe Stunde gedauert hatte, sei sie von sich aus auf das Thema Religion gekommen und habe vorgeschlagen, daß sie noch einmal mit dem Prediger reden könne. Unvermutet stellte sie dem Referenten die Frage, ob er glaube, daß ihr Sohn ihr zuliebe Mitglied der Sekte sei. Er könne es sich vorstellen, antwortete der Sozialpädagoge.

Danach schien sich die Situation durch eine Intervention des Arbeitsamtes in eine neue Richtung zu verändern. Der Mutter wurde klar, daß sie eine finanzielle Entlastung erhielte, falls ihr Sohn eine neue Ausbildungschance (in einer überbetrieblichen Lehrwerkstatt mit Internat) nutzen würde. Als sich die Mutter für diese Möglichkeit interessierte, sagte jedoch der Sohn, daß er lieber zu Hause bleiben wolle.

Die Diskussion in der Supervision griff zunächst den Aspekt auf, ob sich der Jugendliche durch die weitere Entwicklung übergangen fühlte. Es stellte sich außerdem die Frage, warum im Vordergrund stehe, ihn von der Mutter trennen zu wollen. Dann wurde ein Zusammenhang zwischen der religiösen Bindung und der Lernbehinderung hergestellt. Schließlich konstellierte sich als Gemeinsamkeit der Beiträge, daß die psychische und soziale Situation des Jugendlichen offensichtlich zu eng sei. Es wurden die beiden Möglichkeiten gegenübergestellt, einerseits diese Enge aufzubrechen, andererseits sie nur allmählich zu erweitern. Hier kam die Frage auf, wie denn am Beispiel dieses Jugendlichen Trennung, Loslösung und Individuation vor sich gehen könnten. Es wurde erörtert, daß ein gewaltsames Aufbrechen des Mutter-Sohn-Verhältnisses dem Jungen wenig Chancen zur Verarbeitung ließe. Aber man sah auch, daß die inzwischen mit Hilfe des Sozialpädagogen hergestellte Situation schon eine Erweiterung darstellte: neben der Enge des Mutter-Sohn-Verhältnisses hatten sich noch andere Beziehungen hergestellt. Welche Bedeutung hatte der Sozialpädagoge für die Orientierung des Jugendlichen?

Dem Referenten schienen Einfühlung und Konfliktorientierung zur Verfügung zu stehen, was ihn angesichts der festgefahrenen Situation vor unreflektierter Parteilichkeit schützte. Seine Schilderung machte es möglich, jenes Moment zu benennen, das den inneren Konflikt des Jugendlichen so zuspitzte, daß das Mutter-Sohn-Verhältnis zu einer Sackgasse wurde. Durch das Fehlen einer väterlichen Orientierung schien der Junge in der schwierigen Entwicklungsphase der Adoleszenz keine Vorstellung davon ausgebildet zu haben, wie er selbständig Entscheidungen treffen und sich von der Mutter entfernen könnte, ohne ihr zu schaden.

Einige Wochen später erfuhren wir, daß der Jugendliche die Stelle als Verkäufer angenommen und das Verbot der Sekte umgangen hatte. Trotz des Fortschritts, den wir in diesem Schritt des Jugendlichen sahen, hörten wir auch sogleich, daß der Konflikt damit nicht gelöst war. Es waren neue Probleme entstanden. Dem Lehrling wurde vor Ablauf der Probezeit mit der Begründung gekündigt, er sei unregelmäßig zur Arbeit gegangen. Weiter erfuhren wir, die Mutter habe den Jungen oft am Arbeitsplatz aufgesucht und dieser habe sich belästigt gefühlt. Inzwischen hatte sich der Jugendliche mit einem Mädchen angefreundet, und ein ehemaliger Freund seiner Mutter hatte sich angeboten, ihm zu helfen. Ehe man angesichts der erhofften und nun eingetretenen Erweiterung des Beziehungsgefüges dazu kam aufzuatmen, konfrontierte uns der vortragende Sozialpädagoge mit der nächsten Schwierigkeit: die Freundin des Jugendlichen hatte die Einweisung der Mutter in eine psychiatrische Klinik in die Wege geleitet.

Der Sozialpädagoge vermutete, die Dekompensation der Mutter sei dadurch ausgelöst worden, daß sich der Sohn von ihr weg bewegte. Das führte bei ihm zu der Vorstellung: laß doch die Finger von dieser Sache. Er schloß seinen Bericht mit der Frage: Was soll ich machen? Soll ich versuchen, daß der Junge von der gestörten Mutter wegkommt oder daß er bei ihr bleibt? Nicht nur ratlos fühlte er sich, sondern auch gescheitert.

Durch die Diskussion schälte sich die Vorstellung heraus, in der Bindung zwischen Mutter und Sohn nähmen Schuldgefühle einen großen Platz ein, und die Teilnehmer meinten, der Jugendliche bedürfe einer Therapie. Verfolgt man die Entfaltung des Konfliktgeschehens, wie sie vom Sozialpädagogen im Verlauf von drei auseinanderliegenden Sitzungen berichtet wurde, so ist bei dem Jugendlichen ein Entwicklungsfortschritt unübersehbar, und zwar aus den ungelösten Adoleszenzkonflikten heraus zu Geschlechtsidentität und Unabhängigkeit. Es erscheint uns plausibel, diese Entwicklung zu den Gesprächen in Beziehung zu setzen, die der Jugendliche mit dem betreuenden Sozialpädagogen hatte. Dennoch reagierte die Supervisionsgruppe mit der Forderung, der Jugendliche brauche Therapie, und der Referent verblieb in einer gedrückten Stimmung.

Sicherlich hängt die resignative Vorsicht des Referenten auch mit der realistischen Einschätzung zusammen, daß es sich um einen sehr problematischen Fall handelt, der keineswegs mit einem Stück angewandter Psychoanalyse sozusagen im Handumdrehen zu bewältigen ist. Aber damit allein sind die ungelöste Spannung und Ratlosigkeit nicht erklärt. Sie gehen unseres Erachtens auf die unbewußte Identifizierung zurück, die sich über die einfühlsame und um Verstehen bemühte Beziehung zum Klienten herstellt. Der Referent scheint in der unbewußten Identifizierung mit seinem Klienten die Schuldgefühle zu übernehmen, die diesen quälen, wenn er durch seinen Schritt in die heterosexuelle Beziehung „die Mutter ins Unglück stürzt“. Sicherlich erschüttert den Sozialpädagogen auch die Dekompensation der Mutter, und der Entwicklungsfortschritt seines Klienten scheint ihm aus dem Blick zu geraten. Zudem ist er auch noch mit der Rolle des Vaters identifiziert, der in dem einengenden Verhältnis von Mutter und Sohn entbehrlich gewesen zu sein schien.

Das Fallverständnis wurde durch den Bericht in konfliktorientierter Sicht vorangetrieben; Grundlage dafür war die unbewußte Identifizierung. Es wurde deutlich, daß es um einen adoleszenten Trennungskonflikt und eine Krise der psychosexuellen Identität ging.

Zugleich aber zeigt die Falldarstellung aber auch die Grenzen der angewandten Psychoanalyse in besonderer Schärfe. In dem Augenblick, in dem sich der Sozialpädagoge verstehend einem Klienten zuwendet, entgleitet ihm die Situation schon wieder. Der Rahmen, in dem sich sein psychoanalytisches Verstehen realisieren könnte, die Gesprächs- und Beratungssituation, ist beruflich nicht abgesichert. Es gibt kein der therapeutischen Situation vergleichbares „Setting", in dem der entstandene Übertragungsvorgang nutzbar gemacht werden könnte. Der Sozialpädagoge muß zwei konträre Identifizierungen aufrechterhalten: die männlich-väterliche „Rolle" im negativen Ödipuskomplex des Jugendlichen, die sich in der bewußten Gegenübertragungseinstellung als Gefühl der Zugewandtheit, Verantwortung, Hilfsbereitschaft und Weitsicht realisiert. Er muß aber auch wieder zum Verzicht auf diese Erlebnisposition fähig sein, da er sie nicht im Interesse des Jungen weiter nutzen kann, denn er hat diese Funktion an andere, recht beliebig auftauchende Personen und Einrichtungen abzutreten (Arbeitsamt, Beraterin, ehemaliger Freund der Mutter, Prediger, neuer Lehrer im Unterricht).

Die Interventionen der Supervisoren machen vor allem auf das Konfliktgeschehen und die gegenläufige Dynamik von Progression, Regression und Schuldgefühlen aufmerksam. Die Konfliktlage des Jugendlichen mit negativem und positivem Ödipuskomplex, Trennung, Individuation und psychosexueller Identität kann im Rahmen der Supervision nicht vertieft werden. Zwar erscheinen die Interpretationen und Gewißheiten im Verlauf der Falldiskussion evident und plausibel, sie hinterlassen gleichwohl eine traurige und resignierte Stimmung: war das jetzt alles, was man tun konnte? Erweiterte Möglichkeiten des Verstehens und der Veränderung scheinen auf, aber der sozialpädagogische Praxisbezug gleicht einer Fessel. Die Problematik einer sozialpädagogischen Haltung kristallisiert sich heraus: das Anerkennen des engen Handlungsspielraums in bezug auf psychoanalytisches Verständnis und das gleichzeitige Aufrechterhalten des Interesses an der Klientel.

5. Progressive und regressive Position in der Supervision

Parallel zu den Ebenen von Falldarstellung und Selbstdarstellung pendelt die Gruppenatmosphäre zwischen zwei Verhaltenskonstellationen. Es ist zu beobachten, daß sich progressive und regressive Verhaltensmodalitäten abwechseln.

Die progressive Konstellation ist durch Vertrauen, Selbständigkeit, Initiative, Leistungsfähigkeit, Konturierung der Berufsrolle und schöpferisches Vorgehen gekennzeichnet, die regressive Position durch Harmonisieren, Mißtrauen, Vereinheitlichung, aggressives, entwertendes Verhalten, Zweifel, Minderwertigkeitsgefühle, Unsicherheit und Unklarheit des beruflichen Qualifikationsprofils. Der Fähigkeit, sich freien Einfällen zu überlassen, zu eigenen Interpretationen und einfühlsamer Einstellung anderen gegenüber zu finden, stehen Widerstände gegenüber, die in der Supervision als „Arbeitsstörung" auffallen (Nichtverstehenkönnen, Ablehnen des Vorgehens oder von Beiträgen etc.). In der Terminologie der Bionschen Gruppentheorie, also auf der Ebene von Gruppenpsychodynamik, stehen sich die Arbeitsgruppe und die Grundannahmegruppe („basic assumption group") gegenüber.

Während die Gruppenteilnehmer in der progressiven Position im Fallbericht einen spezifischen Konflikt aufspüren, differenziert und selbstreflexiv argumentieren, neigen sie in der regressiven Position eher dazu, praktische Ratschläge zu erteilen und denjenigen, der einen Fall berichtet, auszufragen sowie Beiträge anderer Teilnehmer zu entwerten. So stellte über weite Strecken der Supervision das unreflektierte Sammeln von Informationen aus unserer Sicht eine Art von Arbeitsstörung dar; das Fallverständnis konnte dadurch nicht vertieft werden, weil jeweils die eigenen Vorstellungen ausgespart blieben. Mit dem anhaltenden Befragen des Referenten verharren die Supervisionsteilnehmer in einer Vereinheitlichung, wie sie für Abwehrvorgänge in Gruppen charakteristisch ist; so vermeiden sie jenen Individuationsschritt, der sich im Beziehen einer eigenen Position und im Äußern persönlicher Einfälle ausdrücken würde. Der im Einnehmen der regressiven Position liegende „Gewinn" besteht nicht zuletzt im Umgehen von Rivalitätskonflikten.

Die Reinszenierung des im Fallbericht vorhandenen Konfliktgeschehens erstreckt sich sowohl auf die regressive als auch auf die progressive Position. Allerdings handelt es sich dabei nicht um einen einfachen Vorgang der Konfliktabbildung. Vor allem in der beschriebenen regressiven Position werden nur bestimmte Aspekte des Konfliktzusammenhangs unbewußt aufgegriffen; in dieser Selektivität oder Reduktion des Konflikts liegt auch eine Entstellung, die das weitere Verständnis erschwert. Da die regressive Position auch individuelle Konflikt- und Störungspotentiale ausdrückt, wird sie in der Supervision nur dann interpretiert, wenn sich eine plausible Verbindung zum Fallbericht herstellen läßt.

Das Oszillieren zwischen Regression und Progression wird in der Supervisionsgruppe mal von der Gruppe insgesamt vollzogen, mal teilt sich die Gruppe in beide Positionen auf, und schließlich können einzelne Teilnehmer als Protagonisten dieser Positionen auftreten. An einem weiteren Beispiel soll gezeigt werden, wie die regressive Position zum Ausdruck kommt.

6. Inszenierung der Selbstdarstellung

Eine Sozialpädagogin hat vor kurzem eine leitende Funktion übernommen und spricht aus dieser Perspektive über ihre Arbeit. Sie erwähnt, daß ihre Dienststelle im Gegensatz zu den Institutionen der anderen Teilnehmer gute Abschlußzahlen aufweise, dennoch beginnt sie zu klagen. Inhalt ihrer Klage ist, daß die Lehrer und Sozialpädagogen nicht genug arbeiten würden. In ihrem weiteren Bericht möchte sie zeigen, wie sie leitend mit den Schwächen ihrer Mitarbeiter umgeht. Sie hebt eine bestimmte Form von Verständnis hervor: der eine Mitarbeiter brauche Vorgaben, der andere mehr Spielraum; was jeweils nötig sei, müsse man im einzelnen herausfinden.

Als die Supervisionsteilnehmer nach diesem knappen Bericht forderten, die Kollegin möge die Problematik ihrer neuen Rolle und Tätigkeit anschaulicher darstellen, nannte die Referentin eine „Umzugskiste, die ewig stehen bleibt" und „das berühmte letzte Blatt Klopapier", das keiner ihrer Mitarbeiter zum Anlaß nähme, eine neue Rolle aufzuhängen. Die Supervisoren intervenierten, es falle schwer, sich die neue Arbeitssituation vorzustellen, obgleich auch mancherlei berichtet worden sei. Warum Pädagogen bessere Menschen sein sollten, hielten die Gruppenteilnehmer der Referentin fragend entgegen. In ihrer Antwort verwies sie auf die Vorbildfunktion von Pädagogen. Ein Teilnehmer bot eine Interpretation des Vorgetragenen an, die auf eine unbewußte Ebene führen könnte: die Mitarbeiter produzierten in bezug auf die Vorgesetzten ähnliche Verweigerungshaltungen wie die Jugendlichen, die in der Einrichtung zu betreuen seien.

Die Referentin blieb bei ihrer Position; man müsse sich auf die Mitarbeiter verlassen können, sagte sie. Nun bemühten sich andere Teilnehmer, sie zu einer Distanzierung von ihrer „Leiterperspektive" und zur Selbstreflexion zu bewegen. Die Sozialpädagogin erzählte, daß sie einerseits selbst Jugendliche betreue, andererseits mache ihr die Institution doch gewisse Vorgaben. Mitarbeitereigenschaften und die jeweiligen Umstände der Arbeiten müßten beachtet werden. Dann hob sie mit Nachdruck hervor, in ihrem pädagogischen Denken sei „Beziehung" das entscheidende Moment. Sie sei begeistert von einem gruppendynamischen Trainingswochenende. Dort habe man den Akzent auf „Beziehung" gelegt, und sie fuhr fort: „Wo kein Gespräch mehr ist, fängt die Gewalt an." Dieser Satz wirkte erschlagend.

Der Supervisor intervenierte zunächst, daß man an der jeweils in den Mittelpunkt gestellten Beziehung bewußte und unbewußte Aspekte herausarbeiten könne; er empfinde ihre Ausführungen so, als hielte sie ihre Erfahrungen und Fallbeispiele weiterhin unter Verschluß. Die Referentin antwortete, sie habe „hier gelernt, den Mund zu halten". Dann setzte sie hinzu, wie sie zu einem „problematischen" Mitarbeiter sagte: „Du bist mein Sorgenkind, du mußt entlastet werden." Im gruppendynamischen Training habe sie auch gelernt, die

Frage in den Mittelpunkt zu stellen, wie sie Leute zu diesem oder jenem bringen könne. Ein Teilnehmer konterte geradezu, als er sagte, er würde an einer Stelle, in der sich alles um „Beziehung" drehe, ungern arbeiten. Die Referentin antwortete darauf, sie erwäge schon in Vorstellungsgesprächen, ob ein Bewerber zu den anderen passe oder nicht. Außerdem stellte sie kategorisch fest, was sie bisher geschafft und erreicht habe, wolle sie nicht mehr verändern.

Man kann fragen, ob in dieser Sitzung lediglich zum Ausdruck kommt, daß die Sozialpädagogin im gruppendynamischen Training eine Alternative zur Supervision fand, durch die sie sich gestärkt, vielleicht auch erneut in ihrem bisherigen Denken bestärkt fühlt. Wir meinen dagegen, daß in dieser Sitzung der Wunsch nach Selbstdarstellung inszeniert wird. Blicken wir auf das gruppendynamische Geschehen, dann lassen sich gegenläufige Tendenzen finden. Die vortragende Sozialpädagogin ist erfolgreich, ein beruflicher Aufstieg ist ihr gelungen. Statt des zu erwartenden Zusammenhangs von Erfolgserlebnis, Zufriedenheit und Stolz über das Erreichte werden wir sofort mit einer klagenden, fast mürrischen Stimmung konfrontiert, zu deren Begründung einige Beispiele aus der neuen Tätigkeit angeführt werden, ohne daß sie für die Supervision besonders erhellend sind. Wie ist diese paradoxe Reaktion zu verstehen?

Auch bei den übrigen Gruppenteilnehmern ist Unzufriedenheit über die knappe Darstellung zu spüren, wohl vor allem wegen der „Über-Identifizierung" mit dem Machtaspekt der neuen Berufsrolle. Übersetzt man den zuletzt wiedergegebenen „Wortwechsel" auf diese Ebene, so kann er auch lauten: „Ich möchte nicht in einem Team arbeiten, das von Dir geleitet wird – ich würde Dich gar nicht nehmen, wenn Du Dich bei mir bewerben würdest."

Anerkennende Worte wurden für den beruflichen Aufstieg der Teilnehmerin nicht gefunden. Wir meinen, daß die Gruppe mit der Referentin einen unbewußten Konflikt auf der regressiven Position inszeniert. Die Themen Konkurrenz, Neidgefühle, Aggressivität und Rivalität, Schuldgefühle und Entfernung (Trennung?) von den bisher Gleichgestellten sowie der Klientel werden nicht verbalisiert. Es wird vielmehr nur der Machtaspekt in Szene gesetzt. Diese Reduktion der konflikthaften Thematik auf das unbewußte Agieren einer Erlebnisdimension blockiert das weitere Verständnis im Sinne eines Widerstandes.

Trotz verschiedener Interventionen, die auf eine selbstreflexive Ebene verweisen, zeigt sich hier das Festhalten an einer regressiven Position. Man muß annehmen, daß der Zusammenhang von Rivalität, Trennungsaggressivität und Schuldgefühlen einen überstarken „Druck" verursacht, der zur beschriebenen Abwehrhaltung führt. Da die Supervisionsteilnehmer zugleich auch in einer Selbsterfahrungsgruppe sind, könnte das starre Festhalten an einer Inszenierung der Selbstdarstellung in der regressiven Position auch auf Übertragungswiderstände in der Gruppenanalyse verweisen. Inszeniert wird ja nicht nur ein Wunsch nach Macht, sondern zugleich auch einer nach Vereinheitlichung mit den Teilnehmern der Supervisionsgruppe: durch das Klagen versucht die Referentin auch, mit den anderen in Übereinstimmung zu bleiben. Durch das gegenläufige Motiv der aggressiven Abgrenzung von den anderen (und den Supervisoren) wird die Vereinheitlichungstendenz jedoch wieder aufgehoben.

7. Interesse an der Klientel und Selbstreflexion

Dem Oszillieren zwischen der regressiven und der progressiven Position entsprechen Schwankungen in der Fähigkeit, als Sozialpädagoge das Interesse an der schwierigen Klientel aufrechtzuerhalten. Die Einfühlung in die konkrete Not der Jugendlichen schien immer wieder stark kontrolliert werden zu müssen; statt dessen trat eine bestimmte Abwehr in den Vordergrund, die als Entwertung zum Ausdruck kam und den Wunsch erkennen ließ, die schwierige Klientel hinter sich lassen zu wollen (sich deshalb z. B. über eigene Arbeitslosigkeit zu freuen).

Eine für die sozialpädagogische Berufsrolle charakteristische Widersprüchlichkeit trat im Verlauf der Supervision hervor. Die Klientel braucht die sozialpädagogische Betreuung, d. h. sie ist auf ein einfühlsames Interesse des Sozialpädagogen angewiesen. Mit Übernahme der Berufsrolle wird dieses Interesse unterstellt. Der Supervisionsverlauf zeigte, wie aber das Aufrechterhalten des Interesses an der Klientel erst das Ergebnis eines die Berufspraxis begleitenden Lernprozesses darstellte. Die identifikatorische Nähe des Sozialpädagogen zur Klientel, die einerseits zum angemessenen Umgang mit der Klientel erforderlich ist, führte andererseits auch zu Gefühlen der Wertlosigkeit und mobilisierte die Bereitschaft, sich vom sozialen Abseits abzuwenden, sowie den Wunsch, einen anderen Beruf und eine „bessere" Klientel zu haben. Das Bewußtmachen dieser Widersprüchlichkeit ist ein Ziel der berufsbegleitenden Supervision.

Aus den Fallberichten und -diskussionen läßt sich auf einen typischen zirkulären Vorgang schließen. Der reaktive Wunsch, sich der beklemmenden Nähe und Vereinheitlichung mit sozial minderprivilegierten Menschen zu entziehen, löst Schuldgefühle aus. Aufstiegs- oder Veränderungswünsche, welche die Teilnehmer mit der Supervision verknüpften, schienen tabuisiert zu sein, was wiederum die Annahme untergründiger Schuldgefühle stützte. Tabuisierte Schuldgefühle verstärken in diesem Zirkel die entwertenden und aggressiven Einstellungen, aber auch die regressive Vereinheitlichungstendenz.

Bei der unkonturierten Falldarstellung mit einem Überwiegen der Selbstdarstellung wird der reaktive Wunsch nach Abwendung inszeniert. Der differenzierte Fallbericht hingegen wird von der identifikatorischen Nähe zur Klientel getragen; er signalisiert das Aufrechterhalten des notwendigen Interesses am Klienten. Durch den differenzierten Fallbericht scheint sich der Zirkel von vereinheitlichender Nähe, Abwendungswunsch, Schuldgefühlen sowie entwertenden und aggressiven Einstellungen zu öffnen.

VII. Evaluation der Weiterbildung: Zur Entwicklung psychosozialer Kompetenz

Christel Beier

1. Methodologisches Selbstverständnis

Für die Einschätzung und Bewertung der Wirkungsweise des im wesentlichen vor dem Hintergrund psychoanalytischer Sozialpsychologie konzipierten berufsbegleitenden Weiterbildungsangebots für Angehörige solcher Professionen, die mit arbeitslosen und/oder benachteiligten Jugendlichen zu tun haben, halten wir zunächst einmal generell ein Verfahren für angemessen, das die Ansprüche, Konzepte und Ziele der jeweiligen Fortbildungsangebote auf die Ebene ihrer möglichen Umsetzung und Realisierung bei den TeilnehmerInnen bezieht. Die Analyse des Verlaufs der einzelnen Angebote (Selbsterfahrung, Supervision, Fallanalyse- und Theorieseminare) mit der Perspektive auf Veränderungsprozesse bei den TeilnehmerInnen wird dementsprechend im Zentrum der Auswertung stehen. Dem besonderen Charakter unseres Forschungsgegenstands als einem psychosoziale Veränderungen anstrebenden Bildungsprozeß korrespondiert das methodologische Selbstverständnis einer psychoanalytisch orientierten hermeneutischen Prozeßevaluation: Wir folgen damit einer Forschungslogik, die die Rekonstruktion manifester und latenter Sinnzusammenhänge/Interaktionsbedeutungen und deren Veränderung zum wesentlichen Inhalt hat. Im engeren Sinn beziehen wir uns hier auf die Logik psychoanalytischer Verstehensoperationen („szenisches Verstehen" im Kontext von Übertragung und Gegenübertragung), wie sie inzwischen in vielfältiger Weise Eingang in die sozialwissenschaftliche Empirie gefunden hat (vgl. Horn/Beier/Wolf 1983, Clemenz/Combe/Beier u. a. 1990, Leithäuser/Volmerg 1979).

Selbstverständlich ist ein solches hermeneutisches Verfahren theoretisch nicht ohne Voraussetzungen: Wir werden uns bei der Analyse von durch das Weiterbildungsangebot ausgelösten Bildungs- und Veränderungsprozessen auf einen im Kontext der psychoanalytischen Entwicklungstheorie erläuterbaren Begriff von psychosozialer Kompetenz beziehen, welcher als übergreifende Evaluationsperspektive die durch das Gesamtangebot ebenfalls angestrebte Erweiterung theoretischen Wissens insofern mit einzubeziehen gestattet, als die Auseinandersetzung mit theoretischen Positionen ja nicht Selbstzweck ist, sondern auch zu einer veränderten professionellen Haltung führen soll (s. u. Kap. 3). Darüber hinaus ist diese Kategorie auch für die Analyse der Selbsteinschätzung der TeilnehmerInnen sowie ihrer Bewertung der einzelnen Kursteile bzw. der Weiterbildung als ganzer geeignet.

Bevor wir jedoch das Evaluationskonzept und die darauf bezogenen Auswertungskriterien im einzelnen vorstellen werden, wollen wir das Weiterbildungsangebot kurz skizzieren, um dann noch allgemein auf die Motivationen der TeilnehmerInnen und die Zusammensetzung der Gruppen einzugehen.

2. Zur Organisation der Weiterbildung

Wie bereits im Zwischenbericht 1989 erläutert, handelt es sich bei der Entwicklung des Curriculums zur berufsbegleitenden Fortbildung im Bereich Sozialarbeit/Sozialpädagogik, das neben Theorie- und Fallanalyseseminaren auch Supervision und große Anteile von Selbsterfahrung umfaßt, um ein integriertes Gesamtkonzept. Trotz unterschiedlicher Schwerpunkte gibt es nicht nur eine weitgehend kompatible theoretisch-konzeptionelle Grundorientierung (die in der Verbindung psychoanalytischer Theorie- und Methodenelemente mit sozialwissenschaftlichen handlungs- und interaktionstheoretischen Ansätzen und Analysemethoden besteht), es wird darüber hinaus auch eine wechselseitige systematische Ergänzung der einzelnen Elemente der Weiterbildung angestrebt.

2.1. Die Elemente des Konzepts

Die psychoanalytische Selbsterfahrung in Gruppen sollte der Sensibilisierung der Teilnehmer für ihre affektiven (größtenteils unbewußten) Beziehungsmuster dienen. Voraussetzung dabei ist, daß solche unbewußten Konfliktbewältigungsmuster nicht nur die privaten, sondern auch die beruflichen Beziehungen in der Weise bestimmen, daß alte Strukturen sich in diesen wiederholen bzw. reinszeniert werden. Die über die Selbsterfahrung geförderte Einsicht in die individuelle Entwicklungsgeschichte sowie deren Bedeutung für aktuelle Handlungsweisen hat also systematisch einen persönlichkeitsverändernden Stellenwert, sie dient ebenso der beruflichen Selbstreflexion, fördert die Empathie für die Klienten und läßt die Motivationen der Berufswahl deutlicher werden.

Das Konzept für die Gruppenselbsterfahrung orientierte sich dabei an jenen Ansätzen psychoanalytischer Gruppentherapie, die in das theoretische Modell der therapeutischen Gruppe sozialpsychologische Begriffe zu integrieren versuchen. Als exemplarisch für einen solchen Versuch läßt sich der Beitrag von Foulkes (1957, 1974) sehen, der in seinem Modell versucht, sowohl den einzelnen als auch die Gruppe als Ganzes theoretisch zu berücksichtigen. Demnach bringt jeder Teilnehmer „gleichsam ein Netz von verinnerlichten, konflikthaften frühkindlichen Beziehungen" ein, welches zusammen mit den Beziehungsnetzen der anderen Gruppenmitglieder ein Netzwerk bildet. Vor diesem Hintergrund konstellieren sich „neue aktuelle Beziehungen unter den Gruppenmitgliedern und bilden zusammen mit diesen die ‚Matrix' der Gruppe". (Heigl-Evers, A./Heigl, F. 1979, S. 769). Die Aktivitäten des Therapeuten – seine Aufmerksamkeit/Wahrnehmungseinstellung und seine Interpretationen – sollen dementsprechend ständig oszillieren zwischen der intra- und der interindividuellen Ebene. Dabei kommt es insgesamt auf die Erhöhung der Ausdrucksfähigkeit der Mitglieder in Verbindung mit dem Verständnis für unbewußte Sinnzusammenhänge an – oder anders formuliert: „Ziel der Analyse ist es, das autistische Symptom (im Sinne von privatsprachlichem Ausdruck, C. B.) umzuwandeln in ein Problem, das sich in Worte fassen läßt." (Pines 1979, S. 727).

Selbstverständlich ist ein gruppentherapeutischer Prozeß nicht umstandslos mit dem einer Gruppenselbsterfahrung ineins zu setzen: Obwohl die Arbeitsweise – der klärende und deutende Umgang mit den Äußerungen der Beteiligten sowie die Regeln des Settings (Regelmäßigkeit der Teilnahme, Verschwiegenheit, Abstinenz, offene Gestaltbarkeit des Gruppenprozesses durch die Teilnehmer auf der Ebene der sprachlichen Äußerungen) – auf gruppentherapeutischen Konzeptionen beruht, so gibt es doch auch einige wichtige Differenzen, die es gerade vor dem Hintergrund der speziellen Rahmenbedingungen eines Weiterbildungsmodells zu reflektieren gilt.

Zunächst einmal kommen die TeilnehmerInnen nicht als Patienten mit einem artikulierten Leidensdruck – wie im Falle der Gruppentherapie –, sondern sie sind aus professionellen und/oder persönlichen Gründen an einer psychosozialen Fortbildung interessiert und damit in gewisser Weise auch bereit, persönliche Schwierigkeiten anzusprechen, allgemein: etwas Neues über sich selbst zu erfahren. Dem Leidensdruck als Voraussetzung einer Therapie entspräche hier ein gewisses Gefühl von Unzulänglichkeit bzw. eine eher diffuse Motivation, sich auf das Angebot einer Selbsterfahrung einzulassen. Im Kontext des gesamten Weiterbildungsangebots hat dies zunächst den Vorteil, daß der Wunsch nach persönlicher Veränderung nicht an das Zugeständnis eines vorhandenen Leidensdrucks gebunden ist, was Schamgefühle reduzieren hilft. Insofern bietet die Selbsterfahrung im Rahmen eines integrierten Weiterbildungskonzepts einen gewissen Schutz vor zu großen Ohnmachts- und Hilflosigkeitsgefühlen. Strukturell gesprochen stellt die Selbsterfahrung in diesem Kontext also ein gewisses Verführungsangebot dar, sich allmählich öffnen zu können, ohne daß von vornherein der gezielte Veränderungswunsch enthüllt werden muß. Auf den Umstand, daß solche mehr oder weniger verdeckten therapeutischen Erwartungen bei vielen TeilnehmerInnen eine Rolle spielten, werden wir im Zusammenhang der Analyse der Teilnehmermotivation noch genauer zurückkommen.

Auf der anderen Seite birgt diese Konstellation auch unvermeidliche Nachteile, die damit zusammenhängen, daß die Differenzen zur Therapie jederzeit von den Teilnehmern im Sinne eines Widerstands gegen einen sich entwickelnden Gruppenprozeß, gegen Deutungen etc. mobilisiert werden können: Die Bereitschaft, Persönliches preiszugeben, läßt sich mit dem Hinweis, es handle sich hier ja schließlich nicht um einen therapeutischen Prozeß, stets blockieren. Dennoch ist auch hierin nicht nur ein Widerstandsphänomen auszumachen, eine solche Reaktion enthält auch einen Hinweis auf die Einschätzung der Rahmenbedingungen durch die TeilnehmerInnen. Sie erinnern hier daran, daß die Selbsterfahrung ein Element in einem Gesamtangebot darstellt, welches zeitlich limitiert ist, daß es sich um einen Gruppenprozeß handelt, der nicht den Schutz einer Einzeltherapie bietet und daß es darüber hinaus auch noch um ein Forschungsprojekt geht, welches trotz der Zusicherung von Anonymität und der prinzipiellen Bereitschaft der TeilnehmerInnen ebenfalls Phantasien und Befürchtungen mobilisiert, daß persönliche Äußerungen in falsche Kanäle gelangen können.

Darüber hinaus können die sich entwickelnden realen Beziehungen der TeilnehmerInnen durch ihre gemeinsame Mitarbeit als Lerngruppe im Rahmen des Gesamtangebots der Weiterbildung einer solchen Reserve Nahrung geben, obschon auch hier das Umgekehrte: die Herausbildung vertrauensvoller Beziehungen über gemeinsame Arbeitserfahrungen denkbar ist. Zumindest ist auch dies ein gegenüber dem für die Förderung des Arbeitsbündnisses in der Gruppentherapie vergleichsweise strengeren Reglement im Hinblick auf die Beziehungen der Gruppenmitglieder untereinander spezifisches Strukturelement von psychosozialen Weiterbildungsangeboten mit einem integrierten Selbsterfahrungsteil, von dem wir annehmen, daß es nicht ohne Folgen für den Gruppenprozeß bleibt.

Sofern diese speziellen Bedingungen der Reflexion aller Beteiligten zugänglich sind und auch von vornherein den TeilnehmerInnen bewußt gemacht werden, sehen wir hierin keine grundsätzlichen Nachteile gegenüber einem denkbaren Modell, das die Selbsterfahrung extern voraussetzt. Ein integriertes Konzept bietet dagegen den Vorteil, daß die einzelnen Elemente der Weiterbildung konzeptionell aufeinander abgestimmt sind und darüber hinaus ein Austausch der Kursleiter untereinander (d. h. der Selbsterfahrungsgruppenleiter, der Supervisoren und der Seminarleiter) möglich wird.

Die Verdeutlichung dieser strukturellen Besonderheiten ist im Rahmen der Evaluation indes unverzichtbar: Bei der Auswertung der Gruppenprozesse, d. h. bei der Bewertung der Resultate werden diese Rahmenbedingungen der Selbsterfahrung stets mit zu berücksichtigen sein.

In den psychoanalytisch orientierten Supervisionsgruppen sollte den TeilnehmerInnen Gelegenheit gegeben werden, Konflikte und Schwierigkeiten in ihren beruflichen Beziehungen zur Darstellung zu bringen und zu bearbeiten. Im Unterschied zur Selbsterfahrung wird im Rahmen der Supervision der affektive Erlebnisanteil, die subjektive Perspektive auf Klienten oder Berufskollegen nicht im Sinne der Aufklärung der persönlichen Motivation herangezogen, er dient ausschließlich der Erweiterung der Verstehenskompetenz dessen, was der Fall ist. Der Prozeß der Supervision zielt also in erster Linie darauf ab, die affektiven Reaktionen in beruflichen Handlungsfeldern als Erkenntnismedium verstehen zu lernen und diese persönlichen Ressourcen entsprechend zu nutzen. Zu den Besonderheiten der Gruppensupervision gehört darüber hinaus, daß die Gruppe ein zusätzliches Medium darstellt, in dem sich der Fall widerspiegeln kann. Durch die Analyse der affektiven Reaktionsmuster der Gruppe auf den Falleinbringer sowie auf den Fall als einer Aktualisierung des fallspezifischen Konfliktmusters im Kontext von Übertragung und Gegenübertragung können so die Besonderheiten des Falles erkennbar gemacht werden. Durch das allmählich sich vertiefende Verstehen dessen, was jeweils der Fall ist, sollen langfristig auch die diagnostischen Fähigkeiten der TeilnehmerInnen entwickelt und gefördert werden.

Die Fallanalyseseminare sollten den TeilnehmerInnen anhand unterschiedlicher methodischer Verfahren die Bedeutung einer biographiezentrierten Sichtweise auf ihre Klienten nahebringen und so ihre beruflichen Kompetenzen erweitern helfen. Sozialarbeiter, Sozialpädagogen und Erzieher, die mit benachteiligten Jugendlichen arbeiten, verfügen zwar qua Erfahrung über gewisse Fähigkeiten, die psychosoziale Situation dieser Jugendlichen zu verstehen, diese Fähigkeiten haben jedoch oft intuitiven Charakter und werden durch den für diese Berufsfelder charakteristischen Handlungsdruck ohnehin begrenzt. Die vom Zeitdruck entlastete Konzentration auf einen Einzelfall bietet so die Chance, die Vielfältigkeit der für eine Biographie relevanten Sinnzusammenhänge systematisch über die Erweiterung der eigenen Interpretationskompetenzen zu erschließen. Die unterschiedlichen Verfahren: die sozialwissenschaftlichen Methoden der Biographieanalyse (vgl. Schütze 1981, 1984) sowie der objektiven Hermeneutik (vgl. Oevermann u. a. 1979) und das psychoanalytische Modell des szenischen Verstehens sollten den TeilnehmerInnen die unterschiedlichen Perspektiven verdeutlichen, die man bei der Analyse eines Einzelfalls einnehmen kann. Diese biographiezentrierte Sichtweise sollte schließlich auch zu Fragen der Entwicklungsmöglichkeiten von Jugendlichen führen, an denen sich pädagogische und soziotherapeutische Interventionen zu orientieren hätten.

Der theoretische Teil der Weiterbildung umfaßte fünf größere Kurseinheiten, deren Themen so konzipiert waren, daß sie sowohl einen Rahmen zum erweiterten Selbstverständnis der institutionellen Strukturen des Berufsfeldes Sozialarbeit/Sozialpädagogik und der betroffenen jugendlichen Klientel bereitstellen als auch zur professionellen Selbstreflexion beitragen sollten. Im einzelnen handelte es sich dabei um folgende Angebote, deren Begründung hier nicht im Detail zur Debatte steht (vgl. hierzu den Zwischenbericht 1989, S. 233 ff): (1) Einführung in die psychoanalytische Theorie; (2) Adoleszenz in der modernen Industriegesellschaft; (3) Jugend und Institutionen; (4) Prozesse der Marginalisierung Jugendlicher (Schwerpunkt: Arbeitslosigkeit) und (5) Professionalisierungstheorie.

Auch hier sollte die Verbindung zwischen dem sozialwissenschaftlichen und dem psychoanalytischen Verständnis der einzelnen Gegenstandsbereiche dadurch garantiert werden, daß die einzelnen Themen jeweils von der objektiv-strukturellen und handlungstheoretischen sowie der subjektiv erlebnisorientierten Perspektive her erschlossen wurden. Dabei bestand das Lernziel nicht allein in einer Aufnahme theoretischen Wissens, es war vielmehr im wesentlichen daran gedacht, daß die TeilnehmerInnen dazu befähigt würden, die Erklärungskraft und Praxisrelevanz sozialwissenschaftlicher und psychoanalytischer Theorieansätze für die berufliche Arbeit mit arbeitslosen, marginalisierten Jugendlichen einzuschätzen.

2.2. *Die TeilnehmerInnen*

Alle TeilnehmerInnen der Weiterbildung sind (oder waren) als Sozialpädagogen, Sozialarbeiter, Erzieher oder Lehrer in Bereichen beschäftigt, in denen sie in ihrer alltäglichen Arbeit mit benachteiligten Jugendlichen konfrontiert sind – sei es in speziellen Förderprojekten unterschiedlicher Träger, in Jugendheimen, in der offenen Jugendarbeit, Schulen oder Erziehungsberatungsstellen. Folgt man der durch einen Fragebogen[12] ermittelten Selbsteinschätzung der TeilnehmerInnen am Ende der Weiterbildung, so gab es neben den Motiven zur Erweiterung beruflicher Kompetenzen (verbesserter Umgang mit Klienten, kollegialer Austausch, Erwerb von Beratungskompetenzen, Aufstiegserwartungen) auch wichtige persönliche Beweggründe für die Teilnahme an dem Weiterbildungsangebot: wie Wünsche nach Kommunikation, Gruppenerfahrung, Selbsterforschung und persönlicher Weiterbildung und Stabilisierung sowie das Bedürfnis nach Kontrasterfahrungen gegenüber dem Einerlei des beruflichen Alltags. Darüber hinaus versprachen sich die TeilnehmerInnen von der Weiterbildung eine generelle Erweiterung ihres Horizonts, die Vermittlung neuer Sichtweisen auf ihre berufliche und persönliche Situation.

Daß es unterhalb der Ebene der berufsbezogenen Motivationen für eine solche psychosoziale Weiterbildung noch jeweils ganz persönliche Interessen gibt, die natürlich auch mit dem Charakter des Angebots – vor allem dem der Selbsterfahrung und der Supervision – zu tun haben, ist auch in den Erstgesprächen deutlich geworden, die der Aufnahme in eine der drei Teilnehmergruppen vorausgingen. Hier zeigte sich, daß nicht nur berufliche Frustrationen und Verunsicherungen, sondern auch persönliche Krisenerfahrungen den Wunsch nach einer Weiterbildung motivierten.

12 Der halbstandardisierte Teilnehmerfragebogen wurde von Martin Ehlert entwickelt. Ihm verdanken wir auch erste Hinweise für die Auswertung.

Dabei kam bei den interessierten Männern häufig der Wunsch zum Ausdruck, mit Aggressionen im Kontext von Autoritätssituationen angemessener umgehen zu lernen, während bei den Frauen die Selbstwert- und Anerkennungsproblematik, die sich auch in beruflichen Zusammenhängen ungünstig auswirkte, im Vordergrund stand. Einige TeilnehmerInnen hatten bereits Therapieerfahrungen oder Erfahrungen mit der Therapieszene im Rahmen von Seminaren zur Gesprächs- oder Gestalttherapie. Häufig wurden in den Erstgesprächen bereits aktuelle Schwierigkeiten auf besondere lebensgeschichtliche Erfahrungen bezogen. Strukturell lassen sich unserer Auffassung nach die persönlichen Veränderungswünsche auch als latente Therapiebedürfnisse beschreiben, welche sich in erster Linie als Erwartungen an den Selbsterfahrungsteil der Weiterbildung richten.

Die Auswahl der TeilnehmerInnen für die Weiterbildung wurde über den Verlauf der Einzelgespräche reguliert, die von dem Selbsterfahrungsgruppenleiter bzw. der -leiterin durchgeführt wurden. Neben den objektiven Kriterien (berufliche Situation) wurden bei der Auswahl der BewerberInnen auch die Einschätzung des jeweiligen Problembewußtseins, der Veränderungswünsche und der Mitteilungsfähigkeit berücksichtigt. Bei der Zusammensetzung der Gruppen versuchte man zu vermeiden, daß intim befreundete Partner oder in enger Kooperation stehende Kollegen (soweit dies ersichtlich war) in die gleiche Gruppe kamen. Nach und nach (s. Zwischenbericht 1989, S. 238) konnten schließlich drei Gruppen etabliert werden; zu Beginn waren es dann insgesamt 37 TeilnehmerInnen (Gruppe I – 13, Gruppe II – 12, Gruppe III – 12) – am Ende noch 23 (genaueres zu den Bedingungen des Abbrechens in Abschnitt 4). Während der Stundenplan für die Gruppen I und II eine regelmäßige wöchentliche Beanspruchung von 6 Stunden (incl. Pausen) beinhaltete, wobei die Selbsterfahrung wöchentlich, die Supervision, die Fall- und Theorieseminare jeweils 14-tägig stattfanden, hatte Gruppe III aus räumlichen und zeitlichen Gründen andere Bedingungen: Theorie- und Fallseminare wurden im Rahmen von Wochenendveranstaltungen angeboten, auch ein Teil der Selbsterfahrung fand konzentriert in dieser Zeit statt. Außerhalb dieser im 4- bis 6-wöchigen Turnus stattfindenden sogenannten Intensivwochenenden gab es 14-tägig für diese Gruppe noch Selbsterfahrungs- und Supervisionsstunden. Diese Zeitplanung hat dazu geführt, daß Gruppe III insgesamt weniger Selbsterfahrungs- und Supervisionsgruppensitzungen hatte als die anderen Gruppen und auch Abstriche bei den Angeboten der Theorie- und Fallseminare unumgänglich waren.

3. Evaluationskonzept

Wie bereits angedeutet, liegt unserem Verständnis der Evaluation des Verlaufs der Weiterbildung die Vorstellung von der Entwicklung psychosozialer Kompetenzen zugrunde. Dies hat damit zu tun, daß die Berufsgruppen, die mit benachteiligten Jugendlichen zu tun haben, in besonderer Weise gefordert sind, sich in ihrem alltäglichen Handeln immer wiederkehrenden interpersonellen Konfliktsituationen zu stellen. Dementsprechend war auch das Konzept der Weiterbildung im wesentlichen darauf ausgerichtet, diese im Kontext der besonderen Arbeitsfelder erforderlichen Handelns- und Verstehenskompetenzen zu fördern und zu erweitern. Ohlmeier und Sandner (1979) sprechen in diesem Zusammenhang davon, daß psychosoziale Kompetenz in diesen Bereichen (gemeint sind hier soziale und Erziehungsberufe, C. B.) bedeutet, „daß es sich [...] weniger um eine Aufsummierung unterschiedlicher Einzel- und Teilkompetenzen handeln kann, sondern vielmehr um eine ganzheitliche Befähigung, sich den im Arbeitsbereich ebenso wie im persönlichen Bereich auftretenden manifesten und latenten affektiv-emotionalen Konstellationen zu stellen" (S. 812). Dabei gehen sie in Anlehnung an die psychoanalytische Objektbeziehungstheorie von der Voraussetzung spezifischer interpersoneller Grundsituationen aus, wie sie für die kindliche Entwicklung von Bedeutung sind, wobei die Wahrnehmungsfähigkeit sowie die Art der Bewältigung dieser Situationen etwas über die Herausbildung (bzw. das Niveau) der psychosozialen Kompetenz aussagt. Dieses Modell unterschiedlicher Entwicklungs- oder Organisationsniveaus ist dabei streng genommen und in einem direkten Sinn nur auf die Evaluation des Selbsterfahrungsteils der Weiterbildung anwendbar, bei der es sich ja ganz ausdrücklich um den nachholenden Erwerb psychosozialer Fähigkeiten handelt. Bereits bei der Bewertung der Supervision bedarf es zusätzlicher Kriterien (s. u.), die sich dann allerdings auf die Frage der Erweiterung der psychosozialen Kompetenz beziehen lassen, weil ja auch in diesem Bereich idealiter ein Gruppenverlauf unterstellt wird, der unterschiedliche Stadien des jeweiligen Umgangs mit dem Fall/Falleinbringer bzw. dem Angebot „psychoanalytische Supervision" beinhaltet. Ähnliches gilt für die psychoanalytischen, am Modell des szenischen Verstehens orientierten Fallseminare. Auch hier läßt sich die Erweiterung psychosozialer Kompetenzen über diejenigen Fragen erschließen, die auf die Art und Weise des Umgangs mit dem Fall zielen.

Bei der Einschätzung der Theorie- und der sozialwissenschaftlichen Fallanalyseseminare tritt hingegen eine andere Dimension in den Vordergrund: die der Erweiterung professionell relevanter Wissensbestände. Es geht hier also zunächst um die Frage, ob der Anspruch der Vermittlung von Theorien und methodischen Analyseverfahren eingelöst wurde. Darüber hinaus soll auch dabei stets die Perspektive der beanspruchten Praxisrelevanz berücksichtigt werden. Da es letztlich darum geht, theoretisches Wissen in eine veränderte professionelle Haltung umzusetzen, entscheidend also wiederum der jeweilige Umgang mit diesen kognitiven Einsichten im Kontext des beruflichen Handelns ist, gerät auch hier die generelle Evaluationsperspektive – die Entwicklung psychosozialer Kompetenzen – wiederum ins Blickfeld. Allerdings gibt es zur Beantwortung der Fragen in diesem Rahmen eher indirekte Hinweise: Wir können hier, wie auch generell bei der Einschätzung der Wirkungen des Theorie- und Fallanalyseprogramms, nicht auf eine materiale Analyse von Gruppenprozessen zurückgreifen, sondern sind auf globalere Einschätzungen der jeweiligen Kursleiter sowie die Selbsteinschätzung der TeilnehmerInnen am Ende der Weiterbildung verwiesen.

Wir werden diese allgemeinen Überlegungen im folgenden anhand spezieller Kriterien differenzieren, die den unterschiedlichen Charakter der einzelnen Teile der Weiterbildung jeweils berücksichtigen.

3.1. Die Gruppenselbsterfahrung

Wie bereits angedeutet, greifen wir bei der Evaluation der Gruppenselbsterfahrung auf das von Ohlmeier/Sandner 1979 entwickelte (auf Modellüberlegungen von Sandner zurückgehende) Verständnis der Verbesserung (bzw. des nachholenden Erwerbs) psychosozialer Kompetenz in psychoanalytischen Selbsterfahrungsgruppen zurück. Sie gehen davon aus, daß sich durch die geringe Strukturierung des Gruppengeschehens, die Notwendigkeit der affektiv-emotionalen Verständigung der Gruppenteilnehmer sowie durch spezifische Interventionen des Gruppenleiters eine Beziehungsstruktur in der Gruppe entfaltet, in deren Verlauf sich die kindliche psychosoziale Entwicklung wieder konstelliert. Dabei wird in aller Regel der Prozeß „von der weitgehend unstrukturierten, der frühen Mutter-Kind-Beziehung strukturell ähnelnden, präoedipalen Konstellation sukzessive über die oedipale bis zur reflexiv-interaktionellen Konstellation spontan durchlaufen und wiederholt“ (S. 816). Ohlmeier und Sandner schließen daran die Überlegung an, daß diesen durch soziale Grundsituationen jederzeit reaktivierbaren affektiv-emotionalen interpersonellen Konstellationen bestimmte Kompetenzerfordernisse entsprechen, die sich sowohl auf die Wahrnehmungsfähigkeit der mit den jeweiligen Situationen verbundenen Gefühle als auch auf den Umgang damit (im Sinne flexibler oder rigider Abwehr) beziehen.

Für die präoedipale Situation, in der Gefühle der Angst vor Individualitätsverlust und gleichzeitig starke Fusionswünsche vorherrschen, in der Gruppe also das Thema der Abhängigkeit vom Gruppenleiter dominiert, ist diesem Modell zufolge das abwechselnde und vorübergehende Changieren zwischen Verhaltensmustern von Kampf (Aggression), Flucht (Passivität) und Abhängigkeit ein Zeichen flexibler Abwehr; als unzureichende Bewältigungsform gilt hingegen die Verleugnung der Situation oder die rigide Abwehr im Sinne der Fixierung auf eine der möglichen Reaktionen (d. h. entweder Flucht oder Kampf oder

Scheinharmonie). Für die oedipale Situation, die sich im Gruppenprozeß als Wunsch artikuliert, den Gruppenleiter allein zu besitzen, und die mit Ängsten wegen sexuell-erotischer Wünsche gegenüber den Teilnehmern und dem Gruppenleiter sowie mit entsprechenden Rivalitätsgefühlen gegenüber anderen Gruppenmitgliedern verbunden ist, wird als angemessener, flexibler Umgang, das „Zurückstellen individueller Versorgungswünsche" und der „Zusammenschluß mit Gleichrangigen gegen den Gruppenleiter" hervorgehoben. Als Zeichen einer mangelnden psychosozialen Kompetenz gilt auf dieser Ebene die Verleugnung der Rivalität, der sexuell-erotischen Wünsche und der Angst vor dem Gruppenleiter sowie das Beharren auf individueller Versorgung. Für die reflexiv-interaktionelle Situation, welche die Autoren als Entwicklungsleistung der Adoleszenz betrachten, welche idealiter zu der reifen, erwachsenen Form interpersoneller Auseinandersetzung hinführt, sind das „Eingeständnis der schmerzhaften Notwendigkeit, auf die eigenen Kräfte zu vertrauen", die Auseinandersetzung mit Gleichrangigen und die Thematik der Geschlechtsidentität typisch: Es geht also in erster Linie um die Entwicklung und Erprobung der Konfliktfähigkeit und um die zunehmende Identitätssicherung auch in Abgrenzung zu anderen. Ein flexibler Umgang mit den diese Phase beherrschenden Themen äußert sich in Versuchen der Beziehungsklärung zwischen den Teilnehmern auch unter dem Aspekt ihrer Geschlechtszugehörigkeit, wobei es vorübergehend zu Wünschen nach idealen Verhältnissen und völliger Harmonie kommen kann. Rigide Abwehr hingegen zeigt sich an extremen Wünschen nach Anleitung durch den Gruppenleiter, übermäßigen Aggressionsausbrüchen (Kampf) sowie übermäßiger Passivität (Flucht) (vgl. das Schema a.a.O., S. 819).

Die von uns für den Selbsterfahrungsprozeß favorisierten zentralen Evaluationskriterien des Konfliktniveaus und der Konfliktdynamik sind vor dem Hintergrund dieser typisierenden Modellüberlegungen zur psychosozialen Kompetenzentwicklung zu verstehen. In diesem Sinn wird die rekonstruierende Analyse des Gruppengeschehens im wesentlichen die Schwerpunkte der Themenentwicklung und dem jeweiligen Umgang damit im Kontext der sich entwikkelnden Beziehungsstrukturen in der Gruppe (der TeilnehmerInnen untereinander sowie zwischen TeilnehmerInnen und GruppenleiterIn im Kontext der Entwicklung des Arbeitsbündnisses) fokussieren. Ein weiteres Kriterium der Einschätzung des Gruppenprozesses bildet die Wahrnehmung von bzw. die Sensibilisierung für affektive vor- und unbewußte Beziehungsmuster. Als Indikatoren für eine solche veränderte Wahrnehmungseinstellung gelten dabei der Zugang der Gruppe bzw. einzelner TeilnehmerInnen zum eigenen Erleben und zu Deutungen sowie die Selbstdeutungskapazität der Gruppe. Schließlich soll noch ein drittes Kriterium berücksichtigt werden, das der Einsicht der Gruppenmitglieder in die Bedeutung lebensgeschichtlicher Zusammenhänge für aktuelles Verhalten.

3.2. Die Gruppensupervision

Wie bereits angedeutet, dient die psychoanalytisch orientierte Supervision in erster Linie der professionellen Selbstreflexion: Sie soll dazu beitragen, das Verständnis für die Klienten und die jeweiligen institutionellen Kontexte zu erhöhen sowie die affektiven Reaktionen auf diese als Erkenntnismedium zu verstehen und zu nutzen.[13] Die Entwicklung dieser psychosozialen Kompetenzen läßt sich dabei anhand folgender Kriterien entschlüsseln: Zunächst ist die Art der Falldarstellung im Verlauf des Supervisionsprozesses eine wichtige Auswertungsebene für die Evaluation. Hier zeigt sich, in welcher Weise der jeweilige Referent das Verhältnis zwischen dem, was für ihn der Fall ist und seiner affektiven Beteiligung konstelliert. Die Art der Präsentation des Falles liefert damit erste Hinweise auf die unbewußte Dynamik des Konflikts. Ein zusätzliches Erkenntnismedium bilden die durch die Falldarstellung ausgelösten Reaktionen in der Gruppe: die affektive Resonanz. Die Analyse des Verlaufs der Gruppensupervision unter dem Gesichtspunkt einer möglichen Spiegelung bzw. Reinszenierung des Falles in der Gruppe stellt demnach ein weiteres Kriterium für die Evaluation dar. Die Frage der Erhöhung diagnostischer Kompetenzen im Hinblick auf die Klienten bietet darüber hinaus eine zusätzliche Dimension zur Einschätzung des Erfolgs von Gruppensupervision. Dabei geht es nicht in erster Linie um die richtige psychologische Etikettierung des Falles, gemeint ist vielmehr der Zugang zum Fall vor dem Hintergrund der Empathie für die dort jeweils virulenten latenten Konfliktebenen. Schließlich wird bei der Auswertung auch der Gesichtspunkt der Selbstreflexion des beruflichen Handelns vor dem Hintergrund der institutionellen Strukturen der Arbeit zu berücksichtigen sein.

Bei der Evaluation der Gruppensupervision beziehen wir uns im wesentlichen auf Protokolle der Gruppensitzungen durch die Supervisoren, mündliche Mitteilungen sowie auf die Ergebnisse von Teambesprechungen, die in unregelmäßigen Abständen zu den Gruppen stattfanden.

---

13 Wir vernachlässigen an dieser Stelle, daß die drei Weiterbildungsgruppen von verschiedenen Supervisoren geleitet wurden, deren Stellung zum psychoanalytischen Verfahren sowohl von ihren Ausbildungsvoraussetzungen als auch von ihrem Supervisionskonzept her unterschiedlich war. Während die Supervisoren in Gruppe I nach einem am Konzept der Balint-Gruppenarbeit orientierten streng analytischen Modell vorgingen, bemühte sich der Supervisor der Gruppe II auch darum, in seinem Konzept der besonderen Situation von Sozialarbeitern dadurch Rechnung zu tragen, daß er berufliche Identitätsverunsicherungen in einem stützenden Sinn berücksichtigte (etwa durch Hilfe bei diagnostischen Fragen, Rollenproblemen und institutionellen Konflikten). Der Supervisor der dritten Gruppe schließlich legte über seine grundsätzliche Orientierung am Modell der Balint-Gruppenarbeit hinaus besonderen Wert auf die Analyse institutioneller Konfliktstrukturen im Kontext des beruflichen Handelns sowie den Entwurf konkreter, fallbezogener Interventionsmöglichkeiten. Auf diese Unterschiede kommen wir bei der Evaluation der Entwicklung der einzelnen Gruppen noch jeweils zurück.

3.3. *Die Fallseminare*

3.3.1. Fallanalyse im Kontext des psychoanalytischen Verstehensmodells

In den psychoanalytisch orientierten Fallseminaren geht es in erster Linie um die Verdeutlichung des szenisch-hermeneutischen Zugangs zu biographisch relevanten Texten (hier: narrative Interviews mit benachteiligten Jugendlichen, Traumtexte aus einer Therapie). Im Vordergrund steht also weniger die Vermittlung klinisch-diagnostischer Kategorien aus dem psychoanalytischen Theoriezusammenhang, sondern vielmehr die Vermittlung eines Verfahrens, welches Subjektivität systematisch als Erkenntnismedium unbewußter Strukturen nutzt: Die TeilnehmerInnen sollen in freier Assoziation ihren Phantasien und Einfällen zu ausgewählten Textabschnitten folgen. Der Kursleiter hat dabei die Funktion eines Moderators, der Assoziationen zusammenfaßt, auf Inkonsistenzen aufmerksam macht, Verbindungen herstellt etc. Die wichtigste Leistung im Rahmen dieses Verfahrens ist also die Phantasie- und Assoziationsfähigkeit der Teilnehmer bzw. der Gruppe: die affektive Resonanz auf den Fall. Diese psychosoziale Kompetenz, sich über die persönliche Vorstellung und Erfahrungswelt und das subjektive Empfinden auf den Fall einlassen zu können, stellt ein zentrales Kriterium für die Evaluation dieses Kursangebots dar. Darüber hinaus sehen wir in der Erkenntnis des systematischen Zusammenhangs zwischen in der Phantasiebildung der Gruppe sich kristallisierenden Gegenübertragungsprozessen und der unbewußten Dynamik des Falles eine weitere wichtige Kategorie für die Auswertung.

3.3.2. Fallverstehen im Kontext der soziobiographischen Methode und der objektiven Hermeneutik

Im Zusammenhang der sozialwissenschaftlich-hermeneutischen Fallrekonstruktionsverfahren geht es in erster Linie um die kognitiv orientierte Vermittlung spezifischer Methoden zur Analyse latenter Bedeutungen (d. h. solchen Sinnstrukturen, die mit den Intentionen und dem Selbstverständnis der Handelnden nicht in jedem Fall übereinstimmen).

Bei der soziobiographischen Methode steht dabei die sogenannte strukturelle Beschreibung, d. h. die detaillierte Analyse der Darstellungsinhalte und der strukturellen Besonderheiten des Aufbaus einer Erzählung (Darstellungsweise) im Vordergrund, an die sich die Rekonstruktion grundlegender Prozeßstrukturen des Lebenslaufs anschließt. Das Verfahren der objektiven Hermeneutik hingegen erschließt die Dimension latenter Bedeutungen durch eine die extensive Sinnauslegung jeweils voraussetzende Sequenzanalyse von Texten, welche über den schrittweisen Ausschluß von Bedeutungsmöglichkeiten den Aufbau von Sinn nachvollziehbar macht.

Das Verständnis dieser beiden Verfahren sowie die Fähigkeit der Anwendung am Text im Dienst der Rekonstruktion latenter Sinndimensionen eines

Falles und damit der Erweiterung professioneller Verstehenskompetenzen sind hier die beiden naheliegenden Kriterien für die Einschätzung des Weiterbildungserfolgs in diesem Bereich. Hinzu kommt die Frage der praktischen Relevanz für den beruflichen Alltag. Wir beziehen uns bei der Evaluation im wesentlichen auf die Beurteilungen des Interesses und der Mitarbeit der TeilnehmerInnen durch die Kursleiter. Als weitere Informationsquellen stehen uns die Überlegungen der einzelnen TeilnehmerInnen und der Gruppen am Ende der Weiterbildung zur Verfügung (Fragebogen, Evaluationsdiskussion, fallvergleichende Diskussion).

3.4. Die Theorieseminare

Dem inhaltlichen Spektrum des Kursangebots entsprechend lassen sich für die Theorieseminare zunächst drei zentrale Evaluationskriterien benennen: Die angestrebte Erweiterung professionell relevanten Wissens bezieht sich zum einen auf das Verständnis der institutionellen Zusammenhänge und deren jeweilige Handlungslogik, zum anderen auf das Verständnis der Klienten (benachteiligte Jugendliche), insbesondere deren Entwicklungsgeschichte auch im Verhältnis zu den institutionellen Reaktionen und des weiteren auf die Selbstreflexion des beruflichen Handelns vor dem Hintergrund von Überlegungen zur Professionalisierung der Sozialarbeit/Sozialpädagogik. Darüber hinaus interessiert auch hier die Frage der praktischen Relevanz des erworbenen Wissens, die Frage nach den Umsetzungsmöglichkeiten im Sinne veränderter Handlungschancen.

Einen Zugang zur Evaluation der Wirkung des Theorieangebots eröffnet uns auch hier wieder die Einschätzung der Mitarbeit und des Interesses der TeilnehmerInnen bzw. der einzelnen Gruppen durch die Kursleiter. Außerdem beziehen wir uns auf die Mitteilungen der Gruppen in der abschließenden Evaluationsdiskussion sowie auf die von den TeilnehmerInnen vorgenommenen Bewertungen des Kursangebots in der Fragebogenerhebung.

3.5. Das Zusatzangebot: Einführung in die klientzentrierte Gesprächsführung

Das Seminar „Klientzentrierte Gesprächsführung und Beratung" wurde zwischenzeitlich – erstmals im Februar 1990 – von einem der Kursleiter angeboten, der in diesem Kontext über eine besondere Qualifikation verfügte. Es nahm einen durch die TeilnehmerInnen vielfach geäußerten Wunsch nach der zusätzlichen Vermittlung von Beratungskompetenzen auf und umfaßte insgesamt drei Wochenenden. Das Seminar beruhte auf freiwilliger Teilnahme, da es außerhalb des offiziellen Weiterbildungsprogramms als gruppenübergreifendes Angebot konzipiert war. Aus allen Gruppen (Gruppe I: 4 Teilnehmer, Gruppe II: 3 Teilnehmer, Gruppe III: 4 Teilnehmer) kamen schließlich 4 Teilnehmer und 7 Teilnehmerinnen zusammen. Besonders deutlich wurde in diesem Zusammenhang, daß im Handlungsfeld Sozialarbeit/Sozialpädagogik eine große Unsicherheit darüber herrscht, wie man methodisch geregelt (und damit auch intersubjektiv nachvollziehbar und in gewisser Weise überprüfbar) bei bestimmten Konflikten interveniert. Oftmals ist den Akteuren nämlich der Status ihres beruflichen Alltagshandelns, das im wesentlichen ja auch Gespräche mit Jugendlichen oder mit Kollegen bzw. Vorgesetzten beinhaltet, nicht deutlich. Entsprechend groß ist vor diesem Hintergrund einer unklaren beruflichen Identität der Bedarf nach Anleitung im Interesse einer auf Beratung abzielenden Gesprächsführung.

Im Rahmen dieses Seminars hatten die TeilnehmerInnen Gelegenheit, an eigenen Versuchen der Gesprächsführung, an Demonstrationen durch den Seminarleiter sowie anhand von Videoaufzeichnungen die Wirkung der einzelnen Elemente einer klientzentrierten Gesprächsführung kennenzulernen, einzuschätzen und zu überprüfen. Es ging insbesondere auch um die Bedeutung dessen, was unter Empathie zu verstehen sei, wobei herausgearbeitet wurde, daß sich Empathie selbstverständlich nicht in einer speziellen Verbalisierungstechnik erschöpft, sondern eine Haltung charakterisiert, die sich dann in einer bestimmten Weise der Gesprächsführung aktualisiert. Über die Vermittlung von Interventionstechniken hinaus wurde auch der theoretische Bezugsrahmen des Konzepts der klientzentrierten Gesprächsführung vorgestellt.

Dieses Seminarangebot hatte bei den TeilnehmerInnen eine außerordentlich positive Resonanz, was sich sowohl in der engagierten Mitarbeit als auch an der Einschätzung der Gruppenmitglieder am Ende der Weiterbildung zeigte: offenbar gerade auch deswegen, weil es an unmittelbaren Handlungsproblemen der Berufspraxis ansetzen konnte und den TeilnehmerInnen konkrete Möglichkeiten vermittelte, ihre bisher naturwüchsigen Kompetenzen zur Gesprächsführung zugunsten einer methodisch reflektierten Kommunikationsweise zu verändern.

4. Verlaufsanalysen

Gruppe I

1. Die Zusammensetzung der Gruppe

Gruppe I hatte zu Beginn der Weiterbildung im Februar 1989 dreizehn Mitglieder, fünf Frauen und acht Männer. Alle TeilnehmerInnen arbeiteten zu dieser Zeit als Sozialarbeiter, Sozialpädagogen, Meister oder Erzieher in Bereichen, zu deren Klientel ausnahmslos benachteiligte und/oder arbeitslose Jugendliche gehörten: zumeist in Förderprogrammen und Jugendprojekten öffentlicher oder privater gemeinnütziger Träger oder in der offenen Jugendarbeit.

In den Erstgesprächen mit den TeilnehmerInnen, die der Gruppenzusammensetzung vorausgingen und insbesondere auch die Eignung für einen Typus von Weiterbildung abklären sollten, die ja die Selbsterfahrung als ein wesentliches Element enthält, wurden zunächst eine Reihe von beruflichen Beweggründen für eine solche Zusatzqualifikation erwähnt. Es ging vor allem um Entwertungs- und Verunsicherungsgefühle sowie Nähe- und Distanzprobleme im Hinblick auf die Jugendlichen, aber auch um Kommunikationsschwierigkeiten mit Kollegen, Vorgesetzten oder unterstellten Mitarbeitern sowie um noch unklare berufliche Veränderungswünsche. Von der Weiterbildung erhoffte man sich dabei generell eine bessere Bewältigung dieser Konflikte. Darüber hinaus wurden bereits eine Reihe von persönlichen Schwierigkeiten angesprochen, die für die Motivation, an einer psychosozialen Weiterbildung teilzunehmen, sicherlich ebenso bedeutsam waren. Durch die besondere Art der Gesprächsführung war es dabei vielen TeilnehmerInnen möglich, im Kontext ihrer aktuellen Schwierigkeiten auch belastende Situationen aus ihrer Lebensgeschichte anzudeuten. Dabei standen insbesondere Selbstwert- und Autoritätsprobleme – verbunden mit mehr oder weniger starken Gefühlen der Aggressionshemmung und einer Neigung zur depressiven Erlebnisverarbeitung im Vordergrund. Einige TeilnehmerInnen äußerten mehr oder weniger deutlich den Wunsch nach einer therapeutischen Bearbeitung ihrer Beziehungsprobleme. Während sich der lebensgeschichtliche Konflikthintergrund bei den Frauen auf Übergriffe von seiten der mütterlichen Instanz (Kontrolle), frühes Erwachsenwerden bzw. den Vorwurf kristallisierte, um die Kindheit betrogen worden zu sein, standen bei den Männern deutliche Schwierigkeiten mit der väterlichen Instanz im Vordergrund – oftmals gepaart mit der Erfahrung besonderer Loyalitätsverpflichtungen gegenüber den Müttern. Vier TeilnehmerInnen verfügten bereits über eigene therapeutische Erfahrungen der unterschiedlichsten Richtungen (klientzentrierte Gesprächstherapie, Bioenergetik, psychoanalytische Gruppentherapie), eine Teilnehmerin plante zu diesem Zeitpunkt eine Einzeltherapie. Neben diesen für den Bereich der Selbsterfahrung zunächst besonders sensibilisiert erscheinenden TeilnehmerInnen zeigten sich in den Erstgesprächen drei der männlichen Kandidaten weniger bereit, die Ebene der persönlichen, mit der jeweiligen Verarbeitung der Lebensgeschichte verbundenen Verunsicherung auch als einen relevanten Zusammenhang für professionelle Schwierigkeiten anzuerkennen. Es wird uns im Rahmen der Evaluation des Gruppengeschehens noch beschäftigen, ob und wie sich diese anfänglichen Motivationen im Verlauf des Selbsterfahrungsprozesses verändert haben. Bei der Einschätzung des Gruppengeschehens muß darüber hinaus berücksichtigt werden, daß – wie sich nach und nach herausstellte – einige der TeilnehmerInnen berufliche Kontakte untereinander hatten oder sogar KollegInnen innerhalb einer Dienststelle waren. Wir werden dabei unsere Aufmerksamkeit darauf richten, in welcher Weise sich diese Besonderheiten auf den Verlauf der Gruppe ausgewirkt haben.

2. Die Selbsterfahrung

2.1. Die Entwicklung des Gruppenprozesses: Konfliktniveau und Konfliktdynamik

Der Prozeß der Selbsterfahrung in Gruppe I, der insgesamt 80 Sitzungen umfaßte (Februar 1989 – November 1990), läßt sich in vier größere Abschnitte einteilen, in denen sich unterschiedliche Schwerpunkte sowohl in den jeweils virulenten Konfliktthemen als auch in der Art ihrer Bewältigung manifestieren. Die erste Phase ist die der Konstitution bzw. Konsolidierung der Gruppe bis zu den Sommerferien 1989, in der es überwiegend um Fragen des Sicheinlassens auf den Gruppenprozeß bzw. der in diesem Rahmen gültigen Settingregeln geht (a). Hierauf folgt eine Zeit, in der insbesondere Themen in den Vordergrund rücken, die mit der frühen oedipalen Konfliktebene (Inzestwünsche/Rivalität/Schuld/Wiedergutmachung) verbunden sind (b). Die in diesem Kontext mitmobilisierten präoedipalen Ängste (vor Nähe/Zerstörung/Vereinnahmung) bereiten ein drittes Stadium der Auseinandersetzung in der Gruppe vor, das sich unter dem Etikett des Geschlechterkampfes als Phase des Kampfes um Anerkennung und Selbstbehauptung in der Gruppe (auch gegenüber dem Gruppenleiter) charakterisieren läßt, in deren Verlauf sich die einzelnen Personen deutlicher konturieren und an deren Ende die Fraktionen in der Gruppe erkennbar werden (c). Ein vierter (und letzter) Abschnitt des Gruppenprozesses beginnt bereits kurz vor der Sommerpause 1990: Er reflektiert die Auseinandersetzung der einzelnen TeilnehmerInnen mit dem vorgegebenen Ende der Weiterbildung und mobilisiert so noch einmal eine Reihe von in der Gruppe unerledigt gebliebenen Themen, was schließlich zu einer Bilanz über die Effektivität und den Sinn der Auseinandersetzung in der Selbsterfahrungsgruppe führt (d).

zu (a)
In der ersten Phase des Gruppenprozesses dominiert zunächst der Kampf um das mit der psychoanalytischen Arbeitsweise verbundene Setting. Insbesondere richtet sich das Unbehagen gegen einen Teil der Abstinenzregel, der Trinken und Rauchen während der Sitzungen untersagt. Einige Gruppenmitglieder bestehen darauf, während der Sitzungen auch Kaffee trinken zu dürfen. Neben dem Aspekt des darin sich ausdrückenden Versorgungsanspruchs der Gruppe äußert sich in dieser Haltung vor allem auch der Versuch, die Grenzen und die Stabilität des Settings und das heißt auch die Standfestigkeit und Kompetenz des Gruppenleiters zu testen. Der von dem Gruppenleiter offengelegte Forschungsaspekt des Weiterbildungsprojekts trägt darüber hinaus dazu bei, die anfängliche Verunsicherung der TeilnehmerInnen zu erhöhen. Unseres Erachtens ist die Virulenz der zum Teil mit trotzigen Äußerungen einhergehenden Versorgungsthematik auch eine Reaktion auf diese Rahmenbedingungen des

Selbsterfahrungsprozesses, welche Ängste vor Auslieferung mobilisiert und so einer oral gefärbten Entschädigungsphantasie Raum gibt.

Bereits in der vierten Sitzung bekommt das Ringen um Vertrauen in der Gruppe jedoch noch eine neue Wendung. Es ist der Gruppe nicht verborgen geblieben, daß eine Teilnehmerin ein anderes Gruppenmitglied schon seit längerem gut kennt und sich mit diesem außerhalb der Sitzungen über die Gruppe unterhält. Diese Intimität führt zu Befürchtungen, daß der Gruppe etwas verloren gehen könnte. Es kommt in der Folge zu einer weiteren Veröffentlichung von Bekanntschaften. Mindestens drei Gruppenmitglieder arbeiten bei derselben Dienststelle und haben häufig berufliche Kontakte. Einer der Teilnehmer äußert in diesem Kontext die Befürchtung, die Unterstützung der Gruppe zu verlieren, wenn er mit seinen beiden Kolleginnen Krach bekäme. Es wird in dieser Phase deutlich, daß ein Teil der Mitglieder sich auf externe Loyalitäten stützt und darin Schutz sucht, um die Ängste vor der Gruppe und dem Gruppenleiter zu bewältigen. Die Unübersichtlichkeit dieser Beziehungen bringt so zum einen den Gruppenleiter ins Hintertreffen, der von diesen exklusiven Räumen gleichsam ausgeschlossen erscheint, sie deutet jedoch zum anderen bereits eine für die Gruppe in der Folge (siehe b) zunehmend im Vordergrund stehende Ebene an: die der nichtlizensierten sexuellen, d. h. inzestuösen Bindungen. Die Unklarheit der Beziehungen der Gruppenmitglieder untereinander äußert sich darüber hinaus auch in der mangelnden Stabilität der Präsenz der einzelnen. Nach der ersten längeren Ferienunterbrechung (Ostern 1989) kommt es zu einer verstärkten Diskontinuität in der Teilnahme an den Gruppensitzungen. Ein Mann, der schon über längere Zeit vorher aus verschiedenen Gründen fehlte, erklärt den Austritt aus der Gruppe und kündigt dies auch für einen abwesenden Kollegen an. Er attackiert die Weiterbildung heftig und versucht, für seine Sichtweise Zustimmung zu finden, was ihm jedoch nicht gelingt. Interessanterweise handelt es sich bei den betreffenden Teilnehmern, die in der Folge faktisch nicht mehr zur Gruppe gehören, sich aber erst sehr viel später offiziell abmelden, beide Male um Männer mit einer stark ausgeprägten depressiven Erlebnisverarbeitung, die möglicherweise den Anforderungen eines Gruppensettings nicht gewachsen waren. Hinzu kommt, daß einer der Teilnehmer als Meister sich auch den intellektuellen Voraussetzungen des Projektes gegenüber in einer unterlegenen Position fühlte. In der darauffolgenden (10.) Sitzung, in der wegen Mißverständnissen in der Terminabsprache lediglich sieben Gruppenmitglieder anwesend sind, kommt es wahrscheinlich auch wegen der intimeren Gruppensituation erstmals zu einer intensiven Beschäftigung mit den Schwierigkeiten eines Teilnehmers, dem es schwerfällt, Belastungen zuzugestehen und Gefühle dort zu äußern, wo sie zu einer Entlastung führen könnten. Diese Schwierigkeiten werden vom Gruppenleiter in einen Zusammenhang zu psychosomatischen Symptomen (Asthma) gebracht, unter denen der Teilnehmer zuweilen leidet. Ein anderer Teilnehmer, der solche Symptome ebenfalls bei sich kennt, unterstützt den

Gruppenleiter in dessen Deutungsbemühungen, was sich für die Situation insgesamt als hilfreich herausstellt.

In den folgenden Sitzungen wird der Gruppe bewußt, daß sie durch das Ausscheiden der beiden Teilnehmer kleiner geworden ist. Ängste tauchen auf, daß neue nachrücken könnten. Es werden Überlegungen darüber angestellt, wie weit die Selbsterfahrung gehen und wie offen man sich begegnen könne. In dieser Zeit führt ein durch den Gruppenleiter verursachter Terminausfall zu einer weiteren Verunsicherung der Gruppe. Insbesondere tauchen Ängste vor den Folgen der Offenheit auf. Dabei gehen die Phantasien in die Richtung, wie gefährlich es dabei werden könnte. Parallel beschäftigt sich die Gruppe mit dem angekündigten Abschied des Supervisors, der aus nicht vorhersehbaren Gründen die Supervision der Gruppe nicht fortsetzen kann. Dieser Einschnitt führt zu einer Verstärkung der Blockade, die sich bei einigen Teilnehmern an der Thematik festmacht, daß es nach wie vor ungeklärt sei, ob die Gruppe Therapie wolle oder nicht.

Die vorhandenen Spannungen in der Gruppe erreichen im Anschluß daran ein Niveau, das es nicht mehr gestattet, sie unter der Decke zu halten. In der 16. Sitzung (Juli 1989) äußern einige TeilnehmerInnen deutlich ihre Unzufriedenheit über die Zähigkeit der Gruppe, es zeigen sich auch Spannungen zwischen einzelnen Gruppenmitgliedern. Es kommt zu einer aggressiven Auseinandersetzung zwischen einer Teilnehmerin, die bislang für den Gruppenprozeß schon eine wichtige Rolle innehatte (sie ist diejenige, die einen vertrauten Berufskollegen in der Gruppe hat und die durch ihr dominantes aber häufig ambivalentes Verhalten gegenüber der Gruppe schon hervortrat) und einem Teilnehmer, der schon des öfteren die Art ihrer Selbstdarstellung in der Gruppe kritisierte. Interessanterweise wird die Auseinandersetzung zunächst als ‚Anmache‘ charakterisiert, was den untergründig erotischen Aspekt enthüllt. Wir werden später sehen, daß sich die Polarität dieser beiden Gruppenmitglieder aus spezifischen Gründen bis in das Ende der Gruppe hineinzieht.

Mit der Andeutung aggressiver Auseinandersetzungen in der Gruppe scheint der tote Punkt überwunden. Die Gruppe öffnet sich und zeigt Arbeitsbereitschaft. Von einem anfänglichen Skeptiker wird erklärt, daß er nun mit einer ‚Therapie‘ einverstanden sei. Die zuvor in die aggressive Auseinandersetzung mit einem Gruppenmitglied verwickelte Teilnehmerin kommt über berufliche Ängste auf traumatische Erlebnisse in ihrer Kindheit zu sprechen, wo sie Opfer sexueller Übergriffe eines Familienmitglieds war. Sie entbehrt auch heute noch die Erfahrung, daß jemand sie beschützen könne. Diese Enthüllungen lösen in der Gruppe unterschiedliche Reaktionen aus. Während eine Teilnehmerin das Gefühl der Schutzlosigkeit bestätigt, äußert sich bei einigen anderen über längeres Schweigen ihre Hilflosigkeit, darauf zu reagieren. In der letzten Doppelsitzung vor den großen Ferien (Sommer 1989) spricht ein Teilnehmer davon, daß die Gruppe hinter die nun entstandene Intimität nicht mehr zurückkönne.

Es wird auch angedeutet, daß gegenüber der Teilnehmerin, die sich das letzte Mal persönlich so sehr exponiert habe, so etwas wie Schuld existiere, da die anderen Gruppenmitglieder sich ja nicht vergleichbar geöffnet hätten. Interessanterweise wird dieser Schuldaspekt in dem Bericht einer andere Teilnehmerin fortgeführt, der von einer heimlichen Komplizenschaft mit einem Jungen aus ihrem Betreuungsprogramm handelt, der Mädchen sexuell belästigt.

Unter dem Gesichtspunkt der psychosozialen Kompetenzentwicklung läßt sich zusammenfassend sagen, daß nach der Phase der Unsicherheit über den Stand der Gruppenbeziehungen die aggressive Auseinandersetzung in der Gruppe eine allmähliche Überwindung der überwiegend um präoedipale Themen (der Versorgung und Anerkennung) kreisenden Ängste (vor Abhängigkeit und Zerstörung) andeutet. Auch im Verhältnis zum Gruppenleiter scheint sich eine Änderung anzubahnen. Es geht nicht mehr nur um den Angriff auf die Regeln (Kampf), um das Einklagen von Versorgungsansprüchen (Abhängigkeit) oder um häufige Abwesenheit von TeilnehmerInnen (Flucht) – die Auseinandersetzungen beziehen sich in der folgenden Zeit zunehmend auch auf die Ebene der oedipalen Beziehungsdynamik. Wie wir sehen werden, bleibt die präoedipale Thematik in der Gruppe jedoch weiterhin virulent – sie bildet gleichsam den ambivalenten, um Nähe-Distanz- und Vertrauensprobleme zentrierten Untergrund für die oedipale Situation, die ja auch allgemein dadurch charakterisiert ist, daß sexuell-erotische Wünsche und das Bedürfnis nach Anerkennung und Sicherheit noch weitgehend miteinander verwoben sind.

zu (b)

Nach den Sommerferien verlassen zwei Mitglieder die Gruppe. Da die eine Teilnehmerin, die ihr Ausscheiden aus der Gruppe eigentlich vor der Gruppe begründen wollte, fehlt, konzentriert sich das Interesse auf die Beweggründe des anderen Teilnehmers. Dieser hat inzwischen eine intime Beziehung zu einem weiblichen Gruppenmitglied begonnen, möchte sich dazu aber weiter nicht äußern. Die in die Beziehung verwickelte Teilnehmerin will die Gruppe jedoch unter keinen Umständen aufgeben, der Rückzug des Mannes erscheint so fast unausweichlich. In diesem Zusammenhang deutet die Teilnehmerin, die vor den Ferien über sehr belastende lebensgeschichtliche Ereignisse berichtet hatte und die mit diesem Mann bislang auch enge berufliche Kontakte pflegte, ihre Befürchtungen darüber an, daß die Preisgabe solch intimer Details ihr beruflich schaden könne. Diese Verunsicherung hat einerseits eine sehr realistische Ebene, da – wie wir gesehen haben – es in der Gruppe zahlreiche berufliche Querverbindungen gibt. Sie ist darüber hinaus jedoch auch eine Reaktion auf den ‚Ausstieg' des Kollegen, der mit der Beziehungsaufnahme zu einer anderen Teilnehmerin ja auch ein Tabu des Gruppensettings durchbrochen hat. Diese Regelverletzung (mitsamt ihren unbewußten Folgen) beschäftigt die Gruppe in der folgenden Zeit. Es kommt zu heftigen Verunsicherungen: Angst, untergründige

Aggressionen und Schuldgefühle beherrschen das Klima. Die Aggressionen richten sich vor allem gegen die Weggebliebenen (hierzu gehört auch der Supervisor!) aber auch gegen die Weigerung der in die intime Beziehung involvierten Teilnehmerin, darüber zu sprechen. Schuldgefühle existieren vor dem Hintergrund der inzestuösen Bedeutung der Regelverletzung und sind darüber hinaus an die Vorstellung geknüpft, daß diesem Geschehen ein Teilnehmer zum Opfer gefallen ist.

Die oedipale Thematik von Inzest, Schuld und Wiedergutmachung bestimmt so über eine längere Zeit die Dynamik des Gruppengeschehens. Sie mobilisiert verstärkt die Dimension lebensgeschichtlicher Erfahrungen. Eine Teilnehmerin deutet die Vermutung eines sexuellen Mißbrauchs durch ihren Vater im frühen Pubertätsalter an, eine andere spricht über Erlebnisse mit gefährlichen Folgen unerlaubter Liebesbeziehungen. In den Beiträgen einiger Männer rückt die Ebene der Bedrohlichkeit aggressiver Impulse (Angst vor nicht wiedergutmachbarer Beschädigung bzw. Verlust) in den Vordergrund. Es kommt in diesem Zusammenhang auch zu direkten und indirekten Angriffen auf den Gruppenleiter. Ein Teilnehmer erläutert seine Ambivalenz gegenüber der Psychoanalyse mit einer prinzipiellen Ambivalenz gegenüber Autoritätsfiguren. Er berichtet in diesem Kontext von dramatischen Kindheitserfahrungen, in deren Zentrum das schlechte Verhältnis zum Vater steht, um dessen Liebe und Anerkennung er noch immer zu ringen scheint. Ein anderer Teilnehmer thematisiert sein schwieriges Verhältnis zu einem autoritären Vorgesetzten, innerhalb dessen es ihm nicht gelingt, seine Wut unterzubringen.

Die Ambivalenz in der Gruppe zeigt sich darüber hinaus an dem Thema der Angst vor Nähe, das verstärkt das Gruppengeschehen bestimmt und darauf verweist, daß die TeilnehmerInnen durch die latente Inzestproblematik an eine Grenze (von Scham und Schuld) gestoßen sind, die das Bedürfnis nach einer verstärkten Distanz hervorruft. Ein Teilnehmer, der bislang insgesamt eher zu denjenigen in der Gruppe gehört, die sich bedeckt halten, drückt diese Tendenz am deutlichsten aus. Er spricht von unangenehmen, ‚ekligen' Erfahrungen an der Fachhochschule, wo Näherituale absolviert werden mußten und oberflächliche ‚Tätschelungen' an der Tagesordnung waren, wobei hier vor allem auch Ängste vor passiver Auslieferung und Kontrollverlust sowie Befürchtungen, enttäuscht zu werden, mitschwingen.

Darüber hinaus gibt es von seiten der in die ‚unerlaubte' Beziehung involvierten Teilnehmerin das Interesse, das durch sie selbst mit hineingetragene brisante Thema loszuwerden. Sie bietet der Gruppe eine längere Reisebeschreibung gleichsam als Ersatz für ihre Abstinenz hinsichtlich ihrer Beziehung zu dem ausgeschiedenen Gruppenmitglied an. In diesem Rahmen fällt auch das Stichwort der Wiedergutmachung. In dieser Zeit, die auch wiederum durch häufiges Fehlen der TeilnehmerInnen gekennzeichnet ist, konfrontiert der Gruppenleiter die Gruppe mit der These, daß – so wie der Inzest der Tod der Familie sei – auch die Paarbildung den Tod der Gruppe bedeute, weil sie das Ende der Arbeitsbeziehung impliziere. Einige TeilnehmerInnen äußern angesichts dieser Zuspitzung des Gruppenproblems ihre Zweifel und stellen sich schützend vor die betroffene Teilnehmerin. Anderen wiederum ist anzumerken, daß sie den Sinn dieses Statements durchaus verstanden haben. Diese Polarisierung der Gruppe ist hier auch im Rahmen der Frage des Sinns der Weiterbildung zu sehen, die sich nun nach einem Jahr erneut stellt.

zu (c)
Im Zusammenhang dieser Halbzeitstimmung rückt in der Gruppe das Problem von Nähe und Distanz in Beziehungen verstärkt in den Vordergrund. Insbesondere von den beiden Männern, die auch mit Asthmasymptomen belastet sind (oder waren), wird dieses Thema mit deutlichen Bezügen zu lebensgeschichtlichen Erinnerungen vorgetragen. Im Vordergrund stehen dabei Erfahrungen von mütterlicher Vereinnahmung (z. B. Partnerersatz) im Kontext einer mißlungenen, von Haßgefühlen geprägten Beziehung zum Vater. Es wird deutlich, daß die Unausweichlichkeit der mütterlichen Loyalitätsbindung, die auch als Mißbrauch erlebt wurde, weitreichende Konsequenzen für die erwachsenen Partnerbeziehungen in der Weise hat, daß sie erneut die alten Konflikte und Ängste vor Enttäuschung und Verlust aufleben läßt. Einer der Teilnehmer berichtet in diesem Zusammenhang von heftigen, oftmals diffusen Wutgefühlen, seine Bindung an Ehefrau und Kind erlebt er zuweilen als unheilvolles Aneinandergeschmiedet-Sein. In der Gruppe zeigen sich zu dieser Thematik zum Teil komplementäre Positionen: Während einige TeilnehmerInnen sich über Distanzwünsche ihrer Partner beklagen, sind andere eher damit beschäftigt, Abstand zu schaffen.

Die damit verbundene Frage des Stands der Beziehungen in der Gruppe erhält nach einiger Zeit eine zusätzliche Wendung. Es geht plötzlich auch um die Frage, wie es wäre, wenn Männer Kinder bekommen könnten. Hierzu muß angemerkt werden, daß das Thema von Schwangerschaft und Geburt in der Gruppe seit geraumer Zeit virulent ist. Eine Teilnehmerin wird gerade Mutter und ist deshalb für längere Zeit abwesend. Während einige der Männer diese Frage für absurd halten, beharren insbesondere zwei Frauen auf dem Thema, wobei hiermit auch deutlich im Raum steht, ob sich Männer in Frauen einfühlen können. Ein Teilnehmer erklärt in diesem Kontext, keine Kinder haben zu wollen, weil er Angst habe, sein eigenes, mit schlimmen Erfahrungen insbesondere im Hinblick auf den Vater verbundene Schicksal könne sich wiederholen. Da er insgeheim fürchte, so werden zu können wie sein Vater, breche er die Beziehung zu Frauen an der Stelle ab, an der es um die Kinderfrage gehe. Auf die Gruppe bezogen begründet dieser Teilnehmer seine zeitweilige Zurückgezogenheit in der Gruppe mit einer ihn hindernden Fraktionsbildung, in der aus seiner Sicht zwei Teilnehmer und eine Teilnehmerin involviert sind, die wohl in anderen Teilen der Weiterbildung (Theorie- und Fallseminaren) aktiv hervortreten. Zwei davon halten sich in der Selbsterfahrung deutlich zurück.

In den darauf folgenden als zusammenhängend vereinbarten Sitzungen (März 1990) wird die gereizte Atmosphäre in der Gruppe offenkundig. Es herrscht Ärger über den unentschuldigt fehlenden Teilnehmer, der sich zuvor so dezidiert zu den Gruppenfraktionen äußerte, zudem kommt es bei einigen TeilnehmerInnen zu einer unzufriedenen Zwischenbilanz über den bisherigen Verlauf der Weiterbildung bzw. die Fortschritte einzelner auch in der Selbsterfahrung.[14] Insbesondere zwei TeilnehmerInnen heben in diesem Zusammenhang hervor, die Deutungen des Gruppenleiters oft nicht verstehen zu können. Einige machen sich Gedanken über die Bedeutung des Forschungsaspekts. In der Folge kommt es wiederum zu Polarisierungen zwischen einigen Männern und Frauen in der Gruppe. Dramatisch zugespitzt erscheint der unterschwellige Geschlechterkampf an einem Ereignis, das durch die erstmals wieder anwesende, inzwischen Mutter gewordene Teilnehmerin in die Gruppe getragen wird. Sie berichtet, daß kurz vor der Geburt ihres Kindes ihr Mann schwer verunglückt sei, was gravierende Folgen für seine weitere Gesundheit habe. Dieser traumatische Vorfall nimmt auf merkwürdige Weise ein zuvor in der Gruppe virulentes Thema auf: die Ängste der Männer angesichts der ‚Einheit' von Mutter und Kind.

Die Auseinandersetzung zwischen Frauen und Männern in der Gruppe bestimmt nun für längere Zeit (über 2 Monate) das Geschehen in der Gruppe. In dieser Phase tritt insbesondere ein Teilnehmer, der sich – den eigenen Worten nach – stets von Frauen drangsaliert fühlte, als Wortführer besonders hervor. Er läßt nicht locker und bringt das Thema immer wieder in die Gruppe. Inhaltlich geht es auf der Seite der Frauen um Aspekte ihrer Diskriminierung sowie um Vorwürfe an die Männer, die unfähig seien, ihre Gefühle zu zeigen und stets untergründig sexuelle Interessen signalisierten. Bei den Männern geht es um eine Sicht auf Frauen/Mütter, die stets die Tendenz hätten, überfürsorgend und kontrollierend alles in die Hand zu nehmen und sich dann über die mangelnde Unterstützung der Männer zu beklagen. Neben der Polarisierung dieser Positionen, die sich hauptsächlich zwischen zwei Männern und zwei Frauen abspielt, gibt es noch die dritte, von den Kampffraktionen heftig attackierte Ansicht eines Teilnehmers, der die Frauen in Schutz nimmt und auf Gemeinsamkeiten beharrt (hier: auf das gemeinsame ‚Freischießen' des Weges). Daß die Debatte um den Geschlechterkampf in dieser Phase des Gruppenprozesses insbesondere auf den Aspekt der Rivalität mit bzw. um den Gruppenleiter verweist, wird von dem wortführenden Teilnehmer der Männerfraktion bereits sehr früh ins Spiel ge-

14 In diesem Thema spiegelt sich auch, daß in dieser Zeit von seiten des Projekts ein Zwischenbericht vorlag, in den einige TeilnehmerInnen der Gruppe III Einblick hatten.

bracht, an dieser Stelle jedoch auch von dem Gruppenleiter nicht weiter berücksichtigt. Er bemerkt in der 50. Sitzung (der letzten vor der Osterpause 1990, die im übrigen auch mit dem Einverständnis der Gruppe auf Band aufgezeichnet wurde) mit Blick auf unentschiedene Positionen, daß er sich „zitternd dem Turnier um die Frauen stelle", während andere auf der Tribüne säßen. Daß hierzu natürlich auch der nicht direkt im Kampf involvierte Gruppenleiter (gleichsam als König) dazugehört, liegt auf der Hand. Offensichtlich handelt es sich bei den Kämpfen der Männer in der Gruppe um die Ebene der rivalisierenden Auseinandersetzung sowohl untereinander als auch mit dem Gruppenleiter sowie um den Wunsch nach Anerkennung durch die väterliche Instanz. Letztlich geht es dabei auch um die zentrale Frage der Geschlechtsidentität. Da es im Rahmen dieser Thematik keine Deutungen zum Übertragungsgeschehen gibt und auch die klärenden Interventionen des Gruppenleiters sich eher auf die Männer-Frauen-Polarität beziehen, bleibt es unklar, ob der Gruppe in dieser Zeit bewußt wird, welche Wünsche und Ängste sich hinter der zuweilen mit heftigen Aggressionen, gegen Ende aber eher lustlos geführten Debatte verbergen. So endet der ‚Kampf' in einer Blockade der Gruppe, die Aggressionen bleiben unaufgelöst, ja nachgerade dadurch verstärkt, daß einige sich bei dem Thema ‚entblößt', andere bedeckt gehalten und wiederum andere sich ausgeschlossen gefühlt haben.

zu (d)

Im Kontext dieses nach wie vor in der Gruppe vorhandenen verdeckten Mißtrauens lenkt der Gruppenleiter – ein halbes Jahr vor dem Ende der Weiterbildung – die Aufmerksamkeit auf die noch verbleibende Zeit. Es komme nun darauf an zu klären, wie man sinnvoll damit umgehe. Offensichtlich gebe es zwei Fraktionen in der Gruppe, die, die arbeiten wollten und andere, die das Ende eher abwarten würden. Diese Intervention zeigt bei einem Teil der Gruppe deutliche Reaktionen. Es wird sichtbar, daß Angst vor Ablehnung bei einigen das Schweigen beherrscht. Ein Teilnehmer hat sich ganz bewußt entschlossen, den Rest der Zeit für sich zu nutzen: Er exponiert sich in den folgenden Sitzungen mit einer Reihe von Problemen, die bis auf traumatische Kindheitserinnerungen zurückgehen, wo er unter der aufbrausenden Wut des Vaters litt und bei deren Darstellung er auch von Träumen berichtet. Im Zentrum stehen Ängste vor Gefühlen aus Furcht vor Zerstörung und Vernichtung, die der Gruppenleiter auf in der gesamten Gruppe virulente Ängste (vor mangelnder Resonanz, Blamage etc) bezieht. In diesem Zusammenhang bemerkt der betreffende Teilnehmer auch, seit etwa einem Jahr keine Asthmaanfälle mehr gehabt zu haben, was er in einen Bezug zu der Selbsterfahrungsgruppe bringt. Neben dieser progressiven Tendenz gibt es jedoch nach wie vor eine erhebliche Blockade in der Gruppe. Neben Versuchen, den Gruppenleiter für den schleppenden Prozeß verantwortlich zu machen, wird von einem Teilnehmer wiederum die bereits erwähnte Dreierfraktion als für ihn hinderlich hervorgehoben. Außerdem fehlen in dieser Zeit (kurz vor der Sommerpause 1990) einige Gruppenmitglieder wieder häufiger mit fadenscheinigen Begründungen, wodurch die direkte aggressive Auseinandersetzung in der Gruppe vermieden wird.

Nach den Ferien konfrontiert der Leiter die Gruppe in einer Sitzung, in der alle anwesend sind, mit den bisherigen Fehlzeiten der Mitglieder, wobei sich herausstellt, daß ein Teilnehmer bereits nahe an der Grenze des Möglichen, einige andere sich in einer kritischen Zone befinden. Durch diesen deutlichen Hinweis auf die Rahmenbedingungen gerät erneut die Begrenztheit der Weiterbildung in den Blick. Nach einem kurzen Geplänkel zwischen zwei Teilnehmern, welches das Thema des Geschlechterkampfs erneut anzuheizen droht, kommt eine Teilnehmerin auf ihre momentan schlechte Befindlichkeit anläßlich einer schweren Krise in der Beziehung zu ihrem Freund zu sprechen: Sie deutet an, daß durch das Erlebnis der inzestuösen Verführungssituation im frühen Kindesalter etwas in ihr zerbrochen sei. Sie habe sich seitdem nie mehr geschützt gefühlt, was auch stets ihre Partnerwahl beeinträchtigt habe. In der folgenden Sitzung äußert die Teilnehmerin, daß ihr die Gruppe gutgetan habe in ihrer momentanen Krisensituation. In diesem Zusammenhang erzählt ein anderer Teilnehmer ebenfalls von Veränderungen: Er, der bislang eher idealisierte Vorstellungen von einer Paarbeziehung hatte, ist inzwischen bereit, diese in Frage zu stellen. Dazu gehört auch, daß er gegenüber den Wünschen seiner ehemals überwiegend positiv besetzten Mutter zunehmend mehr Ambivalenzen empfindet.

Neben diesen Tendenzen, eigene Entwicklungsschritte mit der Gruppe in Verbindung zu bringen, welche Gefühle von Dankbarkeit beinhalten, gibt es jedoch nach wie vor heftige Aggressionen. Dabei tritt eine Kontroverse in den Vordergrund, die eine besondere Aufmerksamkeit verdient: Einer der Teilnehmer, der der Wortführer beim Thema Geschlechterkampf gewesen ist, attakkiert wiederum gerade die Frau, die sich mit ihren lebensgeschichtlichen Erfahrungen und deren Folgen gerade so exponiert hat. Er wirft ihr übersteigerte Inszenierung vor, was bei der betroffenen Frau dazu führt, daß sie ihm Prügel androht. Der involvierte Teilnehmer kann in der folgenden Sitzung erkennen, daß seine Wut auf diese Frau etwas mit der unheilvollen Beziehung zu seiner Mutter zu tun hat, die ihn im Kindes- und Jugendalter häufig mit Selbstmorddrohungen und -versuchen erpreßte. Bei der Teilnehmerin führt dieser Angriff zum Rückzug, sie hält die Gruppe nun nicht mehr für fähig und kompetent, sich in solch schwerwiegende lebensgeschichtliche Erfahrungen einzufühlen. Sie wird in dieser Einschätzung von einer anderen Frau aus der Gruppe unterstützt, die auch einmal ähnliche Erlebnisse andeutete, die ihrer Erinnerung nach in der Gruppe jedoch vorschnell mit der Frage eigener Schuld verbunden worden waren.

Die Intervention des Gruppenleiters, daß die Thematik des sexuellen Mißbrauchs offensichtlich große Spannungen in der Gruppe hervorrufe, führt gegen Ende dieser Sitzung zu einer leichten Entspannung. Zuvor war mit Blick auf einige Männer in der Gruppe, die es mit ihren Müttern besonders schwer hatten, bereits angeklungen, daß es auch so etwas wie psychischen Mißbrauch gebe.

In den folgenden Sitzungen gewinnt eine eher morbide Stimmung in der Gruppe die Oberhand. In den Erzählungen geht es um Tod/Abschiednehmen und Bilanzziehen – alles Zeichen dafür, daß das näherrückende Ende die Gruppe untergründig beschäftigt. Es kommt wieder zu zähem Schweigen. Ansätze einzelner, Fortschritte anzudeuten, werden von anderen mit Lustlosigkeit und Desinteresse bescheinigt. Die zuvor in die heftige Auseinandersetzung verstrickten Mitglieder zeigen sich blockiert. Insbesondere fällt der Rückzug der betroffenen Frau auf. Erstaunlicherweise ist sie dann diejenige, die – allerdings zu einer Zeit, als ihr Kontrahent in der Gruppe fehlt – den Gruppenprozeß erneut belebt (74./75. Sitzung), indem sie von eigenen Fortschritten berichtet. In dieser Sitzung deutet ein anderer Teilnehmer an, der Mittwoch werde ihm zukünftig fehlen – insbesondere auch, weil er inzwischen an sich ungeahnte Veränderungen entdeckt habe. Er habe inzwischen mehr Sympathie für seinen Vater, kann sich auch in dessen aggressive Seiten besser einfühlen. Ein weiterer Teilnehmer, der schon in früheren Sitzungen positive Wirkungen des Selbsterfahrungsprozesses mitgeteilt hat, kündigt an, in den beiden letzten Sitzungen (die außerplanmäßig stattfinden) nicht mehr kommen zu wollen. Zwar wird ihm der Aspekt der Vermeidung des Abschiednehmens zum Teil bewußt, er läßt an seiner Entscheidung jedoch nicht rütteln. Auch eine andere Frau aus der Gruppe deutet an, daß sie wegen eines wichtigen Termins mit Jugendlichen wahrscheinlich nicht kommen werde.

Im Hinblick auf das von außen gesetzte Thema des Endes der Selbsterfahrungsgruppe schwankt die Stimmung in der Gruppe zwischen Trauer und Wut. Die Dimension des Forschungsaspekts, die durch die Teilnehmerbefragungen in dieser Zeit verstärkt ins Bewußtsein rückt, löst darüber hinaus sowohl erneut Gefühle von Ohnmacht als auch die Frage nach dem Ergebnis, der Effektivität der Gruppenbeziehungen aus. In der vorletzten Doppelsitzung ziehen die TeilnehmerInnen für sich und vor der Gruppe hierzu Bilanz, wobei insbesondere Gründe für Spannungen untereinander veröffentlicht werden. Die Aggressionen zwischen einzelnen Gruppenmitgliedern beziehen sich dabei vor allem auf die Vorwurfsebenen der mangelnden Einfühlung und der begrenzten Offenheit untereinander. Ebenso wird sichtbar, daß unaufgelöste komplementäre Konflikt- und Übertragungsbereitschaften wechselseitige Blockaden verstärkt haben. Interessanterweise kommt ein Teilnehmer in diesem Zusammenhang auf seine Berufswahl als Sozialarbeiter zu sprechen, die wesentlich von dem Wunsch getragen war, den eigenen schwierigen Kindheitserfahrungen zu entkommen. Dies wirft für einen Moment ein Licht auf die Nähe der Probleme der Sozialarbeiter zu denen ihrer Klientel. Interessanterweise kann dieser Gedanke auch von der Teilnehmerin akzeptiert werden, die sich sonst überwiegend in einem aggressiven Clinch mit diesem Mann befindet.

In der letzten Doppelsitzung präsentiert sich die Gruppe zunächst wiederum als äußerst vorsichtig und zurückhaltend. Nach längerem Schweigen versuchen einige TeilnehmerInnen abschließende Worte für ihre Stimmung der Gruppe gegenüber zu finden, wobei auffällt, daß die Gruppe kein gemeinsames Bild zustandebekommt. Fünf TeilnehmerInnen (drei Frauen, zwei Männer) äußern mehr oder weniger dezidiert, daß der Gruppenprozeß auch bei ihnen wichtige persönliche Veränderungen in Gang gesetzt hat. Dabei lassen sie jedoch nicht unerwähnt, daß sie vieles an den Gruppenbeziehungen auch belastend empfanden. Ein anderer Teilnehmer äußert die bei ihm nach wie vor bestehende Unsicherheit darüber, ob die Gruppe ihn gegen die Aggressivität der Teilnehmerin, mit der er häufig im Streit lag, hätte schützen können. Dies ist u. E. auch ein indirekter Hinweis auf sein nach wie vor bestehendes Mißtrauen gegenüber dem Gruppenleiter, das zugleich auch einen Appell an den Schutz der väterlichen Instanz enthält. Interessanterweise hat gerade dieser Teilnehmer ab einem gewissen Zeitpunkt die Dynamik des Gruppengeschehens deutlich mitbestimmt (‚Geschlechterkampf') und durch seine Beiträge oftmals latentes Gruppengeschehen sichtbar gemacht. Sein anfänglich starkes und teilweise immer noch bestehendes Mißtrauen gegenüber der Gruppe begründet er mit der ihm einleuchtenden Übertragung zwischen unbewußten Familienbeziehungen und Gruppendynamik.

Rivalitäten, besonders zwischen denjenigen Gruppenmitgliedern, die sich stärker und kontrovers exponiert haben, sind so nach wie vor vorhanden; dennoch deutet die Art des Umgangs mit diesem Thema – die bewußte Auseinandersetzung mit Verschiedenheiten – inzwischen ein verändertes, reiferes Niveau der Konfliktbewältigung in der Gruppe an. Enttäuschung wird von einigen TeilnehmerInnen gegenüber jenen beiden Gruppenmitgliedern (einer Frau und einem Mann) geäußert, die sich während der gesamten Zeit persönlich sehr stark zurückgehalten haben. Während bei der Frau, die parallel auch eine Einzeltherapie macht, noch ein Sinnzusammenhang für ihre Blockade erkennbar war (sie ist diejenige, die zu Beginn der Gruppe eine Beziehung zu einem anderen Gruppenmitglied begann), gibt es für die Gruppe wenig Hinweise für das immer wieder als ‚Mauern' bezeichnete Verhalten des anderen Teilnehmers. Dennoch zeigt sich dieser in seinem Resümee nicht unbeeindruckt von dem Resultat der Selbsterfahrung. Er deutet selbstkritisch Grenzen seiner Einfühlungsmöglichkeiten an.

Obwohl die Gruppe so insgesamt kein einheitliches Bild abgibt, erscheinen gegen Ende des Selbsterfahrungsprozesses die Beziehungen klarer. Die meisten Mitglieder haben auf je unterschiedliche Weise von dem selbstreflexiven Verfahren der Gruppenanalyse profitieren können. Was das erreichte psychosoziale Kompetenzniveau anbelangt, so treten gegen Ende – trotz stets vorhandener

‚Rückfälle' in alte Abwehrformen – deutlich realistische Züge der Selbst- und Fremdwahrnehmung in den Vordergrund, die sich in den Versuchen der Beziehungsklärung und Auseinandersetzung auch zwischen den Geschlechtern manifestieren. Darüber hinaus gibt es Tendenzen zur professionellen Selbstreflexion in der Weise, daß die Gefühle von Ohnmacht, Mißtrauen und Selbstabwertung des Klientels der Sozialarbeit auch als Element der Verarbeitung der eigenen lebensgeschichtlichen Erfahrungen deutlicher gesehen werden können.

2.2. Die Wahrnehmung unbewußter Beziehungsmuster: Introspektionsfähigkeit und der Zugang zu Deutungen

Bei einem Großteil der TeilnehmerInnen hat sich im Verlauf des Gruppenprozesses die Sensibilität für vor- und unbewußt wirksame Beziehungsstrukturen erhöht. Dies läßt sich sowohl an der zunehmenden Resonanz der Deutungen des Gruppenleiters als auch an Versuchen einiger GruppenteilnehmerInnen, sich an diesem Verständigungs- und Aufklärungsprozeß aktiv zu beteiligen, ablesen: Bereits sehr früh wurden hier einzelnen Mitgliedern Hilfen zur Selbstverständigung mit dem Hinweis auf ähnliche Erlebnisweisen und Erfahrungsstrukturen angeboten. Ein weiteres Indiz für eine solche Öffnung der Gruppe zeigt sich auch in der Bereitschaft einiger TeilnehmerInnen, Träume vorzustellen, was deren Bedeutung für die Entschlüsselung unbewußten Sinns im Rahmen der Selbstverständigung hervorhebt. Zwar war der Zugang zum eigenen Erleben bei den TeilnehmerInnen unterschiedlich ausgeprägt – was auch einen großen Teil der Konflikte zwischen den Mitgliedern ausmachte – insgesamt läßt sich jedoch auch für diejenigen, die in diesem Rahmen weniger bereit waren, anderen Einblick zu gewähren, sagen, daß sie zumindest ihre Grenzen in Richtung Empathie und Introspektion haben erkennen können.

2.3. Die Bedeutung der Lebensgeschichte

Entsprechend der Sensibilisierung für unbewußte Sinnzusammenhänge gab es bei den meisten TeilnehmerInnen auch die Bereitschaft zur Reflexion ihrer jeweiligen lebensgeschichtlichen Voraussetzungen. Dabei rückten im Verlauf des Selbsterfahrungsprozesses immer deutlicher Erinnerungen an Erlebnisse aus der frühen Kindheit und Jugend in den Vordergrund, die mit Empfindungen von Trauer, Wut und Schmerz verbunden waren. Diesen TeilnehmerInnen wurde so bewußt, in welcher Weise sie überkommene Beziehungsstrukturen aus ihrer Herkunftsfamilie noch in ihren heutigen Partnerbeziehungen bzw. ihren beruflichen Kontakten wiederholen. Bei einigen TeilnehmerInnen führte dieser Prozeß der Selbstreflexion zu einem deutlichen Wunsch nach weiterer persönlicher Auseinandersetzung und Veränderung. Von anderen wiederum wurde der Prozeß der Selbsterfahrung selbst in seiner therapeutischen Wirkung bzw. in seiner

Funktion zur Krisenbewältigung hervorgehoben. Wie wir gesehen haben, konnten zwei Gruppenmitglieder mit diesem Angebot aus unterschiedlichen Gründen weniger anfangen: Während bei einer Teilnehmerin der Bedarf durch eine Einzeltherapie gleichsam gedeckt war, konnte ein anderer lediglich indirekt – durch die bloße Teilnahme am Gruppenprozeß – profitieren, wobei jedoch verborgen bleibt, welche Qualität die Art der inneren Beteiligung jeweils erreicht hat.

3. Die Gruppensupervision

Zu den besonderen Rahmenbedingungen des Supervisionsprozesses in Gruppe I gehört, daß nach etwa einem halben Jahr ein personeller Wechsel stattfand. Durch das Ausscheiden des ersten Supervisors wurde die Gruppe nicht allein mit neuen Personen konfrontiert – es gab nun für sie zwei Supervisoren, einen Psychoanalytiker und eine Pädagogin –, es deutete sich auch eine Akzentverschiebung in der Konzeption an. Während der erste Supervisor sowohl Elemente der Balint-Gruppenarbeit nutzte als auch direkte diagnostische Hilfen bei der Einschätzung der Klienten und den institutionellen Rahmenbedingungen der sozialarbeiterischen Berufsfelder bereitstellte, orientierten sich die nachfolgenden Supervisoren in ihrer Arbeitsweise ausschließlich am klassischen Modell der Balint-Gruppenarbeit, indem sie ihre Aufmerksamkeit der Spiegelung oder ‚Aktualisierung‘ des in der Falldarstellung präsentierten Konflikts in der Gruppe zuwandten. Klärende, konfrontierende bzw. deutende Interventionen bezogen sich im wesentlichen auf diesen systematischen Zusammenhang zwischen Fallstruktur und Gruppeninteraktion.

Während in der ersten Zeit – der Phase der Konstitution der Supervisionsgruppe – das Thema der negativen Bewertung des eigenen professionellen Handelns durch die Sozialarbeiter/Sozialpädagogen selbst – das Gefühl von Ohnmacht, Resignation und mangelnder Wirksamkeit – im Vordergrund stand, worin sich eine starke unbewußte Identifikation mit den Klienten manifestierte, konzentrierten sich die Falldarstellungen im weiteren Verlauf zunehmend auf einzelne Aspekte der schwierigen Jugendlichen, wobei insbesondere deren aggressive, provokative Strategien (sowohl im Kontext ihrer Ausbildung als auch im Kontext der sozialpädagogischen Betreuung) zum Thema gemacht wurden. Darüber hinaus wurden von einigen TeilnehmerInnen auch Konflikte mit Kollegen und/oder Vorgesetzten vorgetragen, in denen sowohl persönliche Schwierigkeiten, aber auch professionstypische Verunsicherungen anklangen. Den Supervisoren kam es dabei jeweils darauf an, die Struktur des Falles durch das Bewußtmachen der durch die Falldarstellung ausgelösten affektiven Resonanz in der Gruppe zu verdeutlichen.

Daß diese Sichtweise für einen Großteil der TeilnehmerInnen eine zunächst ungewohnte Perspektive darstellte, läßt sich an der unterschiedlichen Zustimmung gegenüber deutenden Interventionen ablesen. Denjenigen Teilnehmern, die bereits in der Art der Präsentation ihrer Schwierigkeiten mit den Jugendlichen mehr Sensibilität für verborgene Sinnzusammenhänge erkennen ließen, fiel der Zugang zu solchen Deutungen leichter, anderen wiederum schien das Supervisionsverfahren bis zum Ende verschlossen zu bleiben. Als Indiz für das eher ambivalente Verhältnis der TeilnehmerInnen zur Arbeitsweise der Supervision mag auch gelten, daß sich – anders als in den Gruppen II und III – nicht alle Gruppenmitglieder aktiv (d. h. mit einer Falldarstellung) beteiligten. Drei Gruppenmitglieder (eine Frau, zwei Männer) haben hingegen besonders häufig und lebendig vorgetragen und auch immer wieder Nachträge zum weiteren Entwicklungsverlauf angeboten. Interessanterweise hat dabei diejenige Teilnehmerin, die in der Selbsterfahrung eher zurückgezogen war, den Supervisionsprozeß aktiv mitbestimmt, während die Teilnehmerin, die in der Selbsterfahrung sehr hervorgetreten ist, in der Supervision deutlich im Hintergrund war. Ansonsten zeigt das Bild der Beteiligung Parallelen zum Engagement in der Selbsterfahrung.

Vermutlich hat sich der Prozeß der Selbsterfahrung – stärker als in den anderen Gruppen – auch auf das Verhältnis der Gruppe zur Supervision niedergeschlagen. Wie wir gesehen haben, gab es ja bis zum Schluß die aggressive Spannung zwischen denen, die etwas von sich gezeigt und jenen, die eher ‚gemauert' haben. Dieses von einer Ambivalenz gegenüber dem psychoanalytischen Verfahren gekennzeichnete Gruppenklima scheint sich ebenso auf die Supervision übertragen zu haben. Ein Indiz für die Verzahnung zwischen dem Gruppenprozeß der Selbsterfahrung und dem der Supervision ist auch darin zu sehen, daß in den Falldarstellungen des letzten halben Jahres häufig die Thematik des Abschieds bzw. des Neubeginns wiederzufinden war.

Was die Fragen der Erweiterung der diagnostischen Fähigkeiten und der beruflichen Selbstreflexion anbelangt, so ist schwer einzuschätzen, ob die TeilnehmerInnen ihre entsprechenden Kompetenzen durch die Supervision erhöht haben. Zum einen lag der Schwerpunkt der Arbeitsweise der Supervisoren nicht auf unmittelbaren diagnostischen Hilfestellungen, zum anderen war durch das Konzept auch nicht beansprucht, die besonderen institutionellen Rahmenbedingungen des professionellen Handelns sowie das berufliche Selbstverständnis unmittelbar zum Thema zu machen. Zwar hatten einige Fallvorträge die Arbeitsbedingungen von TeilnehmerInnen zum Gegenstand, der Fokus des Verstehensprozesses lag aber stets auf der Ebene der Gruppeninteraktionen im Sinne der Aktualisierung des vorgetragenen beziehungsorientierten Konfliktpotentials und weniger auf der zusätzlich möglichen Klärung der Strukturen beruflicher Handlungsfelder.

Zusammenfassend läßt sich sagen, daß die Gruppe nur zu einem Teil von der Supervision hat profitieren können, was sicherlich auch der zeitlichen Begrenztheit eines Prozesses geschuldet war, der sich normalerweise an dem artikulierten Bedarf und nicht an den Rahmenbedingungen eines Weiterbildungsprojekts orientiert. Darüber hinaus stellte der Wechsel der Supervisoren eine zusätzlich ungünstige Voraussetzung dar – zumal sich in der Erinnerung der TeilnehmerInnen im Kontext der Evaluationsdiskussion der erste Supervisor als jemand darstellte, der sich mehr auf ihre Beziehung zu den Klienten konzentriert und sich deutlicher auf die Gruppenstimmung bezogen hat. Inwieweit sich in dieser Einschätzung eine nachträgliche Idealisierung kundtut, oder ob das Verfahren der nachfolgenden Supervisoren für den Zeitrahmen ein zu anspruchsvolles, die TeilnehmerInnen zuweilen überforderndes Unternehmen war, ist nicht entscheidbar. Dieses ambivalente Ergebnis spiegelt sich auch in der Fragebogenerhebung wieder. Obschon ein Großteil der TeilnehmerInnen die Supervision als einen sinnvollen Bestandteil der Weiterbildung betrachtet, um ihre Klienten besser verstehen zu lernen, rangiert diese – anders als in den Gruppen II und III, wo es eine hohe Zustimmung gegenüber der Supervision gab – bei dem überwiegenden Teil der Mitglieder der Gruppe I in ihrer Bedeutung hinter anderen Kursangeboten der Weiterbildung.

4. Die Fallanalyseseminare

4.1. Das szenische Verfahren

Den psychoanalytischen Fallseminaren in Gruppe I lagen als Materialien zum einen das biographische Interview mit einer durch massive Konflikte im Elternhaus in ihrer Ausbildungskarriere benachteiligten Jugendlichen, zum anderen fortlaufende Traumerzählungen einer Patientin aus einer psychotherapeutischen Behandlung zugrunde. Um die Aufmerksamkeit der TeilnehmerInnen in eine andere, ungewohnte Richtung zu lenken, schlug der Kursleiter eine veränderte Sitzordnung vor. Anders als in den sozialwissenschaftlichen Fallseminaren gab es keine Tische, die TeilnehmerInnen sollten wie in der Selbsterfahrung auch im offenen Kreis sitzen, was zunächst einen unwilligen Protest auslöste. Nach anfänglichen Hemmungen gegenüber einem Analyseverfahren, das von der Phantasie und Assoziationsfähigkeit der Beteiligten lebt und damit den Zugang zum eigenen Erleben im Interesse des Fremdverstehens voraussetzt, gelang es den TeilnehmerInnen allmählich, sich auf diese Methode einzustellen. Waren zu Beginn interessante Beiträge oftmals in die Form eines Scherzes oder einer Nebenbemerkung gekleidet, was eine gewisse Vorsicht vor einem persönlichen Sichexponieren zum Ausdruck brachte, so gelang es im Laufe der Zeit einigen TeilnehmerInnen auch, belastende lebensgeschichtliche Erfahrungen im Dienste des Fallverstehens mitzuteilen. Der Kursleiter zeigte sich angesichts der engagierten Mitarbeit einiger TeilnehmerInnen zwischenzeitlich ‚begeistert' von deren Fähigkeit, unbewußte Konfliktstrukturen des Falles zu identifizieren. Offensichtlich konnte von einem Teil der Gruppenmitglieder der Zusammenhang zwischen der Mobilisierung eigener Erlebnisanteile und der Dynamik des Falles als in einem systematischen Sinn erkenntnisfördernd wahrgenommen werden. Anderen wiederum schien das Verfahren bis zum Schluß eher fremd und ungewohnt, in seiner Bedeutung schwer einschätzbar zu bleiben.

Die TeilnehmerInnen selbst haben die Methodenvielfalt im Rahmen der Fallanalyse positiv eingeschätzt. Während sie bei der psychoanalytischen Interpretation die Ebene der Sexualität im Vordergrund sahen, wobei soziale Bedingungszusammenhänge weniger bedeutsam erschienen, betrachteten sie die sozialwissenschaftlichen Fallseminare als eine gute Ergänzung, um gerade diese Dimensionen stärker zu berücksichtigen. Bei der Frage der praktischen Bedeutung der psychoanalytischen Fallseminare gab es in der Gruppe unterschiedliche Meinungen: Während einige das szenische Verfahren für nicht unmittelbar anwendbar hielten, ja sogar vor dem Versuch warnten, es umzusetzen, weil die Gefahr bestehe, die eigenen Probleme in die Auseinandersetzung mit den Klienten einzubringen, sahen andere darin eine produktive Möglichkeit zur Selbstreflexion.

4.2. Die sozialwissenschaftlichen Verfahren: Biographie- und Sequenzanalyse

Grundlage für die sozialwissenschaftlichen Analyseverfahren in Gruppe I bildeten vier narrative Interviews mit benachteiligten Jugendlichen, deren Schul- und berufliche Bildungskarriere aus vielfältigen Gründen vorzeitig unterbrochen worden war und die nun teilweise in Förderprogrammen oder alternativen Ausbildungsbetrieben ihre Berufsausbildung nachholen. Die biographischen Interviews repräsentierten dabei unterschiedliche subjektive Verarbeitungsformen reduzierter psychosozialer Chancenstrukturen, an denen sowohl die familiendynamische Konstellation der Betroffenen (Ablösungs- und Loyalitätskonflikte im Kontext elterlicher Übergriffe) als auch die Folgen institutionellen Handelns (durch den Aufenthalt in Sonderschulen, Jugendheimen, psychiatrischen Krankenhäusern) sichtbar werden konnten. Bei den Einzelfallrekonstruktionen stand das Verfahren der Biographieanalyse im Vordergrund, die objektiv-hermeneutische Methode der sequentiellen Analyse war als Ergänzung vorgesehen; sie sollte an ausgewählten Textabschnitten exemplarisch zeigen, wie man zur Identifikation latenter Sinnstrukturen gelangt.

Zu den generellen – alle Gruppen betreffenden – Erfahrungen in der Vermittlung der sozialwissenschaftlichen Methoden gehört, daß die ursprünglichen Ansprüche der Kursleiter zu hoch gesteckt waren, sie dementsprechend Abstriche von ihren überwiegend im Kontext des akademischen Milieus erprobten Konzeptionen machen mußten. Die oft langwierigen und ungewohnten Analyseverfahren stießen bei den TeilnehmerInnen auf Schwierigkeiten. Diese betrafen insbesondere die sequenzanalytische Methode aber auch die im Rahmen der biographischen Einzelfallrekonstruktion vorgesehene strukturell-inhaltliche Beschreibung des Aufbaus einer Erzählung. In Gruppe I führte dies dazu, daß die Kursleiter auch wegen der häufig mangelnden Textvorbereitung durch die TeilnehmerInnen sich zuweilen in der Lage befanden, die Interpretationsarbeit selbst vorzuführen. Immer dann, wenn ein Einstieg gelungen war und die Diskussionen freier, d. h. mehr entlang der in den Fällen berührten Themen verliefen, war das Engagement der Gruppe deutlich lebhafter. Auch das unterschiedliche Identifikationsniveau der Fälle hatte Auswirkungen auf die Beteiligung. Darüber hinaus führte der Einsatz anderer Materialien (Videoaufzeichnung) ebenfalls zu besseren Resultaten.

Trotz dieser Schwierigkeiten haben die TeilnehmerInnen dem eigenen Bekunden nach auch von diesen Fallseminaren profitiert. Beeindruckt hat sie besonders die unter Entlastung von Handlungsdruck mögliche Konzentration auf die Lebensgeschichte in ihren sozialen Bezügen. Zudem hat ihnen die Einstellung der Aufmerksamkeit auf ‚Ungesagtes', d. h. zunächst verborgene Sinnzusammenhänge neue Perspektiven eröffnet. Die Fallseminare – so die übereinstimmende Auffassung der TeilnehmerInnen – haben zu einer Sensibilisierung sowohl für die Lebensgeschichte ihrer Klienten als auch für das Handeln der Institutionen in seiner Bedeutung für den Verlauf einer Biographie geführt. Besonders hervorgehoben wurde von einigen TeilnehmerInnen die Funktion der Fallanalyse als einer methodisch angeleiteten Form der Distanzierung sowohl von persönlichen als auch von institutionellen Verstrickungen. Generell wurde sie als gelungene Form der Vermittlung zwischen Theorie und Praxis eingeschätzt. In der fallvergleichenden Abschlußdiskussion kam man dann zu der Schlußfolgerung, daß, da Fallverstehen im Zentrum sozialarbeiterischen Handelns stehe, solche Analyseverfahren bereits in die Ausbildung integriert werden müßten.

5. Die Theorieseminare

Die im Kursangebot der Weiterbildung vorgesehenen fünf Themenschwerpunkte: Einführung in die psychoanalytische Theorie, Adoleszenz in der modernen Industriegesellschaft, Jugend und Institutionen, Prozesse der Marginalisierung Jugendlicher (Arbeitslosigkeit) und Professionalisierungstheorie wurden mit unterschiedlichen Schwerpunktsetzungen überwiegend anhand von Texten vermittelt. Obwohl die TeilnehmerInnen jeweils ein starkes Interesse an den angebotenen Inhalten zeigten, stellte sich heraus, daß es den meisten schwerfiel, die notwendige Vorbereitungszeit für die Lektüre aufzubringen. Dies wurde von einigen auch bereits zu Beginn mit dem Hinweis auf berufliche und familiäre Belastungen zu begründen versucht. So befanden sich die Kursleiter oftmals in der Situation, durch Themeneinführungen die wichtigsten Diskussionspunkte selbst zu markieren. Die Beteiligung der TeilnehmerInnen war dann stets am lebhaftesten, wenn die eingegebenen Texte entweder Bezüge zu persönlichen oder eigenen beruflichen Erfahrungen im Umgang mit ihren Klienten und den institutionellen Zusammenhängen ermöglichten. Außerdem war in der Diskussionshaltung die Tendenz spürbar, daß es den TeilnehmerInnen auch darum ging, die praktische Relevanz von Theorien einzuschätzen und zu überprüfen. Das Engagement in der theoretischen Diskussion konzentrierte sich dem Eindruck der Kursleiter zufolge überwiegend auf die Männer, von den vier Frauen in der Gruppe beteiligten sich nur zwei regelmäßig.

In den Einschätzungen der TeilnehmerInnen am Ende der Weiterbildung (Fragebogenerhebung) spiegelt sich das Gefühl wieder, in der eigenen Ausbildung oft nicht genügend Grundwissen vermittelt bekommen zu haben. Insofern wird das Angebot der Theoriekurse als sinnvoller Bestandteil der Weiterbildung betrachtet, um insbesondere auch neuere, praxisrelevante Forschungsergebnisse kennenlernen zu können. Die TeilnehmerInnen heben neben der für sie bedeutsamen Erfahrung, wieder einmal wissenschaftlich gearbeitet zu haben, hervor, daß sie nun theoretische Einsichten besser auf die Praxis beziehen können und so neue Möglichkeiten zur beruflichen Selbstreflexion zur Verfügung haben. Daß der vorhandene Bedarf an theoretischer Wissensvermittlung durch die Kurse keineswegs abgedeckt werden konnte, belegt der Wunsch nach ausführlicheren Angeboten in den Bereichen Arbeitslosigkeit, Entwicklungspsychologie, Jugendkultur, Ausländerpädagogik, Adoleszenz und psychoanalytischer Theorie.

6. Gesamteinschätzung

Zusammenfassend läßt sich für die TeilnehmerInnen der Gruppe I sagen, daß sie trotz unterschiedlicher persönlicher Vorlieben für einzelne Kursangebote von der Weiterbildung insgesamt profitiert haben. Das vielfältige Kursangebot hat offensichtlich dazu beigetragen, die psychosozialen Kompetenzen der TeilnehmerInnen zu fördern, wobei die Lernprozesse bei den einzelnen sicherlich auf ganz unterschiedlichen Ebenen lagen. Während bei einem Teil der Gruppe diejenigen Kurselemente im Vordergrund standen, für die die Ebene der affektiven, beziehungsorientierten Auseinandersetzung konstitutiv ist, war für andere die eher kognitiv orientierte Erweiterung ihres persönlichen und beruflichen Selbstverständnisses von größerer Bedeutung.

In der Selbsteinschätzung der TeilnehmerInnen (Fragebogenerhebung) kommt zum Ausdruck, daß ausnahmslos alle durch die Weiterbildung persönliche Veränderungen an sich haben wahrnehmen können – sei es, daß sie nun eine größere Sensibilität für ihre eigene Lebensgeschichte oder aktuelle Verhaltensmuster verspüren oder sei es, daß sie sich persönlich ihrer Klientel besser gewachsen fühlen. Einige geben an, daß sich ihr berufliches Selbstverständnis nun in Richtung einer erhöhten Selbstsicherheit und einer gewachsenen beruflichen Identität verändert hat. Offensichtlich ergeben sich daraus auch Perspektiven für die Zukunft. Fünf TeilnehmerInnen wollen sich mittel- oder langfristig beruflich umorientieren, zwei davon in Richtung Erwachsenenbildung, drei in andere Bereiche der Sozialarbeit (Gemeinwesenarbeit, Auslandstätigkeit). Einige streben eine Weiterqualifizierung an, wobei der Erwerb beraterischer Kompetenzen im Vordergrund steht (Schwerpunkt: klientzentrierte Gesprächsführung). In diesem Zusammenhang überrascht es nicht, daß einige TeilnehmerInnen es befürwortet hätten, wenn in der Weiterbildung neben der Theorie gerade auch die Einführung in die klientzentrierte Gesprächsführung stärker berücksichtigt worden wäre. Die Veränderungswünsche einiger TeilnehmerInnen zielen jedoch auch auf die Art der Gestaltung des Angebots, von der sie sich mehr Mitwirkung in Richtung Praxisorientierung erhofft hatten. Überdies wird zum Teil bemängelt, daß der Forschungsaspekt des Weiterbildungsprojekts in seinen Konsequenzen für die TeilnehmerInnen nicht genügend klargemacht wurde. In der abschließenden Evaluationsdiskussion rückt dann noch ein anderer Aspekt – der der Bedeutung der informellen Gruppenbeziehungen – in den Vordergrund. Es wird noch einmal deutlich, daß es bereits zu Beginn der Gruppe drei Untergruppierungen zwischen den TeilnehmerInnen gab, denen größtenteils berufliche Kontakte zugrunde lagen. Von einigen wurden diese Konstellationen anfangs als hinderlich, später dann aufgrund persönlicher Sympathie als Schutz und Vertrautheit empfunden. Eine Teilnehmerin bedauerte diese berufliche Verstrickung, da sie ihr für den Bereich der Selbsterfahrung zu wenig Schutz bieten konnte, was bei ihr die Folge hatte, daß sie sich in ihren Äußerungen mehr kontrolliert hat als sie es eigentlich wollte. Ein anderer Teilnehmer verwies darauf, daß es ihm persönlich unangenehm war, mit den gleichen Leuten, mit denen er in der Selbsterfahrungsgruppe war, dann auch in anderen Seminaren sitzen zu müssen. Während das Problem der informellen Beziehungen auf der Ebene der Gruppenzusammensetzung gelöst werden könnte, verweist der andere Einwand auf eine strukturelle Schwierigkeit der Weiterbildung mit einem integrierten Selbsterfahrungsteil. Hier läßt sich generell die Frage stellen, inwieweit ein solches Gesamtkonzept, das ja auch eine zeitliche Limitierung von Prozessen darstellt, für deren Ende eigentlich andere Kriterien maßgeblich wären, nicht auch eine Behinderung der Selbsterfahrung darstellt (s. u.).

Gruppe II

1. Die Zusammensetzung der Gruppe

Die zweite Gruppe, für die die Weiterbildung Anfang März 1989 begann, setzte sich ursprünglich aus zwölf TeilnehmerInnen, neun Frauen und drei Männern, zusammen, die aus unterschiedlichen Arbeitsbereichen kamen. Die meisten waren als Sozialpädagogen oder Sozialarbeiter in Bildungseinrichtungen und Projekten privater oder öffentlicher Träger beschäftigt, wo sie jeweils mit verschiedenen Gruppen von benachteiligten und/oder durch Arbeitslosigkeit bedrohten Jugendlichen zu tun hatten. Eine Teilnehmerin arbeitete als Erzieherin in einem Jugendheim, eine weitere als Lehrerin in einer Sonderschule. Schließlich gab es in der Gruppe auch einen Sozialarbeiter, der als Werkstattleiter ebenfalls mit der handwerklichen Seite der Förderung von arbeitslosen Jugendlichen vertraut war.

In den Erstgesprächen war bereits deutlich geworden, daß es neben vielfältigen beruflichen Gründen und dem Bedürfnis nach Wissenserweiterung (mehr diagnostischer Sicherheit etc.) auch eine Reihe von persönlichen Motiven für das psychosoziale, auch Selbsterfahrung umfassende Weiterbildungsangebot gab: Schwierige Situationen am Arbeitsplatz (mit Kollegen/Vorgesetzten oder Klienten) wurden dabei oftmals als Auslöser für persönliche Verunsicherungen benannt. Bei der Einschätzung der jeweils überwiegenden Motivationen im Kontext der in den Erstgesprächen im Vordergrund stehenden Themen hat sich auch hier eine gewisse Typik ergeben, die es erlaubt, diese nach Geschlechtern zu differenzieren. Während bei den Frauen berufliche und private Selbstwertzweifel sowie mehr oder weniger explizite Therapiewünsche im Vordergrund standen, zeigte sich bei den Männern eine deutliche Autoritäts – und Rivalitätsproblematik, die mit der Unterdrückung von Wut bzw. dem unangemessenenen Umgang mit Aggressionen (Verschiebung, Überreaktion, Wendung gegen die eigene Person etc.) einhergingen.

Auffällig für die Gruppe als ganze war das Überwiegen einer eher depressiven Erlebnisverarbeitung. In den Erstgesprächen kamen häufig Gefühle von Perspektivlosigkeit, Resignation und Hoffnungslosigkeit auch angesichts einer gewissen Überforderung durch die Probleme der Klientel zur Sprache. Es wird uns noch beschäftigen, inwieweit diese Grundstimmung Folgen für die Entwicklung des Gruppenprozesses im Rahmen der Selbsterfahrung hatte. Interessant ist in diesem Kontext, daß einige TeilnehmerInnen bereits über längere zum Teil psychoanalytische Therapieerfahrungen verfügten (eine Teilnehmerin hatte eine Gruppentherapie noch nicht ganz abgeschlossen). Darüber hinaus hatte ein anderes Gruppenmitglied auch schon an einer psychotherapeutischen Fortbildung (Psychodrama) teilgenommen.

2. Die Selbsterfahrung

2.1. Die Entwicklung des Gruppenprozesses: Konfliktniveau und Konfliktdynamik

Der Verlauf des Selbsterfahrungsprozesses in dieser Gruppe läßt sich als ein schwieriges, ambivalentes Unternehmen charakterisieren, das trotz zeitweilig zum Zug kommender ‚reiferer' Bewältigungsformen insgesamt von der Virulenz präoedipaler, um die Beziehungsdynamik gegenüber der ‚frühen Mutter' kreisenden Konflikte und entsprechender Abwehrmuster geprägt war, die im Rahmen dieser Konstellation zwar ansatzweise thematisiert, aber nicht bearbeitet werden konnten. In der Entwicklung des Gruppenprozesses seit Beginn im März 1989 bis zum Ende im November 1990 können dabei vier Stadien unterschieden werden, in denen jeweils andere inhaltliche Akzente – zum Teil auch schwerwiegende lebensgeschichtliche Krisen und Konflikte – zum Zuge kamen, die aber weniger mit einer wachsenden Gruppenkohärenz bzw. dem Entstehen einer als gemeinsam erlebten Gruppengeschichte verbunden waren. Betrachten wir diesen Prozeß, für den sicherlich eine Reihe von Gründen entscheidend waren, nun genauer.

Die erste Phase betrifft die Zeit der Konstitution der Gruppe bis zu der ersten größeren Unterbrechung durch die Sommerferien im Jahr 1989. Während die Gruppe in der ersten Sitzung die Settingregeln zunächst zu akzeptieren scheint, ist Angst und Unsicherheit darüber spürbar, was psychoanalytische Selbsterfahrung für die einzelnen bedeutet: Es geht zunächst darum, wieviel Raum man sich nehmen kann bzw. wieviel Verantwortung man übernehmen muß. Die Verunsicherung äußert sich in längeren Schweigepausen, auch ist die Teilnahme der Gruppenmitglieder von Beginn an diskontinuierlich (bereits in der ersten Sitzung fehlen vier Leute). Neben der Unklarheit darüber, wieviel man von sich zeigen könne, werden in dieser Anfangsphase auch zaghaft Wünsche nach mehr Verbindung untereinander, mehr Intimität geäußert, allerdings im Kontext der Phantasie, zusammen in die Kneipe zu gehen. Erstaunlicherweise werden dann bereits sehr früh gravierende lebensgeschichtliche Erfahrungen thematisiert. Eine Teilnehmerin berichtet anläßlich des Todes eines nahen Verwandten über die Entwicklungsgeschichte ihrer negativen Beziehungen zu ihren Eltern, was drei weitere Frauen aus der Gruppe dazu bewegt, ihr schlechtes Verhältnis zur Mutter anzudeuten. Beklagt werden vor allem mangelnde Liebe und Akzeptanz von seiten der leiblichen Eltern, die zum Teil ihre Elternfunktionen auch an nahe Verwandte delegiert haben. Der Vorwurf, keine Nähe und Wärme erlebt zu haben, richtet sich dabei vor allem an die Mütter – die Beteiligung der Väter bleibt unklar. Die Gruppenleiterin hat in dieser Sitzung das Gefühl, in guter Übereinstimmung mit der Gruppe zu sein, d. h. es existiert eine ‚gute Übertragung' zwischen der Gruppe und der Leitung, die sich hier sehr um Empathie bemüht und entsprechend zunächst als ‚gute Mutter' wahrgenommen wird.

In den nächsten Sitzungen wird jedoch bereits die andere Seite, die des Mißtrauens spürbar. Zunächst einmal fehlen sechs Gruppenmitglieder, wobei die Gruppe diesen Umstand einfach negiert. An den präsentierten Themen – es geht um das ‚Wegorganisieren' von Kindern bzw. die Frage der unterschiedlichen Verantwortlichkeit der Geschlechter für die Kinder – werden jedoch die untergründigen, um Verlassenheit und Vertrauensfragen kreisenden Ängste deutlich. In der folgenden Sitzung erfährt die Gruppe, daß zwei Frauen nicht mehr kommen werden. Während bei der einen strukturelle Veränderungen am Arbeitsplatz zu ihrem Austritt aus der Gruppe geführt haben, gibt die andere Teilnehmerin private Gründe an. Das Ausscheiden dieser beiden Frauen hinterläßt in der Gruppe Entwertungs- und Auswechselbarkeitsgefühle, die dann in der nächsten Sitzung nochmals unter dem Titel ‚Bedürftigkeit der Klienten der Sozialarbeiter' bzw. ‚Bedürftigkeit der Sozialarbeiter selbst' verhandelt werden. Diese Gefühle richten sich in der Folge an die Person der Gruppenleiterin, man will mehr über sie wissen, wobei die Abstinenz der Leiterin in dieser Frage zu ersten massiven Angriffen führt: Die Gruppe fühlt sich entwertet und richtet die Wut nun an die Leitung, räsoniert über den Sinn der Selbsterfahrung. Einige TeilnehmerInnen machen deutlich, daß ihnen die Selbsterfahrung nichts bringe, sie gut darauf verzichten könnten und für sie sowieso der Aspekt der beruflichen Weiterbildung im Vordergrund stehe.

Hier kommen Ängste zum Zuge, die mit den Fragen verbunden sind, wie riskant es ist, sich auf einen verbindlichen, an die Einhaltung von Regeln gebundenen Gruppenprozeß einzulassen und was es heißt, sich in die Abhängigkeit von der Gruppenleiterin zu begeben. Daß die Gruppe es eher vermeidet, sich dieser Ängste bewußt zu werden, wird auch daran deutlich, daß in den letzten Sitzungen vor der Sommerpause wieder eine Reihe von TeilnehmerInnen fehlen (bis zu fünf), was bei dem jeweiligen Rest der Gruppe zu unterschiedlichen Reaktionen führt. Während zwei Teilnehmerinnen eher Verständnis für die Fehlenden zeigen, kommt bei dem größeren Teil der Gruppe doch das Gefühl auf, daß zu einer verbindlichen Arbeit auch eine regelmäßige Präsenz gehöre. Ansätze von Ärger und Unmut machen sich breit. Unsicherheit herrscht nach wie vor darüber, wie weit man in der Gruppe gehen kann d. h. was es bedeutet, sich zu zeigen und sich damit abhängig zu machen.

In der letzten Sitzung vor den Ferien schließlich äußert sich eine merkwürdige Diffusität. Während wiederum drei Leute fehlen, haben zwei Teilnehmerinnen das dringende Bedürfnis, über sie bewegende Themen zu sprechen. Allerdings kommt nur eine Teilnehmerin aus Zeitgründen zum Zug, wobei ihre Erzählung, die sich mit einer erwarteten weiblichen Vorgesetzten beschäftigt, voller Wut steckt. Eine andere Teilnehmerin steht während der Sitzung so unter Spannungsdruck, daß sie ohne Kommentar die Gruppe vorzeitig verläßt. Eine bewußte Auseinandersetzung mit der zu erwartenden Ferientrennung findet also nicht statt, vielmehr scheint die Gruppe die Angst vor Trennung durch Flucht und Aggression zu agieren. Bezogen auf die Frage des psychosozialen Kompetenzniveaus ist in dieser Phase die Tendenz erkennbar, die durch die Konstitution der Gruppe ausgelösten präoedipalen Wünsche nach Sicherheit, Abhängigkeit und Versorgtwerden sowie die mit dieser Situation verknüpften Ängste vor Fusion und Identitätsverlust eher zu verleugnen bzw. sie zu agieren. Einem Großteil der Gruppenmitglieder fällt es schwer, solche Gefühle in bezug auf die Gruppe überhaupt nur im Ansatz zuzulassen, was sicherlich damit zusammenhängt, daß einige TeilnehmerInnen in diesem Zusammenhang besondere lebensgeschichtliche Traumatisierungen erfahren haben. Diese Bewältigungsstrategien haben neben ihrer Abwehrbedeutung somit immer auch eine sinnvolle schützende Funktion.

Nach den Sommerferien verlassen zwei weitere Mitglieder die Gruppe. Eine Teilnehmerin begründet ihre Entscheidung mit einer beruflichen Umorientierung. Bei dem anderen Mitglied handelt es sich um einen Mann, der schon längere Zeit vorher durch häufiges unentschuldigtes Fehlen auffiel. Der Rückzug dieses Teilnehmers führt in der Gruppe zu aggressiven Äußerungen, insbesondere wird dabei die Art des Ausscheidens mißbilligt. In der Gruppe herrscht nach dieser Entwicklung eine Art Hinterbliebenenstimmung, die mit Entwertungsgefühlen verbunden ist. Ängste werden geäußert, die nun auf acht TeilnehmerInnen geschrumpfte Gruppe könne aufgeteilt werden. Einige stellen den Sinn der Selbsterfahrung in Frage: Hier könne man sich nicht näherkommen. Trotzdem gibt es ein Einverständnis über die Settingregeln. Dieses Arbeitsbündnis wird in der kommenden Sitzung allerdings wieder in Frage bzw. auf eine harte Probe gestellt. Es kommt zu einem massiven Angriff auf die Selbsterfahrungsgruppenleiterin, wobei zwei Teilnehmerinnen das Wort führen: Man sei unzufrieden über die Art der Interpretation, alles werde von der Leitung auf die Trennungs- und Trauerproblematik bezogen, überhaupt wolle man eigentlich lieber in die Kneipe gehen. Eine dieser beiden Frauen fordert die Gruppe gleichsam zur Revolte auf. Es würde sie interessieren, wie die Gruppenleiterin reagiere, wenn sie jetzt tatsächlich ginge. Die anderen fordert sie – allerdings zaghaft – dazu auf, sich zu überlegen, ob sie nicht auch gehen wollten.

Diese Aktion gegen die Leitung und die an ihre Person geknüpfte Forderung der Einhaltung der Settingregeln kann als Versuch verstanden werden, sich von der als allmächtig, leer und kontrollierend erlebten frühen Mutterimago zu befreien, gegen vernichtende Abhängigkeit aufzubegehren. Die Gruppenleiterin reagiert auf diesen Angriff mit klärenden und konfrontierenden Interventionen, auf die die besonders betroffenen Teilnehmerinnen mit Schuldgefühlen reagieren, deren Ursprung sie entsprechend bei der Leitung lokalisieren.

Nach einer weiteren Sitzung, in der das Thema der Leere und der Unfähigkeit, diese aufzufüllen im Vordergrund steht, ist die Gruppe Ende September erstmals vollzählig. Nachdem zunächst durch die Erzählung einer Teilnehmerin wieder das Thema der unbefriedigenden Mutter-Tochter-Beziehung dominiert, rückt dann allmählich die Beziehung zur väterlichen Instanz in den Blick. Von einer Teilnehmerin werden in Erinnerung an ihre Kindheitsgeschichte zärtliche Wünsche an den Vater geäußert. Diese Tendenz zu einer beginnenden Oedipalisierung der Gruppenthemen ist besonders in den drei folgenden Sitzungen spürbar, die aus zeitlich-organisatorischen Gründen an einem Wochenende stattfinden. Es kommt bei einem Teilnehmer zu einer intensiven Auseinandersetzung mit dem von ihm internalisierten Vaterbild, das vor allem Züge von Schwäche und mangelnder Durchsetzungsfähigkeit hat. Die damit verbundene Unfähigkeit, sich auch aggressiv selbst zu behaupten, erlebt der Teilnehmer an eigenen Schwierigkeiten im Rahmen seiner Familie. Es wird dabei deutlich, daß die Tendenz, Aggressionen zu unterdrücken, mit der Angst verbunden ist, daß, wenn sie einmal an die Oberfläche kämen, sie zu Mord und Totschlag bzw. Trennung führen könnten. Neben dieser aggressiven Auseinandersetzung mit der väterlichen Instanz im Sinne einer Abrechnung mit dem oedipalen Rivalen werden bei einem anderen Teilnehmer an diesem Wochenende Erinnerungen an heftige aber letztlich unbefriedigt gebliebene Verliebtheitszustände wach (bezogen auf eine ältere Psychologin). Sie enthüllen sowohl Wünsche nach Intensität als auch eine extreme Angst vor Nähe. Die Übertragung auf die Gruppenleiterin liegt hier auf der Hand. Darüber hinaus richten sich diese erotisch gefärbten Wünsche auch auf einige weiblichen Gruppenmitglieder. Der Teilnehmer entwickelt dabei Phantasien über mögliche gemeinsame Freizeitaktivitäten.

Einige Zeit später teilt eine Frau aus der Gruppe mit, daß sie schwanger sei, aber trotzdem unbedingt die Weiterbildung fortführen möchte. Über den freudigen Aspekt hinaus gelangt die Gruppe in diesem Kontext bald wieder zum Thema der unbefriedigenden Mutter-Tochter-Beziehungen, der Vater bleibt ausgeblendet. Gestützt durch eine entsprechende Intervention der Gruppenleiterin wendet sich das Gespräch dem möglichen Ersatzaspekt von Kindern zu, was bei der beroffenen Teilnehmerin heftige Traurigkeit auslöst. Auch in den darauf folgenden Sitzungen bleibt dieses Thema virulent: Eine Teilnehmerin kommt zunächst auf den Haß gegenüber ihrer Mutter zu sprechen, die sie als schwach erlebt hat und die sich und die Tochter gegen den mächtigen Willen des Vaters nicht hat schützen können. Im Anschluß daran macht die schwangere Teilnehmerin noch einmal sehr deutlich, wie sehr sie mütterliche Fürsorge braucht. Auch in der Erzählung einer weiteren Teilnehmerin über die Adoption eines Kindes gerät wiederum der Aspekt des Ersatzes in den Vordergrund.

Die frühe Mutterthematik zeigt sich in dieser Phase nicht nur an den Themen, sondern spiegelt sich auch in der Übertragung auf die Gruppenleiterin. Hier gibt es neben Tendenzen, sich zu öffnen, d. h. brisantes lebensgeschichtliches Material anzuvertrauen, auch wiederum Züge einer untergründigen Kampfstimmung, die sich in Schweigen, Zurückhaltung, Fehlen bzw. auch expliziten Attacken gegenüber der Gruppenleiterin bis hin zum von einer Teilnehmerin geäußerten Vorwurf der Gefühlskälte kundtun. Bei der schwangeren Teilnehmerin führt diese angespannte Gruppenatmosphäre den eigenen Worten nach zu Unterleibsschmerzen, was zur Folge hat, daß sie zunächst nicht mehr kommen kann. Einige Sitzungen später erfährt die Gruppe, daß sie wegen vorzeitiger Wehen im Krankenhaus liege.

Mit der Sorge über das weitere Schicksal von Mutter und Kind beschäftigt, wird der Gruppe zu Beginn des Jahres 1990 auch bewußt, daß etwa die Hälfte der Zeit für die Weiterbildung verstrichen ist. Es kommt in dieser Phase bei den einzelnen Mitgliedern zu einer ersten Zwischenbilanz: Während eine Teilnehmerin dabei die Leiterin wieder scharf als ‚kalt' attackiert und von einer anderen teilweise mit dem Argument unterstützt wird, daß die Rahmenbedingungen für die Selbsterfahrung nach wie vor unklar seien, reagieren die übrigen vier Anwesenden positiv. Die in diesem Kontext auftauchende Frage, ob bereits etwas in der Gruppe entstanden ist, das es lohnt, weiterzumachen, nimmt dabei das Thema der abwesenden schwangeren Teilnehmerin auf. Auch hier geht es ja um die Frage, was schließlich aus dem Kind wird, ob es gehalten werden kann etc. Vor diesem Hintergrund ist die Auseinandersetzung mit der Leitung auch an die untergründige Frage geknüpft, ob diese denn die Gruppe am Leben erhalten könne. Von der eher skeptischen Teilnehmerin werden dabei Wünsche nach mehr Schutz und Struktur geäußert, die die Leiterin allerdings nur in die Richtung der passiven Ansprüchlichkeit hin thematisiert und sie dadurch eher zurückweist. Daß sich in diesen Äußerungen auch Wünsche nach einer väterlichen, führenden Instanz, die den Gefühlen von Leere und innerer Diffusion entgegengesetzt werden könnte sowie Hinweise auf die enorme Verletzlichkeit einzelner TeilnehmerInnen bzw. auch der Gruppe als ganzer kundtun, wird dabei weniger berücksichtigt. U. E. verstärkt sich in diesem Zusammenhang die Tendenz zu einer Fixierung des Gruppengeschehens auf ein im wesentlichen präoedipales Niveau, was auch an der Bedeutung abzulesen ist, die die Fortschritte der Schwangeren, über die die Gruppe regelmäßig von einer befreundeten Teilnehmerin unterrichtet wird, für diese gewinnt. Der Ansatz einer Polarisierung innerhalb der Gruppe, der sich im Rahmen der Sinnfrage andeutet und zeitweilig auch Züge oedipalen Rivalisierens annimmt, löst sich bereits in der darauffolgenden Sitzung wieder auf. Die Nachricht von der Verbesserung des Zustands der Schwangeren führt in der Gruppe nun zu einer Beschäftigung mit dem Thema, wie Leere zu überwinden sei. Die Leiterin hofft in diesem Zusammenhang, daß die Gruppe aus ihrer Identitätskrise herausfinden könne.

In der folgenden Zeit kommt es zu einer Häufung lebensgeschichtlich brisanter Themen in der Gruppe, die ansatzweise auch mißglückte Beziehungen zum Vater ins Blickfeld rücken. Eine Teilnehmerin berichtet vom frühen

Tod, eine andere von unangenehmen körperlichen Erfahrungen mit dem Vater. Eine dritte schließlich erzählt über Schwierigkeiten mit ihrem Pflegekind, die auf den Zusammenhang der Thematik des elterlichen Mißbrauchs verweisen.

Die Präsentation dieses belastenden Materials führt allerdings nicht zu einer erhöhten Kohäsion bzw. Verbindlichkeit in der Gruppe, im Gegenteil: Es kommt gerade hier wiederum zu einer auffälligen Diskontinuität durch häufiges Fehlen. Insbesondere fällt auf, daß jene TeilnehmerInnen, die schwierige Themen angesprochen und damit die Gruppe beschäftigt haben, dann gerade in der folgenden Sitzung nicht da sind. Die Gruppe reagiert darauf nicht mit offenen Aggressionen, vielmehr gibt es Äußerungen von Verständnis über die jeweiligen Motive der Fehlenden. Die untergründige Spannung und Verunsicherung ist jedoch in dem sich in dieser Zeit häufenden lang anhaltenden Schweigen präsent. Diese Tendenzen eines hartnäkkigen Widerstands, sich auf die Gruppe und damit auch auf die Beziehung zur Gruppenleiterin einzulassen, zeugen von den massiven Ängsten, die mit der Preisgabe intimer Themen bei den einzelnen verbunden sind, Ängste, die sich in dieser Phase vor allem auf mögliche schlimme Entdekkungen beziehen, die mit heftigen Schamgefühlen verbunden sind. Eine Teilnehmerin äußert in diesem Rahmen deutlich ihr Bedürfnis nach Grenzsetzung und Schutz. Sie möchte nicht, daß Dinge zur Sprache kommen, mit denen sie nicht gerechnet hat.[15]

Im Zuge der diskontinuierlichen Teilnahme rechnet die Gruppenleiterin nach den Osterferien 1990 den einzelnen Mitgliedern in Erinnerung an die für die gesamte Weiterbildung geltende 20%-Regelung vor, wieviel sie höchstens noch fehlen dürften, um das Zertifikat nicht zu gefährden. Diese Rechnung löst erhebliche Irritationen in der Gruppe aus. Ein Teilnehmer fühlt sich an die Schulzeit erinnert und charakterisiert das Vorgehen der Gruppenleiterin als ihre eigene wütende Reaktion auf den Zustand der Gruppe. Zugleich wird nach einer sehr langen Schweigepause von mehreren TeilnehmerInnen wiederum der Wunsch nach mehr Struktur geäußert: Die Gruppenleiterin solle jeweils zu Beginn der Sitzung zusammenfassen, worum es gegangen sei. Es wird hier sehr deutlich, wie wenig die Gruppe bislang (d. h. nach über einem Jahr) in der Lage ist, sich selbst für den Gruppenprozeß verantwortlich zu fühlen. Sie verharrt in regressiver (abhängiger) Anspruchshaltung gegenüber einer Instanz, vor deren Abhängigkeit sie sich gleichermaßen fürchtet. Nicht ganz

15 Über die Bedeutung einer solchen Äußerung im Kontext der internen Entwicklung des Gruppenprozesses hinaus möchten wir hier darauf hinweisen, daß im Rahmen einer Weiterbildung, die nicht nur das Element der Selbsterfahrung umfaßt, eine solch dezidierte Aussage auch sehr verständlich und realitätsangemessen ist. Sie verdeutlicht noch einmal, daß es sich bei diesem Angebot nicht um eine Therapie, sondern um eine im Kontext von berufsbezogener Weiterbildung definierte psychosoziale Kompetenzerhöhing handelt.

unabhängig von dem strukturellen Problem einer Prozentregelung im Rahmen von Selbsterfahrung, die in der Tat hier den schulischen Rahmen (Weiterbildung) in den Vordergrund rückt, zeigt sich in der Gruppe dabei ein retentives Muster, welches Züge eines mehr oder weniger verdeckten Machtkampfs im Dienste der Angstabwehr um die Kontrolle dessen offenbart, was in der Gruppe verhandelt wird und was nicht. Sowohl die Angriffe auf die Leiterin als auch das häufige Fehlen bzw. die langen Schweigephasen als Zeichen eines eher passiven Widerstands belegen diesen Zusammenhang. Dieses Konfliktmuster zeugt dabei sicherlich von in der Gruppe selbst nicht thematisierten Aggressionen darüber, daß bislang so wenig Vertrauen entstanden ist. Sie sind jedoch zugleich deutliche Zeichen von gravierenden Ängsten vor Auslieferung, Beschämung und Verhöhnung, die mit der Abhängigkeit von der Gruppe bzw. der Leitung verbunden sind.

Im Zusammenhang erneuter Angriffe auf die Gruppenleiterin konfrontiert diese die Gruppe mit ihren eigenen verdeckten Aggressionen, was in der darauffolgenden Sitzung zu einer gewissen Öffnung führt (allerdings fehlen wieder drei Mitglieder, eine davon ist die schwangere Teilnehmerin, die inzwischen Mutter geworden ist, aber noch nicht kommen kann). Anhand der Kritik einiger Mitglieder der Gruppe an der freizügigen Sitzhaltung einer Teilnehmerin kommt das Gespräch auf das Thema von Scham und Beschämung, in dessen Verlauf auch eine bislang sehr zurückhaltende Teilnehmerin den Mut findet, über einen sie behindernden Geburtsfehler zu sprechen.

Das folgende aus zeitlich-organisatorischen Gründen vereinbarte Intensivwochenende bringt weitere brisante Themen. Es geht zum einen um die Erfahrung von mit Tod verbundenen Grenzsituationen, zum anderen wird noch einmal an die mit der Sitzhaltung und dem freizügigen Kleiderstil einer Teilnehmerin verbundenen Phantasien angeknüpft. Diese fühlt sich von denjenigen mißverstanden, die ihre Haltung im Kontext eines sexuellen Angebots interpretieren. Wortführer einer solchen ‚Nötigungsphantasie‘ ist zunächst einer der Männer, der in seiner Sichtweise dann insbesondere auch von der Gruppenleiterin Unterstützung erhält, die hier die Ansicht vertritt, daß von der Teilnehmerin eine besondere Form der sexuellen Nötigung ausginge, wobei es gelte, die Gruppe vor dem damit verbundenen „Überschreiten der Schamgrenze“ zu schützen.

Diese Behandlung des Themas löst in der Folge bei einigen TeilnehmerInnen Schuldgefühle aus. Sie tragen die Meinung vor, daß die betroffene Teilnehmerin, die im übrigen erst einmal fehlt und sich in der Folge auch deutlich zurückhält, zu wenig in Schutz genommen worden sei, sowohl von der Leitung als auch von der gesamten Gruppe. Es entsteht in diesem Zusammenhang ein aggressiver Clinch zwischen der Leiterin und derjenigen Teilnehmerin, die schon öfter heftige Kritik an den Interventionen geäußert hat.

Charakteristisch für diese Phase des Gruppenprozesses ist die Koppelung von Sexualität und Gewalt. Offensichtlich fällt es der Gruppe schwer, andere als aggressive Dimensionen im Verhältnis zueinander anzusprechen. Auf der Beziehungsebene zu der Gruppenleiterin zeigt sich dieser Aspekt ebenfalls verstärkt – eine Tendenz, die in der Folge auch nicht ganz ohne Rückwirkung bleibt und u. E. auch das Moment der bei der Gruppenleiterin unaufgelösten aggressiven Gegenübertragung reflektiert. Parallel dazu kommt es bei einigen wenigen TeilnehmerInnen zu einem verstärkten Engagement für die Gruppe, was sich im Ärger auf Abwesende niederschlägt, wobei in den Phantasien auch hier erotische, mit Rivalitäts- und Konkurrenzgefühlen verbundene Aspekte eine Rolle spielen.

Kurz vor der Sommerpause wendet sich das Interesse wieder der Mutterthematik zu: Es geht anhand einer Erzählung der ehemals schwangeren, nun Mutter gewordenen Teilnehmerin um die Angst, selbst Erlebtes blind zu wiederholen, d. h. eine unzureichende, schlechte Mutter zu sein. In der Gruppe kommt es interessanterweise diesmal zu einer Polarisierung der Geschlechter: Während der einzig anwesende Mann in der Gruppe sich gegen überbehütende und kontrollierende Mütter wendet, klagen die Frauen die Väter als diejenigen an, die sich zu wenig um die Kinder kümmern. In der letzten Sitzung vor den großen Ferien wird das Thema des Beziehungsdreiecks Vater-Mutter-Kind noch um eine weitere Variante ergänzt: die der Funktion der Kinder zur elterlichen Distanzregulierung. Es wird deutlich, daß einige Gruppenmitglieder untergründig mit den Problemen elterlicher Übergriffe auf Kinder, dem Thema inzestuöser Beziehungen beschäftigt sind. Diese brisante Thematik provoziert in der Gruppe heftige Ängste vor einer mit Schamgefühlen verbundenen Selbstkonfrontation. Es herrscht Unsicherheit darüber, welche Abgründe sich bei den einzelnen auftun könnten und Unbehagen gegenüber den möglichen Folgen schmerzhafter Enthüllungen. Die dagegen gesetzten Formen der Angstabwehr äußern sich in zum Teil subversiven bzw. provokativen Strategien, die die Kontinuität und die Verbindlichkeit des Gruppenprozesses zu vermeiden bzw. zu verleugnen suchen. Diese rigiden Abwehrformen signalisieren vor dem Hintergrund eines erheblichen Gefährdungspotentials der Gruppe entsprechend ein hohes Maß an Schutzbedürftigkeit. Sie zeugen auch bereits von einer Reaktion auf das baldige Ende der Weiterbildung.

Nach den Sommerferien 1990 zeichnet sich dann in der Gruppe das Ende der Weiterbildung immer mehr ab. Es herrscht zunächst eine depressiv-resignative Grundstimmung – sowohl im Verhältnis der Teilnehmer untereinander als auch in den vorgetragenen Themen. So schildert ein Teilnehmer Schwierigkeiten mit seiner Partnerin, wobei er sich mit Trennungsabsichten auseinandersetzt. In den Äußerungen anderer TeilnehmerInnen dominieren Begründungen dafür, warum es sich jetzt nicht mehr lohne, der Gruppe etwas mitzuteilen. Dabei steht im Vordergrund nicht das Ende, sondern eher die Vermeidung der Trennungsthematik. Es wird deutlich, daß Abhängigkeit überwiegend regressiv-beängstigend erlebt wird und nicht als Chance, auch positive Gefühle zu empfinden. In einer ersten Bilanz (60. Sitzung, September 90) versuchen sich die TeilnehmerInnen darüber klar zu werden, was eine Öffnung jeweils bei ihnen verhindert hat. Neben Andeutungen von Ängsten, enttäuscht zu werden, resignativem Sichabfinden mit dem Status quo kommt es wieder zu Angriffen auf die Gruppenleiterin. In der darauffolgenden Sitzung ist es der Gruppe dann – ausgelöst durch die Erzählung einer Teilnehmerin über den plötzlichen Tod ihrer Kinderfrau – erstmals möglich, sich bewußt mit dem nahen Ende der Weiterbildung bzw. den Folgen, die der Verlust der Gruppe für einzelne hat, zu beschäftigen. Eine Teilnehmerin gesteht hier zu, daß sie die Gruppe weiterhin gebraucht hätte und wirft den anderen zugleich vor, sich gegen die Selbsterfahrung gesträubt zu haben. Im Angesicht des bevorstehenden Endes ist die Gruppe mit dem Gedanken beschäftigt, ob auch etwas zwischen den Gruppenmitgliedern entstanden ist, das das Ende überlebt oder ob die Gruppe einfach auseinanderfällt.

In der folgenden Zeit ziehen die einzelnen verstärkt für sich persönlich Bilanz, wobei Trauer und Tränen über den Verlust der Gruppe vorherrschen. Ängste werden geäußert, ohne den Rückhalt der Gruppe am Arbeitsplatz isoliert zu sein. Die Trauerreaktionen sind dabei nicht ohne Vorwurfshaltung: Es ist eine untergründige Wut darüber spürbar, jetzt alleingelassen zu werden. Der Gruppenleiterin fällt in diesem Zusammenhang auf, daß die Gruppe sowohl vor den Sitzungen in der Küche Alkohol konsumiert als sich auch regelmäßig zu anschließenden Kneipenbesuchen verabredet. Diese Versuche der Spannungsentlastung dienen offensichtlich der Bewältigung der bevorstehenden Trennung.

Einen Monat vor dem Ende der Weiterbildung wird die Gruppe mit einer schrecklichen Nachricht konfrontiert: dem plötzlichen Tod des Kindes eines Teilnehmers. Dieses Ereignis setzt die Gruppe unter Schock. Während der betroffene Teilnehmer mit seinen Gefühlen zurechtzukommen versucht und eher gefaßt wirkt, machen sich in der Gruppe Lähmung und Entsetzen breit. Das Thema der Schuld rückt in den Vordergrund. In der Phase, in der die Gruppe sich vorsichtig mit dem Trennungsthema beschäftigt hat, scheint dieses Ereignis wie ein Schlag zu wirken, der das Thema der Trennung unwiderruflich mit dem des Todes verbindet und es so wieder auf die Ebene der archaischen Beziehung zur Mutter bringt. Im Zuge der Verarbeitung der damit verbundenen existentiellen Ängste wird zunehmend deutlich, daß die Gruppe den regelmäßigen Alkoholkonsum vor den Gruppensitzungen zur Spannungsverminderung nötig hat. In einer der letzten Sitzungen konfrontiert die Leiterin die Gruppe mit diesem Umstand, wobei sie das Verhalten der Gruppe als Alkoholismus bezeichnet. Sie legt dabei Wert darauf, der Gruppe einsichtig zu machen, daß der Alkohol weniger dazu geeignet ist, Gefühle entstehen zu lassen, sie vielmehr wegschwemmt. Die TeilnehmerInnen reagieren darauf hektisch und geraten unter

Rechtfertigungsdruck. Ein Teilnehmer kommt auf die Parallele zwischen dem Tod des (bereits vorher erkrankten) Kindes und der Gruppe zurück, die nun auch gestorben sei, bevor sie sich richtig habe entwickeln können. In diesem Zusammenhang ergänzt die Gruppenleiterin, auch das Kind einer Teilnehmerin habe lange Zeit symbolische Bedeutung für die Gruppe gehabt. Die Gruppe zeigt sich angesichts solch unheimlicher Parallelen betroffen.

Die beiden letzten Sitzungen stehen im Zeichen des Endes. Noch einmal ziehen einige Mitglieder Bilanz: Ein Teilnehmer kommt darauf zu sprechen, daß er sich oft wie ein Schüler gefühlt habe, vieles habe er nicht verstanden, dem aber auch nichts entgegensetzen können. Manches sei ihm deutlich geworden, z. B. sein problematisches Verhältnis zu Frauen, das er weiter bearbeiten wolle. Eine andere Teilnehmerin hebt die Lebendigkeit der Gruppe in der Küche hervor, wo die Belastungen keine Rolle gespielt hätten. Eine andere bestätigt die schützende Funktion der Gruppe im Rahmen persönlicher Lebenskrisen. In diesem Zusammenhang erwähnt sie ihre Verwunderung darüber, nicht öfter von der Gruppe angegriffen worden zu sein. Ihr häufiges eigenes Blockiertsein sieht sie im Zusammenhang von Übergriffen durch die Gruppenleiterin. Eine andere Teilnehmerin, die streckenweise sogar Verliebtheitsgefühle gegenüber der Gruppe geäußert hatte, freut sich nun den eigenen Worten nach auf das Ende der Gruppe und erwähnt in diesem Zusammenhang, inzwischen mit anderen Problemen beschäftigt zu sein.

In diesen ambivalenten Reaktionen auf die Selbsterfahrung spiegelt sich das Konfliktmuster, das sich in der letzten Phase des Gruppenprozesses immer mehr verhärtet hat: Vor dem Hintergrund der Dominanz der frühen Mutterthematik reagiert die Gruppe auf die drohende Trennung mit einem Spaltungsprozeß, der die Gruppenleiterin immer mehr in die Rolle der bösen Mutter drängt, die ‚kalt und distanziert' auf Regeln beharrt und die Gruppe dem guten Milieu der Küche entreißt, in dem diese sich lebendig und wohl fühlt, die Leere immer wieder auffüllt.

In der letzten (69.) Sitzung kommt es – angeregt durch das Thema einer möglichen Publikation der Forschungsergebnisse des Weiterbildungsprojekts – auf Wunsch der TeilnehmerInnen zu einer Veröffentlichung der Einschätzung der Gruppenleiterin. Ihr Resümee betont den Aspekt der Schutzbedürftigkeit der TeilnehmerInnen angesichts der Brisanz lebensgeschichtlicher Konfliktthemen und kommt auch auf die subversiven Angstbewältigungsmechanismen zu sprechen. Die Gruppe wird hier mit dem Gefühl der Leiterin konfrontiert, eine böse Mutter zu sein, die ihren Kindern die Flasche entreißt, d. h. ihnen gute Nahrung verweigert. In diesem Zusammenhang wird erstmals auch angesprochen, daß die Leiterin die Gruppe bis auf dieses letzte Mal zu den Sitzungen immer aus der Küche abgeholt hat. Es wird deutlich, daß dieses ‚heimliche Zusammenspiel' zwischen Gruppe und Leitung es dieser längere Zeit ermöglicht hat, ihre Probleme verdeckt zu halten. Mit der Frage der Gruppe, ob die Leiterin Kinder habe, sowie mit der Hoffnung, daß das erlebte Gemeinsame doch etwas Tragendes sein könne, geht die Gruppe schließlich auseinander.

2.2. *Die Wahrnehmung unbewußter Beziehungsmuster: Introspektionsfähigkeit und der Zugang zu Deutungen*

Dem ambivalenten Übertragungsgeschehen entsprechend, das sich über weite Strecken als untergründiger Machtkampf zwischen Gruppe und Leiterin darstellt, konnten die TeilnehmerInnen von Deutungen der Gruppenleiterin im Verlauf des Gruppenprozesses nur begrenzt profitieren. Insbesondere konfrontierende Interventionen sind dabei von einzelnen Gruppenmitgliedern oftmals in Zweifel gezogen worden, was wiederum auf den hohen Grad der Verletzlichkeit der Gruppe verweist. Deutungen, die die Schutzbedürftigkeit der TeilnehmerInnen berücksichtigten, stießen hingegen auf erheblich größere Resonanz. Generell war in der Gruppe – wie wir gesehen haben – die Bereitschaft, sich mit persönlich belastenden Beziehungsstrukturen auseinanderzusetzen, nicht besonders groß, obwohl von einzelnen stets höchst brisantes Material präsentiert wurde. Daß sich in der Gruppe so wenig Vertrauen entwickeln konnte, welches die einzelnen befähigt hätte, sich mehr zu öffnen, schließt jedoch keinesfalls aus, daß den TeilnehmerInnen nicht in anderen Zusammenhängen – etwa im klar abgegrenzten Setting einer Einzeltherapie – ein solcher Zugang zu unbewußten Sinnzusammenhängen besser möglich wäre. Darüber hinaus könnte auch die letzte Stunde, in der die Gruppe durch entsprechende Erklärungen der Leiterin etwas über das ‚heimliche Zusammenspiel' zwischen Gruppe und Leitung verstanden hat, ein Indiz dafür sein, daß sich im Nachhinein doch noch einiges für die TeilnehmerInnen hat aufklären können. Diese Einsichten könnten den Anlaß zu einem nachträglichen Selbstreflexionsprozeß bilden.

2.3. *Die Bedeutung der Lebensgeschichte*

Wie bereits sichtbar wurde, spielen belastende lebensgeschichtliche Episoden für den Gruppenprozeß eine erhebliche Rolle. Sie können jedoch jeweils nur ‚angedeutet', nicht eigentlich bearbeitet werden. Dies zeigt sich zum einen an der Diskontinuität der Teilnahme, häufig fehlen gerade diejenigen wieder in den folgenden Sitzungen, die die Gruppe zuvor mit traurigen Erlebnissen aus der frühen Kindheit oder ihrer aktuellen Lebenssituation belastet haben. Diese Diskontinuität ist dabei – wie wir gesehen haben – ebenso wie die strikte Weigerung, Begonnenes fortzusetzen, nur ein Indiz für eine generelle Beziehungsstörung in der Gruppe, die die mit den traumatischen Erfahrungen verbundenen Ängste im Rahmen der zur Verfügung stehenden Zeit nicht im Dienste reiferer Formen hat bewältigen können. So bleibt der Bezug auf die Lebensgeschichte in der Gruppe über eine gewisse momentane Entlastung hinaus im wesentlichen in die unaufgeklärt gebliebene Dynamik des Versteckens und Enthüllens eingebunden, ihr aufklärerisches Potential für die Erhellung aktueller Beziehungsstrukturen weitgehend ungenutzt.

3. Die Gruppensupervision

Nach einer schleppenden Anlaufphase, die von der Unsicherheit darüber geprägt war, was eigentlich Supervision sei, begann die Gruppe nach etwa einem halben Jahr, dieses Angebot zur Falldarstellung engagierter zu nutzen. Bis zu diesem Zeitpunkt machten die TeilnehmerInnen einen eher reservierten Eindruck, es wurden zwar von einzelnen Fälle vorgetragen, das Gesamtklima war jedoch von denjenigen beherrscht, die sich beharrlich nicht oder nur sparsam äußerten. Die Veränderungen in der Gruppenatmosphäre spiegelten den zunehmenden Konsolidierungsprozeß der Gruppe. Nach dem Ausscheiden von vier TeilnehmerInnen wurde nun deutlich, wer dazugehörte und wer nicht. Mit der Zeit entwickelte sich so mehr Lebhaftigkeit und Lust, einen Fall vorzustellen. Es gab nun häufiger auch Nachträge zu vorangegangenen Darstellungen, auch beteiligte sich die gesamte Gruppe engagierter an der Falldiskussion. Die zunehmend bessere Arbeitsatmosphäre äußerte sich auch daran, daß zuweilen mehrere TeilnehmerInnen gleichzeitig etwas vortragen wollten, wobei die Gruppe sich jeweils um eine Einigung bemühte. In der Art der Fallpräsentation war im Verlauf eine deutliche Identifikation mit der Arbeitsweise und der Haltung des Supervisors zu erkennen, der ganz bewußt auch eine Professionalisierung der TeilnehmerInnen im Sinne der Erweiterung diagnostischer Fähigkeiten sowie der Reflexion von beruflichen Interventionsmöglichkeiten im Hinblick auf die Klientel anstrebte. Dieses – auch als positive Kontrollmöglichkeit verstandene – Konzept ging von der Überlegung aus, daß die TeilnehmerInnen der Weiterbildung in Handlungsfeldern tätig sind, die im engeren Sinn sozialtherapeutische Kompetenzen erfordern – Fähigkeiten also, für die Sozialarbeiter/Sozialpädagogen zunächst nicht ausgebildet sind. Darüber hinaus berücksichtigt es die gerade auch in der Projektarbeit mit jugendlichen Arbeitslosen vorherrschenden Unklarheiten über die jeweiligen Arbeitsaufgaben (bzw. die Vermischung von verschiedenen Aufgaben mit strukturell unterschiedlicher Zielrichtung) welche es zusätzlich erschweren, eine klare professionelle Identität herauszubilden.

Diese Schwierigkeiten reflektierten sich auf der Ebene des präsentierten Fallmaterials. Es wurden nicht nur Klienten vorgestellt, deren Problematik teilweise nur noch mit psychopathologischen Kategorien erfaßt werden konnte (schwere Fälle von Drogenabhängigkeit, Borderline-Störungen bzw. psychotische und psychosomatisch erkrankte Jugendliche), von Beginn an standen ebenso berufliche Identitätsprobleme, Auseinandersetzungen mit Kollegen sowie ganz persönliche Konflikte im Vordergrund. In der Beziehung zu den Jugendlichen ging es vor allem um Überfordeungs- und Entwertungsgefühle der Helfer, die angesichts gravierender Störungen bzw. provokativer Verweigerungsstrategien ihrer Klientel in ihren Handlungs- und Reaktionsmustern erheblich verunsichert waren.

Durch die Fokussierung auf den persönlichen Anteil an den Schwierigkeiten ebenso wie auf die Spezifik des Falles (Diagnostik) gelang es im Verlauf der Supervision, diese Ebene der Verwicklung zwischen Helfern und Klienten zu reflektieren. Dazu beigetragen hat sicherlich auch die direkte Thematisierung beruflicher Verunsicherungen bei einigen TeilnehmerInnen, durch die die Komplexität und Unterschiedlichkeit der beruflichen Handlungsfelder deutlicher werden konnte. Die vorgetragenen Konflikte mit Kollegen bezogen sich im wesentlichen auf Probleme der Kooperation bzw. auf Schwierigkeiten im Umgang mit beruflicher Hierarchie. Fokus der Supervision war auch in diesem Kontext die Klärung vorgegebener institutioneller Zusammenhänge bzw. die Reflexion der Strukturen der einzelnen Arbeitsfelder. Daß darüber hinaus von einem Teil der Gruppe (drei TeilnehmerInnen) auch ganz persönliche Probleme berichtet wurden, die betroffenen TeilnehmerInnen sich hier über berufliche, mit der Klientel verbundene Fragen hinaus gleichsam selbst zum Fall machten, hat sicherlich mehrere Bedeutungssdimensionen: Zum einen ist dies ein Indiz für die große persönliche Verunsicherung mancher TeilnehmerInnen, die hier das Angebot der Supervision über die Möglichkeit, den persönlichen Anteil an einem Klientenproblem darzustellen hinaus gleichsam im Interesse der Selbsthilfe genutzt haben. Es kann jedoch auch als Versuch gedeutet werden, die Ebene der Selbsterfahrung in die Supervision hinein zu verlängern und damit den eigentlichen Gegenstand der Supervision – die Beschäftigung mit Eigenem am Fremden im Dienste der Erkenntnis des Fremden – zu negieren. Diese Tendenz findet eine Entsprechung in dem zeitweiligen Versuch einiger TeilnehmerInnen, die Selbsterfahrung zum Terrain beruflicher Probleme zu machen. Die hohe Akzeptanz und Beliebtheit des Supervisors in der Gruppe läßt die Vermutung zu, daß es vielleicht auch Wünsche gab, er könne als väterliche Instanz der Gruppe bei der Auseinandersetzung mit sich selbst mehr Halt geben.

Was die Dimensionen der psychosozialen Kompetenzentwicklung durch die Supervision anbetrifft, so hat sich im Kontext des besonderen Vorgehens des Supervisors herausgestellt, daß sich insbesondere die diagnostischen Fähigkeiten der TeilnehmerInnen im Hinblick auf die Einschätzung der Konflikte ihrer jugendlichen Klientel sowie ihre Möglichkeiten, darauf bezogene alternative Interventionsstrategien zu entwerfen, erhöht haben. Indiz dafür ist die Art der Falldarstellung, die zunehmend mehr von Empathie und Distanzierungsfähigkeit geprägt war sowie die Diskussion des Falles in der Gruppe, die sich im Laufe der Zeit in Richtung einer erhöhten Sensibilität für lebensgeschichtliche Zusammenhänge sowie der Bereitschaft, in aktuellen Konflikten auch die Wirkung unbewußter Beziehungsstrukturen anzunehmen, entwickelt hat. Dieser Fortschritt ist sicherlich auch ein Effekt der Fallanalyseseminare, die durch ihre streng biographisch zentrierte Perspektive eine vom konkreten Handlungsdruck entlastete Sicht auf die Bedeutung lebensgeschichtlicher Erfahrungsmuster ermöglichte.

Die affektive Resonanz auf den Fall wurde im Rahmen dieses Vorgehens nicht, wie im Konzept der Balint-Gruppen im Sinne einer Spiegelung des vom Falleinbringer präsentierten Konfliktgeschehens gedeutet; Gegenstand der Supervision war hier wegen des geringen Grades der Professionalisierung der Sozialarbeiter-Klientbeziehung in den beruflichen Handlungsfeldern vielmehr stets ein Fokus, eine direkte Erklärung und ‚Technik' (Umgangsmöglichkeiten) vermittelnde Perspektive auf den Fall. Diese besondere Form der Kompetenzsteigerung, die auch eine Auseinandersetzung mit institutionellen Strukturen beinhaltete, diente ebenso der beruflichen Selbstreflexion im Sinne der Selbstvergewisserung von Möglichkeiten und Grenzen sozialarbeiterischer Interventionspraxis.

4. Die Fallanalyseseminare

4.1. Das szenische Verfahren

Gruppe II hatte Gelegenheit, die psychoanalytische Methode des Fallverstehens an zwei unterschiedlichen Texttypen kennenzulernen. Neben der Analyse eines nach den methodischen Prinzipien des narrativen Interviews erhobenen biographischen Interviews, in dem es um die gescheiterte Schulkarriere eines Jugendlichen ging, wurde der Gruppe angeboten, an Materialien zu arbeiten, die im Zusammenhang einer psychoanalytisch orientierten Therapie entstanden waren. Es handelte sich hierbei um Traumerzählungen einer Patientin aus einer fortlaufenden Behandlung. Diese Textauswahl hatte den Vorteil, daß die Auswertungssituation sich bereits auf eine Materialart beziehen konnte, die dem gleichen methodischen Selbstverständnis verpflichtet war.

Der Kursleiter machte den TeilnehmerInnen zunächst die Aufgabenstellung einer psychoanalytisch orientierten Fallanalyse deutlich. Sie sollten in freier Assoziation dem nachgehen, was der Fall in ihnen auslöste. Er selbst werde als Moderator dafür sorgen, daß die subjektiven Empfindungen jeweils auf den Fall zurückbezogen würden. Die mit dieser Arbeitsaufforderung verbundene Änderung der Sitzordnung (wie in der Selbsterfahrung ohne Tische) löste bei den TeilnehmerInnen zunächst Irritationen aus. Die Gruppe konnte sich jedoch mit der Zeit darauf einstellen, daß ihre Phantasien nicht im Sinne der Selbsterfahrung ‚behandelt', sondern stets im Interesse des Fallverstehens genutzt wurden. Aus der Einschätzung des Kursleiters über die Beteiligung der Gruppe ist zu entnehmen, daß es zunächst schwerfiel, sich den Assoziationen und Gefühlen zu überlassen, die ausgewählte Szenen aus dem Gesamtzusammenhang des Falles bei den einzelnen hervorriefen. Insbesondere wurde eine Hemmung bei den beiden männlichen Teilnehmern der Gruppe registriert, in der sich eine gewisse Abwehrreaktion gegenüber einer durch die Frauen vertretenen „kontrollierenden Mütterlichkeit" manifestierte. Darüber hinaus provozierten einige Passagen des Fallmaterials Ängste bei einzelnen TeilnehmerInnen, die zu Blockaden führten. So fühlte sich beispielsweise bei der Behandlung der Thematik der vielen Fehlgeburten der Mutter des betreffenden Jugendlichen die damals schwangere Teilnehmerin persönlich so angegriffen, daß sie die Gruppe zeitweilig verließ, was bei den übrigen Gruppenmitgliedern Schuldgefühle hinterließ. Vermutlich haben sich hier Probleme aus der Selbsterfahrung, wo – wie wir gesehen haben – in dieser Zeit das Thema der unzureichenden Mütterlichkeit im Vordergrund stand, auf das Fallanalyseseminar übertragen.

Dennoch konnte im Verlauf der Zeit (die Fallanalyseseminare gingen insgesamt über fünf Sitzungen) – und dies betrifft insbesondere auch die Arbeit an den Traumtexten in den letzten Wochen der Weiterbildung – eine zunehmende Lebendigkeit und Intensität der Fallbearbeitung erreicht werden. Es zeigte sich, daß der Gruppe die Bedeutung der innehaltenden Phantasiebildung zum vertieften Verständnis unbewußter lebensgeschichtlicher Zusammenhänge zunehmend einsehbar wurde. Darüber hinaus zeigte die Gruppe ein starkes Interesse an einer abschließenden psychodiagnostischen Einschätzung der Fälle. Sie artikulierte hier den Wunsch, entsprechende Erklärungskategorien besser kennen- und verstehen zu lernen. Schwer fiel es den TeilnehmerInnen allerdings noch, das diagnostische Potential zu entschlüsseln, das sich systematisch durch die affektive Resonanz auf den Fall im Medium der Gegenübertragung zu erkennen gibt.

Daß die psychoanalytische Fallanalyse bei den TeilnehmerInnen insgesamt eine große Zustimmung fand, ist aus der Bewertung dieses Weiterbildungsangebots im Rahmen der Fragebogenerhebung sowie der fallvergleichenden Diskussion erkennbar. Von zwei TeilnehmerInnen wurde auf die Frage nach der Kurssitzung, die am besten gefallen hat, das psychoanalytische Fallseminar hervorgehoben. In der abschließenden Diskussion über die Unterschiede in den Ergebnissen der angebotenen Verfahren sowie ihrer praktischen Bedeutung wurde sichtbar, daß das psychoanalytische Verfahren für einen Großteil der Gruppe wichtige, aber eher „gefühlsmäßige" Ergebnisse hatte und daß es für sie gegenüber den sozialwissenschaftlichen Methoden der Fallanalyse eine gute Ergänzung darstellte. Die Relevanz für die sozialpädagogische Praxis wurde dabei unterschiedlich bewertet. Während einige der Meinung waren, ein solches Verfahren sei nicht direkt umsetzbar, plädierte eine Teilnehmerin dafür, die affektive

Resonanz auch in der beruflichen Praxis stärker wahrzunehmen und zu nutzen: „Verblüffend ist doch, daß bewußt wird, wie viel man eigentlich weiß ...“.

4.2. Die sozialwissenschaftlichen Verfahren: Biographie- und Sequenzanalyse

In Gruppe II wurden insgesamt vier Fälle extrem benachteiligter Jugendlicher vorgestellt, wobei das Curriculum die Methode der Biographieanalyse in den Vordergrund stellte; das Verfahren der Sequenzanalyse sollte bei einem Fall im Mittelpunkt stehen und bei einem weiteren als ergänzende Perspektive hinzukommen. In allen Fällen handelte es sich um Frauen, deren Lebensschicksal jeweils unterschiedliche Aspekte dramatisch verlaufender Adoleszenzkrisen repräsentierte.

Nach der Einschätzung der Kursleiter fiel der Gruppe die Anwendung der sozialwissenschaftlichen Analyseverfahren am Text zunächst äußerst schwer. Die Diskussionen kamen nur mühsam voran und die Beteiligung war oftmals spärlich. Meistens wurde sie von den beiden männlichen Teilnehmern und einer Teilnehmerin, die sich für die Gruppe besonders verantwortlich fühlte, bestritten. Die Diskontinuität der Teilnahme machte sich auch hier bemerkbar. Es zeigte sich, daß das jeweilige Engagement für den Fall sich in der Gruppe erst dann artikulieren konnte, wenn sich die Diskussion mehr von den sozialwissenschaftlichen Kunstregeln des Interpretierens entfernte und einfach entlang von thematischen Fragestellungen verschiedene Perspektiven aufgegriffen und entwickelt wurden. Die Schwierigkeiten der Anwendung der Verfahren zeigten sich insbesondere an der sequenzanalytischen Methode, die die TeilnehmerInnen offensichtlich überfordert hat. Nachdem die Kursleiter aufgrund dieser Probleme die Normen des Interpretierens selbst etwas gelockert hatten und zunehmend freiere Diskussionen zuließen oder auch auf andere Basismaterialien zurückgriffen (z. B. Videodemonstrationen) verbesserte sich auch die Beteiligung der Gruppe und es wurde erkennbar, daß die TeilnehmerInnen im Lauf der Zeit Fortschritte in der Fallbearbeitung machten, d. h. auch eine gewisse Routine in der Einschätzung der zugrundeliegenden Problemstrukturen entwickelten.

Obwohl von einigen TeilnehmerInnen in der abschließenden Diskussion der verschiedenen Verfahren der Fallanalyse diese als sehr aufwendig bezeichnet wurden, herrschte Übereinstimmung darüber, daß die Methoden dazu gedient haben, verdeckte Sinnzusammenhänge zu verdeutlichen sowie auch eine Hilfe bei der Strukturierung von einzelnen Fakten, ihrer Einordnung in einen größeren theoretischen Zusammenhang darstellten. Diese Einschätzung bestätigen auch die Antworten des Fragebogens über die Resonanz der Fallseminare. Die soziobiographischen Verfahren wurden darüber hinaus als gute Ergänzung zur szenischen Interpretationsmethode angesehen. Was den praktischen Nutzen der Verfahren anbelangt, so gingen hier die Meinungen auseinander: Während von einigen TeilnehmerInnen geäußert wurde, daß aus Gründen der mangelnden Distanzierungsmöglichkeiten in der konkreten Berufspraxis (Handlungsdruck) eine direkte Umsetzung der an andere zeitliche und institutionelle Rahmenbedingungen gebundenen extensiven Sinnauslegungsverfahren schwer vorstellbar sei, betonten andere die Bedeutung der trotz alledem ja nun erhöhten Verständnismöglichkeiten für den einzelnen Fall. Insbesondere in Krisenfällen könne der Versuch hilfreich sein, Zeit für eine Denkpause zuzulassen und den Jugendlichen gezielte Hilfen über Gespräche anzubieten. Auch wurden Möglichkeiten ins Auge gefaßt, sich Freiräume im Rahmen vorgegebener institutioneller Bedingungen zu schaffen. In diesem Zusammenhang erwähnte eine Teilnehmerin selbstkritisch, daß die institutionellen Vorgaben im Hinblick auf die Abdeckung bestimmter Fallzahlen auch einer Selbstschutzfunktion der Sozialarbeiter/Sozialpädagogen entgegenkämen: Man decke sich häufig mit vielen schwierigen Fällen ein, um sich nicht wirklich mit einem beschäftigen zu müssen. Zusammenfassend läßt sich sagen, daß Gruppe II trotz der Abstriche, die die Kursleiter jeweils an ihren ursprünglichen curricularen Vorstellungen haben machen müssen (und dies betrifft ja mehr oder weniger alle Gruppen), den Sinn der sozialwissenschaftlichen Analyseverfahren: die Erkenntnis latenter Strukturen durch die Konzentration auf die sprachliche Detaillierung und die Verlaufsgestalt biographischer Erzählungen verstanden haben und in ihren Konsequenzen auch für ihr berufliches Handeln akzeptieren konnten.

5. Die Theorieseminare

Die ursprüngliche Planung der Kursleiter der Theorieseminare sah vor, die vorgesehenen Themenbereiche (s. o.) im wesentlichen anhand von Texten zur Diskussion zu stellen. Obwohl diese Texte in der Regel einige Zeit vor der jeweiligen Bearbeitung zur Verfügung standen, waren viele TeilnehmerInnen unvorbereitet. Sicherlich spielte dabei eine Rolle, daß die Rezeptionsbereitschaft für wissenschaftliche Texte unterschiedlich ausgebildet war, daneben scheint jedoch auch der Wunsch vorhanden gewesen zu sein, nicht noch weitere Belastungen neben Familie und Beruf aufgebürdet zu bekommen. So kam es häufig dazu, daß die Kursleiter die Diskussionsgrundlage durch Themeneinführungen und Kurzvorträge selbst herstellen mußten. Was das Engagement in der Diskussion anbelangt, das sich in der Regel auf drei bis vier TeilnehmerInnen konzentrierte, so trifft generell die Beobachtung zu, daß die Lebhaftigkeit der Beteiligung sich immer dann steigerte, wenn das Thema einen Bezug zu eigenen lebensgeschichtlichen oder beruflichen Erfahrungen zuließ. Dies war insbesondere bei den Seminaren zur Schule als Institution, zur Einführung in die psychoanalytische Theorie und die kognitive Entwicklungspsychologie sowie zur

Professionalisierung von Sozialarbeit/Sozialpädagogik der Fall. Im Rahmen der Einführung in die psychoanalytische Theorie regte der Kursleiter überdies die Gestaltungswünsche der TeilnehmerInnen in der Weise an, daß er die Wahl des Schwerpunkts zur Disposition stellte. Auch bei dem Themenkomplex der Professionalisierung, der am Ende der Weiterbildung stand, wurde versucht, sowohl berufliche Erfahrungen der TeilnehmerInnen exemplarisch zur Diskussion zu stellen, als auch andere didaktische Strategien (z. B. Rollenspiel) in den Dienst der Wissensvermittlung zu stellen. Diese Versuche stießen bei den TeilnehmerInnen auf eine positive Resonanz, die Mitarbeit war hier entsprechend lebendig, das Problembewußtsein nahm deutlich zu.

Insgesamt läßt sich sagen, daß die Gruppe trotz der auftretenden didaktischen Schwierigkeiten von den Theorieseminaren profitieren konnte. Sowohl in der Fragebogenerhebung als auch in der Evaluationsdiskussion betonen die TeilnehmerInnen den Stellenwert der Wissensvermittlung für die Erweiterung sowohl ihres persönlichen als auch ihres beruflichen Selbstverständnisses. Sie halten diesen Teil der Weiterbildung für ein notwendiges Element einer berufsbegleitenden Fortbildung, weil er wichtiges Hintergrundwissen sowie neue Denkanstöße für berufliches Handeln bereitstellt und so auch die professionelle Haltung sowohl im Umgang mit den Klienten als auch den institutionellen Rahmenbedingungen verändert. Allerdings wurde auch der Wunsch geäußert, das didaktische Vorgehen mehr mit den TeilnehmerInnen abzustimmen. Darüber hinaus wurden weitere Themen angeregt, die noch hätten ergänzt werden können (z. B. Problematik ausländischer Jugendlicher, Jugendtheorien).

6. Gesamteinschätzung

Obwohl der Selbsterfahrungsprozeß für Gruppe II insgesamt nicht so günstig verlaufen ist, hat – wie wir gesehen haben – das Weiterbildungsangebot als Ganzes dazu beigetragen, die psychosoziale Kompetenz der TeilnehmerInnen zu entwickeln. Auch aus der Fragebogenerhebung ist erkennbar, daß der Wert der Weiterbildung insbesondere in der Erhöhung der professionellen und persönlichen Selbstsicherheit gesehen wird. Dazu gehört mehr Sensibilität und Verständnis im Umgang mit den Klienten sowie eine größere Bereitschaft, Konflikte wahrzunehmen und zu bewältigen. Am weitestgehenden erfüllt haben sich die Erwartungen der TeilnehmerInnen im Hinblick auf die Supervision, die Vermittlung theoretischer Kompetenzen und den durch die Gruppe möglichen kollegialen Austausch. Auch die Einführung in die Gesprächsführung wird von einigen TeilnehmerInnen als ein wichtiges Element hervorgehoben, das für diese noch mehr im Zentrum hätte stehen sollen. Ebenso wird der Wunsch geäußert, das Angebot an Supervision und Theorievermittlung noch zu erweitern. Darüber hinaus gibt es die Idee, die Fallarbeit stärker an die berufliche Praxis der

TeilnehmerInnen zurückzubinden und die methodischen Verfahren zu verkürzen. Überhaupt wird vorgeschlagen, das gesamte Weiterbildungskonzept von Zeit zu Zeit mit den TeilnehmerInnen abzustimmen. Interessanterweise sieht die Hälfte der TeilnehmerInnen ihre weitere berufliche Zukunft in einer irgendwie gearteten Beratungstätigkeit, nur wenige wollen langfristig dort weiterarbeiten, wo sie im Augenblick tätig sind. Der Kontakt innerhalb der Gruppe wird von den einzelnen Mitgliedern als sehr wichtig eingeschätzt, hierzu haben ihrer Meinung nach insbesondere die Selbsterfahrungs- und Supervisionsstunden, aber auch die Pausen und die Kneipenbesuche beigetragen. Es gibt bei einigen auch den Wunsch, diese Beziehungen durch häufigere Wochenendseminare zu vertiefen. Daß die Gruppe über das offizielle Seminarangebot hinaus ein starkes Bedürfnis nach Austausch und Kontakt hatte, ist auch daran abzulesen, daß auf die im Rahmen der Evaluationsdiskussion gestellte Frage, was denn das Schönste an der Weiterbildung gewesen sei, übereinstimmend der Erfahrungsaustausch über den geplanten Rahmen hinaus (d. h. in Pausen, Kneipenbesuchen etc) benannt wird.

Was die Selbsterfahrung anbelangt, so wurde hervorgehoben, daß der Prozeß, so wie er gelaufen ist, nicht so glücklich gewesen sei, was nicht bedeute, daß dieser Bereich nicht in das Gesamtkonzept passe. Zwei TeilnehmerInnen verwiesen in diesem Zusammenhang auf die Blockaden und die mangelnde Risikobereitschaft der Gruppe, eine Teilnehmerin hob dagegen positiv hervor, daß die Selbsterfahrung zur Entwicklung des Gruppenklimas beigetragen habe. Andere wiederum beharrten darauf, daß das Konzept und die Rahmenbedingungen von Anfang an unklar gewesen seien. Alle TeilnehmerInnen stimmten darin überein, daß der Forschungsaspekt des Weiterbildungsprojekts von vornherein mehr verdeutlicht und offener hätte besprochen werden müssen.

Gruppe III

1. Die Zusammensetzung der Gruppe

Für die dritte Weiterbildungsgruppe wurden über die Erstgespräche zwölf TeilnehmerInnen ausgewählt: sieben Männer und fünf Frauen. Alle arbeiteten in Bereichen, in denen sie tagtäglich mit benachteiligten und/oder von Arbeitslosigkeit bedrohten Jugendlichen zu tun hatten (Jugendhaus/Jugendheim/Jugendamt: Beratungsstelle/Sonderschule/Fachschule/VHS/Projeke verschiedener Träger). Allerdings gab es von der beruflichen Identität her unterschiedliche Akzente: Eine deutliche Linie verlief zwischen solchen TeilnehmerInnen (zwei Frauen, ein Mann), die als LehrerInnen in einem festen (verbeamteten) Arbeitsverhältnis standen und jenen, die auf Zeit an mehr oder weniger sicheren Arbeitsplätzen als Sozialpädagogen beschäftigt waren.

Bei den Männern der Gruppe gab es neben persönlichen Motiven (einmal aus dem Trott herauskommen, Wunsch nach Verarbeitung privater Belastungen) eine Reihe von beruflichen Gründen, die bei der Entscheidung zur Weiterbildung eine Rolle spielten (Veränderungs- Aufstiegsinteresse, Interesse an Beraterqualifikation, berufliche Rollenprobleme, Frustration und Perspektivlosigkeit angesichts der Tristesse der Klientel). Drei der Männer hatten schon einmal an Gesprächstherapiekursen teilgenommen. Bei den Frauen standen persönliche Motive im Vordergrund. Es wurden zwar auch hier in den Erstgesprächen berufliche Identitätsprobleme, Schwierigkeiten mit der Klientel (insbesondere mit den Aggressionen), sowie Kooperationsmängel unter Kollegen benannt, insgesamt beeindruckte aber mehr der – wenngleich diffuse – so doch deutlich spürbare, oft mit einer depressiven Grundstimmung einhergehende persönliche Anteil an diesen Schwierigkeiten. Auch bei den Frauen gab es bereits Vorerfahrungen im therapeutischen Bereich. Während eine Teilnehmerin einen Kursus in Gesprächspsychotherapie absolviert hatte, waren bei einer anderen Erfahrungen mit der Gestalttherapie vorhanden.

Gegenüber den anderen beiden Gruppen der Weiterbildung hatte diese Gruppe besondere Rahmenbedingungen: Neben vierzehntägiger Supervision und Selbsterfahrung fanden die Theorie- und Fallseminare sowie zwei bis drei Selbsterfahrungssitzungen im vier- bis sechswöchigem Turnus an Wochenenden statt. Diese zeitliche Organisation führte dazu, daß die Gruppe insgesamt weniger Selbsterfahrungssitzungen hatte (58 insgesamt) als Gruppe I und Gruppe II und auch bei den Theorie- und Fallseminaren gewisse Kürzungen vorgenommen werden mußten. Das besondere Setting der ‚Intensivwochenenden‘ hatte dabei sicherlich mehrere Bedeutungsdimensionen: Neben einer zusätzlichen Belastung (neben Familie und Beruf) stellte es für die TeilnehmerInnen auch eine Ausnahmesituation dar, wo sie ganz gezielt etwas für sich selbst tun konnten und auch Gelegenheit hatten, neue Beziehungen zu knüpfen.

In der Selbsterfahrung bekam dieser Rahmen jedoch noch einen besonderen Akzent. Neben dem vierzehntägigen Turnus gab es durch die gehäuften Veranstaltungen an den Wochenenden so etwas wie einen strukturell induzierten Intensitätszuwachs: Die Beziehungen der TeilnehmerInnen untereinander hatten in dieser Zeit einen von der sonstigen Realität abgehobenen Charakter. Ein solches gleichsam ‚halbstationäres‘ Setting wirft für den Selbsterfahrungsprozeß besondere Probleme auf. Es kann verstärkt zu einer regressiven Sogwirkung kommen, dementsprechend gravierender sind die Ängste bzw. die Formen der Angstabwehr. Bei der Einschätzung des Verlaufs der Selbsterfahrung werden diese besonderen Bedingungen zu berücksichtigen sein.

2. Die Selbsterfahrung

2.1. Die Entwicklung des Gruppenprozesses: Konfliktniveau und Konfliktdynamik

Der Prozeß der Selbsterfahrung in Gruppe III, der im April 1989 begann und im November 1990 endete, läßt sich in drei verschiedene Entwicklungsabschnitte einteilen: Der Phase der Konstitution und Konsolidierung der Gruppe (a) im Sinne der Akzeptanz des Arbeitsbündnisses folgte eine Phase der konfliktzentrierten Auseinandersetzung (b), in der zunehmend lebensgeschichtliche Hintergründe und aktuelle Schwierigkeiten bei einzelnen TeilnehmerInnen thematisiert werden konnten, welche schließlich von einer weiteren Phase abgelöst wurde, in der das mit dem vorgegebenen Ende der Selbsterfahrung zusammenhängende Problem der Trennung bzw. des Abschiednehmens zur Bearbeitung anstand (c).

zu (a)
Die Phase der Identitätsfindung der Gruppe dauert ca. ein dreiviertel Jahr. In dieser Zeit geht es im wesentlichen um die Frage, inwieweit sich jeder einzelne auf die Rahmenbedingungen für eine analytisch arbeitende Gruppe, die Regeln des Settings einlassen will oder kann. Dieser Konstitutionsprozeß der Gruppe durchläuft dabei mehrere Stadien:

Zu Anfang – zur Zeit der formalen Konstitution der Gruppe während des ersten Intensivwochenendes – scheint die Gruppe kaum Schwierigkeiten mit den Settingregeln (Pünktlichkeit, Regelmäßigkeit der Teilnahme, Mitteilung von Gefühlen, Verbalisieren statt Agieren, Abstinenz, Schweigepflicht gegenüber Dritten) zu haben, allein die Pünktlichkeit ist etwas, was diskussionswürdig erscheint. Außerdem wird von den TeilnehmerInnen hervorgehoben, daß alle sich bereits duzen. Es wird überdies herausgestellt, welch große familiale Opfer man bringe, um die Wochenendveranstaltungen zu besuchen und daß man hoffe, daß sich das ganze auch lohne. Zwei Aspekte rücken also von Beginn an in den Vordergrund: Zum einen demonstriert die Gruppe einen guten Zusammenhalt und versucht so, die Ängste vor der neuen Situation zu bewältigen, zum anderen äußert sie eine hohe Erwartungshaltung, wünscht eine Art Ausgleich für erbrachte Vorleistungen/Opfer. Darüber hinaus gibt es noch einen zusätzlichen Gesichtspunkt, der nicht ohne weiteres als gruppenspezifische Bewältigungsform angesehen werden kann, sondern vielmehr auch durch die Konstruktion ‚Intensivwochenende‘ strukturell induziert erscheint. Die Gruppe versucht durch eine heiterausgelassene Stimmung, die eher an ein Familientreffen erinnert, den durch die Erwartung von fünf aufeinanderfolgenden Sitzungen entstehenden Näheängsten zu begegnen. Insbesondere drei der Teilnehmer (zwei Männer, eine Frau) beeindrucken durch eine besondere Freizeitstimmung (Gefühle der Gruppenleiterin: „bunte Sommervögel“, „Kaffeehausatmosphäre“). Dennoch entsteht im Verlauf der ersten Sitzungen, in denen die TeilnehmerInnen ausnahmslos pünktlich und vollzählig erscheinen, bereits ein gewisses Arbeitsklima. Die Mitglieder stellen sich gegenseitig vor, wobei insbesondere bei zweien (einer Frau, einem Mann) eine Tendenz zu erkennen ist, sich für den Gruppenverlauf besonders verantwortlich zu fühlen. Am Ende des ersten Wochenendes reagieren einige TeilnehmerInnen nervös auf den bevorstehenden Abschied von der Gruppe.

Das nächste Treffen (im vierzehntägigen Turnus) findet an einem anderen Ort, in den Räumen der Universität statt. Ein Teil der Gruppe ist mit dem Umstand beschäftigt, daß nun eine andere Gruppe im „schönen Zentrum" sitzt, während sie in dem kalten, leblosen Gebäude des Universitätsturms ausharren müssen. Es wird an der Raumfrage sehr deutlich, daß die Gruppe mit der Phantasie beschäftigt ist, ob sie sich in einem guten, warmen oder in einem kalten, schlechten Milieu befindet. Diese dem Beziehungsniveau nach präoedipalen Vorstellungen zeigen an, daß die Übertragung der Gruppe auf die Gruppenleiterin als einer mütterlichen Repräsentanz, von der man gute Versorgung erwartet, bereits in vollem Gange ist. Sie signalisieren entsprechend auch die Ängste darüber, ob es der Gruppe gelingt, den Raum mit Leben zu füllen. Im Verlauf der folgenden Sitzungen kommt es immer häufiger vor, daß einzelne TeilnehmerInnen – zum Teil auch unentschuldigt – fehlen. Der Gruppe wird dies bewußt, sie kann ihre Verunsicherung artikulieren.

In dieser Phase der noch unsicheren Gruppenidentität werden häufig Kneipenbesuche im Anschluß an die Selbsterfahrung verabredet. In einer dieser Sitzungen berichtet eine Teilnehmerin über ihre verwickelte Beziehung zu ihrer schon erwachsenen Tochter und macht dabei sehr deutlich, wie schwer es ihr fällt, ihre eigenen Gefühle, Ängste etc. von denen ihrer Tochter abzugrenzen. Eine andere, erst nach dem ersten Intensivwochenende hinzugekommene Teilnehmerin erzählt von ihren Schwierigkeiten, Arbeits- und Privatbeziehungen zu trennen und artikuliert dabei ihre Furcht vor Chaos und Grenzverlust.

In beiden Erzählungen präsentieren sich einerseits ganz individuelle Probleme, andererseits verdeutlichen sie die Ebene der unbewußten Ängste, mit denen die Gruppe in dieser Phase beschäftigt ist: Die symbiotischen Wünsche der Gruppe (bezogen auf die Mitglieder untereinander sowie das Verhältnis der Gruppenmitglieder zur Leiterin) haben die Kehrseite der Angst vor Identitätsdiffusion. Im Kontext dieses Beziehungsstadiums ist auch der nochmalige Versuch der Gruppe, an der Raumfrage zu rütteln, zu verstehen. Ein Teilnehmer macht sich dabei zum Anwalt des allgemeinen Unmuts. Ein Rückenleiden mache es ihm unmöglich, die vielen Stufen im Unigebäude hinabzulaufen, er müsse also bereits gehen, bevor der Hausmeister die Aufzüge abstelle. Dieser Teilnehmer verläßt dann tatsächlich wie angekündigt die Selbsterfahrungssitzung und hinterläßt eine in latent aggressiver Stimmung befindliche Gruppe. Dieser Angriff auf die äußeren Rahmenbedingungen läßt sich sicherlich als Protest der

Gruppe vor der drohenden Abhängigkeit voneinander und von der Leitung interpretieren. Allerdings gibt es auch Verankerungen in der Realität, auf die der Supervisor der Selbsterfahrungsgruppenleitung ebenfalls hingewiesen hat. Für eine Selbsterfahrungsgruppe gehört die Konstanz des Raumes üblicherweise zu den Normalbedingungen, d. h. die Entwicklung eines Gruppengefühls ist auch von der Stabilität der zeitlichen und räumlichen Verhältnisse abhängig. Beides gilt für diese Gruppe nicht. Sie hat sich mit einem außergewöhnlichen Reglement auseinanderzusetzen, was Phantasien in zwei Richtungen zuläßt: Einerseits kann man sich so als etwas Besonderes fühlen im Sinne der gegenüber anderen Hervorgehobenen. Andererseits ist dieses instabile Reglement jedoch auch eine gewisse Zumutung, was im Gegenzug Erwartungen, etwas ganz Besonderes zu bekommen, provoziert.

Vor diesem Hintergrund ist auch zu verstehen, daß in der Gruppe von Anbeginn an Tendenzen spürbar sind, die Settingregeln zu verändern, d. h. dabei auch zu testen, wie ernst diese eigentlich gemeint sind. Es werden des öfteren Wünsche artikuliert, die Arbeitsbeziehungen der Gruppe in das Privatleben hinein zu verlängern. Neben dem verständlichen Interesse der TeilnehmerInnen, sich besser kennenzulernen, hat diese Grenzverwischung jedoch auch den Sinn, dem Arbeitbündnis der Selbsterfahrungsgruppe auszuweichen. Diese Ambivalenz zeigt sich deutlich an den letzten Sitzungen vor der ersten großen Sommerpause (Intensivwochenende): Von zwölf Mitgliedern der Gruppe fehlen aus unterschiedlichen Gründen sieben Leute. Anläßlich dieses Umstands rückt bei den restlichen fünf TeilnehmerInnen das Thema des Abschiednehmens in den Vordergrund. Es werden in diesem Rahmen auch Phantasien geäußert, unzuverlässige Gruppenmitglieder herauszuekeln. Außerdem hofft man darauf, daß durch die 20%-Regelung einige herausfallen. Der Rest der Gruppe betont, diese intime Situation auch zu genießen.

Diese Tendenz zu einer Aufspaltung der Gruppe in eine Kerngruppe, die verbindlich arbeiten möchte und einer zwar interessierten, jedoch durch Unzuverlässigkeit und Ambivalenz (Unpünktlichkeit, häufiges unentschuldigtes Fehlen) gekennzeichneten Randgruppe setzt sich ab diesem Zeitpunkt weiter fort. Sie eskaliert im Oktober 1989 in der Forderung einiger Gruppenmitglieder, die „Spreu vom Weizen“ zu trennen, was auch die Gruppenleiterin dazu bewegt, sich die An- und Abwesenheitszeiten der einzelnen TeilnehmerInnen genauer zu betrachten. Dabei fallen zwei Gruppenmitglieder ins Auge, die bereits sehr häufig gefehlt haben und zu denen die Gruppenleiterin Kontakt aufnehmen will.

In dieser Phase werden u. E. mehrere Themen verhandelt: Es geht zum einen um das Bedürfnis der Gruppe nach Ausstoßung von unzuverlässigen und auch überzähligen Mitgliedern. Die ‚Spreu vom Weizen‘ zu trennen heißt ja auch, daß die Selbsterfahrungsgruppenleiterin endlich erkennt, wer ihrer Liebe wirklich würdig ist. Neben dieser oedipal gefärbten Beziehungsebene der Beseitigung von Rivalen, die eine Veränderung im Übertragungsgeschehen andeutet, sind jedoch nach wie vor präoedipale Abwehrmuster im Dienste des Umgangs mit Entwertung und Bedeutungslosigkeit zu erkennen: Der gute, wertvolle Teil der Gruppe möchte arbeiten, während der schlechte Teil unwillig ist. Diese Art der Polarisierung der Ängste vor einem Sich-einlassen auf den Gruppenprozeß führt zu einem Entscheidungsdruck, der zur Folge hat, daß im Verlauf von nur einem Monat (Dezember 1989) fünf Mitglieder die Gruppe verlassen. Eine Teilnehmerin fühlt sich den Erwartungen nach regelmäßigem Engagement nicht gewachsen, zumal sie schwanger ist und noch andere Interessen hat, drei Teilnehmer verlassen im Zusammenhang ihrer hohen Fehlquote die Gruppe, während eine weitere Teilnehmerin sich mit einem Brief verabschiedet, in dem sie beklagt, von der Gruppe und der Leitung nicht verstanden worden zu sein.

Das Ausscheiden dieser TeilnehmerInnen hat die Gruppe zugleich be- und entlastet. Das Gefühl von Wert- und Bedeutungslosigkeit steigert sich zwischenzeitlich bis hin zur Existenzbedrohung, insbesondere der Austritt der drei Männer, den die Gruppe im Nachhinein als ein Sich-davonStehlen bezeichnet, wurde von einzelnen Gruppenmitgliedern als kränkend erlebt. Bedauern und Verständnis zugleich hinterläßt dagegen die Entscheidung der Schwangeren, während der Abschiedsbrief der enttäuschten Teilnehmerin wenig positive Resonanz findet. Nachdem die Gruppenleiterin die Gruppe in ihren Ängsten beruhigt hat, sie könne, wenn sie zu klein werde, womöglich mit anderen zusammengelegt werden, tritt zu Beginn des Jahres 1990 eine gewisse Entlastung ein. Die Gewißheit über die Solidität und Konstanz der Rahmenbedingungen führt nun zu einer Konsolidierung der Gruppe, in deren Verlauf sich die einzelnen TeilnehmerInnen zunehmend persönlich konturieren und verstärkt lebengeschichtliche Themen präsentiert werden.

zu (b)
In dieser Phase wird der Gruppe, die inzwischen noch aus sieben TeilnehmerInnen (drei Frauen, vier Männern) besteht, bewußt, daß bereits etwa die Hälfte der Zeit der Weiterbildung verstrichen ist. Diese Halbzeitstimmung verstärkt das Gefühl des Neubeginns und den Wunsch, die noch verbleibende Zeit sinnvoll zu nutzen. Dementsprechend heftig fallen die Reaktionen einiger Gruppenmitglieder aus, wenn dieses mühsam erworbene Stabilitätsgefühl, etwa durch Zuspätkommen von Teilnehmern, angetastet wird. In den Erzählungen aus dieser Zeit ist viel die Rede von Überforderungen, hinter denen sich Wünsche nach Versorgtwerden und Sich-fallenlassen-Können verbergen. Es scheint so, als löse das Gefühl des ‚Neubeginns‘ vor dem Hintergrund des klar begrenzten zeitlichen Horizonts erneut starke regressive Impulse nach einem guten Muttermilieu aus. Zwei Männer berichten von Schwierigkeiten in ihren Ehen/Partnerschaften und äußern Trennungsabsichten. Im Vordergrund der Klagen steht entsprechend der Vorwurf der emotionalen Vernachlässigung. Charakteristisch für diese Zeit ist

die dichter werdende Auseinandersetzungsfähigkeit der einzelnen Gruppenmitglieder untereinander. Es wird spürbar, daß sich die Beziehungen entwickeln: Schwächen können zugestanden, Kritik allmählich ertragen und Anteilnahme angenommen werden. Es ist ein Gruppenklima entstanden, in dem auch Träume mitgeteilt werden können, an deren Deutung sich die anderen lebhaft beteiligen und in dem den einzelnen Mitgliedern auch Platz zur Darstellung belastender Lebensereignisse eingeräumt wird. Die Erwartung der diesmal aus organisatorischen Gründen länger ausfallenden Osterpause (6 Wochen) ist entsprechend mit sehr gemischten Gefühlen begleitet: Insbesondere der männliche Teilnehmer, der sich seit einiger Zeit intensiv auch in der Gruppe mit seiner Ehekrise beschäftigt, äußert Ängste vor der langen Trennung; es wird deutlich, daß die Gruppe hier bereits zu einem stützenden Faktor bei der Bewältigung von Beziehungsproblemen geworden ist.

Nach der Osterpause sind alle Gruppenmitglieder pünktlich und vollständig versammelt. Sie berichten darüber, wie es ihnen in der Zwischenzeit ergangen ist und äußern Freude über das Wiedersehen. Eine Teilnehmerin, die Abschiede haßt, hat inzwischen eine weitere gruppendynamische Fortbildung begonnen, wobei ihr der Ersatzaspekt dieses Vorhabens schnell deutlich wird. In der folgenden Zeit spitzt sich die Ehekrise eines Teilnehmers derart zu, daß eine Trennung ins Auge gefaßt wird. Über die Auseinandersetzung mit der Frage, wie die Eltern auf die Trennungsabsichten reagieren würden, werden von der Gruppe zunehmend lebensgeschichtliche Erfahrungen thematisiert, in deren Mittelpunkt die Beziehungen zu den Eltern stehen. Während die Männer sich insbesondere mit der Position ihrer Väter bzw. ihrer Beziehung zu diesen auseinandersetzen, steht bei einer Teilnehmerin das schwierige Verhältnis zur Mutter im Vordergrund. Dabei werden Konflikte auf unterschiedlichen Ebenen angesprochen. Während es bei der Teilnehmerin um die prinzipielle Frage der Akzeptanz und des Geliebtwerdens von der Mutter, also um eine präoedipale Thematik geht, implizieren die Vorwürfe an die Väter von seiten der Männer sowohl Rivalitätskonflikte als auch Probleme ihres Versagens im Hinblick auf eine männliche Vorbildfunktion. Es wird in dieser Phase deutlich, daß es den Betroffenen schwerfällt, dabei eingeschliffene Perspektiven zu verrücken: Neben der Tendenz, Gefühle von Trauer und Wut in ihrer vollen, dem Erlebten entsprechenden Schärfe zu verleugnen, gibt es Versuche, das Elternbild in einen guten und einen schlechten Teil aufzuspalten.

Durch die Preisgabe intimen Materials an die Gruppe ist jedoch ein Veröffentlichungsprozeß in Gang gekommen, hinter den die Betroffenen nicht mehr zurückgehen können. Die bei den Protagonisten jeweils schwer zuzugestehenden Affekte zeigen sich in den Reaktionen anderer Gruppenmitglieder – gefördert auch durch entsprechende klärende und konfrontierende Interventionen von seiten der Gruppenleiterin – und bilden so einen gemeinsamen Erfahrungszusammenhang im Rahmen des Gruppenprozesses.

In der letzten Wochenendsitzung vor den Sommerferien ist für die Gruppe das Thema von Trennung und Abschiednehmen deutlich präsent. Zwei Leute fehlen und ein Teilnehmer kündigt sein vorzeitiges Gehen an. Es entsteht bei den Zurückgelassenenen Wut auf diejenigen, die die Gruppe nicht so ernst nähmen. Es wird deutlich, daß sich hinter dem Fehlen auch eine Vermeidung von Trauer verbirgt. An dieses Thema knüpft die Erzählung einer Teilnehmerin über eine Trennung von einem langjährigen Freund an, in der sie der Konfrontation ausgewichen ist. Es kann herausgearbeitet werden, daß nicht artikulierte Wut eine wirkliche Trennung verhindert.

zu (c)
Die letzte Phase des Gruppenprozesses steht ganz im Zeichen des Endes der Weiterbildung. Herausragendes, in vielen Varianten imponierendes Thema ist das der Trennung bzw. des Abschieds. Erstaunlich ist hier, daß alle TeilnehmerInnen Konflikte präsentieren, die ganz deutlich auf diese Problematik bezogen sind, was eine intensive Auseinandersetzung und einen immer bewußteren Umgang mit dem Ende der Weiterbildung ermöglicht. Im Vordergrund stehen dabei aktuelle mit Trennungsabsichten oder -phantasien verbundene Krisen in den jeweiligen Partnerschaften (bei drei Männern und einer Frau) bzw. eine dramatische Auseinandersetzung zwischen Mutter und Tochter, wo Trennungs- und Individuationswünsche von seiten der Tochter mit massiven Ängsten vor psychischer Dekompensation einhergehen. Einigen TeilnehmerInnen wird deutlich, wie sehr ihre intimen Beziehungen von unverarbeiteten frühkindlichen Erfahrungen überschattet sind. Insbesondere bei einem Teilnehmer, der sich anfangs eher rationalisierend auf das Gruppengeschehen eingelassen hat, rückt nun die Erkenntnis, selbst Opfer von unbewußt wirkenden Wiederholungszwängen zu sein, immer mehr in den Vordergrund. Die Gruppe versucht, Bilanz zu ziehen, wobei zwei Tendenzen sichtbar werden. Zum einen gibt es im Rückblick ein Bedauern und auch Wut über das, was nicht möglich war, wobei die schwierige Konsolidierungsphase, die unterschiedliche Bereitschaft, etwas über sich mitzuteilen, ins Blickfeld rückt. Zum anderen wird den TeilnehmerInnen bewußt, daß jetzt, wo Vertrauen entstanden ist, die Trennung besonders schwer fällt. Die teilweise dramatischen Erzählungen aus dieser Phase des Gruppenprozesses, die bis in das letzte Intensivwochenende hineinreichen, sind dabei auch ein deutliches Signal für die durch das vorgegebene Ende der Weiterbildung entstehenden Gefühle der Trauer und Wut bei den TeilnehmerInnen. Gegen Ende kristallisiert sich sehr deutlich heraus, daß mindestens drei TeilnehmerInnen (zwei Männer, eine Frau) die Gruppe weiter dringend nötig hätten, um ihre gegenwärtig krisenhafte Lebenssituation besser bewältigen zu können. In diesem Zusammenhang tauchen auch Therapiewünsche auf. Bei den übrigen TeilnehmerInnen ist neben Gefühlen von Trauer und Bedauern auch die Tendenz spürbar, das Ende ebenso als Neubeginn sehen zu

können. In den beiden letzten Sizungen formuliert die Gruppe den Wunsch nach einem Resümee, wobei sie auch von der Gruppenleiterin wissen möchte, wie diese die Gruppe beurteilt. Die Gruppe besinnt sich dabei auf den Anfang, die einzelnen erinnern sich an ihre unterschiedlichen Strategien, wie sie mit ihrer anfänglichen Angst in und vor der Gruppe umgegangen sind. Dabei wird eine erstaunliche wechselseitige Akzeptanz formuliert, die Verschiedenheit der einzelnen gleichsam auch als Lebenselixier der Gruppe betrachtet. Es wird weiterhin deutlich, daß sich einzelne Gruppenmitglieder auch untereinander in schwierigen Alltags- und Berufssituationen beigestanden haben. Auch diejenigen, die die Gruppe verlassen haben, werden rückwirkend in den Reflexionsprozeß mit einbezogen: In der Einschätzung der Gruppenleiterin wird noch einmal hervorgehoben, daß nach der schwierigen Anfangsphase das Arbeitsbündnis zunehmend klarer wurde. Hierzu bemerkt die Gruppe, auch an der Gruppenleiterin die Anspannung bemerkt zu haben, die durch die anfängliche Ungewißheit über den Verlauf des Gruppenprozesses ausgelöst wurde. Die Bilanz der Gruppe steht ganz im Zeichen der Ablösung auch von der Leiterin – die auf diese bezogenen Fragen haben den Charakter der Selbstvergewisserung und Realitätsprüfung und sind insofern geeignet, ein Stück der ‚neurotischen Übertragung' zurückzunehmen.

Die erreichte Auseinandersetzungsfähigkeit der Gruppe läßt sich im Lichte des oben skizzierten psychosozialen Kompetenzmodells auch als Tendenz hin zum reflexiv-interaktionellen Beziehungsniveau charakterisieren. Bei den einzelnen ist eine zunehmende Identitätssicherung auch in Abgrenzung zu anderen spürbar, wobei die Verschiedenheit nicht als Bedrohung, sondern eher als Herausforderung bzw. Chance erlebt wird. Das vorgegebene Ende, das keiner so recht akzeptieren kann, provoziert parallel dazu einen Solidarisierungseffekt, in den sich vorübergehend Wünsche nach Harmonie mischen und auch Idealisierungstendenzen erkennbar sind. Mit entsprechender Erleichterung reagiert die Gruppe auf die Ankündigung der Selbsterfahrungsgruppenleiterin, daß das ZFB als Therapiezentrum weitergeführt wird, was potentiell Ratsuchenden aus der Gruppe eine Zukunftsmöglichkeit eröffnet.

2.2. Die Wahrnehmung unbewußter Beziehungsmuster: Introspektionsfähigkeit und der Zugang zu Deutungen

Die Fähigkeit, vor- und unbewußte Sinnzusammenhänge als relevante Bestandteile aktueller Beziehungs- und Handlungsstrukturen bei sich und anderen wahrnehmen zu können, hat sich im Verlauf des Gruppenprozesses zunehmend entwickelt. Dies läßt sich daran ablesen, daß Deutungen von seiten der Gruppenleiterin, die sich sowohl auf die Gruppe als Ganzes als auch auf die Ebene der individuellen Konfliktgeschichte bezogen, mit der Zeit akzeptiert werden konnten und zu einem Fortschritt in den Gruppenbeziehungen führten.

Auch die Fähigkeit der Gruppe, selbst zur Klärung von Schwierigkeiten beizutragen, wurde im Verlauf des Gruppenprozesses immer deutlicher. Der Bedarf an Selbsterfahrung und Aufklärung ist sicherlich zu Anfang ganz unterschiedlich gesehen worden. Neben gezielten Interessen oder Neugier, gab es auch Ambivalenzen und Zurückhaltung gegenüber einem psychoanalytisch orientierten Verfahren. Es zeigte sich jedoch besonders in der zweiten Hälfte der Weiterbildung, daß bei allen TeilnehmerInnen, die dem Gruppenprozeß standgehalten hatten, die Aufnahmefähigkeit für ungewohnte Perspektiven gewachsen war. Bei denjenigen, die gegen Ende eine Therapie oder eine Beratung erwägen, ist die Wirkung am deutlichsten zu beobachten. Hier hat der Gruppenprozeß eine sichtbare Veränderung eingeschliffener Konfliktbewältigungsstrategien in Gang gesetzt und damit die Bereitschaft erhöht, mehr davon zur Disposition zu stellen. Diese Fortschritte in den Introspektions- und Selbstexplorationsmöglichkeiten haben auch mit der Wirkung anderer Bestandteile zu tun. Insbesondere das am szenischen Verstehen orientierte Fallseminar, in dessen Zentrum die Vermittlung der Bedeutung unbewußter Sinnzusammenhänge stand, hat sicherlich auch dazu beigetragen, die TeilnehmerInnen in diese Richtung hin zu sensibilisieren.

2.3. Die Bedeutung der Lebensgeschichte

Wir hatten bereits erwähnt, daß mit der Phase der Konsolidierung der Gruppe nach ca. einem dreiviertel Jahr verstärkt lebensgeschichtliche Erfahrungen einzelner Gruppenmitglieder in den Vordergrund rückten. Ausgelöst durch aktuelle Krisen wurde der Blick zurück auf frühe wichtige Bezugspersonen – vor allem die Beziehung zu den Eltern – gelenkt. Schmerzhafte Erlebnisse/Erinnerungen ungewollter Trennungen oder mißglückter Beziehungen rückten bei einigen TeilnehmerInnen in den Mittelpunkt und ließen allmählich ein Bewußtsein über die Bedeutung unverarbeiteter frühkindlicher Erfahrungen für Schwierigkeiten in aktuellen Beziehungen aufkommen. Die Einsicht in die Wirksamkeit unbewußter Übertragungen in aktuellen Handlungszusammenhängen führte zu Veränderungen in der Selbstwahrnehmung. Die Kenntnis der Macht unbewußter Wiederholungszwänge hat dabei – wie wir gesehen haben – auch große Verunsicherungen ausgelöst: Die Versuche der Umorientierungen im Hinblick auf das bisherige Identitätskonzept gingen im Zusammenhang des Endes der Weiterbildung mit Wünschen nach therapeutischer Unterstützung einher. Es bleibt eine offene Frage, ob und inwieweit das vorgegebene Ende der Weiterbildung diesen Prozeß insgesamt beschleunigt hat.

3. Die Gruppensupervision

Die schwierige Phase der Gruppenkonstitution, die eine längere Zeit in Anspruch nahm und sich im wesentlichen in der Diskontinuität der Teilnahme äußerte, hat auch die Arbeit in der Supervisionsgruppe zunächst beeinträchtigt. Der Prozeß kam zu Beginn nur mühsam voran, obwohl immer dann, wenn ein Teilnehmer sich traute, einen Fall darzustellen, die Beteiligung der Gruppe sehr lebhaft war. Nachdem zu Beginn des Jahres 1990 klar war, wer sich auf einen kontinuierlichen Gruppenprozeß einlassen wollte, hat sich eine relativ ausgeglichene Situatiuon bei der Fallpräsentation ergeben. Die anfängliche Zähigkeit, die sich oftmals in Pausen und Schweigephasen äußerte, wurde von einer Konkurrenz um Fälle abgelöst und fast immer gab es das Bedürfnis, die Nachwirkungen vorangegangener Fallbesprechungen als Nachtrag zu Beginn einer neuen Sitzung mitzuteilen. Die Falldarstellungen waren dabei ganz unterschiedlicher Art. Ein Großteil der vorgetragenen Konflikte befaßte sich mit Schwierigkeiten im Hinblick auf Vorgesetzte oder Kollegen, weitere Problemfelder betrafen die berufliche Identität in den unterschiedlichen Arbeitsfeldern sowie Schwierigkeiten im Umgang mit der jugendlichen Klientel. Dabei ging es bei den Konflikten mit Kollegen oder Vorgesetzten zumeist um Anerkennungs-, Abgrenzungs- oder Autoritätsprobleme, die Fragen der beruflichen Identität implizierten durchgängig Aspekte der gesellschaftlichen Bewertung von Sozialarbeit/Sozialpädagogik bzw. im Fall der LehrerInnen die Ambivalenz der an die Lehrerrolle gekoppelten Erwartungen oder bezogen sich auf Schwierigkeiten, einen geeigneten Arbeitsplatz zu finden, mit denen sich einige sozialpädagogisch ausgebildete TeilnehmerInnen im Verlauf der Weiterbildung konfrontiert sahen.

Diejenigen Falldarstellungen, die sich auf den Umgang mit den Klienten bezogen, verdeutlichten entweder eine übermäßige Identifikation mit den Schwierigkeiten oder aber eine zu starke Abgrenzung von den oft provokativen Verhaltensweisen der Jugendlichen. Während die eine Strategie den omnipotenten Helfer herausstellt, der seine Klienten vor der feindlichen Außenwelt rettet und so in Konkurrenz zu allen anderen beteiligten Personen oder Institutionen gerät, läuft die Rigidität der anderen Position darauf hinaus, die pädagogische Identität zu untergraben.

Die Art der Präsentation der Fälle durch die TeilnehmerInnen geschah dabei oftmals in einer Weise, die nicht sofort erkennen ließ, um welchen Konflikt es sich handelte, d. h. in der Sprache der Supervision: was eigentlich der Fall war. Durch die Nachfragen von seiten der Gruppe sowie die unterschiedlichen affektiven Reaktionen (z. B. Unverständnis, Verwunderung, Ermutigung, Entlastung etc.) der Gruppenmitglieder, die von den Interventionen des Supervisors deutend zusammengefaßt wurden, konstellierte sich dann allmählich ein Gesamtbild von der jeweilig relevanten Konfliktstruktur. Dabei konzentrierte sich die Gruppe mit zunehmender Kompetenz auch auf verleugnete persönliche Anteile an den Schwierigkeiten, die zum Verständnis der latenten Sinndimensionen des Falles genutzt werden konnten. Den Betroffenen wurden so jeweils ganz neue Aspekte ihrer Erzählungen bewußt. Im Verlauf der Supervision wurde darüber hinaus immer deutlicher, daß die Gruppe inzwischen auch über Ansätze diagnostischer Kompetenzen verfügte. Die TeilnehmerInnen waren immer mehr in der Lage, verschiedene Aspekte des Falles auch theoretisch zu beleuchten. Dieser Kompetenzzuwachs in der Treffsicherheit der Einschätzung von Fällen hat dabei sicherlich auch mit der Wirkung anderer Teile der Weiterbildung, insbesondere den Fallanalyse- und Theorieseminaren zu tun.

Daß die kollegialen Konflikte sowie die Schwierigkeiten der Identitätsfindung im Berufsfeld gegenüber dem klassischen Supervisionsgegenstand ‚Klient' so sehr im Vordergrund standen, hat sicherlich über den bereits erwähnten geringen Grad der Professionalisierung der Sozialarbeiter-Klientbeziehung in vielen Arbeitsbereichen hinaus noch weitere Aspekte: Es ist Indiz dafür, daß die Sozialarbeiter/Sozialapädagogen oftmals wenig über die Wirkungen der institutionellen Strukturen, in der ihre Arbeit jeweils angesiedelt ist, wissen. Entsprechend groß ist das Bedürfnis nach Aufklärung über den Status ihrer Interventionen vor diesem Hintergrund. Außerdem wird dadurch noch einmal deutlich hervorgehoben, wie wichtig im Feld der sozialpädagogischen Betreuung marginalisierter Jugendlicher die kollegiale Abstimmung von Interventionen ist. Schließlich kann die Dominanz solcher beruflichen Identitäts- und Rollenkonflikte auch als Zeichen dafür gelten, daß sich bei den Helfern ein Teil der Konflikte spiegelt, die ihnen die Jugendlichen tagtäglich präsentieren. Die fallbezogene Beschäftigung mit diesen unterschiedlichen Perspektiven des sozialarbeiterischen Handelns diente insofern der beruflichen Selbstreflexion und machte über das Erleben sinnfällig, was am Ende auch Gegenstand der Theorievermittlung war: die Notwendigkeit der Professionalisierung der Sozialarbeit/Sozialpädagogik.

4. Die Fallanalyseseminare

4.1. Das szenische Verfahren

Das psychoanalytisch orientierte Fallanalyseseminar, das im ersten Halbjahr der Weiterbildung im Rahmen eines Intensivwochenendes angeboten wurde, beschäftigte sich anhand eines narrativen Interviews mit der Biographie einer Jugendlichen, die vor dem Hintergrund von Schwierigkeiten in der Herkunftsfamilie (Tod des Vaters, später dann: Vernachlässigung durch die Mutter) in Jugendheimen aufwächst, früh schwanger wird und in diesem Stadium erkennen muß, daß ihr Freund sich immer mehr von ihr abwendet. Die Gruppe sollte an ausgewählten Szenen ihren Einfällen und Phantasien folgen, um die unbewußte Beziehungsdynamik des Falles herauszuarbeiten. Der Kursleiter legte in diesem Zusammenhang wiederum Wert darauf, daß die Gruppe, wie bei der Selbsterfahrung auch, offen im Kreis saß: Dadurch sollte der Unterschied zu den eher kognitiv orientierten Theorie- und Fallanalyseseminaren verdeutlicht und eine ganz besondere Arbeitsatmosphäre geschaffen werden, in der sich die TeilnehmerInnen in erster Linie auf sich selbst bzw. ihre affektiven Prozesse konzentrieren konnten.

Die Gruppe hatte mit diesem Setting zunächst enorme Schwierigkeiten, die TeilnehmerInnen fühlten sich zu sehr an die Selbsterfahrung erinnert und wußten nicht so recht, wie sie sich nun äußern sollten. Diese anfängliche Blockade, die nicht etwa mit einem Mangel an Phantasie einherging, sondern zum Ausdruck brachte, daß im Gegenteil bei einigen TeilnehmerInnen zu viel ausgelöst wurde, wobei Unsicherheit darüber herrschte, wie das dann bearbeitet werden sollte (bis hin zu Äußerungen über Parallelen in der eigenen Lebensgeschichte), veränderte sich allmählich zugunsten einer interessierten Mitarbeit, nachdem deutlich geworden war, daß die Äußerungen der TeilnehmerInnen nicht im Sinne der Selbsterfahrung behandelt werden, sondern allein der Erhöhung des Fallverstehens dienen sollten. Die TeilnehmerInnen zeigten sich beeindruckt von der psychoanalytischen Haltung der gleichschwebenden Aufmerksamkeit – es gelang ihnen im Lauf der Zeit immer mehr, Scham und Entwertungsangst zugunsten eines weniger zensierten Assoziierens zu überwinden. Die Strukturierung dieser Einfälle führte am Ende zu diagnostischen Überlegungen zur unbewußten Konfliktdynamik der Jugendlichen, wobei auch verschiedene Interventionsmöglichkeiten diskutiert wurden. Dieses hautnahe Erleben eines Teils der psychoanalytischen Methode hat der Gruppe auch dazu verholfen, ihr Verhältnis zur Selbsterfahrung zu klären. Von der Gruppenleiterin wurden solche erstaunlichen positiven Auswirkungen im Hinblick auf das Verständnis der psychoanalytischen Arbeitsweise bestätigt.

Da im Rahmen der besonderen zeitlichen Organisation der Weiterbildung der Gruppe III lediglich ein psychoanalytisches Fallanalyseseminar angeboten wurde, ist schwer einzuschätzen, welche Kompetenzen – über die angedeuteten Impulse hinaus – im einzelnen entwickelt werden konnten. Der besondere Charakter dieses Seminars hat jedoch sicherlich erkenntnisfördernd für den auch in der Supervision zentralen Zusammenhang von Subjektivität und Fallverstehen gewirkt.

4.2. Die sozialwissenschaftlichen Verfahren: Biographie- und Sequenzanalyse

Für die Vermittlung der sozialwissenschaftlichen Analyseverfahren wurden insgesamt vier Fälle ausgewählt. Es handelte es sich dabei wieder um die biographische Entwicklung und die psychosoziale Identität von Jugendlichen, deren Bildungs- und Ausbildungskarrieren gescheitert oder gravierend unterbrochen waren. Es war daran gedacht, daß die TeilnehmerInnen nach einer Einführung in die jeweiligen Verfahren diese an den vorliegenden Texten der narrativen Interviews selbst anwenden sollten. Im Fall der sequentiellen Analyse ging es im wesentlichen darum, die Vielfalt der Bedeutungsmöglichkeiten von sprachlichen Äußerungen/Sinnzusammenhängen über die Variation von Kontexten sowie den allmählich sichtbar werdenden Ausschluß von Bedeutungen zu erkennen. Auf diese Weise sollten Strukturhypothesen zu latenten Sinnstrukturen des Falles gebildet werden. Bei der biographischen Analyse von Fällen standen die Interpretationen der objektiven Daten sowie das Verfahren der strukturell-inhaltlichen Beschreibung im Dienste der Rekonstruktion grundlegender Prozeßstrukturen des Lebenslaufs im Vordergrund.

Wir hatten bereits darauf hingewiesen, daß die ursprünglichen Intentionen, die die Kursleiter mit der Vermittlung der sozialwissenschaftlichen Analyseverfahren verbanden, sich nicht einhalten ließen: Die TeilnehmerInnen waren oftmals nicht hinreichend motiviert, die ihnen selbst zuweilen praxisfern erscheinenden Methoden in ihrer akademischen Strenge anzuwenden. Dies führte oftmals dazu, daß die Kursleiter die mühsame Interpretationsarbeit teilweise selbst vorexerzierten. Insbesondere das Verfahren der sequentiellen Analyse stieß bei den TeilnehmerInnen auf Barrieren. Lebhaft wurde die Beteiligung immer dann, wenn die Gruppe sich vom Verfahren löste und eher an Themen entlangdiskutierte, die die Fälle anboten. Neben diesen Schwierigkeiten in der Anwendung der Verfahren stellte auch die Situation der Wochenendseminare eine ungünstige Ausgangsbedingung für die sozialwissenschaftlichen Fallanalyseseminare dar. Nicht nur stand in Gruppe III weniger Zeit für die einzelnen Fälle zur Verfügung (pro Fall ca. 12, im Vergleich zu 16 Stunden in Gruppe I und II), es zeigte sich auch, daß eine solch komprimierte Arbeitsweise die Konzentrationsmöglichkeiten der TeilnehmerInnen erheblich überforderte. Eine über einen längeren Zeitraum kontinuierliche Arbeit hätte hier gewiß zu einer Motivationssteigerung beigetragen.

Trotz dieser Schwierigkeiten haben die TeilnehmerInnen von den Fallanalyseseminaren auch deutlich profitiert. In der rückblickenden Gesamteinschätzung (Fragebogen/Evaluationsdiskussion) heben sie hervor, daß die Konzentration auf Einzelfälle zu einer Sensibilisierung für die verschiedenen Dimensionen des Lebenslaufs geführt hat, die sowohl von persönlicher als auch von beruflicher Relevanz ist. Dabei ist ihnen durch die besonderen Verfahren auch die Wirksamkeit latenter bzw. unbewußter Sinnzusammenhänge deutlich geworden. Allerdings hätten sich die TeilnehmerInnen gewünscht, sich noch intensiver mit einzelnen Fällen zu beschäftigen und dafür weniger Fälle zu bearbeiten, wobei auch vorgeschlagen wurde, andere Materialien (z. B. Akten, Berichte etc.) zur Analyse heranzuziehen. Darüber hinaus wurde von einigen bemängelt, daß zu wenig auf konkrete Interventionsmöglichkeiten hin diskutiert wurde – ein vor dem Hintergrund des schwierigen beruflichen Alltags sicherlich sehr verständliches Interesse. Andere Antworten verweisen hingegen darauf, daß gerade die unabhängig von Handlungszwängen mögliche Vergegenwärtigung der vielfältigen Bedingungszusammenhänge in den biographischen Erzählungen benachteiligter Jugendlicher eine neue, wichtige Erfahrung war, die auch zu der Haltung führte, im Kontext des beruflichen Entscheidungsdrucks erst einmal innezuhalten und den Versuch zu machen zu verstehen, worum es überhaupt geht.

5. Die Theorieseminare

Die fünf geplanten theoretischen Themenkomplexe (s. o.) konnten bei Gruppe III wiederum aufgrund der besonderen Zeitstruktur nicht so ausführlich wie gedacht behandelt werden. Die Theorieseminare fanden jeweils an den Intensivwochenenden in einem ca. 5-stündigen Zeitraum statt und setzten idealiter die Vorbereitung von Texten durch die TeilnehmerInnen voraus. Die Texte sollten vor dem Hintergrund von kurzen thematischen Einführungen der Kursleiter die Diskussionsgrundlage für die Bearbeitung theoretisch relevanter Fragestellungen bilden. Auch hier zeigte sich, daß die Texte jeweils unterschiedlich vorbereitet waren, die Lücken mußten dabei entweder durch Lesepausen oder durch erläuternde Beiträge der Kursleiter überbrückt werden. Wenn diese Hürden genommen waren, gab es oftmals rege Diskussionen, wobei die Beteiligung der einzelnen TeilnehmerInnen jedoch unterschiedlich war: Etwa die Hälfte der Gruppenmitglieder zeigte kontinuierliches Engagement, während andere sich nur bei speziellen Themen beteiligten. Die Diskussionen wurden immer dann besonders lebhaft, wenn entweder berufliche Probleme konkret mit angesprochen waren – so z. B. wenn es um Prozesse der Marginalisierung der Klienten durch Arbeitslosigkeit bzw. um jugendliches Konfliktverhalten vor dem Hintergrund von Ablösungskrisen von der Herkunftsfamilie ging – oder aber wenn Gelegenheit bestand, auch persönliche Erfahrungen mit ins Spiel zu bringen, wie z. B. in den Seminaren zur psychoanalytischen Adoleszenztheorie, zur Institution Schule bzw. zur Analyse von Generationslagen. Auf besondere Resonanz stieß das Thema der Professionalisierung sozialer Arbeit, das am Ende der Weiterbildung angeboten wurde und den TeilnehmerInnen Möglichkeiten zur Selbstreflexion ihres beruflichen Handelns (institutionelle Strukturen, Rollenkonflikte, Ausbildungsstandard, Professionalisierungsgrad etc.) bieten sollte. In diesem Rahmen wurde erfolgreich mit einem Rollenspiel (zu Berufskonflikten der Schulsozialarbeit) gearbeitet, das die Identitätsprobleme von Sozialarbeitern/Sozialpädagogen verdeutlichen half.

Die trotz der komprimierten zeitlichen Bedingungen erhebliche Resonanz der Themen in der Gruppe läßt die Vermutung zu, daß wesentliche inhaltliche Perspektiven vermittelt werden konnten; vor allem Aspekte der institutionellen Zusammenhänge, der Konflikte der Klientel sowie der selbstreflexive Blick auf das professionelle Handeln. Zu vermuten ist darüber hinaus, daß diese von den TeilnehmerInnen als positiv eingeschätzten neuen Denkanstöße langfristig nicht ohne Auswirkungen auf das konkrete berufliche Handeln bleiben werden. Von allen TeilnehmerInnen der Gruppe III wurde allerdings übereinstimmend Kritik an der zeitlichen Organisation der Weiterbildung geäußert, die wegen der dichtgedrängten Themenplanung auch im Fall der Theorieseminare wenig Möglichkeiten ließ, Inhalte zu vertiefen oder interessierende Bereiche (etwa Jugendkultur, Medieneinflüsse, Familiendynamik etc.) zu ergänzen. Eine kontinuierliche Arbeit mit wöchentlichen Seminaren wäre ihnen lieber gewesen – eine Einschätzung, die sich auch mit der Meinung der Kursleiter deckt. Rückblickend hätten sich die TeilnehmerInnen darüber hinaus auch eine deutlichere Verbindung zwischen Theorie- und Fallanalyseseminaren gewünscht – ein u. E. . berechtigtes Interesse, das wiederum auf die darüber sinnfälligere praktische Relevanz von Theorien verweist.

6. Gesamteinschätzung

Trotz der erwähnten ungünstigen zeitlichen Rahmenbedingungen haben die TeilnehmerInnen der Gruppe III von der Weiterbildung profitiert. Bezogen auf unsere zentrale Evaluationsperspektive bedeutet dies, daß sich die psychosoziale Kompetenz der einzelnen Gruppenmitglieder weiterentwickelt hat und zu vermuten ist, daß sich dieser Zuwachs an Empathie, Introspektion und Selbstreflexion zusammen mit der Erweiterung des kognitiven Wissenshorizonts auch positiv auf die Bewältigung der beruflichen Probleme im Sinne eines angemesseneren Umgangs mit den Klienten sowie der realistischen Wahrnehmung vorgegebener institutioneller Kontexte – allgemein: größerer Handlungsmöglichkeiten – auswirken wird.

An der Selbsteinschätzung der TeilnehmerInnen im Zusammenhang ihrer Bewertung der Weiterbildung als ganzer läßt sich dieser Prozeß ebenso verdeutlichen: Im Rahmen der abschließenden Evaluationsdiskussion am Ende der Weiterbildung wurde von den TeilnehmerInnen hervorgehoben, daß ihre Selbstwahrnehmung und Selbstsicherheit gestiegen seien, daß sie nun institutionelle Strukturen besser einschätzen könnten und daß sie überhaupt von den unter Entlastung von Handlungsdruck stattgefundenen Seminaren profitiert haben. Die Kombination der einzelnen Kursangebote stieß dabei auf eine positive Resonanz – auch daß es möglich war, die gesamte Weiterbildung im Rahmen einer konstanten Gruppe zu machen, gefiel den TeilnehmerInnen deshalb gut, weil sich darüber auch ihre Beziehungen untereinander entwickeln und festigen konnten. Daß dabei die Selbsterfahrung Bestandteil des Konzepts war, wurde allgemein positiv bewertet, vor allem mit dem Argument, daß sie sich zu einer isolierten Selbsterfahrung niemals getroffen hätten. „Daß es doch noch so gut geworden ist in der Gruppe" (Originalzitat), nachdem das erste dreiviertel Jahr so schwierig war, ist für die TeilnehmerInnen die schönste Erfahrung im Hinblick auf den Gruppenprozeß. Unangenehm hingegen fanden sie die Diskontinuität des Tagungsorts und den zeitlichen Rahmen (Wochenendstruktur). Es herrschte außerdem Übereinstimmung darin, daß einige Fallanalyseseminare hätten gekürzt werden können (insbesondere dort, wo es um das Verfahren der Sequenzanalyse ging).

Der Tenor dieser Diskussion spiegelt sich auch in den Ergebnissen der Fragebögen wieder. Als persönlich wichtigstes Ergebnis der Weiterbildung wird vor allem die Erkenntnis der eigenen Bedürfnisse auch im Kontext der Erhöhung der beruflichen Selbstsicherheit, d. h. des besseren Kontakts zu den Jugendlichen hervorgehoben. Am weitestgehenden erfüllt haben sich diejenigen Erwartungen, die auf Austausch mit anderen Kollegen, Wissenserweiterung, allgemein die Verbesserung beruflicher Kompetenzen gerichtet waren, wobei die TeilnehmerInnen insbesondere die Supervision, die Selbsterfahrung und die Theorievermittlung hervorheben; letzteres ist ihrer Meinung nach zu knapp ausgefallen. Deutlich geworden ist ihnen darüber hinaus die Relevanz regelmäßiger Supervision für ihren beruflichen Alltag. Schließlich gab es bei einigen TeilnehmerInnen noch weitere Interessen, die sich mehr auf die Vermittlung von konkreten Gesprächsführungskompetenzen im Kontext von Beratung bezogen. Das Zusatzangebot ‚Einführung in die klientzentrierte Gesprächsführung' hatte bei diesen eine positive Resonanz, was auch im Zusammenhang mit beruflichen Veränderungswünschen zu sehen ist. Ein Großteil der TeilnehmerInnen plant für die Zukunft zusätzliche Qualifizierungen – einige in Richtung beraterischer und/oder psychotherapeutischer Kompetenzen – wobei daran auch Interessen geknüpft sind, sich beruflich zu verändern, vielleicht auch in leitende Positionen aufzusteigen. Daß die Weiterbildung zu diesen Wünschen beigetragen hat, ist dabei sicherlich ohne Zweifel, wiewohl man hier berücksichtigen muß, daß es sich ja bei denjenigen, die sich für eine solche Weiterbildung interessieren (und sie auch durchhalten) bereits um eine spezifische Auswahl von in einem allgemeinen Sinn Veränderungswilligen handelt.

5. Bewertung der Weiterbildung als ganzer: Offene Fragen und Veränderungsperspektiven

Wie wir gesehen haben, sind die einzelnen Gruppen des Weiterbildungsprojekts – was ihren Erfolg in den einzelnen Kursangeboten anbelangt – unterschiedlich zu bewerten. Während die Einschätzungen der Theorie- und Fallanalyseseminare durch die TeilnehmerInnen ein relativ homogenes Bild ergeben, werden deutliche Akzentuierungen im Verhältnis zur Supervision und zur Selbsterfahrung sichtbar – ein Resultat, welches sicherlich die unterschiedliche Beziehung zum psychoanalytischen Verfahren reflektiert, darüber hinaus jedoch auch auf Strukturprobleme der Weiterbildung verweist.

Wir hatten bereits in Abschnitt 1 darauf aufmerksam gemacht, daß das Angebot von Selbsterfahrung im Rahmen eines Weiterbildungsprojekts strukturell zweierlei impliziert: Im günstigen Fall kann es als Angebot zur persönlichen Selbstreflexion genutzt werden, ohne daß ein deutlicher Veränderungswunsch von vornherein enthüllt werden muß, im ungünstigen Fall läßt sich dieses Element der Weiterbildung stets auch als eines unter anderen relativieren und mit dem Hinweis darauf, es handele sich ja schließlich nicht um Therapie, boykottieren. Das vorgegebene Ende der Selbsterfahrung im Rahmen eines begrenzten Weiterbildungsprojekts bildet darüber hinaus eine zusätzliche schwierige Voraussetzung für Entwicklungsprozesse in der Gruppe. Unbewußte Beziehungskonflikte konnten so oft nur angedeutet und nicht wirklich bearbeitet werden. Betrachtet man die Resultate der Selbsterfahrung für die einzelnen Gruppen vor diesem Hintergrund, so läßt sich sagen, daß Gruppe III am ehesten von den positiven Implikationen dieses Angebots profitiert hat. Sie ist gleichsam ein Beispiel für das produktive Verführungspotential dieses Konzepts. Gruppe II imponiert dagegen eher in der anderen Hinsicht. Sie steht größtenteils für die Tendenz, die Selbstkonfrontation zu meiden und findet dabei stets auch genügend Rechtfertigungsgründe, die sie auch real in der Struktur der Weiterbildung verankern kann. Bei Gruppe I ist das Bild eher uneinheitlich. Während ein Großteil der Gruppe das Angebot für sich nutzen konnte, wobei nach und nach auch die Dimension des Leidensdrucks bei einzelnen bewußter wurde, was zum Wunsch nach weiteren persönlichen Veränderungen führte, stieß die Selbsterfahrung insbesondere bei zwei TeilnehmerInnen auf erheblichen Widerstand. Nicht zufällig haben sich diejenigen Gruppenmitglieder (das betrifft Gruppe II und Gruppe I), die mit der Selbsterfahrung weniger anfangen konnten, in anderen Bereichen der Weiterbildung oftmals deutlicher engagiert.

Wir vermuten, daß für diese TeilnehmerInnen das Selbsterfahrungsangebot in diesem Kontext eine zu große Verunsicherung darstellte, der gegenüber sie sich dadurch wappnen mußten, daß sie auf ihren gewohnten Grenzsetzungen bestanden. Sicherlich hat dieses Verhalten nicht allein Abwehrcharakter, sondern reflektiert die eigenen (begrenzten) Fähigkeiten und Bewältigungsmöglichkeiten und ist zugleich auch Ausdruck einer dezidierten grenzsetzenden Position.

Was das unterschiedliche Verhältnis der Gruppen zur Supervision anbelangt, so sind dafür vermutlich zwei Gründe ausschlaggebend: Zum einen ist auch hier die zeitliche Begrenzung eine ungünstige Voraussetzung. Insbesondere im Kontext eines klassischen psychoanalytischen Supervisionskonzepts (vgl. Gruppe I) braucht es bei ungeübten Gruppen mehr Zeit, um eine kontinuierliche Veränderung in der Wahrnehmungseinstellung zu erreichen. Die Supervision fand jeweils dann eine große Resonanz, wenn sie auch unmittelbar an die Verunsicherungen des professionellen Selbstverständnisses anknüpfte (im Sinne der unmittelbaren Erweiterung z. B. diagnostischer Kompetenzen oder der Reflexion institutioneller Handlungsfelder). Aufgrund der besonderen Ausbildungsvoraussetzungen und der beruflichen Situation von Sozialarbeitern/Sozialpädagogen, die ja bislang noch oftmals eine schwierige Feuerwehr-Funktion erfüllen, dabei häufig zwischen allen Stühlen sitzen und weniger einen dezidierten Klientenbezug – vergleichbar etwa dem von Ärzten, Rechtsanwälten oder Psychologen – haben, hat sich also dasjenige Supervisionsmodell bewährt, welches an die fallzentrierte Arbeit im engeren Sinn allmählich heranführt.

Das psychoanalytische Fallseminar ist – so wie es durchgeführt wurde – insgesamt auf eine positive Resonanz gestoßen, wohl auch deshalb, weil die TeilnehmerInnen hier ohne große Vorbereitung ihren Phantasien folgen konnten und es dabei doch nicht so brenzlig wurde wie in der Selbsterfahrung, da ja ein deutlicher, über den Moderator jeweils gesicherter externer Fallbezug vorhanden war.

Was die sozialwissenschaftlichen Fallanalyseseminare betrifft, so haben die Kursleiter ihre ursprüngliche didaktische Konzeption im Verlauf der Weiterbildung zum Teil revidiert. Wie wir gesehen haben, wurden wegen der begrenzten Aufnahmefähigkeit und Motivation der TeilnehmerInnen die akademischen Verfahren zugunsten eines abgekürzten Vorgehens verändert, was zu positiven Resultaten führte. Abstriche sind auch bei der Voraussetzung der Textvorbereitung gemacht worden. Die Kursleiter teilen überdies die Einschätzung der TeilnehmerInnen, bei einer möglichen Wiederholung der Weiterbildung auch Fälle aus der eigenen Berufspraxis zugrundezulegen. Auch den strengen Einzelfallbezug würden sie im Dienst einer vielfältigeren Materialauswahl verändern (z. B. Aktenanalysen, Institutionsanalysen).

Ähnliche Vorstellungen gibt es auch zur Verbesserung des Curriculums der Theorieseminare. Vor allem halten es die Kursleiter für sinnvoll, die Professionalisierungsdiskussion an den Anfang und nicht an den Schluß des Seminarprogramms zu stellen, um von vornherein die Dimension der Reflexion der beruflichen Identität in den Blick zu rükken. Überdies sollten ihren Erfahrungen nach die theoretischen Angebote noch stärker auf die Themen der Fallanalyse sowie auf die berufliche Praxis bezogen werden – eine Einschätzung, die sich mit den Anregungen vieler TeilnehmerInnen deckt. Generell kommen die Kursleiter aufgrund ihrer Erfahrungen auch mit der unterschiedlichen Qualität der Textvorbereitung zu dem Schluß, daß es zukünftig sinnvoll wäre, weniger Material einzugeben und dieses dann ausführlicher zu bearbeiten.

Diese (selbst)kritischen Anmerkungen sollen indes keineswegs die positiven Resultate der für den Bereich Sozialarbeit/Sozialpädagogik einmaligen berufsbegleitenden Weiterbildung als ganzer in Frage stellen. Gerade die interdisziplinäre Vielfalt des Angebots ‚unter einem Dach' hat – wie wir zeigen konnten – dazu beigetragen, den TeilnehmerInnen Horizonte zu eröffnen, die ihre Professionalität im Umgang mit den Klienten erhöht sowie ihre persönlichen Konfliktbewältigungsstrategien entwickelt haben. Insofern läßt sich mit gutem Grund von einem Erfolg des integrierten Konzepts sprechen.

Literatur

Clemenz, M., Combe, A., Beier, C. u. a. (1990), Soziale Krise, Institution und Familiendynamik, Opladen.

Conrad, G., Pühl, H., Team-Supervision. Marhold-Verlag, Berlin 1983.

Fenichel, O. (1975), Psychoanalytische Neurosenlehre, Bd. II, Olten.

Foulkes, S. H. (1974), Gruppenanalytische Psychotherapie, München.

ders. (1957), Groupanalytic dynamics with specific reference to psychoanalytic concepts. Int. J. Gr. Psy. 7/1957, p. 40–52.

ders. (1978), Praxis der gruppenanalytischen Psychotherapie, München.

Gaertner, A. (1983), Rezension zu Conrad, G., Pühl, H., Team-Supervision. In: „Supervision" Heft 3, 1983.

Heigl-Evers, A., Heigl, F. (1979), Konzepte der analytischen Gruppenpsychotherapie, in: Die Psychologie des 20. Jahrhunderts, Bd. VIII, Zürich, S. 763–777.

Horn, K., Beier, C., Wolf, M. (1983), Krankheit, Konflikt und soziale Kontrolle, Opladen.

Janssen, W., Felddynamik – Beziehungsdynamik in der Supervision – Kein Gegensatzpaar. In: Supervision, Heft 9, 1986.

Leithäuser, Th., Volmerg, B. (1979), Anleitung zur empirischen Hermeneutik. Psychoanalytische Textinterpretation als sozialwissenschaftliches Verfahren, Frankfurt/M.

Mentzos, St. (1976), Interpersonale und institutionalisierte Abwehr, Frankfurt.

Ogden, Th. H. (1982), Projective Identification and Psychotherapeutic Technique, New York, London.

Ohlmeier, D., Sandner, D. (1979), Selbsterfahrung und Schulung psychosozialer Kompetenz in psychoanalytischen Gruppen. In: Heigl-Evers A. (Hg.), Lewin und die Folgen. Die Psychologie des 20. Jahrhunderts, Bd. VIII, Zürich, S. 812–821.

Pines, M. (1979), S. H. Foulkes Beitrag zur Gruppentherapie, in: Die Psychologie des 20. Jahrhunderts, Bd. VIII, Zürich, S. 719–732.

Richter, Kurt F., Supervision in der Erwachsenenbildung. In: Integrative Therapie, 1989.

Sandner, D. (1986), Gruppenanalyse, Berlin, Heidelberg.

Schaeffer, D. Vortragsmanuskript 2. Tagung Supervision in der AIDS-Arbeit, Berlin 1991.

Schmidbauer, W. (1977), Die hilflosen Helfer, Reinbek.

Slater, Ph. E. (1970), Mikrokosmos, Eine Studie über Gruppendynamik, Frankfurt.

Zwischenbericht zum Forschungsprojekt „Berufliche Bildung und Berufsberatung" (Dez. 1987–Mai 1989), Verf. Clemenz, M., Combe, A., Dichmann, R. Ehlert, M., Helsper, W., Müller, H., Nölke, E., Frankfurt/M.

Autorinnen und Autoren

Christel Beier, geb. 1946, Dr. phil., Studium der Philosophie und Sozialwissenschaften in Frankfurt/M.; langjährige Mitarbeit in sozialpsychologischen Forschungs- und Therapieprojekten, u. a. am Sigmund-Freud-Institut und am Zentrum für psychosoziale Forschung und Beratung (ZFB) in Frankfurt/M.; mehrjährige Tätigkeit als Lehrbeauftragte am Fachbereich Gesellschaftswissenschaften der Universität Frankfurt/M.; Publikationen auf den Gebieten der Kritischen Theorie, der Medizinsoziologie und zur Sozialpsychologie von Familienkonflikten; habilitiert z.Zt. am Fachbereich Human- und Sozialwissenschaften der Universität Bremen mit dem Thema ,,Psychoanalyse und sozialwissenschaftliche Forschungspraxis".

Sylvia Buchen, Studium der Germanistik, Slavistik und Supervision, Studienrätin, Dipl. Supervisorin; Promotion 1991 am Fachbereich Gesellschaftswissenschaften der Johann Wolfgang Goethe-Universität; zusammen mit Prof.Dr. Manfred Clemenz Leiterin des Zentrum für psychosoziale Forschung und Beratung (ZFB) in Frankfurt/M.; Publikationen zum Zusammenhang von Weiblichkeit und Professionalisierung und zu Frauen- und Männerbildern im Faschismus.

Manfred Clemenz, geb. 1938, Dr. phil., Professor für Soziologie und Sozialpsychologie an der Johann Wolfgang Goethe-Universität in Frankfurt/M.; Publikationen in den Bereichen Theorie und Praxis der Psychoanalyse, vergleichende Therapieforschung, Soziologie/Sozialpsychologie sowie zu erkenntnistheoretisch-methodologischenen Fragen der Sozialwissenschaften; Forschungsprojekte im Bereich Familientherapie, Psychotherapie und psychosoziale Beratung; seit 1980 therapeutische Arbeit, Gruppenpsychotherapeut (DAAG); zusammen mit Sylvia Buchen Leiter des ,,Zentrums für psychosoziale Forschung und Beratung" (ZFB) in Frankfurt/M.

Susanne Graf-Deserno, Dr. phil., Studium der Pädagogik (Sonderschul-/Musikpädagogik) und Soziologie; Tätigkeit als Sonderschullehrerin, langjährige pädagogische Mitarbeiterin am Fachbereich Gesellschaftswissenschaften der Johann Wolfgang Goethe-Universität in Frankfurt/M., Supervisionstätigkeit in verschiedenen Praxisfeldern; Lehrtätigkeit im Frankfurter Arbeitskreis für psychoanalytische Pädagogik, Lehrerin an einer Fachschule für Sozialpädagogik; Publikationen zur Soziologie/Sozialpsychologie der Erziehung und Schule; z.Zt. Musiklehrerin an einer Realschule und Supervisionstätigkeit.

Heinrich Deserno, geb. 1945, Dr. med., Psychoanalytiker (DPV/IPV); langjährige therapeutische und wissenschaftliche Tätigkeit in der Abteilung für Psychotherapie und Psychosomatik des Zentrums der Psychatrie an der Johann Wolfgang Goethe-Universität in Frankfurt/M., seit 1981 Mitarbeiter des Sigmund-Freud-Instituts in Frankfurt/M.; Publikationen zum Verhältnis von psychoanalytischer Methode und Technik, zur Anwendung der Psychoanalyse als Kurztherapie, Gruppentherapie, Supervision und als sozialpsychologische Kritik der Atomwirtschaft; Arbeitsschwerpunkt z.Zt. Verlaufsforschung in der Psychoanalyse.

Adrian Gaertner, Dr. phil., Professor und stellvertretender Leiter der ,,Abteilung für klinische Psychologie" am Sigmund-Freud-Institut (SFI) in Frankfurt/M.; Forschungsschwerpunkte in den Bereichen Supervision, Schwangerschaftsprozesse und Kunst, Veröffentlichungen zu diesen Themen.

Aus dem Programm Sozialpsychologie

Arno Combe und Werner Helsper

Hermeneutische Jugendforschung

Theoretische Konzepte und methodologische Ansätze.

1991. 261 S. Kart.
ISBN 3-531-12179-0

Die Jugendforschung ist mittlerweile in eine Vielzahl von theoretischen und methodologischen Ansätzen aufgesplittert. Für dieses Spektrum – wobei ein Schwerpunkt bei Ansätzen liegt, die sich den hermeneutischen Sozialwissenschaften verpflichtet sehen – wird hier ein Überblick gegeben: über psychoanalytische, ethnohermeneutische und Oral history-Ansätze bis zu phänomenologischen, biographieanalytischen und strukturalhermeneutischen Positionen. Im Zentrum des Bandes steht die Frage nach dem Verhältnis von Theorie, Methodologie und Erkenntnisgewinnung: Wie entstehen auf der Grundlage spezieller Theorien und Methoden Erkenntnisse über Jugendliche?

Werner Helsper,
Hermann J. Müller,
Eberhard Nölke und Arno Combe

Jugendliche Außenseiter

Zur Rekonstruktion gescheiterter Bildungs- und Ausbildungsverläufe.

1991. 292 S. Kart.
ISBN 3-531-12276-2

Das Scheitern von Jugendlichen in der Phase der Ausbildung und des Berufsstarts wird in diesem Band in den Zusammenhang des gesamten Lebenslaufs der Jugendlichen gestellt. Marginalisierung wird nicht eindimensional als Ergebnis institutioneller Karrieremuster begriffen, sondern als Resultat der familialen, schulischen und Peer Group-Sozialisation im Zusammenspiel mit institutionellen Interventionen der Jugendhilfe verstanden. Die Rekonstruktion der Fälle und die Fallvergleiche bilden die Grundlage für die Entwicklung professioneller präventiver Interventionen bei Marginalisierungsprozessen.

Walter Schurian

Psychologie des Jugendalters

Eine Einführung.

1989. 250 S. (WV studium, Bd. 154) Pb.
ISBN 3-531-22154-X

Die „Psychologie des Jugendalters" gliedert sich in zwei Teile: Sozialisation und Individuation. Damit sind einerseits allgemeine, biologisch bestimmte Eigenschaften und andererseits besondere umweltbedingte Eigenschaften und Verhaltensweisen gemeint. Der Schwerpunkt liegt auf den Wahrnehmungen Jugendlicher. Außerdem werden Unterschiede zwischen Jugendlichen aus der Mittelschicht und aus der Arbeiterschicht behandelt. Eingegangen wird auch auf das ästhetische Verhalten von Jugendlichen heute sowie auf jugendfeindliche Tendenzen von Seiten Erwachsener.

WESTDEUTSCHER VERLAG

OPLADEN · WIESBADEN